A ARTE DA POLÍTICA ECONÔMICA

A ARTE DA POLÍTICA ECONÔMICA

DEPOIMENTOS À CASA DAS GARÇAS

—— ORGANIZADOR ——

José Augusto C. Fernandes

R

HISTÓRIA REAL

© 2023 Instituto de Estudos de Política Econômica/Casa das Garças (Iepe/CdG)

EDIÇÃO
Simone Ruiz

PREPARAÇÃO
Kathia Ferreira

REVISÃO
Rayana Faria

DIAGRAMAÇÃO
Equatorium Design

DESIGN DE CAPA
Angelo Bottino

CIP-BRASIL. CATALOGAÇÃO NA PUBLICAÇÃO
SINDICADO NACIONAL DOS EDITORES DE LIVROS, RJ

A825

    A arte da política econômica : depoimentos à Casa das Graças / organização José Augusto Coelho Fernandes. - 1. ed. - Rio de Janeiro : História Real, 2023.

    560 p. ; 23 cm.
    ISBN 978-65-87518-50-3

    1. Brasil - Política e governo. 2. Brasil - Condições econômicas. 3. Brasil - Política econômica. I. Fernandes, José Augusto Coelho.

23-82987   CDD: 338.981
                        CDU: 338.2(81)

Meri Gleice Rodrigues de Souza - Bibliotecária - CRB 7/6439
15/03/2023   20/03/2023

[2023]
Todos os direitos desta edição reservados a
História Real, um selo da Editora Intrínseca Ltda.
Rua Marquês de São Vicente, 99, 6º andar
22451-041 — Gávea
Rio de Janeiro — RJ
Tel./Fax: (21) 3206-7400
www.historiareal.intrinseca.com.br

Sumário

Prefácio, por Edmar Bacha 7

Apresentação, por José Augusto C. Fernandes 11

Siglas usadas neste livro 17

I. Conquista da estabilidade: entreato e Plano Real
1. Maílson da Nóbrega 27
2. Marcílio Marques Moreira 48
3. Edmar Bacha 60
4. Persio Arida 78
5. Gustavo Franco 100

II. Governança, gestão e crises
6. Armínio Fraga 121
7. Pedro Parente 140
8. Murilo Portugal 158
9. Amaury Bier 182
10. Eduardo Guardia (*In memoriam*) 195

III. Reformas microeconômicas

11. Marcos Lisboa 211
12. Elena Landau.. 237
13. José Márcio Camargo 259
14. Ricardo Paes de Barros 275
15. Paulo Tafner 292
16. Maria Silvia Bastos Marques 314

IV. Construção de regimes e de instituições e experiências estaduais de ajustes de modernização

17. Gustavo Loyola e Eduardo Augusto Guimarães 333
18. Sérgio Werlang.. 352
19. Ilan Goldfajn... 363
20. Paulo Hartung.. 377
21. Ana Paula Vescovi.. 391
22. Cristiane Schmidt... 406

V. Reformas inconclusas

23. Ana Carla Abrão 429
24. Bernard Appy 447
25. Sandra Rios 469
26. Claudia Costin... 487
27. Joana Monteiro.. 505
28. Juliano Assunção 525

À guisa de posfácio, por Pedro Malan.................................... 545

PREFÁCIO

Edmar Bacha

É recente, na História do Brasil, a ascensão de economistas ao comando da política econômica. Entre os ministros da Fazenda da República no pós-guerra (1945-1964), somente os engenheiros Eugênio Gudin e Lucas Lopes podem ser considerados economistas, mesmo assim autodidatas, e eles tiveram breves mandatos — respectivamente, de 25 de agosto de 1954 a 3 de abril de 1955 e de 25 de janeiro de 1958 a 3 de junho de 1959. Data de 1962 a criação do Ministério do Planejamento, especialmente para contemplar Celso Furtado (bacharel em Direito e doutor em Economia pela Sorbonne), que preparou um Plano Trienal nunca executado. Pois tanto Furtado quanto San Tiago Dantas, ministro da Fazenda, foram exonerados por João Goulart em junho de 1963.

Com a ditadura militar (1964-1985), ocorreu uma avassaladora ascensão de economistas ao comando da política econômica. Inicialmente, com Roberto Campos e Octávio Gouvêa de Bulhões, ambos bacharéis em Direito com pós-graduação em Economia nos Estados Unidos. E, na sequência, Antônio Delfim Netto, João Paulo dos Reis Velloso, Mario Henrique Simonsen e Ernane Galvêas, os quatro economistas por formação (embora Simonsen, originalmente engenheiro, tenha obtido o diploma de economista apenas para satisfazer os requisitos sindicais da profissão).

Foi, assim, tardia a ascensão de economistas ao poder político, mas, tendo lá chegado com a ditadura militar, continuaram a ter atuação proeminente na Nova República. O que se explica pela maturidade que a profissão adquiriu desde 1945. Datam do imediato pós-guerra as faculdades de Economia propriamente ditas — com disciplinas de Microeconomia, Macroeconomia, Matemática e Estatística —, já que as faculdades que antes existiam eram meras extensões das Escolas de Comércio, enfatizando o ensino de contabilidade e administração.

Na década de 60 criam-se os primeiros centros de pós-graduação em Economia, ao tempo em que, sob o patrocínio da Fundação Ford e da Agência dos Estados Unidos para o Desenvolvimento Internacional (Usaid), centenas de estudantes brasileiros cursam programas de pós-graduação em Economia no exterior, especialmente nos Estados Unidos. Muitos deles encontram emprego, posteriormente, no Instituto de Pesquisa Econômica Aplicada (Ipea), criado em 1964 como órgão auxiliar do Ministério do Planejamento. Pode-se dizer que a profissão de economista alcança sua maturidade com a instituição, em 1973, da Associação Nacional dos Centros de Pós-Graduação em Economia (Anpec). Inicialmente agregando 12 centros, a Anpec reúne hoje 29 centros acadêmicos em todas as regiões do país.

Os personagens deste *A Arte da Política Econômica*, quase todos economistas, começaram a marcar presença na política econômica a partir da redemocratização, em 1985. Tiveram atuação pública nos governos da Nova República, especialmente nos dois mandatos de Fernando Henrique Cardoso (1995-2002).

Foram ministros da Fazenda Maílson da Nóbrega, Marcílio Marques Moreira, Pedro Malan e Eduardo Guardia. Pedro Parente foi ministro-

-chefe da Casa Civil e Claudia Costin, ministra da Administração e Reforma do Estado. Gustavo Loyola, Persio Arida, Gustavo Franco, Armínio Fraga e Ilan Goldfajn foram presidentes do Banco Central. Eduardo Augusto Guimarães foi presidente do Banco do Brasil, e eu e Maria Silvia Bastos Marques, presidentes do BNDES.

Ricardo Paes de Barros foi subsecretário da Secretaria de Assuntos Estratégicos da Presidência da República. Pela Secretaria Executiva do Ministério da Fazenda passaram Amaury Bier, Murilo Portugal, Bernard Appy e Ana Paula Vescovi. Marcos Lisboa foi secretário de Política Econômica do Ministério da Fazenda; Sérgio Werlang, diretor de Política Econômica do Banco Central; e Elena Landau, diretora de Privatizações do BNDES.

Ana Carla Abrão foi secretária da Fazenda de Goiás; do mesmo estado, Cristiane Schmidt é secretária de Economia. Joana Monteiro, José Márcio Camargo, Juliano Assunção, Paulo Tafner e Sandra Rios exerceram relevantes funções de assessoria governamental ou de desenho de políticas públicas em suas respectivas áreas de competência. Paulo Hartung foi por três vezes governador do Espírito Santo, além de diretor do BNDES.

Atualmente, sem contar as diversificadas funções nas áreas pública e privada, os depoentes participam das atividades do Instituto de Estudos de Política Econômica/Casa das Garças (Iepe/CdG), no Rio de Janeiro, e de sua congênere em São Paulo, o Centro de Debates de Políticas Públicas (CDPP). Seus relatos refletem os dilemas que economistas enfrentam ao ascender a posições de assessoria ou comando num contexto democrático. Saber técnico é pré-requisito. Como disse certa feita Keynes, o problema econômico é matéria para especialistas — como a odontologia.

Mas, ao contrário do que pressupunha o grande economista, num governo democrático não basta ser modesto e competente, como um bom dentista. É preciso saber unir a técnica à política. Entender os meandros do poder e avaliar os limites do possível. Assumir liderança, mas principalmente negociar. Persuadir sem impor. Formar equipes competentes e solidárias. Recuar quando preciso, avançar quando se abrem as janelas de oportunidade. Defender os ganhos obtidos com tanto empenho quanto na busca de novos ganhos. Aceitar que no governo o ótimo é, com frequência, inimigo do bom. Exercer, enfim, a *Arte da Política Econômica*.

Os depoimentos reunidos neste livro não deixam dúvidas sobre quanto o país avançou no exercício da política econômica desde a redemocratização. Revelam também o quanto falta fazer. Concluo com as palavras de Eduardo Guardia, que tão cedo nos deixou, ao final de seu depoimento: "Estamos num momento muito delicado do país. Temos que ter uma compreensão dos desafios, de falar e de exigir que o país consiga andar na direção correta, porque estamos acumulando uma quantidade muito grande de problemas que vão tornando as soluções mais custosas, mais difíceis."

Que o ouçam os futuros governantes do Brasil.

•••

Em nome da diretoria do Instituto de Estudos de Política Econômica/ Casa das Garças, queria deixar expressos nossos agradecimentos a José Augusto Coelho Fernandes pela coorganização e a realização das entrevistas dos episódios do *Podcast da Casa das Garças* e de *A Arte da Política Econômica*, em 2021, os quais, editados pela equipe de Roberto Feith, editor do selo História Real, da editora Intrínseca, estão transcritos neste livro, por ele organizado. Agradecimentos que se estendem à coorganizadora dos podcasts, Sheila Najberg, à produtora Flocks e a nossos colaboradores Beatriz da Luz, Luann Frederick e Pedro Paulo da Silva.

Apresentação

A arte da política econômica na voz de seus protagonistas

José Augusto C. Fernandes

A série de podcasts *A Arte da Política Econômica* surgiu como uma adaptação do programa *Imersão em Políticas Públicas*, iniciativa pioneira criada em 2019 pelo Instituto de Estudos de Política Econômica/Casa das Garças (Iepe/CdG). Suspenso por conta da pandemia de covid-19, o programa presencial tinha como público-alvo original estudantes de graduação em Economia. A ideia da Imersão e da série de podcasts que substituiu o programa ancorava-se num dos grandes ativos do Iepe/CdG: a experiência em formulação e gestão de políticas públicas de seus sócios e participantes. Assim, o objetivo principal do projeto era registrar experiências de gestão pública no Brasil pós-redemocratização e, a partir delas, extrair relatos e lições sobre a arte da política econômica.

Havia também uma inspiração menos explícita: capturar essas lições para evitar fracassos de gestores de políticas sem prática de governo que, ao se perderem nos meandros da administração pública, passam por duro e desnecessário aprendizado *on the job*. Os custos dessa aprendizagem se revelam em múltiplos aspectos, sobretudo na hora de definir prioridades e articular apoios, auxiliar na evolução de projetos e reformas, antecipar falhas de implementação, enfrentar reações que poderiam ser evitadas.

Gravados entre 14 de fevereiro e 6 de novembro de 2021, originalmente via Zoom no formato de entrevistas com perguntas e respostas, os episódios do podcast tiveram o propósito de identificar elementos associados a reformas de sucesso e à qualidade de ações políticas. Buscava-se verificar como os formuladores e gestores usaram sua capacidade analítica e de compreensão do ambiente econômico e institucional para promover e implementar agendas públicas positivas. No exame da reação dos ouvintes do podcast, nota-se forte interesse na compreensão dos processos decisórios das políticas e das restrições que as condicionaram. Isso talvez explique o alcance do podcast para além do público a que inicialmente se destinava, pois, em última análise, buscava-se compreender o que explica tanto os sucessos quanto as dificuldades de se fazer políticas públicas de qualidade no Brasil.

O projeto encontrou, portanto, um público mais amplo — jovens profissionais, entre 23 e 44 anos, ávidos por conhecer melhor as restrições com que os formuladores e gestores de políticas se defrontam. Pelos inúmeros relatos e postagens em redes sociais, percebe-se uma demanda reprimida por maior compreensão dos *frameworks* de análise e de reação dos gestores. Não por acaso um público importante foi o formado por profissionais de instituições financeiras e membros de administrações públicas.

Entre as lições dos entrevistados, sempre voltadas para a arte da política econômica, estão a capacidade de transformar propostas em realidade, gerar resultados, atuar sobre comportamentos capazes de viabilizar reformas e implementar a melhor alternativa possível diante das circunstâncias. Mas o foco do podcast e agora deste *A Arte da Po-*

lítica Econômica, que traz as entrevistas orais no formato de narrativas na voz de seus protagonistas, não reside apenas no registro das experiências, nem tampouco somente na apresentação das técnicas e dos métodos utilizados no desenho das políticas. A proposta em ambos é facilitar a compreensão dos bastidores da política econômica e de sua operação, assim como dos desafios para reformar instituições e melhorar a qualidade das políticas públicas.

Tanto o resultado do podcast quanto o seu conteúdo reunido neste livro deverão ser úteis para os convidados a servir ao Estado que enfrentam sua primeira ponte aérea para Brasília. Mas também para os jovens profissionais que ambicionam trabalhar com políticas públicas e, ainda, para os estudantes que, por ora longe do palco, almejam participar da governança do país. Além de revelarem lições e histórias saborosas, as narrativas extraídas das entrevistas trazem *insights* e relatos que podem contribuir para que se evitem velhos erros, para que se aumente a capacidade de identificar e enfrentar novas situações e para que se escape da reinvenção ou inação, decorrentes da falta de conhecimento.

Nas entrevistas, a ciência econômica se revela nos conceitos e na linguagem utilizada pelos economistas para o exercício da argumentação. Os entrevistados exploram, aqui, a relação entre economia e política, o papel das restrições institucionais, as relações de poder e a importância da expertise. *A Arte da Política Econômica* é um produto da interação entre ideias, evidências e poder.

História, memórias e lições para o futuro

As opiniões transmitidas pela maioria dos ouvintes da série de podcasts estiveram associadas a três percepções: a de *continuidade* — a despeito de agendas inconclusas, o Brasil revela avanços institucionais importantes desde os anos 80; a de *competência* — o Brasil mostrou dispor de recursos humanos com capacidade de formular e gerir políticas e essa oferta de profissionais aumentou, em quantidade e qualidade, ao longo dos anos; a de *frustração* — a compreensão de que o país pode fazer mais e que opera abaixo do seu potencial.

Entre as lições que emergiram das conversas com os entrevistados, o elemento comum foi a busca das conexões entre economia e política capazes de modernizar o país, mas há múltiplos aprendizados aqui. Por exemplo: da importância da força das ideias, como revelado nas origens do Plano Real; do papel da racionalidade, como apresentado nas discussões sobre alternativas, custos e avaliação de políticas; e sobre o poder, como fica evidente nos relatos sobre liderança, coordenação, negociação e articulação.

O papel das instituições sobressai. A existência de contrapesos institucionais traz estabilidade e reduz a insegurança. Há, no entanto, uma agenda relevante associada à clareza de papéis para que se evitem disfuncionalidades e conflitos de competências. A insegurança jurídica e a eficácia das políticas dependem da qualidade das leis. Muitos destacaram a relevância do desenho dos incentivos na construção das leis e advertiram para não se sobrestimar a capacidade de transformação que uma lei pode gerar quando as questões de implementação são importantes.

Neste *checklist* não pode faltar a pergunta sobre a capacidade de quem vai executar e monitorar essas políticas. O aprendizado com os erros e acertos na implementação de políticas foi uma das dimensões exploradas no podcast, em especial nas referências ao Plano Real. As experiências de estabilização da moeda foram uma fonte de aprendizado sobre a relação entre direito e economia e o papel dos contratos, das leis e da segurança jurídica para as ações dos investidores e consumidores. Esse aprendizado exige mais atenção e prudência no anúncio de medidas de políticas e na tomada de decisões. O formulador de políticas deve considerar que opera em um ambiente complexo e que não pode antever com precisão a reação dos agentes econômicos. O poder do Estado na operação de políticas pode ser uma fonte de disrupção de vidas e de ativos, com efeitos danosos sobre o potencial de crescimento da economia.

Uma das decisões da equipe do Plano Real, que foi o anúncio prévio das etapas do Plano, emite uma lição importante da arte de política econômica. O grande objetivo de uma política pré-anunciada é facilitar o processo de adaptação dos agentes econômicos de modo a que suas reações contribuam para se atingir os objetivos das políticas. Uma das reformas inconclusas, a liberalização comercial, enquadra-se nessa moldura, assim como muitas outras lições reunidas aqui. Desde o anúncio prévio das medidas e da definição de etapas para estimular a preparação e a reação dos agentes ao mapeamento dos interesses, comunicação, articulação e identificação dos problemas de implementação.

Outro ponto que os entrevistados mencionam com frequência é a importância da *persistência* e da *perseverança*. Reformas sofrem resistências, os custos aparecem antes dos benefícios e a evolução institucional nem sempre ocorre em linha reta. Vários exemplos mostram que, por vezes, são necessários anos de persistência. E que nesse intervalo é importante desenvolver ações voltadas para promover a mudança cultural, a transformação de modelos mentais e a preparação de propostas capazes de aproveitar as eventuais janelas de oportunidade. Crises são usualmente associadas a oportunidades, mas janelas abertas por crises nem sempre serão aproveitadas, caso não se disponha de ideias objetivas e de propostas corretas e já disponíveis para serem implantadas.

O caminho em direção ao pleno aproveitamento dos ganhos de reforma leva tempo. Não por acaso, governos tendem a concentrar suas principais reformas nos primeiros anos para se beneficiarem de resultados ao fim do mandato. É comum governos terem que fazer alterações de rota por conta de distúrbios oriundos de crises econômicas e políticas, domésticas e internacionais. Várias entrevistas focalizaram a reação dos gestores às crises. É preciso investir na compreensão do novo ambiente, ter flexibilidade para alterar rumos e não perder a visão de longo prazo.

Os entrevistados destacaram a gestão de crise e as reformas inconclusas como antigos e novos desafios a serem enfrentados, e todos foram unânimes em apontar para o papel da liderança e das ações que a acompanham associadas à capacidade de articulação e negociação política. Governar e enfrentar essas agendas depende, para a maior parte dos entrevistados, de equipes e gestores de políticas capazes, experimentados e alinhados. Muitos destacaram a relevância de o Estado dispor de uma burocracia eficiente e produtiva que tenha a capacidade de usar evidências e técnicas de avaliação de políticas para orientar as decisões do sistema político e melhorar a capacidade de se desenhar e implementar políticas públicas.

Os diversos temas assinalados nessas conversas identificam uma agenda de múltiplas dimensões — institucional, política, de uso de técnicas, de modernização do Estado — capaz de contribuir para melhorar a qualidade das políticas públicas no Brasil. Futuros gestores de políticas poderão se beneficiar das experiências relatadas e contribuir, com o espírito de servir à República, para a superação dos desafios identificados. Eles continuam não sendo poucos.

Siglas usadas neste livro

ABL – Academia Brasileira de Letras
Alca – Área de Livre Comércio das Américas
Anac – Agência Nacional de Aviação Civil
Aneel – Agência Nacional de Energia Elétrica
ANP – Agência Nacional do Petróleo, Gás Natural e Biocombustíveis
Anpec – Associação Nacional dos Centros de Pós-Graduação em Economia
ANTT – Agência Nacional de Transportes Terrestres
Bacen – Banco Central do Brasil
Bandes – Banco de Desenvolvimento do Espírito Santo
Banerj – Banco do Estado do Rio de Janeiro
Banespa – Banco do Estado de São Paulo
BB – Banco do Brasil
BC – Banco Central do Brasil
BID – Banco Interamericano de Desenvolvimento
BIS – Banco de Compensações Internacionais
BNDES – Banco Nacional de Desenvolvimento Econômico e Social
Cacex – Carteira de Comércio Exterior do Banco do Brasil
Cade – Conselho Administrativo de Defesa Econômica
CAE – Centro de Aperfeiçoamento de Economistas

Cafta – Tratado de Livre Comércio entre Estados Unidos, América Central e República Dominicana

Caged – Cadastro Geral de Empregados e Desempregados

Camex – Câmara de Comércio Exterior

Capag – Capacidade de Pagamento

Capes – Coordenação de Aperfeiçoamento de Pessoal de Nível Superior

CCiF – Centro de Cidadania Fiscal

CDPP – Centro de Debates de Políticas Públicas

Ceal – Companhia Energética de Alagoas

Cebrap – Centro Brasileiro de Análise e Planejamento

Cedae – Companhia Estadual de Águas e Esgotos do Rio de Janeiro

CEEE-G – Companhia Estadual de Geração de Energia Elétrica

Ceipe-FGV – Centro de Excelência e Inovação em Políticas Educacionais da FGV

Celg – Centrais Elétricas de Goiás

Cemig – Companhia Energética de Minas Gerais

CEO – Chief Executive Officer

Cepal – Comissão Econômica para a América Latina e o Caribe

Cepisa – Companhia Energética do Piauí

Ceron – Centrais Elétricas de Rondônia

Cesp – Companhia Energética de São Paulo

Ciep – Centro Integrado de Educação Pública

Cindes – Centro de Estudos de Integração e Desenvolvimento

CLT – Consolidação das Leis do Trabalho

CMN – Conselho Monetário Nacional

CNI – Confederação Nacional da Indústria

CNPq – Conselho Nacional de Desenvolvimento Científico e Tecnológico

Cofiex – Comissão de Financiamentos Externos

Cofins – Contribuição para o Financiamento da Seguridade Social

Comlurb – Companhia Municipal de Limpeza Urbana

Confaz – Conselho Nacional de Política Fazendária

COP – Conferência das Nações Unidas sobre as Mudanças do Clima

Copom – Comitê de Política Monetária

Cosipa – Companhia Siderúrgica Paulista

Cotec – Consultoria Técnica do Banco do Brasil

CPI – Climate Policy Initiative

CPI – Comissão Parlamentar de Inquérito

CPMF – Contribuição Provisória sobre Movimentação Financeira

Cras – Centro de Referência de Assistência Social

Creas – Centro de Referência Especializado de Assistência Social

CSN – Companhia Siderúrgica Nacional

Cteep – Companhia de Transmissão de Energia Elétrica Paulista

CVM – Comissão de Valores Mobiliários

Darm – Documento de Arrecadação do Município

DAS – Direção e Assessoramento Superior

Dasp – Departamento de Administração do Serviço Público

Dataprev – Empresa de Tecnologia e Informações da Previdência Social

DEA – Despesas de Exercícios Anteriores

Detran – Departamento Estadual de Trânsito

DRU – Desvinculação de Receitas da União

Eaesp-FGV – Escola de Administração de Empresas de São Paulo da FGV

Ebape-FGV – Escola Brasileira de Administração Pública e de Empresas
da FGV

EBC – Empresa Brasil de Comunicação

Efta – Associação Europeia de Livre Comércio

Eletroacre – Companhia de Eletricidade do Acre

Embratel – Empresa Brasileira de Telecomunicações

Enap (Canadá) – École Nationale d'Administration Publique

Enap – Escola Nacional de Administração Pública

Enem – Exame Nacional do Ensino Médio

EPGE-FGV – Escola Brasileira de Economia e Finanças da FGV

Escelsa – Espírito Santo Centrais Elétricas S.A.

FAO – Organização das Nações Unidas para a Alimentação e a Agricultura

FAT – Fundo de Amparo ao Trabalhador

FEA-USP – Faculdade de Economia, Administração, Contabilidade e Atuária da USP

Febraban – Federação Brasileira de Bancos

FED – Federal Reserve System

FGC – Fundo Garantidor de Créditos

FGTS – Fundo de Garantia do Tempo de Serviço

FGV – Fundação Getulio Vargas

Fiesp – Federação das Indústrias do Estado de São Paulo

Finep – Financiadora de Estudos e Projetos

Fipe-USP – Fundação Instituto de Pesquisas Econômicas da USP

FMI – Fundo Monetário Internacional

FSE – Fundo Social de Emergência

FTAA – Free Trade Area of Americas

Funcex – Fundação Centro de Estudos do Comércio Exterior

Funrural – Fundo de Assistência ao Trabalhador Rural

GDP – Gratificação de Desempenho e Produtividade

GPS – Sistema de Posicionamento Global

Ibá – Indústria Brasileira de Árvores

IBGE – Instituto Brasileiro de Geografia e Estatística

Ibmec – Instituto Brasileiro de Mercado de Capitais

Ibre-FGV – Instituto Brasileiro de Economia da FGV

IBS – Imposto sobre Bens e Serviços

ICMS – Imposto sobre Circulação de Mercadorias e Serviços

Ideb – Índice de Desenvolvimento da Educação Básica

Iepe-CdG – Instituto de Estudos de Política Econômica/Casa das Garças

Iesp – Instituto de Economia do Setor Público

IFC – International Finance Corporation

IFI – Instituição Fiscal Independente

IGP – Índice Geral de Preços

IGP-M – Índice Geral de Preços – Mercado

Impa – Instituto de Matemática Pura e Aplicada

Inpe – Instituto Nacional de Pesquisas Espaciais
INSS – Instituto Nacional do Seguro Social
IPCA – Índice Nacional de Preços ao Consumidor Amplo
IPCR – Índice de Preço ao Consumidor Restrito
Ipea – Instituto de Pesquisa Econômica Aplicada
IPI – Imposto sobre Produtos Industrializados
IPMF – Imposto Provisório sobre Movimentações Financeiras
IPO – Initial Public Offering
IPTU – Imposto Predial e Territorial Urbano
IRB – Instituto de Resseguros do Brasil
ISP – Instituto de Segurança Pública
ISS – Imposto sobre Serviços
ITA – Instituto Tecnológico de Aeronáutica
ITBI – Imposto sobre Transmissão de Bens Imóveis
Iuperj – Instituto de Estudos Sociais e Políticos da Uerj
IVA – Imposto sobre Valor Agregado
LDO – Lei de Diretrizes Orçamentárias
LRF – Lei de Responsabilidade Fiscal
MAM-SP – Museu de Arte Moderna de São Paulo
MBA – Master of Business Administration
MDB – Movimento Democrático Brasileiro
Mercosul – Mercado Comum do Sul
Miga – Multilateral Investment Guarantee Agency
MIT – Massachussets Institute of Technology
MP – Medida Provisória
MP – Ministério Público
Nafta – Tratado Norte-Americano de Livre Comércio
NTN-B – Nota do Tesouro Nacional tipo B
OAB – Ordem dos Advogados do Brasil
OCDE – Organização para a Cooperação e Desenvolvimento Econômico
OIT – Organização Internacional do Trabalho
OMC – Organização Mundial do Comércio

ONG – Organização Não Governamental
Osesp – Orquestra Sinfônica do Estado de São Paulo
PAB – Posto de Atendimento Bancário
PAI – Programa de Ação Imediata
Paif – Serviço de Proteção e Atendimento Integral à Família
PCdoB – Partido Comunista do Brasil
PDT – Partido Democrático Trabalhista
PEC – Proposta de Emenda à Constituição
PFL – Partido da Frente Liberal
PhD – Philosophy Doctor
PIB – Produto Interno Bruto
PIL – Programa de Investimentos em Logística
PIS – Programa de Integração Social
Pisa – Programa Internacional de Avaliação de Alunos
PM – Polícia Militar
PMDB – Partido do Movimento Democrático Brasileiro
Pnad – Pesquisa Nacional por Amostra de Domicílio
PND – Programa Nacional de Desestatização
PPI – Programa de Parcerias de Investimentos
Proef – Programa de Fortalecimento das Instituições Financeiras Federais
Proer – Programa de Estímulo à Reestruturação e ao Fortalecimento do
    Sistema Financeiro Nacional
Proes – Programa de Incentivo à Redução do Setor Público Estadual na
    Atividade Bancária
PS – Partido Socialista
PSD – Partido Social Democrático
PSDB – Partido da Social Democracia Brasileira
PSOL – Partido Socialismo e Liberdade
PT – Partido dos Trabalhadores
PTB – Partido Trabalhista Brasileiro
PUC – Pontifícia Universidade Católica
Raet – Regime de Administração Especial Temporária

RCL – Receita Corrente Líquida

Rede – Rede Sustentabilidade

RH – Recursos Humanos

RPS – Recibo Provisório de Serviços

Sabesp – Companhia de Saneamento Básico do Estado de São Paulo

Saeb – Sistema Nacional de Avaliação da Educação Básica

Saneago – Companhia Saneamento de Goiás S.A.

SDR – Special Drawing Rights

Seae-MF – Secretaria de Acompanhamento Econômico do Ministério da Fazenda

Serpro – Serviço Federal de Processamento de Dados

SFH – Sistema Financeiro da Habitação

Siafi – Sistema Integrado de Administração Financeira

Siderbrás – Siderurgia Brasileira S.A.

SIN – Sistema Integrado Nacional

Sipa – Escola de Assuntos Internacionais da Universidade Columbia

SPB – Sistema de Pagamentos Brasileiro

SPE – Secretaria de Política Econômica

STF – Supremo Tribunal Federal

STJ – Superior Tribunal de Justiça

STN – Secretaria do Tesouro Nacional

Suas – Sistema Único de Assistência Social

Sudam – Superintendência do Desenvolvimento da Amazônia

Sudene – Superintendência do Desenvolvimento do Nordeste

SUS – Sistema Único de Saúde

TAG – Termo de Ajustamento de Gestão

TCE – Tribunal de Contas do Estado

TCU – Tribunal de Contas da União

TEC – Tarifa Externa Comum

TI – Tecnologia da Informação

TJLP – Taxa de Juros de Longo Prazo

TLP – Taxa de Longo Prazo

Uerj – Universidade do Estado do Rio de Janeiro

Ufes – Universidade Federal do Espírito Santo

UFF – Universidade Federal Fluminense

Ufir – Unidade Fiscal de Referência

UFMG – Universidade Federal de Minas Gerais

UFRJ – Universidade Federal do Rio de Janeiro

UIL – Instituto para Aprendizagem ao Longo da Vida

UnB – Universidade de Brasília

Unctad – Conferência das Nações Unidas sobre Comércio e Desenvolvimento

Unesco – Organização das Nações Unidas para a Educação, a Ciência e a Cultura

Unicamp – Universidade Estadual de Campinas

UPP – Unidade de Polícia Pacificadora

URV – Unidade Real de Valor

Usaid – Agência dos Estados Unidos para o Desenvolvimento Internacional

USP – Universidade de São Paulo

I. Conquista da estabilidade: entreato e Plano Real

1. Maílson da Nóbrega

Podcast realizado em 26 de janeiro de 2021

Economista, Maílson da Nóbrega foi ministro da Fazenda entre 1988 e 1990. Antes, como secretário-geral do ministério, coordenou, entre 1983 e 1984, os estudos que resultaram na modernização institucional das finanças federais, o que incluiu a extinção da conta de movimento do Banco do Brasil e a criação da Secretaria do Tesouro Nacional (1986), bem como a extinção das funções de fomento do Banco Central (1987) e a extinção do Orçamento Monetário (1988). Sócio da Tendências Consultoria Integrada e colunista da revista *Veja*, Maílson também participa de conselhos de administração de empresas brasileiras. Foi eleito Economista do Ano pela Ordem dos Economistas do Brasil.

Resumo

Ministro da Fazenda em período marcado pela hiperinflação e pelo impacto das elevadas dívidas externa e interna, Maílson da Nóbrega aborda seu início na administração pública e a participação na coordenação de estudos voltados para o aperfeiçoamento da gestão das contas públicas, que culminaram com o fim da conta de movimento mantida entre Banco do Brasil e Banco Central. Lembra também episódios de sua gestão à frente da Fazenda e as discussões sobre a ordem econômica travadas na Constituinte de 1987-1988.

Padre, militar ou funcionário do BB

Sou filho de um alfaiate e de uma costureira, naturais de uma cidadezinha do interior da Paraíba chamada Cruz do Espírito Santo. Fica a 24 quilômetros de João Pessoa. Nesse período da minha infância, tive a oportunidade de conviver com o padre da paróquia local, que até me convenceu a tentar a carreira do sacerdócio, mas não fui adiante.

Estudei no grupo escolar da cidade, que era muito bom. Na época, a ascensão social de alguém de classe menos favorecida no Brasil se dava essencialmente por três canais: ou a pessoa ia ser padre, ou ia para as Forças Armadas, ou tentava passar num concurso para o Banco do Brasil. Eu tentei os três caminhos.

Da carreira de padre desisti, na verdade, antes de começar. Depois, passei num concurso da Aeronáutica, na Base Aérea de Recife, para ser piloto de aeronave, mas fui reprovado no exame de saúde. Constataram que eu era míope, o que eu não sabia. Já o Banco do Brasil funcionou e teve uma importância decisiva na minha formação, tanto profissional quanto na de valores e de ética. Mas, em 1968, por uma série de razões, acabei saindo da Paraíba, sendo transferido do Banco do Brasil de Cajazeiras, onde eu trabalhava, no sertão do estado, para o Rio de Janeiro e, de lá, para Brasília, em 1970.

Brasília foi para mim e para muitos funcionários jovens do Banco do Brasil uma grande oportunidade. Por uma simples razão: a maioria do quadro era de altos funcionários, pessoas já em idade de se aposentar que decidiram não ir para Brasília. Então, abriu-se a oportunidade para os jovens talentos. Acabei me tornando consultor técnico e chefe da Divisão de Análise de Projetos do banco, entre 1975 e 1976.

Primeiros passos no governo

A partir de 1976, com a demissão do coordenador de Assuntos Econômicos do Ministério da Fazenda, na gestão do ministro Mario Henrique Simonsen, o titular da Consultoria Técnica do Banco do Brasil, Marcos Amorim, foi indicado por Ângelo Calmon de Sá, então presidente do BB, para assumir esse posto. Ato contínuo, Calmon de Sá me escolheu para substituir Amorim na chefia da Cotec. No ano seguinte, ele se tornou ministro da Indústria e do Comércio e me convidou para comandar a Assessoria Econômica da pasta. Fiquei dois anos nesse cargo.

Foi um período de enorme aprendizado, porque o ministério coordenava a maioria das ações associadas ao II Plano Nacional de Desenvolvimento, de intensa intervenção estatal na economia. Havia vários órgãos vinculados ao ministro: o Conselho de Desenvolvimento Industrial, um gigantesco Conselho de Siderurgia e Não Ferrosos, os poderosos institutos do Café e do Açúcar e o do Álcool, além de outras áreas, como turismo, seguros, previdência privada, tecnologia industrial e registro de comércio.

Quando terminou o governo de Ernesto Geisel, fui convidado para trabalhar no Ministério da Fazenda, agora no governo de João Figueiredo, na equipe do ministro Karlos Rischbieter. Fui exercer a função de coordenador de Assuntos Econômicos, o equivalente à atual Secretaria de Política Econômica. Era outro gigante na época, porque controlava os preços. Tinha uma sucursal no Rio de Janeiro e buscava salvar empresas em dificuldades com uma área específica em São Paulo. Para se ter ideia do tamanho, a Coordenadoria contava com 180 pessoas.

Depois, em 1983, virei secretário-geral do Ministério da Fazenda, com o ministro Ernane Galvêas. Foi nesse período que comecei a viver e lidar com os grandes problemas de política econômica do governo. Participava de vários fóruns relevantes. Coordenava, por exemplo, a pauta do Conselho Monetário Nacional, que era discutida primeiro por mim e pelo chefe de gabinete do presidente do Banco Central, para depois ser levada para aprovação do ministro da Fazenda. Era um Conselho muito amplo, envolvia muita gente. O CMN tinha 30 membros. E galvanizava a opinião pública, porque dele dependiam a agricultura, a indústria e as exportações, que se beneficiavam de um elevado volume de crédito subsidiado. Nada disso passava pelo crivo do Congresso Nacional. No dia da reunião geral, a sala do CMN ficava apinhada de cinegrafistas, repórteres e curiosos que conseguissem entrar. Foi nessa época que a situação macroeconômica começou a deteriorar.

Em 1979 veio a segunda crise do petróleo — a primeira aconteceu em 1973 — e, junto, a necessidade de impor rigorosos controles no comércio exterior. O nosso déficit em conta-corrente tinha pulado de 1,7 bilhão de dólares, em 1973, para 7,1 bilhões de dólares em 1974 — esses números foram posteriormente revisados, sem alterar sua gravidade. Isso foi piorando, o que nos obrigou a trabalhar em novas restrições ao processo de importação, e elas foram imensas. Chegamos a ponto de existirem 3 mil posições da tarifa aduaneira com importação suspensa. Mesmo que os impostos fossem pagos, não podiam entrar. Não podiam.

A crise de 1982, o acordo com o FMI e as reformas

Desmontar aquela regulamentação não foi fácil. Na verdade, ela está sendo desmontada ainda hoje — resquícios daquela época. Mas o que realmente provocou o auge do ambiente de deterioração foi a crise de 1982, quando o México quebrou, em agosto, no momento em que estávamos nos preparando para a reunião do Fundo Monetário Internacional, em Toronto. Os bancos americanos estavam muito envolvidos com o financiamento de países do então chamado Terceiro Mundo, ou países em desenvolvimento. Quando chegamos a Toronto, havia a percepção de que o governo americano ia patrocinar um programa de salvação do seu sistema bancário. Integrávamos o comitê interino, cujo foco eram as decisões financeiras do FMI. O comitê reunia os 22 ministros de Finanças dos principais países-membros do FMI.

A reunião começou sob aquela expectativa. O secretário do Tesouro era um profissional egresso do banco Merrill Lynch chamado Donald Regan. O diretor-gerente do FMI, o francês Jacques de Larosière, iniciou seu relato ressaltando a importância de uma medida para se evitar a insolvência dos países devedores e dos bancos credores. Notei que ele falava olhando para o Donald Regan, que então declarou mais ou menos assim, em inglês: "Danem-se, o Tesouro não tem nada a ver com isso, foram os bancos que decidiram, foram os países que resolveram tomar o crédito, não vai ter ajuda." Bem, a partir daí foi o caos e, imediatamente, o pânico se instalou.

O Galvêas, que ia inaugurar uma agência da BB TUR em Paris, voltou às pressas para Brasília com o objetivo de preparar o que seria o programa para obtenção de um crédito do FMI. O Brasil ia quebrar, perder acesso ao crédito externo, por isso precisava do socorro do Fundo. Foi a partir das negociações com o FMI que começamos a perceber, de modo mais claro, as disfunções da economia brasileira, particularmente no setor público. O programa com o FMI foi o maior da época — envolveu 6 bilhões de dólares. Havia quatro critérios de desempenho e cumprimento de metas: o crédito interno líquido, o nível de reservas internacionais, o nível da dívida pública e o déficit público.

Começamos a nos dar conta de que não sabíamos medir o déficit público. O economista do Ipea Carlos von Doellinger, que fazia parte da equipe, trabalhou um ano ou mais tentando fazer essa conta. Produziu o que a gente chamava de "tijolão", um documento de mais de 300 páginas em que tipificou os subsídios, caso por caso, para calcular o déficit público. E, aí, chegou o FMI e disse: "Não precisa de nada disso, esse cálculo é tão simples quanto uma operação de contabilidade, você tem que saber a diferença entre o endividamento de um ano para outro." A diferença entre os dois é a necessidade de financiamento do setor público, ou seja, o déficit público.

Ao gerar as informações requeridas pelo acordo com o FMI, fomos nos dando conta das disfunções das finanças federais. Veio à tona, por exemplo, a percepção de que o relacionamento entre o Banco do Brasil e o Banco Central era uma das principais fontes de expansão do déficit público. Foi daí que nasceu a necessidade de se pôr fim ao relacionamento institucional disfuncional entre o BB, o Banco Central e o Tesouro Nacional. Uma curiosidade: a rigor, não havia um órgão que exercesse as funções típicas do Tesouro. Quem executava o Orçamento da União era um departamento do Banco do Brasil. A estratégia e a execução das tarefas ligadas à dívida pública eram uma gerência do Banco Central.

Para implementar as reformas necessárias e enfrentar as resistências naturais, tanto do BB quanto do Banco Central, que exercia as funções de banco de fomento, elegemos três metas de trabalho. A primeira era extinguir a conta de movimento do Banco do Brasil no Banco Central, da qual o BB sacava quanto achasse necessário. A segunda meta era extinguir as funções de fomento do Banco Central, que possuía uma diretoria de crédito rural e agroindustrial que financiava, via repasses a bancos, o agronegócio e as exportações. Essa diretoria tinha grupos de análise de projetos à moda do BNDES. Em terceiro lugar, seria preciso abolir o Orçamento Monetário.

Começamos a trabalhar discutindo tudo primeiro internamente, na equipe e com o Banco Central, para depois submeter o projeto à aprovação final do ministro Galvêas e, em seguida, do Conselho Monetário. Sob minha coordenação, atuavam cerca de 200 técnicos de todas as áreas que tinham a ver com o Orçamento Monetário e o Orçamento da União. Esse grupo trabalhou por cerca de dois anos. Chegamos à conclusão de que seria preciso realmente implantar as medidas relacionadas às metas estabelecidas. No final, seria necessário transferir todos os créditos e subsídios concedidos pelo Banco Central e pelo Banco do Brasil para o Orçamento da União, o que os tornaria transparentes e aprovados pelo Congresso Nacional.

O FMI nos ofereceu, e aceitamos, a assessoria de uma equipe de três especialistas que tinham larga experiência em finanças públicas — um australiano, um inglês e um mexicano. Terminada a missão, oferecemos um almoço aos três, quando então o inglês nos disse: "Vocês estão fazendo história, esse projeto em que estão envolvidos é muito relevante, mas não encontramos uma resposta a uma questão essencial: qual é o marketing para vender as propostas?" "Como assim?", perguntei. "O marketing. Vocês vão ter que convencer as pessoas." Depois que ele saiu, brincamos dizendo que ele não tinha entendido muito bem o que estávamos fazendo e consideramos uma bobagem o que ele tinha dito. Mas o inglês, que havia trabalhado no Tesouro em um período de reformas, estava certo. No fundo, sofríamos de um cacoete da época do autoritarismo, quando os governantes não se preocupavam com a opinião pública.

Logo em seguida, irrompeu justamente um movimento de resistência no Banco do Brasil e no Banco Central, sob a liderança do Sindicato dos Bancários e o apoio de funcionários das duas instituições, contra a extinção da conta de movimento do BB e das funções de fomento do Banco Central. Para nossa surpresa, eles foram vitoriosos. O Conselho Monetário Nacional chegou a aprovar as medidas que havíamos proposto em novembro de 1984, no finzinho do regime militar. Dois dias depois, porém, um deputado do MDB moveu uma ação popular contra o projeto e obteve uma liminar de uma juíza federal de Brasília determinando o arquivamento de todo o estudo. Foi uma ducha de água fria. "É o fim", pensamos.

Por sorte, um dos membros do grupo, João Batista de Abreu, que viria a ser ministro do Planejamento, havia sido escolhido pelo ministro Dilson Funaro para assumir o cargo de secretário-geral do Ministério da Fazenda. Ele fazia parte da equipe que preparava o Plano Cruzado. Em fins de janeiro de 1986, o BB anunciou um grande lucro. Funaro então reuniu a equipe para comemorar o que pensava ser um reforço no Orçamento da União que ajudaria na implementação do Plano Cruzado. João Batista o alertou para o fato de o lucro em questão não ter impacto nas finanças federais, pois iria para a conta de movimento sem passar pelo Tesouro. "Como assim? Temos que acabar com isso", disse o ministro. "Há um projeto de reforma pronto para isso", respondeu João Batista. "E por que não foi implementado?", espantou-se Funaro. "Porque uma liminar arquivou", contou João Batista. "Então desarquiva." As reformas que havíamos proposto iriam, afinal, acontecer.

A conta de movimento foi extinta. O deputado do MDB renovou a ação, ganhou novamente, mas a essa altura o ambiente já era outro. O governo recorreu em instância superior e conseguiu derrubar a liminar. A Secretaria do Tesouro Nacional seria criada em seguida. Na época dos estudos, fui considerado "Inimigo Público Número Um do Banco do Brasil". Eu era objeto de boletins internos de difamação, diziam que eu estava a serviço do FMI, que eu estava comprado pelos bancos privados para liquidar o BB. "Imagina", diziam, "um dos nossos conspirando contra a principal instituição de crédito do Brasil" — e por aí afora. De novo, não foi fácil.

Em busca da integração competitiva nos mercados mundiais

Naquela época, as reservas internacionais se esvaíam no Brasil e em outros 34 países em desenvolvimento. A crise da dívida externa impactou todos eles, incluindo a Coreia do Sul. O Banco Mundial montou um programa pelo qual, no lugar de financiar projetos de investimento, apoiava programas de mudança institucional. Eram os chamados "empréstimos setoriais". O Brasil começou a negociar um empréstimo setorial de 500 milhões de dólares chamado *trade loan*. O objetivo era modernizar as regras do nosso comércio exterior. O Brasil se comprometeria a fazer várias mudanças em sua política no setor.

As discussões exerceram um importante efeito educativo. Por exemplo, em uma reunião com o representante do Banco Mundial, um grego, ele mostrou o impacto negativo dos controles que o governo brasileiro havia estabelecido. "Quanto mais vocês reduzem as importações, mais se perde a capacidade de competir nos mercados mundiais." Como assim? Isso é tão óbvio hoje, mas não para nós naquela época. Isso porque a intensificação do protecionismo inibia o incentivo à inovação e também a redução de custos, aumentando a produtividade. O Brasil se comprometeu a abolir gradativamente as licenças prévias de importações — as chamadas guias — e a eliminar 3 mil posições de importação suspensas.

O Banco do Brasil era também uma espécie de Secretaria de Comércio Exterior, através da Cacex, a Carteira de Comércio Exterior. As guias eram emitidas pela Cacex. Havia também casos em que se exigia guia para exportar. Era tudo extremamente burocratizado. A partir de 1985, percebeu-se a necessidade de se rever a estrutura tarifária, que tinha virado uma bagunça com as medidas para o enfrentamento da crise. Havia tarifas de importação de 200% ou mais. A estrutura tarifária virou algo incompreensível e gerador de disfunções e redundâncias. Assumimos então o compromisso com o Banco Mundial de rever tudo isso no contexto do empréstimo setorial associado à melhoria institucional de regras e procedimentos do comércio exterior.

Nessa época, o titular da Comissão de Política Aduaneira era o José Tavares de Araújo, o grande responsável pelos estudos que permitiram realizar a primeira rodada de redução tarifária, em 1988. Os debates internos e os realizados pela área acadêmica, ao lado das negociações com o Banco Mundial, evidenciaram a necessidade de se abrir a economia. Nesse contexto, Julio Mourão, funcionário do BNDES que havia participado de várias dessas discussões, escreveu um artigo com a expressão que traduzia a ideia da abertura e que começou a ser repetida: "integração competitiva do Brasil nos mercados mundiais".

Nesse período, transmitindo um desejo de Tancredo Neves, que já havia sido eleito pelo Colégio Eleitoral, fui convidado por Francisco Dornelles, que seria o seu ministro da Fazenda, para continuar na Secretaria--Geral do ministério. Depois de várias reuniões de Tancredo com o ministro Ernane Galvêas, que lhe transmitiu a dimensão das propostas que estávamos estudando para promover avanços institucionais nas finanças públicas, como o fim da conta de movimento e das funções de fomento do Banco Central, Tancredo ficou convencido — inclusive por ter sido informado também por Dornelles, que era membro da Comissão — de que era preciso ir adiante com nossas propostas e colocá-las em prática. Tancredo preferia, na verdade, que o presidente Figueiredo aprovasse as medidas, mas isso não foi possível.

Um dia Dornelles entrou na minha sala e disse: "Olha, Maílson, o presidente Tancredo quer que você continue nesse cargo." Eu não queria continuar, estava cansado, desencantado com a derrota das nossas propostas, mas Dornelles me convenceu a continuar, contra a opinião de minha família. Faltando oito dias para o início do novo governo, Dornelles foi à minha casa em um fim de semana, com a cara triste, aparentando decepção, e me disse: "Olha, não dá para manter o convite, porque tem um problema político. Não posso contar tudo agora."

Posteriormente, ele me contou que Antônio Carlos Magalhães, que assumiria o Ministério das Comunicações, também queria manter o secretário-geral da pasta, mas Tancredo não o aceitava. E, para que ele pudesse dizer que nenhum secretário-geral iria continuar, fui desconvidado. O Dornelles então me ofereceu o cargo de diretor do Banco Central, que não aceitei. "Olha, Dornelles, adoro você, sou seu amigo, mas não quero." E disse a ele que ficaria para restabelecer o nosso projeto de reformas das finanças federais. Não estava procurando cargos no governo. No mesmo dia, comecei a receber telefonemas de amigos espantados com a minha recusa de ser diretor do Banco Central.

Até que recebi uma visita de Camilo Calazans, que seria o próximo presidente do Banco do Brasil. Ele trazia outro convite do Dornelles, agora para assumir uma diretoria da Caixa Econômica Federal. "Ô, Camilo, eu não quis ser diretor do Banco Central, por que aceitaria ser da Caixa Econômica?", perguntei. Não satisfeito, ele me ofereceu o cargo de diretor do European Brazilian Bank — Eurobraz, em Londres, que ia ficar vago e era destinado, pelos estatutos, a um funcionário do Banco do Brasil. Também recusei. Não queria falar em cargos do governo.

Calazans recorreu ao ministro Galvêas para me convencer. O ministro me chamou à sua sala e sentenciou: "Olha, Maílson, eu estou te apoiando em tudo que você tem feito nestes últimos dias, mas agora você enlouqueceu. Recusar-se a ir para Londres? Eu não admito, você tem que aceitar." Decidi consultar minha família, que topou sairmos do Brasil. Fui para Londres, onde fiquei dois anos, e voltei ao Brasil a convite do ministro Luiz Carlos Bresser-Pereira para reassumir a Secretaria-Geral da Fazenda. Para minha sorte, o nosso trabalho de reforma das finanças federais continuava inconcluso e dediquei-me a completar a missão.

Sob minha coordenação, em conjunto com Pedro Parente, que tinha assumido uma posição relevante na Secretaria do Tesouro Nacional, três medidas foram implementadas: o encontro de contas do Banco do Brasil e do Banco Central com o Tesouro Nacional, a extinção das funções de fomento do Banco Central e o fim do Orçamento Monetário. Depois disso tudo, o ministro Bresser-Pereira divergiu do presidente José Sarney e pediu demissão. Fiquei uns 20 dias como interino e fui, em seguida, em janeiro de 1988, anunciado como o novo ministro da Fazenda. Montei uma equipe de profissionais do setor público. Não tinha ninguém de fora. Achávamos que seríamos bem-sucedidos, o que, naquela época, era trazer a inflação para 10% ao mês — ela estava próxima dos 20% ao mês.

No Plano Verão, lançado em janeiro de 1989, expliquei o objetivo de alcançarmos 10% ao mês até o fim daquele ano. Eram objetivos modestos, na verdade ingênuos. Depois ficaria claro que a inflação acima de um certo nível, com o grau de indexação que caracterizava a economia brasileira, fugia do controle, pois choques de oferta a faziam mudar de patamar, dali sempre para cima, alongando um processo de inflação que só sobe, nunca cai.

A origem da "política feijão com arroz"

Reunimos a equipe para discutir o que fazer. Foi quando o Olintho Tavares de Campos, meu chefe de gabinete, me alertou: "Pensa bem, o presidente não tem capital político, você não tem como mobilizar o país para as transformações destinadas a acabar esse processo inflacionário. Além disso, só temos mais dois anos de governo, vamos ter que fazer o feijão com arroz. Esquece essas coisas mais grandiosas, porque você não vai conseguir aprovar." Acabada essa reunião, fui dar a primeira entrevista como ministro da Fazenda, na qual os jornalistas fizeram as perguntas esperadas: o que eu planejava fazer, qual seria a política econômica da nova equipe e por aí afora.

Fui driblando, driblando, driblando, mas quando me levantei para sair uma repórter me perguntou: "Afinal, ministro, qual é a sua política?" E eu respondi que ia fazer o "feijão com arroz". No outro dia, a manchete de primeira página do *Estadão* era: "Novo ministro anuncia política de feijão com arroz." "Meu Deus do céu, o que as pessoas vão pensar?!", me perguntei. Aí comecei a receber telefonemas dos amigos me parabenizando — naquela época não tinha WhatsApp. Todos acharam uma sacada genial e me perguntavam quem tinha me assessorado. A sacada era não vir com nenhum plano grandioso de intervir na economia. Então, ficou "a política do feijão com arroz", que definia a ausência de grandes ambições, mas, ao mesmo tempo, evitando-se riscos que levassem a economia a um colapso total, o que terminaria tendo implicações para o processo político. Afinal de contas, nós íamos eleger diretamente, em novembro do ano seguinte, o primeiro presidente da República desde 1960.

Nós só tínhamos uma certeza: a inflação brasileira, por suas características, pela forte inércia do sistema de preços, não seria tratável com os instrumentos convencionais de política monetária e fiscal, como foi a ilusão do FMI no acordo de 1983. Aquele era um programa ortodoxo, com forte contração monetária, e a gente começava a entender que combater a inflação brasileira com instrumentos tradicionais de política econômica só era possível numa ditadura. Daria certo se a economia fosse arrasada com uma depressão. Além de não recomendável do ponto de vista social, econômico e de futuro, todos haviam comprado a ideia — que era correta e sustentada por economistas como Persio Arida, André Lara Resende, Chico Lopes, Bresser-Pereira e outros — de que a inflação brasileira era essencialmente inercial e tinha que ser combatida com meios não ortodoxos.

Havia duas saídas. A primeira era o choque do congelamento de preços, salários e contratos. A outra era a proposta do Persio Arida e do André Lara Resende, que serviu de base para a criação da Unidade Real de Valor, a URV. O FMI e o Banco Mundial foram relevantes em reformas da economia brasileira, tanto no que se refere à modernização de instituições da política monetária quanto no que se refere à evolução da política comercial, principalmente, nesse caso, em relação às ideias de abertura da economia. Do lado do FMI, houve o convencimento de que a vitória sobre a inflação não aconteceria sem uma desindexação.

Lembro-me de minha primeira visita ao FMI, em Washington, quando tive um jantar privado com seu diretor-gerente, Michel Camdessus. O objetivo era bater o martelo nas negociações para um novo acordo com o Fundo. Acertamos a meta para o déficit público em 4% do PIB — o estafe do FMI havia sugerido 1% do PIB — e uma ação para desindexar a economia, que não especificamos. No final, disse-me Camdessus: "Remember, Mr. Minister, DI", ou seja, *deindexation*. O FMI havia se convencido de que esse era o caminho.

Como se sabe, tentada cinco vezes por meio do congelamento, a ideia da desindexação só viria a ter sucesso com a genialidade do Plano Real. No início se imaginou que o congelamento poderia ser a saída, com a vantagem de ser de fácil assimilação. Afinal, tinha dado certo em Israel. Só depois nos demos conta de que o sucesso israelense se deveu a fatores inexistentes no Brasil. Era um país pequeno; o Tesouro Americano doou o equivalente a 3% do PIB para formar o colchão de reserva e, assim, viabilizar a âncora cambial; a Central Sindical concordou com o congelamento dos salários. Da vitória contra a inflação, dizia-se, dependia a sobrevivência do Estado de Israel. Nada disso havia no Brasil. Não tínhamos condições institucionais nem culturais para obter um sucesso como o de Israel para vencer uma inflação anual de 400%.

Participação na Assembleia Constituinte

Outra experiência marcante na minha trajetória no serviço público foi a participação nos trabalhos de preparação do capítulo econômico da Constituição de 1988. Na época, eu era secretário-geral do Ministério da Fazenda. O hoje senador José Serra, então deputado federal, e Francisco Dornelles, também deputado, eram os líderes da Comissão Temática de Finanças Públicas e Orçamento. Dornelles era o presidente da Comissão e Serra o relator. Os dois me convidaram para fazer parte do grupo de especialistas que iria assessorá-los na feitura desse capítulo da Constituição. Acompanhei de perto o trabalho. Serra conseguiu desmontar, em seu relatório, uma série de barbaridades propostas pelas subcomissões.

Serra realizou uma tarefa que eu achava quase impossível, a da redação dos dispositivos sobre o Orçamento da União. O regime militar havia proibido as emendas parlamentares ao Orçamento. Era preciso restabelecê-las sem a irresponsabilidade da época da Constituição de 1946. Com o auxílio do grupo e de seus próprios conhecimentos sobre o tema, Serra conseguiu a redação pela qual uma emenda parlamentar somente poderia ser aprovada se se cancelasse outra de mesmo valor. Além disso, ela teria de ser compatível com o plano plurianual de investimento. Por último, o Orçamento poderia ser emendado para corrigir erros e omissões.

A Assembleia Nacional Constituinte foi guiada por duas ideias fortes. Uma primeira era o garantismo, isto é, assegurar o máximo de direitos, garantindo que nunca mais haveria golpe de Estado. A segunda era o combate à pobreza e à desigualdade. Ninguém se preocupou com as consequências, poucos ali estavam familiarizados com o conceito de restrição orçamentária. O mote era: vamos acabar com a distribuição desigual da renda. E isso foi feito a golpes de mais gastos públicos, que acabaram beneficiando o grupo dos servidores públicos, muito ativos na Constituinte.

Desprezou-se o longo trabalho de profissionalização do setor público, que previa a gradual adoção de uma trabalhista única para o setor público e o privado, como ocorre nos países desenvolvidos. A Constituição de 1988 criou o Regime Jurídico Único para os servidores públicos. Mais de 400 mil funcionários públicos que não tinham feito concurso viraram funcionários com estabilidade no emprego, o que teve um impacto terrível no custo da folha de pagamento. A Constituição de 1988 criou vários benefícios para servidores públicos e para aposentados e pensionistas.

Transferiu também vultosos recursos da União para estados e municípios. Os fundos de participação dos estados e municípios, calculados com base em 30% da arrecadação do Imposto de Renda e do IPI, tiveram sua parcela elevada para 44%. Além disso, criaram-se fundos regionais de desenvolvimento das regiões Norte, Nordeste e Centro-Oeste equivalentes, no total, a 47% daqueles impostos. O processo continuou após 1988 e hoje o percentual é de 49%. Tenho visto muitos economistas ignorando essa realidade. Calculam quanto um aumento do Imposto de Renda ou do IPI reforçaria as finanças da União e a obtenção de superávits primários sem considerar que resta ao governo federal apenas cerca de metade da arrecadação.

Além disso, contra a opinião do Ministério da Fazenda, atribuiu-se aos estados o poder de alterar as alíquotas, as bases de cálculo e as hipóteses de incidência do ICMS. Não ouviam nossos alertas de que a medida bagunçaria o sistema de tributação, de que no regime de cálculo de um imposto baseado no valor agregado era preciso harmonizar as regras em todo o território nacional. Daí a má herança que resultou em 27 regimes tributários do ICMS, o que torna impossível às empresas acompanhar o ritmo de mudanças, que ocorrem 70 vezes a cada semana. A Constituição contribuiu enormemente para transformar o ICMS em uma das maiores fontes de ineficiência da economia brasileira.

Criou-se ainda uma anistia de dívida para agricultores, pequenos industriais e comerciantes. Como ministro, contestei publicamente a proposta, alegando os custos para o Tesouro e o sistema financeiro. Os autores da proposta me pediram uma audiência. Preparamo-nos para mostrar aos deputados a inconveniência da medida, mas gastamos o nosso verbo em vão. "Ministro, nós estamos aqui para ouvir, mas vamos aprovar a anistia. Ponto final." E aprovaram. Não foi pior porque um deputado do Partido Comunista, Roberto Freire, apresentou de última hora uma emenda restringindo o benefício aos pequenos produtores, porque inicialmente era para todo mundo, uma loucura.

Preparamos um estudo para o presidente José Sarney, mostrando os custos da nova Constituição de 1988. Ele se impressionou e nos disse que deixaria isso registrado para a História. Fez um discurso alertando que o Brasil poderia ficar ingovernável diante dos novos custos propostos na Constituinte. Eu fiz a crítica e continuo a fazê-la. Reconheço o papel da Constituição na redemocratização, na construção de instituições que asseguraram direitos e garantias individuais e criaram os freios e contrapesos da democracia, mas, no campo econômico, a Constituição de 1988 foi um desastre. Criou sete monopólios da Petrobras, o monopólio das telecomunicações e do resseguro. Piorou a alocação dos recursos na economia e a qualidade do sistema tributário. E parece que a PEC nº 45, que unifica cinco tributos — IPI, ICMS, ISS, PIS e Cofins — no IVA, o Imposto sobre Valor Agregado, se aprovada pode pôr um fim ao caos da tributação do consumo. Vamos ver.

O jogo político na coordenação das ações intragoverno

No que diz respeito à coordenação intragoverno, eu diria que no meu tempo isso funcionou razoavelmente bem. A Casa Civil coordenava as ações do governo federal. A ela eram dirigidas as propostas dos ministérios, que lá chegavam no formato de rascunhos. Ali eram verificadas as questões de compatibilidade com a Constituição, o ambiente político, e assim por diante. O Ministério da Fazenda, junto com o do Planejamento, exercia uma atividade de coordenação interna nas políticas fiscais e monetárias que era conduzida, sobretudo no campo monetário, pelo Conselho Monetário Nacional e, no campo fiscal, por um trabalho conjunto da Fazenda e do Planejamento.

A democracia nos ensinou que o sistema político brasileiro, marcado pelo multipartidarismo e pela fragmentação, caracterizava o que o cientista político Sérgio Abranches denominou de "presidencialismo de coalizão". A coalizão ampla é parte inerente do sistema político brasileiro. Sobretudo agora, que existem mais de 30 partidos políticos. Uma coalizão envolve 14, 15 partidos.

Como muito bem definiu Carlos Pereira, cientista político da FGV, o presidente da República é o coordenador do jogo político. Cabe à Casa Civil coordenar internamente as diversas visões de governo. Isso funcionou muito bem na gestão Sarney, na do Fernando Henrique Cardoso e na do Lula. Como presidente, Lula tinha habilidade não só de perceber o processo, mas de conquistar apoio, de interagir com os parlamentares usando recursos de poder. Decidia quem convidava para jantar, para viajar com ele pelo país ou para o exterior. Sabia escolher em qual casamento comparecer, coisas aparentemente simples, mas que são parte de um complexo conjunto de recursos de poder que, se bem utilizados, favorecem a tarefa de coordenação que cabe ao presidente exercer.

Perdeu-se muito desse processo no governo de Jair Bolsonaro. O ministro da Economia, Paulo Guedes, decidiu exercer pessoalmente uma função que nunca foi dos ministérios econômicos, qual seja, a de articular diretamente com o Congresso Nacional a aprovação de suas propostas. O ministro da Fazenda ou da Economia, à exceção do Fernando Henrique, não costuma ter experiência de negociação política, de funcionamento de Congresso. Essa coordenação requer habilidades tanto do presidente quanto do ministro da Casa Civil, do ministro que exerce a articulação política. É preciso ter experiência política.

Dois casos fugiram a essa regra, o de Ronaldo Costa Couto, no governo Sarney, e o de Pedro Parente, com Fernando Henrique. Nenhum dos dois tinha grande experiência política, mas se revelaram excelentes coordenadores no exercício da chefia da Casa Civil. Essa função exige, além de traquejo e conhecimento do jogo político, muita paciência e postura adequada. Paulo Guedes não tem nenhum desses atributos. Um deputado resolveu fazer uma graça qualquer com ele e o chamou de "Tchutchuca". Era o filho do Zé Dirceu. Paulo Guedes se encheu de ar e gritou: "É a mãe!" Essa não é uma reação que se espera de um ministro da Economia. O certo teria sido respirar e esquecer a indelicadeza. As lições que estão ficando da atual crise são as de que o sistema não funciona bem se o presidente não tem a capacidade de ser o coordenador desse jogo, de ser o articulador, a figura-chave desse processo.

O papel das instituições e as novas agendas

Estou convencido de que o Brasil tem instituições fortes, algumas disfuncionais, mas aquelas que importam, que constituem o conjunto de freios e contrapesos, funcionaram bem nas várias crises pelas quais tem passado o país desde a redemocratização. Elas funcionaram bem nas crises de impeachment do Collor e da Dilma. E têm funcionado agora no governo do Bolsonaro, não se curvando aos ataques do presidente às instituições.

É sempre bom lembrar que as instituições, no conceito que lhes dá o economista Douglass North, o grande mestre nessa área, não são apenas as organizações públicas, os partidos ou o Banco Central. As instituições constituem um espaço mais amplo. A imprensa e os círculos de amizade são parte das instituições. A família é parte das instituições. A imprensa é uma das mais importantes. Ela tem funcionado muito bem no papel de resistir a ímpetos autoritários, particularmente no governo Bolsonaro, e tem contribuído não só para acompanhar os atos do governo e apontar erros, mas sobretudo para preservar a democracia.

Nunca vi a democracia brasileira sob risco. Por outro lado, o Brasil tem um sistema financeiro que pode se comparar aos melhores do mundo. O Banco Central se tornou um regulador de altíssima qualidade. Dois recentes presidentes do Banco Central receberam o título de Melhor Presidente do Banco Central do Mundo: Ilan Goldfajn e Roberto Campos. O Banco Central é um regulador de excelente qualidade. Avançamos na privatização e na concessão de serviços públicos ao setor privado. O processo orçamentário, contudo, ainda padece de alguns problemas, ainda tem que avançar.

No Brasil existe uma regra não escrita que não faz nenhum sentido em um país democrático. Aqui é aceitável que um presidente da República não cumpra o Orçamento, ou seja, que, mesmo depois de o texto aprovado, o presidente possa baixar um decreto dizendo o seguinte: "Eu não vou cumprir isso e vou cortar isso e aquilo." Como assim? O Orçamento é a principal lei econômica do país. Os Parlamentos nasceram de questões orçamentárias. Como é que o governo diz que não vai cumprir? Jornalistas, economistas, cientistas políticos e até parlamentares aceitam, equivocadamente, que o Orçamento seja autorizativo. Imagine o custo disso.

Um projeto de investimento em infraestrutura com obras contratadas pode ser interrompido porque o Tesouro Nacional corta a respectiva dotação orçamentária. A empresa mobilizou máquinas, equipamentos, pessoal, às vezes alugou casas na redondeza, e um dia se dá conta de que a verba foi suspensa. Imagine o impacto sobre a produtividade! Nos países desenvolvidos e em outros que levam a sério a questão, quando é preciso fazer corte de gastos o Orçamento volta a ser discutido pelo Congresso. É o Congresso que corta, não o Poder Executivo. Então, isso é uma coisa que a gente tem que mudar. O Orçamento é mandatório por definição.

Para o futuro de jovens economistas

Outro ponto que afeta a segurança jurídica do país e a saúde das instituições é, sem dúvida, a relação entre os poderes Judiciário, Executivo e Legislativo e seus organismos de controle. Nesse contexto, a questão do Orçamento gera uma grande insegurança. De uma hora para outra, você pode quebrar uma empresa porque cortou uma dotação importante no Orçamento. Depois, com todo respeito, o Judiciário é hoje uma fonte de incertezas. O Supremo Tribunal Federal se tornou uma quarta instância. Essa história de liminares de ministros que levam meses e até anos para serem apreciadas pelo plenário é uma grande fonte de incertezas. Tudo hoje vai para a apreciação do Supremo, ou quase tudo. Outro dia o Supremo estava decidindo sobre vaquejada no Nordeste. Imagine se isso é matéria para uma Corte constitucional.

Na área tributária, por exemplo, dois terços dos processos que tramitam no STF têm a ver com questões tributárias. O Supremo delibera, anualmente, sobre 80 mil, 100 mil casos. É inacreditável. É claro que a maioria é decidida por um clique de computador. A Suprema Corte Americana julga 100 casos por ano. Há tempo para meditar, refletir. É preciso evitar as decisões solitárias de ministros via liminares. Existem questões muito complexas e a pressa não pode justificar o desmoronamento de um conjunto de preceitos, de cuidados que, quando não observados, geram custos para a economia, diminuem o potencial de ganho de produtividade, de crescimento do país, e assim por diante.

Acho que o Judiciário precisava passar por uma revisão, e não apenas por causa do escândalo das remunerações. Desembargadores do Mato Grosso do Sul receberam recentemente 250 mil reais por mês só de penduricalhos. O Supremo funciona dividido, digamos, em 11 ilhas que decidem. Isso precisaria ser revisto. Acho que a gente precisaria melhorar também, por exemplo, a forma de os contribuintes recorrerem a instâncias para contestar ações e autuações da Receita Federal, um processo muito complexo e caro.

A um jovem economista que um dia gostaria de atuar com políticas públicas ou até chegar a ser ministro da Fazenda, eu recomendaria que se preocupasse mais com a equipe do que com o poder, porque o ministro é, pela natureza de suas atribuições, uma peça relevante do governo federal. Ele não precisa juntar cinco ministérios, como se viu recentemente, para ser relevante. Ao contrário, o excesso de centralização pode ser disfuncional. Um ministério com tantas atribuições, com tanta responsabilidade, tem que ter pessoal qualificado, e não apenas gente da Academia e do setor privado, tem que ter também muita gente da máquina, pessoas com experiência na condução das finanças públicas, da gestão macroeconômica e do comércio exterior. Com essa gama de atribuições, sem uma equipe não se vai muito longe. Resumindo: mais equipe, menos poder discricionário.

Se há um jovem com vocação e desejo de servir ao governo, eu diria a ele que, em sua formação, dê prioridade a duas disciplinas: História e Instituições. Entender a teoria das instituições é fundamental para o economista que vai para o governo. E entender a História é crucial, até porque ela se repete.

Leituras sugeridas

- Nóbrega, Maílson da. *Além do feijão com arroz*. Rio de Janeiro: Civilização Brasileira, 2010.
- Nóbrega, Maílson da. *O futuro chegou: instituições e desenvolvimento no Brasil*. Porto Alegre: Globo, 2005.
- North, Douglass C. *Instituições, mudanças institucionais e desempenho econômico*. São Paulo: Três Estrelas, 2018.

2. Marcílio Marques Moreira
Podcast realizado em 21 de setembro de 2021

Marcílio Marques Moreira é diplomata pelo Instituto Rio Branco, bacharel em Direito pela Uerj e mestre em Ciência Política pela Universidade de Georgetown, em Washington. Iniciou as atividades profissionais como diplomata, mas teve variadas experiências na administração pública e no sistema financeiro. Foi ministro da Economia, Fazenda e Planejamento de 10 de maio a 2 de outubro de 1991, no governo Fernando Collor, após servir como embaixador do Brasil nos Estados Unidos entre 1986 e 1991.

Foi professor do Instituto Rio Branco e da Uerj, onde exerceu o cargo de diretor do Centro de Ciências Sociais, além de integrar o Conselho Universitário e o Conselho Superior de Ensino, Pesquisa e Extensão da universidade. Foi membro e presidente da Comissão de Ética Pública do governo federal (2002-2008) e vice-presidente do Conselho de Administração do Grupo Unibanco por 18 anos. Desde 1993 integra o Conselho de Administração da FGV, tendo participado, em diferentes momentos, da administração estadual e municipal do Rio de Janeiro. Atua em diversos conselhos de empresas e de organizações não governamentais.

Resumo

Marcílio Marques Moreira traz histórias do seu período de formação e experiências vividas na Embaixada do Brasil nos Estados Unidos e na Esplanada dos Ministérios, em especial ao longo da crise da dívida externa e da crise institucional do governo Collor. Em Washington, como em Brasília, Marcílio sempre enfatizou o papel da formação de uma equipe preparada, coesa e de confiança para o êxito na gestão de governo. Nesse sentido, relata aqui como a ética da responsabilidade defendida por Max Weber inspirou o pacto de governabilidade firmado em meio à deterioração do governo Collor. Por fim, às vésperas de completar 90 anos, examina também o papel da burocracia e do Itamaraty na dinâmica do governo e apresenta as suas perspectivas sobre o futuro do Brasil.

Da infância, em Viena, ao Ministério da Fazenda

Nasci no Rio de Janeiro em 1931, já faz algum tempo, em meio a nada menos do que uma crise institucional global. Com menos de 3 anos, em 1933, cheguei a Viena com minha família no mesmo período em que Freud escrevia *O mal-estar na civilização* e Roosevelt e Hitler assumiam a liderança dos Estados Unidos e da Alemanha, respectivamente. A crise mundial coincidiu com minha primeira crise pessoal de saúde. Aos 4 anos, mal alfabetizado, caí doente com reumatismo articular agudo, o que me prendeu quatro meses à cama. Como ainda não sabia ler bem e não havia televisão, só me restava ouvir discursos e mais discursos de Hitler pelo rádio. Com isso, comecei cedo demais a conversar com adultos sobre a guerra e o que estava acontecendo no mundo.

Nessa fase da primeira infância, identifico um ponto de virada na minha história pessoal, quando o médico judeu que me atendia foi proibido, em 1939, de me aplicar injeções de ouro coloidal na veia e foi substituído por um médico nazista de uma brutalidade para ele natural, mas que me tornou um liberal por toda a vida. Logo depois desse episódio, fugimos, eu, minha mãe e irmãos, no penúltimo navio italiano para o Brasil. Lembro-me bem de que o navio foi parado ao sair do Mediterrâneo pela Esquadra Inglesa, situada em Gibraltar, para ser examinado e revistado. Mesmo já de volta ao Brasil, podia ser considerado filho da guerra, porque, enquanto as outras crianças da minha idade estavam brincando, eu conversava sobre quem estava vencendo as batalhas.

A vivência tão próxima ao contexto da Segunda Guerra me marcou muito. No Brasil, iniciei o 3º ano primário. Eu tinha sido alfabetizado em alemão gótico, porque os nazistas eram conservadores e mantinham aquela maneira antiga de ensinar. Chegando aqui tive que me acomodar, reaprender tudo, mas acabei estudando em ótimos colégios. No começo de 1946, quando estava perto de terminar o ginásio, voltamos para a Europa, dessa vez para a Suíça, que, em algumas coisas, lembrava a Áustria, embora em outras fosse exatamente o contrário. Em vez de ditadura, havia ali um grande respeito pela liberdade.

Viena tinha sido uma espécie de Paris austríaca, uma cidade fantástica. Mas Berna, que sobrevivera à guerra, era um lugar no qual se podia ir a um restaurante comer bem e depois participar de shows de Louis Armstrong, Josefina Baker ou outros grandes artistas. Porque era um dos poucos lugares em que eles podiam apresentar-se a uma audiência com capacidade de pagar pelas respectivas entradas. Aí, em vez de ser alfabetizado apenas em alemão, aprendi e aperfeiçoei meu português com Clarice Lispector, o que não era pouca coisa.

Muitos outros diplomatas ou seus cônjuges passavam por Berna. Vários na fronteira de se tornarem grandes escritores. O Antônio Houaiss, por exemplo, morava em Genebra, a uma hora de trem de Berna. Ribeiro Couto era outro que passava por lá, pois era embaixador em Belgrado naquele período, enquanto sua esposa morava em Paris. Já eu, no começo da adolescência, continuava proibido de empreender atividades e esportes fortes por causa da doença. Estudava na escola municipal de Berna, onde o curso era o Científico, mas isso significava também ter que ler Goethe e Schiller, além dos clássicos gregos *Odisseia* e *Ilíada*. Era uma educação boa, diversificada e sólida.

Acabamos voltando para o Brasil em 1951 e eu, imediatamente, me inscrevi na Faculdade de Direito e, no ano seguinte, no Instituto Rio Branco, porta para o Itamaraty. Fiz os cursos concomitantemente para me formar em Direito e em Política Internacional, duas experiências extremamente ricas. O Itamaraty tinha não só excelentes funcionários, como também intelectuais que saíam dali diretamente para fazer cursos nos Estados Unidos. O embaixador Dias Carneiro, por exemplo, era o único no Brasil daquela época com doutorado no MIT. No Itamaraty, havia um núcleo de excelentes economistas, como o Miguel Osório de Almeida, que também nos dava aulas de matérias como Econometria e Estatística no Rio Branco. Depois, na embaixada, em Washington, meu primeiro posto, tive outra rica experiência de conhecimento do mundo como ele é.

Essa experiência de conhecimento do mundo se iniciou quando pude escolher o lugar para onde queria ir como diplomata. Escolhi Washington. Na capital americana acompanhei quatro embaixadores. O primeiro foi Amaral Peixoto, que me ensinou como funciona a política no Brasil. Ele gostava muito de conversar. Como era presidente do PSD, tinha linha direta com Juscelino Kubitschek. O seguinte foi Walter Moreira Salles, com quem aprendi finanças e muito mais. O terceiro foi o ministro-conselheiro Carlos Alfredo Bernardes, encarregado de negócios por um ano e sucedido pelo embaixador Roberto Campos. Finalmente, em 1963, quando estava terminando minha permanência em Washington, fui convidado por San Tiago Dantas para trabalhar com ele no Ministério da Fazenda. Aquilo, sim, foi um mestrado, porque uniu tudo — economia, política e finanças — em um mesmo espaço intelectual inspirador.

O aprendizado da alta-política

Com San Tiago Dantas vim a aprender quase tudo que sei sobre alta-política e economia. Ele era uma pessoa fantástica. De modo que esse período de 1957 a 1963, em Washington, foi muito importante porque, ao mesmo tempo, tive a oportunidade de cursar o mestrado em Ciência Política na respeitada Universidade de Georgetown, onde aprendi muito sobre a arte de negociar. Um dos colegas na embaixada, que assistia comigo às aulas em Georgetown, era Sérgio Paulo Rouanet, que se tornou grande amigo e que todos passaram a conhecer anos depois pela autoria da Lei Rouanet, quando exerceu o Ministério da Cultura, ao tempo em que eu exercia o da Economia, Fazenda e Planejamento.

Havia muito interesse do mundo pela América do Sul. E, mesmo sendo ainda apenas terceiro ou segundo-secretário da embaixada, eu era convidado para eventos como uma reunião com San Tiago Dantas, Roberto Campos e o presidente John Kennedy no Salão Oval da Casa Branca. O Protocolo nos havia avisado que o presidente só teria 20 minutos de conversa, mas ela se estendeu por quase uma hora e meia. Para mim, foi um verdadeiro treinamento para ser embaixador, quase 20 anos mais tarde.

Tendo sido convidado para trabalhar como assessor de San Tiago Dantas, na volta ao Brasil exerci a função por cerca de seis meses no Ministério da Fazenda. Continuei trabalhando em outras áreas do governo federal até o fim de 1965, quando começou o governo Negrão de Lima. Passei então a trabalhar no governo do estado da Guanabara, com grande liberdade em vários projetos, dentro de uma espécie de ilha democrática no contexto da ditadura militar. Paralelamente, comecei a dar aulas na Uerj, cujo reitor, irmão do ministro da Guerra, de certa forma protegia o espaço da universidade, onde tínhamos informações úteis para alertar pessoas que corriam risco de serem presas.

Ainda nesse período participei da fundação de uma empresa de desenvolvimento em favelas chamada Companhia de Desenvolvimento Comunitário, a Codesco, que teve grande repercussão na imprensa. Foi quando pares do meio político começaram a achar que eu estava tendo sucesso demais e fui incentivado a me candidatar a deputado, em vez de "ficar perdendo tempo com favelas". Enfim, dispensa por meio hipócrita. Nesse momento, a convite do doutor Walter Moreira Salles, fui trabalhar no Unibanco, onde fiquei por 18 anos, até 1986, também com bastante liberdade de ação. Como havia tido a experiência como diplomata em Washington, desenvolvi ampla rede de relacionamentos. Assim, era regularmente convidado por organizações não governamentais com interesse na América do Sul, em especial dos Estados Unidos, da Europa e do Japão.

Essas atividades também foram, de alguma forma, uma preparação para ser embaixador nos Estados Unidos em 1986, quando voltei à América por convite do presidente José Sarney para assumir a Embaixada do

Brasil. Fui indicado a ele, em um ato de "compadrismo", pelo Odylo Costa Filho, seu compadre que era meu amigo. Sarney me convidou quando teve problemas na embaixada em Washington, em parte por causa das posições conservadoras do próprio Itamaraty, que proibia a comunicação dos diplomatas com membros de organizações de direitos humanos, ambientais e de direitos identitários. Por conta dessas dificuldades, Sarney me chamava a cada três meses para vir ao Brasil ou encontrá-lo no exterior para trocar ideias. Nos cinco anos em que estive na embaixada, me foi possível mudar a política de atuação com apoio total do presidente.

Nesse segundo período em Washington, que começou em 1986 e terminou em 1991, já na gestão do presidente Collor, fiz diversas palestras e participei de inúmeras discussões, inclusive na Escola Superior de Guerra, para espanto dos meus amigos de esquerda. Os temas eram relativos ao papel dos militares no desenvolvimento do país. Para inserir o Brasil daquela época nos diálogos internacionais, tive que alargar os horizontes, porque a nossa reputação no exterior não era melhor que a de hoje. Além de carregar o peso histórico do longo período de ditadura, éramos considerados incendiários de floresta, caloteiros de dívida externa.

A única credencial importante de que eu dispunha era estar representando um governo pós-ditadura, portanto, democrático, e assim consegui reconectar pessoas-chave da comunidade brasileira que passavam com frequência por Washington militando no campo de direitos humanos, meio ambiente ou dívida externa. Uma delas foi a cientista política Jacqueline Pitanguy e a médica e sanitarista Zilda Arns, que tiveram papel da maior importância na defesa dos direitos das mulheres e dos desvalidos. Já o Fernando Collor eu conheci em Washington, quando ele lá esteve na condição de governador de Alagoas para um encontro com o então presidente George Bush Pai, que, aliás, ficou encantado com ele. A convite do Pedro Malan, que foi um de meus melhores companheiros na temporada em Washington durante os cinco anos em que lá fiquei, fomos almoçar. Ali iniciamos um conhecimento que depois me manteve no cargo de embaixador quando ele assumiu a Presidência do Brasil.

Convite para o Ministério da Fazenda

Fiquei na Embaixada do Brasil nos Estados Unidos até o momento em que fui acionado, às pressas, por telefone, pelo então ministro da Justiça, Jarbas Passarinho, para substituir a ministra Zélia Cardoso de Mello, que caía em meio à crise pós-congelamento do Plano Collor. Depois de conversar em família, principalmente com minha mulher e minha mãe, aceitei o convite. O Brasil precisava de um nome que o ajudasse a enfrentar uma enorme crise de confiança, cujo pano de fundo era a questão da dívida externa. Senti-me, então, na obrigação de encarar aquele desafio, que era ocupar o cargo de ministro da Economia, Fazenda e Planejamento do Brasil.

Numa operação secreta organizada pela Casa Militar, para não levantar suspeitas antes da hora sobre a nomeação, voltei ao Brasil praticamente escondido, via Miami, e já no avião vim tomando notas e listando os pontos que considerava problemáticos para os governos brasileiros no exterior. Um deles eram as fofocas. Por isso pedi ao presidente Collor que me reservasse um gabinete no Palácio próximo a ele e com livre entrada para a sua sala. Collor concordou e foi ali que tive a oportunidade de conhecer bem o Murilo Portugal, assessor econômico do presidente. Foi com a ajuda dele que consegui, no tempo recorde de uma semana, montar o grupo que assumiria comigo o ministério, em 10 de maio de 1991.

Para isso pedi a alguns amigos, como Pedro Malan, Edmar Bacha, Francisco Gros, Winston Fritsch e Celso Lafer, que fossem a Brasília passar o domingo em reunião, ajudando na montagem da equipe e no encaminhamento dos respectivos convites. Para nossa grata surpresa, vários aceitaram participar daquele que não era propriamente um grande programa — passar o domingo em Brasília trabalhando. Fomos escolhendo os nomes e quem fosse escolhido tinha a possibilidade de bloquear algum outro nome que surgisse na sequência. Essa era a regra, porque o mais importante naquele momento era montar um grupo coeso de pessoas conhecidas e com confiança entre si.

Foi assim que chegamos a nomes como Pedro Malan, Luiz Antônio Gonçalves, Pedro Parente, Armínio Fraga, Gustavo Loyola e Pedro Bodin, além do próprio Francisco Gros, com quem eu tinha trabalhado no Unibanco, para assumir o Banco Central. E, realmente, eles conseguiram conferir continuidade ao governo durante o processo de impeachment de Collor, a quem devo atribuir o crédito pela total liberdade dada ao grupo para fazer o necessário. Ao contrário do que provavelmente faria nosso presidente atual [*Jair Bolsonaro*], ele chamou a mim, ministro da Fazenda, e ao Célio Borja, que era ministro da Justiça, e nos deu carta branca para fazer o que considerássemos certo sem que fosse preciso consultá-lo antes — atitude espantosa vinda de um político brasileiro.

O primeiro desafio do ministério foi a devolução dos cruzados retidos no Plano Collor. Um segundo desafio foi a renegociação parcial da dívida externa. Houve também um início de agenda modernizante, com a redução dos controles cambiais, o processo de privatização e a desburocratização. Tudo isso prosseguiu mesmo após iniciar-se o processo de impeachment. Mas, para um governo que queria governar, o essencial era garantir a pedra angular de toda construção política: a confiança da população.

A troca de ideias entre esse grupo de notáveis perseverou, até porque seus integrantes passaram a se reunir anualmente para jantares, ao longo dos 20 anos seguintes, até a pandemia. Eles haviam sido fundamentais naquele momento para a tomada de decisões no sentido de manter a confiança da população quanto, por exemplo, à devolução do dinheiro retido. E àquele grupo menor se juntou depois um grupo bem maior, que o presidente Collor consultava para tudo, inclusive pedindo sugestões para convites e nomeação de profissionais que acabaram assumindo ministérios. Foi o caso de Adib Jatene, na área da Saúde; Celso Lafer, nas Relações Exteriores; Célio Borja, na Justiça; e José Goldenberg, no Meio Ambiente e na Educação.

Lembro-me de que promovi a aproximação de Collor com o sociólogo Helio Jaguaribe, que era muito crítico ao governo. Na tentativa de conquistá-lo, o presidente me pediu que marcasse um almoço entre eles: o presidente saiu desse encontro com uma lista enorme de nomes que Jaguaribe aprovava e desaprovava para compor o governo. O presidente ouviu todas as suas queixas, sugestões e, ao final, impressionado com o que chamou de "ousadia" de Jaguaribe, brincou dizendo que o jeito seria convidá-lo para ser ministro. Enfim, o escopo da minha atuação no governo era tão amplo que, ao deixar o ministério, tanto o *New York Times* quanto o *Wall Street Journal* chegaram a se referir a mim como primeiro-ministro de fato. Acho que isso se deveu à confiança conquistada e construída, pedra sobre pedra, nos longos anos em que representei o Brasil no exterior, em foros os mais variados.

A crise do impeachment e a ética de Weber

Quando estourou a crise do impeachment de Collor, após a denúncia feita por seu irmão, Pedro Collor, tudo ficou mais difícil. Praticamente todos os colegas de ministério queriam abandonar o barco para não ver sua história pessoal maculada pelo fato de estarem trabalhando em um governo em processo de desmoronamento. Para não perder a confiança que havíamos construído até ali, lançamos mão de conceitos que eu havia estudado na obra do filósofo alemão Max Weber. Como pregava Weber, a missão mais importante do gestor diante de um dilema como aquele deveria ser a preservação da ética, dos valores, dos princípios e da responsabilidade social. Se todos os gestores saíssem, o país cairia em um buraco negro prolongado, capaz de destruir até o que tínhamos conseguido construir para deixar como legado.

Apelei então para a noção weberiana da Ética da Responsabilidade, que é a ética do futuro, a ética do amanhã, e consegui convencê-los a se manterem nos cargos até segunda ordem. Até mesmo o Jaguaribe ficou entusiasmado com essa ideia e surpreso com a minha capacidade de reunir em Brasília todos os ministros, civis e militares, em mais um domingo para assinar a Carta à Nação e o Pacto de Governabilidade. Eu mesmo levei os documentos assinados por todos os ministros ao presidente e lhe expliquei que aquele ato não era contra ele, era para preservar algum legado positivo de seu governo.

Sem contar que naquele momento ainda havia um aspecto temporal pressionando, que era a iminência da Rio 92, a grande reunião das Nações Unidas sobre meio ambiente no Rio de Janeiro, para a qual eu tinha trabalhado tanto nos tempos de embaixador em Washington e que ligaria pela primeira vez a questão ambiental ao desenvolvimento econômico. Um encontro daquela magnitude, com a presença dos presidentes e primeiros-ministros das maiores nações do mundo, dava uma nova cara ao Brasil e não podia ser desperdiçado, como está sendo agora de maneira quase insultuosa. Foi aí que comecei a reler os originais de Weber para calçar meus argumentos.

A atuação do ministro das Relações Exteriores, Celso Lafer, então nomeado, foi providencial para assegurar o êxito da Rio 92. Lance relevante de Lafer foi convocar ao Rio os embaixadores brasileiros dos países cuja presença dos chefes de governo ou de Estado seria fundamental. Isso assegurou que fossem convidados de maneira convincente, e aqui recebidos com eficiência e cortesia, Bush Pai, dos Estados Unidos, François Mitterrand, da França, Helmut Kohl, da Alemanha. Uma reunião do gênero, com tantas estrelas de reconhecido prestígio universal, só mesmo na Rio 92, que foi única entre nós e, acredito, também no mundo.

Há uma corrente da ciência política que vê na estratégia weberiana uma certa "tendência vestigial", que é manter ao menos o vestígio do que foi feito. Um bom exemplo disso foram o tema da abertura da economia e o reconhecimento da equipe que a promoveu — até o próprio presidente Fernando Henrique admitiu ter sido a abertura da economia um legado do governo Collor. Afinal, ao abrir a economia e afastar o risco de novo congelamento de preços, passamos a pagar menos pelos produtos que importávamos e pelos nossos produtos que competiam com os de fora. Foi uma medida em nosso benefício e não para ajudar alguém de fora a nos vender produtos mais baratos. Na época, o Itamaraty foi explicitamente contra a abertura, o que revelava o desejo de continuar pautando a política externa a partir de uma visão sem dimensão do futuro.

Vale lembrar que, quando iniciei meu mandato, me informaram que havia 9 bilhões de dólares em reservas, mas que metade pertencia à Petrobras e outro tanto às agências do Banco do Brasil no exterior. O que restava era muito pouco. Não sei se as pessoas se lembram, mas naquela época não era possível ter um cartão de crédito nosso que fosse aceito fora do país. Vivíamos algo que os árabes consideram verdadeiro: o vento não entra em um buraco do qual não pode sair. O Armínio Fraga foi um dos mais entusiasmados com a abertura econômica do país.

A síndrome da "fracassomania" no Brasil

Mesmo com 90 anos de experiência, não é fácil explicar o Brasil a um jovem economista ansioso ou mesmo um observador estrangeiro que tenha acabado de chegar e precisa entender nosso país em sua complexidade. O método que adotamos era o de nunca nos apegarmos a um lado só, e sim tentar ver um futuro mais amplo, menos fechado e fatalista. O economista Albert Hirschman, grande conhecedor da América Latina e da América do Sul, dizia que sofríamos de "fracassomania". Conforme aprendi lendo o proeminente teólogo moderno Walter Brueggemann, a atualidade exige três virtudes proféticas: a primeira é saber reconhecer a realidade; a segunda é ter a capacidade de observar o erro e pedir desculpas por ele; a terceira é não perder a esperança. Pois acho que, apesar da eterna mania de achar que vai fracassar em tudo, o Brasil ainda mantém radiosa esperança no futuro. Isso explica o fato de nossa população adorar vacinas, justamente um remédio para evitar ou mitigar os males do futuro.

Infelizmente, temos tido muitas decepções com os líderes que assumiram o país desde a morte do quase presidente Tancredo Neves, que era uma grande esperança, mas que faleceu na véspera de tomar posse. Ainda assim, como mensagem final, posso dizer que, apesar de tantos problemas e fracassos, continuo um otimista que acredita na nossa capacidade de transformação. Dizem as más línguas que todas as ideias, quando se tornam obsoletas, vêm para o Brasil, porque somos um povo muito receptivo a novidades, mesmo as obsoletas. Em contraste, continuo acreditando que a chama da esperança não se apagou no Brasil.

Leituras sugeridas
- Moreira, Marcílio Marques. *Diplomacia, política e finanças: depoimento ao CPDOC-FGV*. Rio de Janeiro: Objetiva, 2001.
- Moreira, Marcílio Marques. *Quixote no Planalto: o resgate da dignidade em tempos adversos*. Rio de Janeiro: Edições de Janeiro, 2017.

3. Edmar Bacha
Podcast realizado em 14 de janeiro de 2021

Edmar Lisboa Bacha é sócio-fundador e diretor do Iepe/Casa das Garças, um *think tank* no Rio de Janeiro. É membro da Academia Brasileira de Letras e da Academia Brasileira de Ciências. Formado pela Faculdade de Ciências Econômicas da UFMG, é dos primeiros economistas brasileiros com doutorado no exterior, título obtido na Universidade Yale em 1968. Em 1974, publicou uma fábula sobre o reino de Belíndia que se tornou uma imagem do Brasil usada de modo recorrente — nesse reino, as leis e os impostos seguem o rico padrão da Bélgica, mas a realidade social se assemelha à da Índia. Bacha integrou a equipe econômica que dominou a hiperinflação no país com a implementação do Plano Real, em 1994. Foi presidente do BNDES e do IBGE e professor em diversas universidades brasileiras e americanas.

Em 2012, publicou *Belíndia 2.0: fábulas e ensaios sobre o país dos contrastes*; em 2019 organizou, em colaboração com outros autores, *130 anos: em busca da República*. Ambos foram agraciados com o Prêmio Jabuti de Melhor Livro do Ano nas áreas respectivamente de Economia, em 2013, e Ciências Sociais, em 2020. Em 2021, lançou seu livro de memórias, *No país dos contrastes: memórias da infância ao Plano Real*.

Resumo

O sócio-fundador e diretor do Iepe/CdG Edmar Lisboa Bacha destaca não apenas o papel do Departamento de Economia da PUC-Rio nas discussões sobre as causas da inflação e as políticas para o seu controle, como também o aprendizado com as experiências de estabilização no Brasil e no mundo. Detalha ainda os desafios enfrentados e o papel crítico da liderança, da equipe e da negociação para o sucesso do Plano.

De Lambari para o Departamento de Economia da PUC-Rio

Venho de Lambari, uma cidade pequena do sul de Minas. Sou descendente de duas famílias bastante importantes por lá. Por parte de pai, dos libaneses Bacha, comerciantes, para não variar; por parte de mãe, dos Lisboa, que ou eram políticos ou literatos. O prefeito da cidade era meu tio. O administrador da prefeitura, meu pai. Então, a política já estava lá na origem da minha vida. Meu avô, João Lisboa, foi deputado federal na Primeira República, e tive ainda outro tio que foi deputado estadual. Meu primeiro emprego foi na Assembleia Legislativa de Minas Gerais. Dos 17 aos 21 anos, quando estava cursando a faculdade de Economia em Belo Horizonte, trabalhava, simultaneamente, como redator de anais na Assembleia. De modo que essa combinação de economia com política na minha história vem de longa data.

Concluí a faculdade em 1963 e depois passei seis meses no Rio de Janeiro. Ainda não existia a Escola de Pós-Graduação em Economia na Fundação Getulio Vargas. Ela foi precedida pelo Centro de Aperfeiçoamento de Economistas e era um curso que preparava os alunos para pós-graduação nos Estados Unidos com aulas do Mario Henrique Simonsen ensinando Matemática — micro e macro, tudo, uma delícia. Seis meses depois, em 1964, fui para Yale, onde fiquei até 1968.

Terminei meu doutorado, passei um ano trabalhando pelo Massachusetts Institute of Technology no governo do Chile, o que foi ótimo. Tanto por estar na companhia de professores do MIT, de Harvard, Minnesota e de Chicago, quanto pela interação com o governo da Democracia Cristã, liderado por Eduardo Frei Montalva, o que gerava grande expectativa na América Latina com a chamada Terceira Via. No Brasil havia ditadura e na Argentina e Uruguai também. No Chile ainda não. Mas havia uma expectativa de social-democracia na área andina e foi ali que o grupo andino nasceu. Era um movimento político da Terceira Via, a Democracia Cristã na América. Então, de novo, minha primeira experiência profissional também envolveu a política.

Cambridge do Planalto

Retornei ao Brasil em 1969, trabalhei no Rio um pouco na Fundação Getulio Vargas, no Ipea, por dois anos, e fui nessa marcha para o oeste. Brincavam dizendo que eu estava abrindo a Cambridge do Planalto. Convoquei uns 20 economistas recém-formados e criamos um mestrado lá na Universidade de Brasília. Professores que já tinham mestrado precisavam fazer doutorado logo. Aquilo era muito inovador do ponto de vista da economia no Brasil. Isso porque os outros programas de pós--graduação eram separados da graduação. Brasília foi o primeiro programa onde fizemos um trabalho integrado. Junto com as pesquisas, todos davam aula na graduação e na pós-graduação. Foi lá que iniciamos uma série de textos para discussão. Depois, isso virou padrão em todos os departamentos de Economia do país.

Brasília foi muito importante para mim. Fiquei lá de 1972 a 1978, contando um tempo que passei em Harvard. Ao final desse período, professores que estiveram em Brasília me convidaram para integrar o time da PUC-Rio. Eu não tive dúvida e pensei: vou me juntar a essa turma boa. Além de tudo, eram todos meus amigos — Rogério Werneck, Dionísio Dias Carneiro, Chico Lopes, Pedro Malan, Regis Bonelli e outros. Assim, voltei ao Rio em 1979 para trabalhar em tempo integral na PUC, onde fiquei até 1993.

Ainda na longa transição para a redemocratização, entre 1979 e 1983 estávamos discutindo o programa de estabilização que Delfim Netto começou a aplicar em 1979 e que foi até 1983. Tudo isso naquela confusão do final da ditadura, com o governo tendo que lidar com uma crise muito séria de balanço de pagamentos que atingiu praticamente todos os países latino-americanos. Além das consequências inflacionárias da crise de balanço de pagamentos, porque o Brasil tinha um sistema de indexação.

No início da ditadura o governo começou a combater a inflação. Depois, quando Delfim Netto fez sua primeira entrada, ele resolveu que 20% já estava de bom tamanho e que era hora de crescer. Na verdade, o sistema de indexação que montaram seria, originalmente, apenas para auxiliar a colocação de títulos do governo. Mas com a garantia contra a inflação, esse sistema rapidamente se propagou para preços e salários.

Havia um sistema de reajustes periódicos de salários e de preços também. Ao longo do tempo, a frequência com que os salários eram reajustados de acordo com a inflação passada foi se tornando cada vez maior. E a periodicidade desses reajustes, cada vez menor. Era um período de 12 meses, depois caiu para seis meses. Então, esse sistema de indexação se tornou cada vez mais forte.

Apesar de haver uma inflação muito alta, isso garantiu que o Brasil não dolarizasse. Os demais países latino-americanos, que tiveram uma inflação elevada como a nossa, dolarizaram. A Argentina dolarizou, o Peru dolarizou e nós continuamos com a nossa moeda — mas indexada e com salários e preços também totalmente indexados.

Em 1979, porém, veio o choque de juros. O Banco Central americano triplicou a taxa de juros e logo após veio o segundo choque do petróleo. O Brasil importava muito petróleo. Acho que 40% da pauta de importação era de petróleo. Os choques provocaram um impacto enorme na inflação, que chegara a 20% em 1968. Depois do primeiro choque do petróleo, chegou a 40% e, no segundo choque, bateu 100%, para chegar a 200% em 1984. Àquela altura, obviamente, todo mundo estava discutindo o quê e como fazer.

Desde a origem, no regime militar, o grande debate — conforme retratado no famoso livro do Mario Henrique Simonsen *Inflação: gradualismo x tratamento de choque* — era se a desinflação deveria ocorrer rápido ou devagar. O instrumento era sempre o torniquete monetário. A questão era apenas saber em que medida e com que velocidade se apertaria o torniquete e se sufocaria a economia, para extrair dela a inflação. E, nesse debate inicial, venceu o gradualismo. Mas o gradualismo acabou se mostrando excessivamente gradual, com a inflação subindo e o governo sem ter muito o que fazer. Até que em 1981, depois de muito relutar, Delfim Netto resolveu adotar uma política recessiva e apelou ao FMI.

Implantou-se uma política muito dura, provocando uma recessão formidável, sucedida por outra ainda mais forte em 1983.

Plano Cruzado como lição para o Plano Real

Foi imerso nas crises da dívida externa, do balanço de pagamentos e da aceleração da inflação que o Brasil se redemocratizou. Havia um debate pré-democracia, em que o grande desafio era combater a inflação. E 1984 foi um ano extraordinário para o surgimento de propostas alternativas ao torniquete monetário, com a PUC, firme, à frente desse processo. Houve ali um momento de incubação de ideias, de construção de propostas, uma preparação para quando existisse uma janela de oportunidade. A primeira janela apresentada foi o Plano Cruzado. As principais decisões foram: a criação de uma nova moeda, o cruzado, e o congelamento total de preços, tarifas e salários. Essa experiência do Plano Cruzado não funcionou mas deixou lições importantes para a construção do Plano Real.

O debate de 1984 começa com um artigo de Octávio Gouvêa de Bulhões, diretor do Instituto Brasileiro de Economia da FGV. Ele propôs algo a que chamou de "choque ortodoxo". Do torniquete monetário para o choque ortodoxo a diferença era associar uma contração da oferta de moeda com uma desindexação geral, e isso provocou certa comoção.

Em seguida, Chico Lopes, no Departamento de Economia da PUC-Rio, respondeu com um artigo chamado "O choque heterodoxo", centrado no congelamento de preços e salários. Muito dessa ideia vinha da Argentina, porque lá eles estavam num processo chamado Plano Alfonsín, que envolvia o congelamento de preços e salários. Israel era outro país com uma economia muito indexada. Lá, o Plano Shekel estava dando os primeiros passos, com mecanismos de congelamento temporário de preços e salários. Então, essa ideia de congelamento se fortaleceu a partir do artigo do Chico Lopes, inspirado nessas duas experiências.

A outra vertente na PUC-Rio era a de André Lara Resende e Persio Arida, que, muito ousadamente, ao contrário da desindexação que todos propunham, chegaram propondo a indexação total. A proposta era, na verdade, fazer a sincronização geral de reajuste de preços e salários, algo que já estava em curso. Há um artigo meu, escrito com Chico Lopes, numa primeira versão de 1980, no qual estudamos as consequências dessa sincronização, junto com o choque monetário. Em primeiro lugar, fazer a indexação plena de salários e, então, fazer o choque.

A ideia do André era a famosa "moeda indexada". Ele propôs colocar em circulação duas moedas simultaneamente, sendo uma moeda nova, indexada, associada ao dólar e protegida da inflação. E, com isso, deixar as pessoas escolherem se queriam a moeda velha, que estava inflacionando, ou se queriam mudar para a moeda nova, uma moeda estável.

Havia a ideia de fazer regras, mas basicamente a proposta — depois elaborada no chamado "Plano Larida", o artigo conjunto do Persio Arida e do André Lara Resende — era fazer tudo, tanto quanto possível, voluntariamente. As pessoas, os empresários, os trabalhadores iriam preferir passar seus contratos, salários e preços para a moeda indexada. Progressivamente, a moeda velha seria abandonada. E, como por milagre, ficaria apenas a moeda indexada, fixada temporariamente no dólar, e então acabou a inflação.

Isso foi um choque imenso. Houve muita pauleira, muita discussão. Mas era uma ideia nova porque, além do congelamento, que também era novo, tudo o que havia, fora o torniquete monetário, era o pacto social, como o implementado na Espanha, com o Pacto de Moncloa. E essas ideias novas da PUC-Rio, tendo, de um lado, o congelamento, e, de outro, a moeda indexada, criaram um ambiente novo para o debate. Então houve a democratização e nós fomos para o governo. Obviamente, todos éramos contra a ditadura, e houve a democratização. Fomos chamados para diferentes posições: André para o Banco Central, Persio para o Ministério do Planejamento, e eu para a presidência do IBGE.

Na primeira etapa, houve uma tragédia: Tancredo morreu e entrou José Sarney. O ministro da Fazenda de Tancredo era o Francisco Dornelles, um ortodoxo que se deu mal com Sarney e foi demitido, ou se demitiu. Aí, entrou o Dilson Funaro, um empresário importante em São Paulo que até então era presidente do BNDES e que trouxe para sua assessoria economistas da Universidade de Campinas. É claro que o grande tema passou a ser qual plano de estabilização seria feito.

Eu estava no IBGE, no Rio de Janeiro, e essa discussão ocorria em Brasília. Eu não acompanhava os detalhes. Até que, no final de 1995, acho que em novembro, Persio veio me informar que íamos fazer o "Plano do Chico". Concordei. Eu participaria do Plano do Chico, mas isso implicava algumas tarefas. Era preciso separar a inflação que haveria até o dia do congelamento, 28 de fevereiro de 1986, da inflação que ocorreria a partir de 1º de março. Implicava ainda construir um novo índice de preços. Esse foi o meu papel no IBGE no começo: construir um índice de preços que separasse a inflação que havia na moeda antiga, o cruzeiro, da inflação que haveria na moeda nova, o cruzado, a partir de 1º de março.

Isso não significa dizer que não tive outra participação no Plano Cruzado, eu simpatizava com a ideia. Porque todos nós apontamos que o congelamento deveria ser temporário. Onde ele deu certo, que foi em Israel, durou só três meses. A partir dali, os empresários e os trabalhadores fizeram um pacto para dar andamento a um processo de reajuste paulatino de preços e salários. A proposta de usar o congelamento temporário como instrumento de uma parada súbita era uma ideia da qual eu gostava.

Além da questão do prolongamento do congelamento, havia um problema que era muito claro para nós da PUC-Rio: não era possível misturar estabilização da economia, de inflação já com 15% ao mês e 200% ao ano, com distribuição de renda. Mas havia outro problema sério: a fim de manter os mesmos salários reais que existiam com a inflação alta, seria necessário usar os salários no meio do caminho entre dois reajustes. Isso porque o salário era reajustado pelo pico, e quando vinha a inflação ela ia comendo aquele valor ao longo de seis meses. E o salário chegava lá embaixo. E seis meses depois era reajustado de novo para cima, conforme a inflação dos seis meses anteriores.

O salário médio de equilíbrio era uma média entre o pico e o fundo do poço. E se você quisesse fazer algo neutro, precisaria fazer a conversão pela média. Era um probleminha, porque fazer a conversão pela média implicava que os salários, que haviam sido reajustados lá atrás e estavam muito baixos, seriam reajustados para cima. Mas os salários que tinham acabado de ser reajustados, e que estavam lá em cima, você precisaria trazer para baixo, já pensou? Fato é que, no início da redemocratização, fazer um plano de estabilização trazendo salários para baixo, e ainda convencer advogados de que isso era legal, era impossível. Então, houve a ideia de se dar um abono sobre a média dos salários.

A ideia do abono era de 4%. Mas alguém destacou: "Mas o mínimo precisa ser mais." Então, vamos dar ao mínimo 8% além da média. Tudo bem, já ficou meio complicado. Na hora de fazer o decreto, porém, vem a surpresa: em vez de 4%, era 8% para todo mundo; em vez de 8% para o salário mínimo, eram 16%. Assim, houve um tremendo aumento da folha de salários, com impacto nos custos, estando os preços congelados de surpresa. Alguns no pico, outros lá embaixo. Houve uma severa distorção na economia, além de enorme aumento da pressão da demanda sobre a oferta de bens e serviços.

Depois do Plano Cruzado, tivemos mais um conjunto de experiências fracassadas de estabilização. Mas, no Plano Real, finalmente surgia a oportunidade de se fazer um trabalho mais conjunto, mais articulado, num momento em que ninguém esperava. Tudo começou com um ajuste fiscal prévio, seguido do anúncio das três etapas do Plano com Fernando Henrique no Ministério da Fazenda.

A raiz do sucesso do Plano Real se chama Fernando Henrique Cardoso. Já havia ficado claro, no Plano Cruzado, que precisávamos de uma liderança política plenamente confiável, com capacidade de diálogo no mundo técnico e no político. Quando foi nomeado ministro da Fazenda,

Fernando Henrique já era amigo de todos nós. Desde a luta contra a ditadura. Eu era membro do PSDB; Gustavo Franco e Winston Fritsch também; creio que Persio Arida entrou nesse momento. Havia um líder político, um partido comprometido com a luta contra a inflação.

O problema é que tudo aconteceu no meio de um governo em que Collor tinha sido impedido, e o Itamar Franco tinha apenas mais dois anos pela frente. O ideal para um plano de estabilização é no começo de um governo com quatro anos à frente. Quando o FH entrou, em maio de 1993, o grupo inicial era muito pequeno. Éramos eu, como assessor especial do ministro, Winston Fritsch como secretário de Política Econômica e Gustavo Franco como subsecretário de Política Econômica. Encontramos lá Murilo Portugal, preciosidade no Tesouro Nacional. Éramos um exercitozinho de Brancaleone.

Quando entramos, a ideia não era fazer um plano de estabilização. Tivemos a imensa ajuda de José Serra para fazer o Programa de Ação Imediata (PAI), basicamente de ajuste das contas públicas. A ideia inicial era implementar o PAI e, depois, passadas as eleições e com um novo presidente com quatro anos pela frente, fazer o resto. Mas havia um probleminha: a inflação não estava em 15% ao mês como no cruzado, era de 35%, convergindo para 45% no último mês do cruzeiro real, em junho de 1994; a inflação acelerando, apesar dos programas de ajuste.

Reestruturamos dívidas de estados e municípios; demos andamento à renegociação da dívida externa; separamos as contas do Tesouro das do Banco Central; aumentamos impostos; criamos a CPMF. Mas a inflação subia, o governo Itamar estava acabando e pesquisas revelavam que não ganharíamos a eleição, e sim o PT, com o Lula. Se quiséssemos fazer um Plano com sequência no governo a seguir, era preciso um Plano antes das eleições.

O segundo problema, ainda mais sério: quando Fernando Henrique entrou, era o quarto ministro da Fazenda do Itamar. Quando entramos, em maio, FH resolveu manter Paulo César Ximenes como presidente do Banco Central, e o Itamar tinha problemas com o BC. Em agosto, Itamar demitiu Ximenes por conta de uma bobagem qualquer, sem avisar FH, com quem comentei: "Vamos embora. Demitiu o Ximenes, somos os próximos." Fernando Henrique estava muito triste.

Equipe, coesão de ideias e liderança política

Sugeri a Fernando Henrique que, se não fôssemos sair e pudéssemos ter uma equipe mais parruda, faríamos um Plano de "ufirização" da economia. Eu me referia à Ufir, que reajusta impostos diariamente, conforme a inflação. Colocaríamos todos os preços e salários em Ufir e, após tudo "ufirizado", transformaríamos a Ufir na nova moeda, em paridade com o dólar. Mas, imediatamente, lamentei — não íamos fazer nada daquilo porque, além de não termos equipe, estávamos saindo.

Enfim, já estava me preparando para limpar as gavetas e ir embora quando FH foi até o Itamar com a questão da demissão do Ximenes e retornou dizendo que o novo presidente do Banco Central seria Pedro Malan. "Mas Pedro Malan é o negociador da dívida externa", disse a FH, "ele ainda está terminando a negociação." E ele: "André Lara Resende será o negociador nesses três meses que faltam para completar a negociação da dívida externa. E sabe do que mais? Persio Arida vai ser o novo presidente do BNDES." Eu disse: "Uau!" Essa turma se reunia, todos conversávamos havia anos, tínhamos comunicação instantânea. Desde 1979 falávamos a mesma linguagem, nos conhecíamos muito bem, na área acadêmica e no trato privado. Um time que já se relacionava havia muito tempo.

Com esse grupo, a incorporação de advogados e burocratas e a transformação das ideias em medidas no *Diário Oficial* ficaram muito mais fáceis, inclusive com atração de gente nova. Alkimar Moura, por exemplo, entrou porque era desse mesmo grupo. Tivemos um fortalecimento da equipe no Banco Central. Assim como no Tesouro e na Previdência. Encorpamos a equipe. Aprendemos, ao longo dos Planos, que economista sabe pensar o que fazer. Mas, na hora de escrever a lei, vai ser ruim assim no inferno... Era importante que, desde o comecinho, tivéssemos ali, juntos, economistas e advogados de primeiro time lá no Banco Central, outros vindos de São Paulo. Convocamos gente para poder fazer tudo direitinho, conforme a Constituição.

Há uma história engraçada. Reunimos economistas e os advogados para discutir as preliminares do Plano com o FH. No final da reunião, Fernando Henrique falou: "Chega, os advogados dizem que tudo é inconstitucional. E vocês, economistas, dizem que nada vai dar certo. Eu não aguento mais, vou embora pra casa." Então, havia essa atitude da preocupação com a constitucionalidade, por um lado, e esse ceticismo, por outro, pois era difícil acreditar que as coisas dariam certo, afinal, havíamos passado pelo cruzado, quando deu tudo errado. E isso foi muito bom porque tomamos muitas precauções. Fomos muito cuidadosos em termos de preparação da documentação legal. Esse Plano sofreu somente um questionamento no Supremo Tribunal que foi rejeitado. Ao contrário dos outros Planos, não deixamos nenhum passivo.

Por conta da minha experiência maior com política, a equipe me batizou de "Senador". Tínhamos dois documentos legais para aprovação pelos políticos. O primeiro foi o Fundo Social de Emergência, uma emenda constitucional para a criação daquilo que depois se chamou de Desvinculação de Receitas da União, a DRU, um mecanismo para equilibrar o Orçamento. Porque a regra é clara: primeiro equilibra-se o Orçamento, depois faz-se o Plano. Quando foi aprovado o Fundo Social de Emergência, apresentamos a medida provisória da URV. O que antes era Ufir virou Unidade Real de Valor. Nessa MP estavam as regras de conversão de salários, preços e muito mais.

Tivemos o cuidado de colocar a URV como parte do sistema monetário, uma quase moeda. Não era apenas um índice. Os advogados nos alertaram que só poderíamos reduzir os salários se fosse em moeda nova. Para fazer de forma constitucional, para converter os salários pela média, alguns para baixo de onde estavam, a operação teria que ser feita numa nova moeda.

Um Plano intensivo em negociações com o Congresso

Em fevereiro de 1994, quando começamos a discutir o Fundo Social de Emergência, Fernando Henrique me levou junto com ele para conversar no Congresso. A partir daí, fiquei mais tempo por lá. Na turma, eu era o mais experiente politicamente por causa da minha história pessoal. Lembro que quando tinha 8 anos, em Lambari, minha mãe era do PSD e o candidato dela a presidente, em 1950, era o Cristiano Machado. Meu pai era PTB, e o candidato dele era Getúlio Vargas, que se elegeu. Não tive dúvida, peguei propagandas com os retratos de cada um e lambuzei a casa inteira do lado de fora com Cristiano e Getúlio. Para minha grande decepção, depois que o Getúlio ganhou, lembro de meu pai dizendo à minha mãe: "Finalmente acabou e vou poder limpar minha casa." Então, a política já estava no sangue fazia muito tempo. Por ter trabalhado quatro anos na Assembleia Legislativa de Minas Gerais, conhecia todas aquelas matreirices do Congresso.

Tenho uma história dos tempos da Assembleia, com Aureliano Chaves, que depois foi vice-presidente da República e candidato a presidente também. Ele era professor de Matemática em Itajubá, na Escola de Engenharia, além de deputado estadual. Uma vez, a sessão estava meio chata, alguém discursava e eu estava lá atrás da Mesa Diretora estudando Matemática. Aureliano se aproximou e me perguntou o que eu fazia. Quando respondi, ele se sentou na mesma hora ao meu lado e ficou comigo, resolvendo equações de cálculo integral.

Eu sabia como lidar com políticos. Era algo natural para mim, e eles me ensinaram muito no convívio no Congresso em 1994. Logo que cheguei, um deles me disse: "Ô Bacha, você é PhD, a gente respeita. Mas não se esqueça, não tem bobo aqui. Todos aqui foram eleitos." Aí vinha outro e falava: "Bacha, a gente gosta de verba, você sabe." Sei, claro. "Mas o que a gente gosta mesmo é de prestígio e palanque." Eu respondia a eles que sim, claro, nada do que eu fosse dizer ou propor ali era para sair da minha boca, mas da boca deles. E assim eu ia negociando.

Você precisa oferecer uma cenoura. Pode ir lá com chicote, mas precisa ter a cenoura. E nós tínhamos uma grande cenoura. Uma coisa que os políticos aprenderam com o Plano Cruzado é que redução da inflação elege. O povo gosta de fim de inflação e isso era algo que os políticos até o Plano Cruzado não sabiam, porque, anteriormente, os planos de estabilização tinham sido planos de torniquete monetário. Eram recessivos e geravam desemprego. E nós tínhamos "inventado" ali um plano de estabilização no qual os salários subiam. E eles se reelegiam.

O PMDB lavou a égua com o Plano Cruzado. "Esses caras sabem fazer mágica, se eu ficar do lado deles, vou ser reeleito..." É muito importante saber que você tem um trunfo nas mãos e que, portanto, pode pedir muito. E o que pedíamos aos políticos era muito. O Fundo Social de Emergência, por exemplo, implicava cortar 20% das despesas obrigatórias do Orçamento. Não foi fácil. Tivemos que ser firmes. Ou eles aprovavam o FSE ou não faríamos o Plano que os elegeria. Isso foi fundamental. É preciso saber quais são seus trunfos e onde dar a parada.

Por exemplo, a bancada ruralista resolveu que queria manter os preços dos seus produtos indexados, com o propósito, inclusive, de tirar mais dinheiro do Banco do Brasil. Era eu que estava lá para avaliar essas demandas e eu disse: "Não, a indexação acabou." Nesse caso, eles conseguiram negociar por trás dos panos e aprovaram a indexação. Eu então fui ao presidente Itamar e recomendei o veto porque, se deixássemos passar a indexação para os ruralistas, além de ser ruim para o Banco do Brasil seria ruim para o Plano, porque logo surgiria a pergunta geral: "Por que vocês estão tratando os ruralistas tão bem e os trabalhadores tão mal?" E o Itamar vetou.

Em política não há inimigos, mas adversários

Sabe o que aconteceu depois? O veto ficou na gaveta do presidente do Congresso até depois de Fernando Henrique ter tomado posse. Eu já tinha ido para o BNDES. Com o apoio da bancada de oposição, os ruralistas conseguiram derrubar o veto. Fernando Henrique conta isso em suas memórias. "Mas o que aconteceu? Onde estava meu líder?", ele reclamou. Quando Itamar vetou, um líder ruralista disse assim: "Mas quem manda aqui? É o Bacha?" Pois eles mostraram que quem mandava lá eram eles.

Serviu de lição — de vez em quando devemos ser duros. Mas em política não há inimigos. Há adversários. Você briga ali, sai na pancadaria diante do palanque, e de noite está todo mundo jantando no Tarantela [*restaurante de Brasília onde os políticos se reúnem*]. Não tem essa conversa. É preciso compreender também o momento da negociação. Um congressista me alertou: "Ô Bacha, em política o relógio zera todo dia. Não entregue nada hoje para ganhar alguma coisa amanhã. O que você der hoje, pega de volta hoje também, entendeu?"

Há essas questões de saber negociar. Saber o que é definitivo ou não, ruim de verdade ou não. E de vez em quando você tem de aceitar que não tem jeito. Por exemplo, na questão dos salários, que era fundamental. Queríamos desindexar os salários totalmente depois do Plano Real. Não teve jeito. O MDB se posicionou: "Se vocês fizerem isso, a gente não aprova." E quase é aprovada no plenário a versão do parecer de um deputado que reindexava tudo e convertia os salários pelo pico. Testemunhamos isso no plenário, com pancadaria. Mas, enfim, suspendemos tudo, nomeamos outro relator e refizemos todo o processo. Mas o MDB insistia em manter algum mecanismo de indexação dos salários.

Então, o que fizemos? O tal do IPCR, o Índice de Preço ao Consumidor Restrito. A inflação que houvesse durante o primeiro ano do real ia ser a reposta na primeira negociação salarial subsequente. E tem uma coisa inevitável: na hora que o governo inventa um índice novo, a maldição dos índices se manifesta. A maldição é a seguinte: toda vez que o governo muda de índice, ele dá mais alto que o antigo. E o IPCR chegou a 6% no primeiro mês do real e 5% no segundo. Foi um desespero. Foi a causa da queda do Rubens Ricupero no chamado "escândalo das parabólicas", quando ele fez um comentário desastroso sobre faturar o que era bom e esconder o que era ruim, achando que estava fora do ar.

A vantagem de nosso grupo é que todos tínhamos alternativas fora do cargo político, tanto no setor privado quanto no mundo acadêmico. Lembro-me da conversa com um deputado do PFL — o Democratas de hoje — no meio a uma negociação sobre algum tópico do qual não me recordo bem. Ele me disse: "Com todo o prestígio que você tem, se encher o saco, vai embora amanhã. Mas eu fico aqui dependurado. Então, chame o Luís Eduardo Magalhães, que é o líder do PFL na Câmara, para ele dizer que está ok." Aí chamei o Luís Eduardo, que disse: "Ok, estou sabendo, estamos comprometidos."

Então, depende da situação. Se você está lá numa posição de destaque e algo muito ruim acontece, você se demite. Foi o que quase fiz no caso dos ruralistas, por exemplo. Mas você não pode abusar disso. Se aparece um sapinho, você engole. Mas não engole sapão. Tem que saber com quem e com o que está lidando. A avaliação era complicada porque eu sabia que "o Plano dava para o gasto", mas sabia também que o governo seguinte teria que dar continuidade ao projeto.

Enfim, passei um ano no BNDES, depois saí. Pedro Malan e Gustavo Franco ficaram na linha de frente para garantir que a inflação realmente não voltasse. Porque ela chegou a mais de 20% no primeiro ano do real, antes de cair para 10% e depois para 5%, no terceiro ano do Plano. Tudo isso por causa da persistência no programa. Havia um de nós que dizia assim: "Baixar a inflação subitamente é fácil. O difícil é manter baixa." Então, sobre essa segunda parte, os colegas que ficaram depois de mim poderão responder melhor. Muitas das medidas realizadas depois, no governo Fernando Henrique, são prolongamentos do Plano Real.

Naquela época, não havia outro caminho a não ser acabar com a inflação. Olhando daqui para adiante, não há apenas um objetivo central como aquele. Atualmente, a questão é a retomada do crescimento de uma forma equitativa e sustentável. Temos aqui uma questão complexa. Devemos insistir muito nas reformas que aumentam a produtividade para permitir crescimento e nível de investimento maiores, conjugados com a confiança. Durante a ditadura, o governo conseguia investir de 5% a 7% do PIB. Hoje investe 1%. Não há mais espaço no Orçamento. Todos os nossos investimentos, não somente os produtivos, mas também em infraestrutura social, como saneamento, saúde e educação, de algum modo precisam contar com a colaboração do setor privado.

Então, há a questão do relacionamento público-privado. É essencial separar os papéis dessas duas áreas de atuação e já sabemos, por via da Operação Lava Jato, como é complicado esse processo. Precisamos lidar com situações nas quais o governo regula bem e o setor privado investe com confiança. E o governo deve cuidar da distribuição da renda. Não podemos mais conviver com a Belíndia que sustentamos por tantos anos.

Tivemos o programa Bolsa Família, um enorme avanço. E conseguimos reduzir essa imensa disparidade de renda e riqueza no país. Mas seguimos com tais desafios à frente. Muita disparidade de renda, não somente em nível pessoal, entre famílias, também entre regiões. O desenvolvimento precisa ser necessariamente mais equitativo, inclusive visando à sobrevivência da democracia brasileira. E precisa ser sustentável, com energia limpa. Enfim, são esses os desafios.

E com essa agenda pela frente, precisamos de muita clareza sobre os ingredientes necessários. Considero que no Brasil de hoje, tanto no governo quanto na sociedade civil, já temos um grau de inteligência capaz de formular Planos dessa natureza, dessa amplitude. Esse é um ganho que tivemos. Quando comecei, era só eu de PhD em Economia no Brasil. Precisamos pensar todo o tempo: "O copo está sempre meio cheio, meio vazio."

Houve uma época na qual eu só lamentava que o Plano Cruzado não tivesse dado certo, como o Plano Shekel deu. Mas não tínhamos as condições. Nem econômicas, políticas e intelectuais nem as sociais. Serviu para um duro aprendizado. Depois foi aquela sequência de Planos esquisitos durante os governos Sarney e Collor. Aquele período foi muito duro, demasiadamente duro. Então veio o Plano Real. E o Plano Real foi uma surpresa. Ninguém acreditava. Se voltarmos à imprensa de 1993, o que se dizia é que éramos mais um grupo que ia se queimar tentando a missão impossível de estabilizar a inflação no Brasil. Então, foi uma enorme surpresa.

Mas por que o copo ficou meio vazio? Foi porque não aprovamos nada na Revisão Constitucional de 1993. Naquele ano, cinco anos depois da Constituição, o Ministério da Fazenda enviou para o Congresso revisor 63 emendas constitucionais. Todas sobre modernização da economia, redução do aparato estatal e equilíbrio das contas públicas. Está tudo lá: as reformas administrativa, tributária e da Previdência; a distribuição de atribuições entre União, estados e municípios; a desestatização. Estava tudo previsto, ou para ser feito ou para ser desconstitucionalizado. E, fora o Fundo Social de Emergência, não conseguimos aprovar nada. Aliás, minto. O Congresso aprovou o fim da proibição de professores universitários estrangeiros em universidades públicas brasileiras. A Constituição era tão ruim nesse aspecto que tinha até isso: era proibida a contratação de professores estrangeiros para as universidades públicas brasileiras. Mas o Congresso revisor não aprovou mais nada. Ah, se tivesse aprovado teria facilitado muito as coisas para o governo de FHC.

Nos quatro primeiros anos do Fernando Henrique, ele passou por isso. Aprovando emenda constitucional atrás de emenda constitucional. E nem conseguiu aprovar todas. Lula na primeira fase ainda aprovou mais algumas, mas ainda sobrou muita coisa, e continuamos sem reforma administrativa, sem reforma tributária. Enfim, houve perdas. Você relembra e pensa como poderia ter sido melhor. E o pessoal comenta: "Opa, para de reclamar, cara. Repara o quanto vocês fizeram, está bom." É, está bom, o copo está meio cheio. Mas ainda tem muito a fazer pela frente.

Leituras sugeridas
- Bacha, Edmar, José Murilo de Carvalho, Joaquim Falcão, Marcelo Trindade, Pedro Malan e Simon Schwartzman (orgs.). *130 anos: em busca da República*. Rio de Janeiro: Intrínseca, 2019.

- Bacha, Edmar. "O Plano Real: uma avaliação", in *Belíndia 2.0: fábulas e ensaios sobre o país dos contrastes*. Rio de Janeiro: Civilização Brasileira, 2012, pp. 135-175.
- Bacha, Edmar. *No país dos contrastes: memórias da infância ao Plano Real*. Rio de Janeiro: Intrínseca/História Real, 2021.
- Cardoso, Fernando Henrique. "O Plano Real: da descrença ao apoio popular", in *A arte da política: a história que vivi*. Rio de Janeiro: Civilização Brasileira, 2006, pp. 137-222.
- Leitão, Miriam. *Saga brasileira: a longa luta de um povo por sua moeda*. Rio de Janeiro: Record, 2011.
- Prado, Maria Clara do. *A real história do real: uma radiografia da moeda que mudou o país*. Rio de Janeiro: Record, 2005. [Reeditado com o título *A real história do Plano Real: uma moeda cunhada no consenso democrático*, e-book Kindle, 2020.]
- Sardenberg, Carlos Alberto. *Aventura e agonia: nos bastidores do cruzado*. São Paulo: Cia. das Letras, 1987.

4. Persio Arida
Podcast realizado em 4 de fevereiro de 2021

Persio Arida formou-se em Economia pela FEA-USP e obteve seu PhD pelo MIT. Deu aulas na FEA-USP e na PUC-Rio. Foi pesquisador do Institute for Advanced Studies (Princeton), do Woodrow Wilson Center (Smithsonian, Washington), do Centre for Brazilian Studies (Oxford) e da Blavatnik School of Government (Oxford). Esteve por duas vezes no setor público federal. Foi secretário de Coordenação Econômica do Ministério do Planejamento e diretor do Banco Central em 1985 e 1986. Presidiu o BNDES e o Banco Central de 1993 a 1995.

Trabalhou por mais de 30 anos no setor privado. Foi membro do Conselho de Administração, diretor ou presidente de várias companhias e instituições financeiras, como Brasil Warrant, Unibanco, Sul América, Vale, Opportunity, Itaú e BTG Pactual. Publicou diversos artigos em jornais e revistas especializadas, no Brasil e no exterior, sendo que um dos mais citados é o "Larida", de 1984, escrito com André Lara Resende. Suas atividades *pro bono* atuais são: membro do Conselho de Administração do Hospital Sírio-Libanês e da Fundação Osesp e, ainda, do Conselho Editorial do Grupo Folha. É membro também dos Conselhos Consultivos da MIT Foundation, da Blavatnik School of Government e do Fundo de Pensão do FMI. É membro do Conselho Acadêmico do Livres e presidente do Conselho Consultivo da Sempre FEA.

Resumo
Um dos idealizadores do Plano Real, o ex-presidente do BNDES e do Banco Central relembra aqui as origens intelectuais do Plano, os desafios de sua implementação, os dilemas sobre políticas, as reformas modernizantes e a importância da liderança e da persuasão.

Da Academia para o mercado e o governo

Estive duas vezes em cargos de governo. Primeiro em 1985 e 1986 e, depois, de 1993 a 1995. Um pouco de história pessoal: minha graduação foi na Faculdade de Economia da USP. Pulei o mestrado para ir diretamente da graduação para o doutorado no Massachusetts Institute of Technology, o MIT. Do MIT passei um tempo em Princeton, como assistente de Albert Hirschman. Depois dei aulas na USP, na PUC do Rio e trabalhei no mercado financeiro, no Unibanco. Quando do Plano Real, eu tinha já uma formação macroeconômica sólida, com vários artigos publicados, além da experiência no mercado financeiro como executivo em tempo integral, como *trader* e como gestor de banco. Tinha tido também uma experiência prévia no Plano Cruzado. Assim, ao integrar a equipe de elaboração e implementação do real, eu estava muito longe de ser um marinheiro de primeira viagem.

Ainda na Academia, tenho inúmeras lembranças da época em que trabalhei com Hirschman, de quem fui assistente por um ano. Eu era, na verdade, uma espécie de leitor dele. Ele me contava de seus projetos e indicava textos ou livros para ler. Todos os dias saíamos para uma caminhada no Instituto de Estudos Avançados em Princeton, sempre na hora do chá, por volta das quatro da tarde. Com chuva, sem chuva, com frio ou sem frio. E ele me perguntava o que eu achava desse ou daquele *paper*, queria minha opinião sobre se esta ou aquela tese era interessante, se eu achava que contribuíam em algo ou se não valia a pena perder tempo com a leitura delas. Eu funcionava como uma espécie de filtro, separando o que valia a pena ele ler para tocar seus projetos e aquilo que não valia a pena o tempo de leitura dele. Tive várias experiências marcantes com Hirschman e a primeira delas acho que vale registrar para percebermos como uma mente fértil opera.

Recém-chegado do MIT, encontrei uma sala só para mim, o que era um grande luxo para alguém que tinha acabado de fazer os exames de qualificação e ainda ia começar a fazer a tese. Ao entrar na sala dele, uma imensa sala no Instituto de Estudos Avançados, fiquei algo intimidado, ele já era uma sumidade e o instituto havia acolhido Einstein e Panofsky quando emigraram para os Estados Unidos. Bem, havia um *paper* em cima da mesa dele, em espanhol. Não me recordo o título exato, mas era algo sobre o esgotamento do modelo de substituição de importações da América Latina. Hirschman tinha morado cinco anos na Colômbia, falava bem o espanhol e se interessava pela sorte dos países da região. Ele logo me perguntou se eu já tinha lido aquele *paper*. Confesso que fiquei instantaneamente culpado e comecei a gaguejar, me desculpando por ainda não ter tido tempo de lê-lo. Ele replicou: "Eu também não li, mas o *paper* deve ser ruim." Aí, eu fiquei intrigado e perguntei por que ele achava que era ruim se ainda não tinha lido. Sua resposta: "Pelo título." Nos processos sociais, ele me disse, quando algo está terminando, tem sempre o novo surgindo. "Perceber o que está se esgotando é fácil, o difícil, tarefa dos bons analistas, é captar o novo na vida social" — uma observação profunda que me marca até hoje.

Hirschman teve uma vida extraordinária. Sua biografia, *Worldly Philosopher: The Odyssey of Albert O. Hirschman*, escrita pelo Jeremy Adelman, é um primor. Adelman capta com perfeição a forma de pensar de Hirschman. Infelizmente, acabei não prestando um depoimento para o livro por falta de tempo, já que estava absorvido pelas atividades no BTG Pactual.

A fusão de experiências privadas e públicas

A experiência no mundo prático faz diferença. Muitas vezes o acadêmico puro chega ao governo sem tarimba executiva de tocar governo porque nunca tocou nada na vida. Ensinar, orientar e corrigir provas é muito diferente de gerir pessoas, determinar prioridades, aguentar pressão, aprender a conciliar quando se trabalha em time. A experiência do setor privado ajuda muito, particularmente no setor financeiro, porque ele reage com mais rapidez às mudanças de curso na política econômica. Quem já passou pelo mercado sabe o impacto de um anúncio de política. E aprende que se deve respeitar como as pessoas interpretam eventos, mesmo que achemos que o fazem de forma equivocada.

Vou dar um exemplo. Na véspera da troca de moeda no lançamento do Plano Real, Gustavo Franco e eu tivemos uma discordância. Discutíamos o texto da medida provisória da reforma monetária que criaria a nova moeda. Gustavo queria colocar no texto uma meta de expansão monetária, isto é, queria predeterminar o quanto podia expandir o balanço do Banco Central. Então apresentou simulações feitas pelo Departamento de Pesquisas em Economia sobre a expansão da demanda agregada por moeda para justificar a meta quantitativa. Tinha em mente as restritivas limitações impostas ao Banco Central no financiamento do Tesouro, parte integral da reforma do Rentenmark na Alemanha de 1924.

Eu discordei. No *paper* original do Plano Real, o "Larida", escrito dez anos antes da implementação do Plano, André Lara Resende e eu afirmamos que não faria sentido fixar uma meta quantitativa de expansão da moeda porque a remonetização fazia parte do processo de estabilização. Pior: a meta criaria uma complicação desnecessária. Para ser crível teria que parecer restritiva *ex-ante*, o que, provavelmente, levaria a um aumento na taxa de juros *ex-post* despropositado. Fiz um prognóstico: "A meta quantitativa vai ser furada, teremos que corrigir isso em outra medida provisória." Além do embaraço, a meta não fazia sentido como tal.

Edmar Bacha tentou, mineiramente, evitar o conflito. "Melhor deixar a meta, depois a gente dá um jeito, mal não faz", disse ele. Acabei concordando, mas por uma razão diferente: a mentalidade predominante na época no mercado financeiro era monetarista. Monetarismo básico, tosco, daqueles que acham que a inflação resulta da expansão da quantidade de moeda. A meta sinalizaria um compromisso sério da nossa parte. E foi assim, pragmaticamente, que concordei com Edmar e a meta ficou na medida provisória do Plano Real. Isso me fazia lembrar o capitão dos velhos marinheiros do conto do Jorge Amado, lançando todas as amarras possíveis para evitar a futura tempestade.

Lembro esse episódio para mostrar quão importante é entender como o mercado pensa, mesmo que pense erroneamente. Na prática, a meta nunca teve importância alguma e acabou mesmo sendo rompida. Para evitar que infringíssemos a lei, tivemos que recalibrá-la em edições subsequentes da medida provisória. Ao final, em uma dessas edições, tiramos a meta e o assunto sumiu do noticiário. Mas serviu para impressionar muita gente. Foi a primeira vez que uma meta quantitativa teve status de lei — e de uma lei fundamental para a estabilidade do país. O Plano parecia mais crível com a meta.

Herdei dos meus tempos de MIT a desconfiança de teorias quantitativas da moeda. Foi uma escola extraordinária para mim, onde se aprendia a pensar política econômica. Há imperfeições no mercado? Como podem ser corrigidas? A técnica de modelagem era diferente do usual na época. Eram modelos de pequeno porte, relativamente simples, mas que captavam a essência do fenômeno a ser modelado. O Paul Krugman, Prêmio Nobel de Economia em 1988, uma vez até escreveu um artigo para explicar o extraordinário sucesso do MIT em formar pensadores com foco na prática da economia política.

Voltei do MIT para o Brasil e para a USP, minha *alma mater*. Quando Edmar me contou sobre o projeto de fundar um outro centro de política econômica, ou seja, um outro Departamento de Economia focado em política macroeconômica e criado praticamente do zero — o que era uma coisa rara de se conseguir —, não pensei duas vezes e me mudei para o Rio. Uma das minhas grandes motivações era retomar a parceria intelectual com o André Lara Resende, que já estava na PUC. André e eu escreveríamos sete *papers* juntos ao longo do tempo, o primeiro deles quando ainda estudávamos no MIT. Aquele foi um *paper* criticando a teoria das expectativas racionais, escrito em 1977. Já no Rio e na PUC-Rio, nossa parceria frutificou mais ainda e terminamos por escrever o "Larida".

O Departamento de Economia da PUC-Rio era pequeno. Tinha 12 professores: além do André e do Edmar, lá estavam Dionísio Dias Carneiro, Francisco Lopes, John Williamson, José Márcio Camargo, Marcelo Abreu, Pedro Malan, Rogério Werneck, Winston Fritsch. Nas primeiras turmas de alunos estavam Armínio Fraga, Elena Landau, Gustavo Franco, Pedro Bodin e tantos outros que estão presentes até hoje no debate público. Foi um momento muito privilegiado. A PUC--Rio daqueles anos era um ambiente intelectual protegido e fértil, no qual as ideias eram formuladas e submetidas ao crivo dos colegas no genuíno espírito de pensar coletivamente as melhores políticas econômicas para o Brasil.

Dez anos antes do Real: a "Proposta Larida"

Em 1984, dez anos antes do Plano Real, foi ali que tudo começou. Eu havia escrito um artigo propondo neutralizar a inflação. A ideia era sincronizar por lei o reajuste pela inflação de todos os contratos. Tanto um contrato com cláusula de indexação anual quanto um contrato com cláusula de indexação semestral seriam compulsoriamente modificados para contar com indexação mensal. Obviamente, o valor médio do contrato seria maior naquele que vigia com cláusula semestral do que naquele que tinha cláusula anual. E não havia qualquer intenção de afetar os preços relativos ao longo do tempo. O objetivo era evitar a sobreposição de contratos com indexação diferenciada. Se todos tivessem a mesma regra, o efeito da inflação sobre os preços relativos seria mínimo, a não ser que a inflação mudasse de patamar.

O André veio com a ideia da reforma monetária, da troca do padrão monetário. Obteríamos o mesmo resultado — a sincronização de reajustes — permitindo que o mercado sincronizasse sozinho os contratos na moeda alternativa. No final, acabamos escrevendo o "Larida", que foi um *paper* muito criticado na ocasião. Não só academicamente, mas também na imprensa. Diziam que estávamos tentando fazer mágica, que não entendíamos a importância do ajuste fiscal, e assim por diante.

A nossa visão era diferente, por exemplo, da do Chico Lopes, um economista sofisticado e professor da PUC de primeira hora. Chico entendeu a proposta, embora dela discordasse inicialmente. A maioria das pessoas, porém, não entendeu nada. Dizia-se que aquilo era maluquice, que não ia funcionar etc. Mas havia um inglês na PUC, o John Williamson, que estava no Rio por acaso porque a mulher dele, Denise, trabalhava no IBGE e ele estava meio perdido nos trópicos. Costumava fazer *bird watching* na Floresta da Tijuca. Coisa mais inglesa impossível... *Bird watching* era um hobby estranhíssimo para nós — e continua sendo para mim até hoje. Pois bem. O John Williamson achou nossa proposta interessante e ajudou a organizar uma conferência de dois dias em Washington sobre estabilização focada em Brasil, Argentina e Israel. Apresentamos ali nossa proposta num *paper* em inglês. Nosso comentador, Rudiger Dornbush, cunhou o termo "Larida" para designar a proposta [*junção de Lara com Arida*].

Foi uma conferência muito rica. Dornbush, corretamente, como se viu depois, alertou quanto à precariedade das contas fiscais no Brasil quando a "Proposta Larida" supunha, como precondição da reforma monetária, que haveria equilíbrio fiscal no Brasil daquele momento. Ele compreendia e apoiava a proposta da moeda indexada, mas desconfiava das estatísticas. Sua desconfiança se revelou presciente. Para driblar a vigilância do Fundo Monetário Internacional, o Brasil fez sete cartas de intenção desde a moratória de 1982, e nós levamos a sério uma delas, achando que o país já estava em equilíbrio fiscal, quando não estava. Quando do Plano Real, foi feito um ajuste fiscal antes da reforma monetária, mas que se revelou insuficiente para assegurar a estabilização. Isso, porém, é outro capítulo.

Naquela mesma conferência, Carl-Ludwig Holtfrerich fez uma revisão da reforma monetária do Rentenmark na Alemanha e em outros países europeus na década de 20. De partida, traçou uma distinção fundamental entre a hiperinflação daquela década e os processos crônicos de inflação em Israel, no Brasil e em outros países da América Latina. As lições do Rentenmark têm pouco a dizer quando se trata de uma inflação crônica baseada em esquemas de indexação contratual com defasagens diferentes, como era o nosso caso. Essa sempre foi a nossa visão e ficamos satisfeitos por Holtfrerich estabelecer, no início de sua intervenção, essa diferença fundamental. O comentador do *paper* dele foi Phillip D. Cagan, que entendeu perfeitamente não só a diferença como também o esquema da moeda indexada, ou da moeda paralela, conforme a chamou. Resumiu com perfeição o que havíamos proposto como sendo uma espécie de "padrão-ouro sem ouro".

Outra apresentação importante daquela conferência foi feita pelo Stanley Fischer. Tal como Rudiger Dornbush, Stanley havia sido nosso professor. Comentou a experiência de Israel, um país com muitas similaridades com o Brasil no que dizia respeito aos processos de indexação compulsoriamente fixados por lei. Stanley aprovava a reforma monetária e, ao final, falou sobre os desafios pós-reforma, enfocando o problema da âncora nominal da estabilidade. Tal como proposto no "Larida", ele não apreciava as tentativas de ancoragem via controle quantitativo de moeda. Mas, diferentemente do "Larida", Stanley defendeu a taxa de câmbio como âncora nominal, ao menos por um período inicial. No "Larida", defendemos uma âncora wickselliana. O que parecia uma filigrana teórica revelou-se, quando do Plano Real, uma discordância entre Gustavo e eu, com Gustavo preferindo a âncora cambial enquanto eu defendia um esquema gradual de flutuação da taxa de câmbio.

Um pouco mais tarde, mas ainda em 1984, houve um seminário no MIT organizado pelo Franco Modigliani. Franco também fora nosso professor e havia participado da Conferência de Washington. No seminário, apresentei o "Larida" e eram dois os comentadores: Mario Henrique Simonsen e Larry Summers. Modigliani fez o papel de moderador. Simonsen fez uma intervenção engraçada, dizendo que eu era ótimo para ter ideias, mas ruim para apresentá-las. E se prontificou a explicar o

"Larida". Aliás, explicou muito melhor do que eu. Simonsen tinha uma habilidade didática extraordinária.

O Larry fez perguntas, mas, com o brilhantismo que lhe é peculiar, rapidamente entendeu do que se tratava e disse assim: "Olha, é muito *clever*, muito inteligente, mas não vai funcionar." Eu questionei por que razão e ele respondeu que, essencialmente, nós estaríamos dando um incentivo para os políticos inflacionarem de novo. Se depois de gastar muito, criando inflação, houvesse uma maneira de lograr a estabilidade de volta sem grande custo social, por que não valeria a pena gastar de novo? E exemplificou com Israel. "Eu tenho uma maneira infalível de acabar com a inflação em Israel", declarou ele, quase brincando. Se a ajuda do governo americano para as Forças Armadas de Israel fosse fixada em shekels, e não em dólares, os políticos israelenses parariam de gastar na hora porque, se continuassem gastando, o valor real da ajuda militar ficaria reduzido e a segurança do Estado de Israel poderia ficar comprometida. Era uma brincadeira, mas me fez encarar o problema: como incentivar os políticos após a reforma monetária a não gastar excessivamente?

Primeiras lições: a importância das leis e o papel do presidente

Eu tive vários aprendizados, mas o primeiro deles foi sobre a importância de entender o quadro legal. Política econômica se expressa em atos administrativos e legais: leis, decretos, normas. Conto o episódio. Foi em 1986, dois anos depois da Conferência de Washington e oito antes do Plano Real. O então presidente José Sarney havia decidido lançar um plano de estabilização e destacou o consultor-geral da República, Saulo Ramos, para redigi-lo do ponto de vista jurídico. Quando expliquei a ideia da moeda indexada para o Saulo, recebi um sonoro "não". "Pela Constituição", respondeu ele, "só pode haver uma moeda de curso legal no país. Nenhuma chance de esse esquema ser implementado no Brasil."

Bem, imagine a frustração. Anos de reflexão e debates acadêmicos para a ideia morrer assim, fulminada em dez minutos de conversa. Acabamos adotando uma versão do choque heterodoxo do Chico Lopes, o Plano Cruzado. Tirei dessa experiência do Cruzado uma segunda lição: quem tem a caneta é o presidente, não o ministro nem o secretário. Os técnicos podem combinar X ou Y com o presidente, mas o presidente sempre pode mudar de ideia e, nesse caso, a única coisa a fazer, para um técnico, é pegar o boné e ir para casa. No Cruzado, o congelamento de três meses foi esticado até as eleições; o prometido ajuste fiscal não veio; havia um veto à subida da taxa de juros e a qualquer mexida na taxa de câmbio. Tivemos que ir embora.

Mas tive também outra experiência muito interessante antes do Plano Cruzado, quando Israel lançou um congelamento temporário de preços. Como eu mantinha uma ótima relação com o infelizmente falecido Michael Bruno, que era o presidente do Banco Central de Israel, uma relação que vinha desde o MIT, tive a ideia de me encontrar com ele e outros economistas para entender a medida adotada naquele país. Conversei com o João Sayad, então ministro do Planejamento, que achou que seria bom eu ficar por lá 15 dias. Eu nunca tinha ido a Israel na vida. Isso foi no verão de 1985, ainda nem estava no Banco Central, estava lotado em uma Secretaria dentro do Ministério do Planejamento, por isso falei com o João Sayad. E lá fui eu com a ajuda do Sarney, que falou com o embaixador israelense para abrir todas as portas. Fui com a carta do embaixador e conversei com todo mundo, desde o Shimon Peres, que era o primeiro-ministro, até, claro, o Michael Bruno, que era meu amigo, além de consultores e de gente do Ministério da Fazenda sobre como estava indo o programa de estabilização por lá, qual era a dificuldade daquele choque heterodoxo etc.

Chico Lopes não pensava em Israel quando escreveu o *paper* dele em resposta ao Octávio Gouvêa de Bulhões, mas já propunha um choque heterodoxo. O ponto interessante é aquilo que eufemisticamente Simonsen chamava de política de rendas — nome bonito para designar congelamento de preços —, um controle de preços do qual Simonsen sempre foi a favor e que estava bem implementado em Israel. Vendo o que acontecia lá com a política monetária e quais eram os erros, passei a sentir certa confiança de que seria possível um caminho de choque para o Brasil. Obviamente, não era o que eu queria fazer, eu queria implementar o "Larida". Mas quando o "Larida" foi fulminado pelo Saulo Ramos, André e eu, que estávamos no governo, tratamos de implementar o choque heterodoxo, que saiu torto na partida. Teve gatilho salarial e abono, já nasceu natimorto pelas características. Com a contração fiscal que não houve, o controle do gasto público também ficou impossível.

Uma lição sobre o cumprimento das leis

Para se ter uma ideia de como funcionava a política econômica, conto que uma vez o banco do Maranhão estava negativo em reservas e que existia uma lei que autorizava o Banco Central a bloquear o repasse do fundo de participação, um fundo constitucional que transfere recursos da União para os estados, caso o banco estadual esteja inadimplente. O Tesouro naquela época tinha contas no Banco do Brasil, não era como agora, que tem a conta do Banco Central. Então, liguei para o presidente do Banco do Brasil e dei a ordem de bloqueio por lei. O presidente do BB me disse que não ia cumprir, que não podia cumprir porque o presidente da República era do Maranhão e não havia a menor hipótese de ele cumprir aquela ordem. E eu disse: "Como não vai cumprir? É lei." E ele: "Eu sei, mas eu não vou cumprir."

De novo: quem tem a caneta manda. Tínhamos uma ingenuidade em relação ao mundo político, a ingenuidade recorrente de quem vem da vida acadêmica sem experiência no setor público e ainda desconhece os interesses que moldam e limitam a política econômica. Por isso a importância deste ciclo de podcasts. As pessoas acham que é fácil, que é só chegar lá com ideias corretas e implementar. Não. As coisas custam um esforço enorme. E volto ao meu ponto aqui: ministro da Fazenda tem que ter experiência prévia de governo e de setor privado, ter certeza de que o presidente da República entende do que se está falando, porque é ele que tem a caneta.

As pressões e o gol contra

Tem mais uma coisa que aprendi nas minhas duas passagens pelo setor público: quando se está no governo, não sobra tempo para se pensar em nada. O volume de pressão é absurdo, as demandas são maiores do que se consegue atender. Só há um caminho possível: aprender antes e cristalizar uma visão sobre como resolver os problemas antes de ter de enfrentá-los na prática. Se você está com a ideia errada, não vai conseguir encontrar a ideia certa no exercício do cargo. É impossível se desapegar de ideias firmadas e pensar de forma radicalmente diferente sobre determinado problema quando se está no governo.

Vou dar um exemplo. Quando começamos a discutir como seria o Plano Real, eu me lembrei da história do Saulo Ramos. Pensei: "Bom, deve ter alguma alternativa jurídica." E conversei privadamente com o Tadeu de Chiara, precocemente falecido. Era outro que tinha sido colega meu na escola, era professor de Direito Econômico e tinha trabalhado comigo no Unibanco. Eu brincava dizendo que ele era um dos advogados que sabiam usar uma calculadora HP. E falei a ele: "Tadeu, eu estou com esse problema aqui. Tem solução jurídica?" Ele pediu tempo para estudar e mandou justamente o texto da criação da URV. Fiquei feliz, mas tive o cuidado de perguntar se ele defenderia a legalidade da medida provisória publicamente e ele me respondeu que sim. Guardei por muito tempo o fax do Tadeu, enviado para mim em Brasília, com o texto da minuta provisória. Pena que textos de fax se apagam com o passar dos anos. Tadeu nem fazia parte do governo, ele me ajudou como cidadão.

Segredo não havia, porque a "Proposta Larida" todo mundo já sabia o que era. E o Plano Real era todo preanunciado.

Quando foi lançada a URV, Saulo Ramos, decerto lembrando-se do diálogo ocorrido anos antes, na época do Plano Cruzado, escreveu um artigo criticando a medida provisória e dizendo que a moeda indexada era inconstitucional. Tadeu rebateu com outro artigo, argumentando pela constitucionalidade da lei. Suponho que, por interferência do Sarney, que era muito próximo do Saulo Ramos e apoiava o Fernando, o Saulo tenha desistido de fazer uma tréplica. Conversei com o Geraldo Brindeiro, que era procurador-geral, e ele disse que tudo bem. Não estava totalmente convicto, mas entendeu que a URV era defensável no Supremo. E assim foi, mas isso nunca foi questionado no Supremo. Foi um ovo de Colombo colocado de pé pelo Tadeu de Chiara.

Além de não ter tempo para aprender, o formulador de política econômica corre o risco do gol contra. Na maior parte do tempo, joga na defensiva. E nem sempre o problema é a oposição política ao governo tentando bloquear o avanço das reformas; volta e meia o retrocesso é comandado por setores do próprio governo. Os interesses afetados pelas reformas normalmente se organizam cooptando-se alguém de dentro do governo. O ministro encarregado de fazer avançar as reformas se vê às voltas com outro ministro, de igual status, articulando um movimento de resistência e procurando convencer o presidente de que o ministro reformista lhe trará enorme desgaste político. Uma parte importantíssima da tarefa reformista é impedir o recuo, além de tentar evitar armadilhas ocultas. Há casos em que você articula propostas para mudar algo e acaba gerando consequências inesperadas em algum outro canto do poder político.

As consequências imprevisíveis: o caso das gráficas

Vou contar um episódio da minha primeira encarnação como *policy maker*. Uma das primeiras medidas que tomei logo que me tornei diretor da área bancária do Banco Central, em 1985, foi acabar com o imposto sobre o cheque. Era um imposto pago pelos bancos. Cada vez que um cliente passava um cheque sem fundo, o banco pagava o imposto. A justificativa era a necessidade de aumentar a confiabilidade no cheque. Com o imposto, os bancos teriam um incentivo para dar talão de cheques apenas aos clientes que, supostamente, honrariam seus compromissos. Naturalmente, o imposto sobre o cheque era um custo a mais na intermediação bancária. Era um peso morto, do ponto de vista da teoria do bem-estar, e só aumentava o *spread* bancário. Resolvi e, como eu disse, esta foi uma das minhas primeiras medidas: eliminar esse peso morto para reduzir o custo de crédito. E o fiz da forma mais simples possível. Como diretor da área bancária, eu tinha poder para determinar a alíquota do imposto e a fixei em zero. O imposto continuaria a existir formalmente, mas deixaria de afetar a economia.

Para minha surpresa, caiu o mundo. Ligaram pessoas da Casa Civil reclamando que a medida afetava a educação básica no Brasil e eu fiquei perplexo. Fernão Bracher, então presidente do Banco Central, decifrou o mistério. A arrecadação do imposto sobre o cheque alimentava um fundo chamado Funcheque. O Funcheque era administrado pelo Ministério da Educação, que usava esses recursos para contratar as gráficas que imprimiam livros e cadernos escolares. Pois bem, explicou-me Fernão, como não há controle dos custos das gráficas, o material escolar se presta a apropriações pouco ortodoxas de recursos. Em outras palavras: as gráficas superfaturavam o serviço e davam o rebate para políticos que apoiavam o governo. Mexer com gráficas no Brasil — Fernão me alertou — é mexer numa caixa de marimbondos. O sistema político inteiro vai ficar revoltado. Como eu podia imaginar que uma medida administrativa para reduzir o custo de crédito geraria um efeito político que nada tinha a ver com o sistema financeiro?

As gráficas me dariam uma dor de cabeça no Plano Real. Dessa vez, um senador importante, que controlava a comissão do Senado encarregada de fazer a sabatina para presidente do Banco Central, foi pego imprimindo material de sua própria campanha — os santinhos — na gráfica do Senado. Pois bem, ele queria que o Fernando Henrique, eleito presidente do Brasil, articulasse os senadores da base do governo para absolvê-lo. Enquanto isso, ameaçou, não marcaria a sabatina para que eu pudesse ser nomeado presidente do banco. Como eu já tinha saído da presidência do BNDES, tive que passar um bom tempo no limbo à espera de que o imbróglio se resolvesse.

Persuasão — A conversa no Judiciário

Um dos problemas jurídicos mais complicados do Plano Real aconteceu em torno do artigo 38 da medida provisória que criou a nova moeda. O problema era o seguinte: os títulos com correção monetária tinham uma defasagem temporal. A correção monetária que incidiria no fim do mês era dada pela inflação do mês. Como a inflação do mês corresponde ao aumento da média de preços no mês em relação ao mês anterior, é possível argumentar que, se a inflação parasse subitamente, ainda haveria uma correção a ser paga. Havia ainda quem dissesse que precisaria haver uma rodada de correção monetária extra mesmo após se mudar o padrão monetário. De olho nessa correção extra, algumas instituições financeiras correram para comprar títulos indexados antes da reforma monetária. Ocorre que, se o raciocínio valesse para títulos, teria de valer para salários e aluguéis também. Ou seja, todos os contratos nominais sofreriam uma correção pós-reforma monetária, o que configuraria uma pressão inflacionária no início do Plano Real.

O artigo 38 da medida provisória evitou essa correção extra nos títulos do governo com correção monetária. Contudo, as instituições financeiras que compraram títulos do governo judicializaram a questão na defesa do que lhes parecia ser seu direito. Ao final, a Justiça pacificou a controvérsia atestando a legalidade do artigo 38 graças a um trabalho de persuasão e convencimento das nossas teses entre as autoridades do Judiciário.

A persuasão é uma arte

A questão-chave na arte da política econômica é o convencimento, o trabalho de persuasão que precisa acompanhar qualquer proposta de política econômica. O tema me é caro. Em 1983 escrevi um artigo sobre retórica na economia publicado, na época, junto com um artigo de Deirdre McCloskey [hoje professora da Universidade de Illinois]. O meu saiu em português e o dela em inglês, o que lhe garantiu a fama, mas nunca deixei de refletir sobre o assunto. No meu artigo, enfatizei regras gerais de retórica que me pareciam suficientes para assegurar o convencimento. Há regras, sem dúvida, mas há também uma arte: como usar as regras para convencer.

Vou dar dois exemplos da arte da persuasão. Um dia dei ao Fernando Henrique a ideia de estruturar o Plano Real em fases preanunciadas, a fim de tranquilizar a população. Era uma ideia que não constava do *paper* do "Larida", só me ocorreu depois. Fernando Henrique contou isso em uma entrevista recente e me confidenciou privadamente da importância que atribuía a essa ideia. Fez muita diferença preanunciar o programa, mas o mérito é apenas parcialmente de quem teve a ideia. Porque não é a ideia que convence, quem convence é alguém que articula a ideia e conversa com os demais. Fernando Henrique tinha extraordinária capacidade de persuasão junto a Itamar Franco e em boa parte do Congresso. Ele vinha do Congresso, era um político. Conversava com senadores, eles eram seus pares. Não era um técnico conversando sobre um tema esotérico. É difícil persuadir os outros a acreditarem numa ideia ruim, mas há muitas ideias boas que se perdem porque não são abraçadas por alguém com capacidade de persuasão.

Vou contar um segundo episódio, também do Plano Real. Pedro Malan, então presidente do Banco Central, estava em Washington para tentar convencer o FMI a apoiar o Plano. Os bancos requeriam esse endosso para que pudéssemos terminar o estado de moratória em que o país se encontrava havia 14 anos. Pedro me pediu que fosse a Washington ajudar no convencimento do Fundo. Ao chegar lá, fiz uma longa exposição técnica do Plano. Ao final, um grego que dirigia o Departamento do Hemisfério Ocidental do Fundo falou comigo, com sinceridade: "Persio, pode ser até que funcione, mas eu não vou apoiar, o Fundo não vai apoiar o Plano." Fiquei surpreso, porque achei que tinha respondido bem às perguntas dele. Ele então explicou: "Persio, eu apoiei todos os planos de estabilização até hoje. E o Brasil acabou com a minha reputação, Persio." E listou todas as cartas de intenção e Planos que nunca se concretizaram ou não foram cumpridos. "O Fundo não vai apoiar, esqueça. Eu não quero nem posso desmoralizar novamente o Fundo."

Marcamos, então, uma conversa com o diretor-gerente do FMI, o Michel Camdessus, da qual o Fernando Henrique também participou porque já o conhecia. Camdessus era esperto, entendia de política. Já tinha sido presidente do Banco da França e dirigira o Fundo Monetário por 13 anos. Na conversa, incentivou o Fernando Henrique a se candidatar à Presidência — e o futuro presidente, é claro, gostou da ideia. Acabamos escrevendo ali, junto com o Pedro Malan, uma minuta de comunicado de apoio ao Plano Real, o que não significava endosso. As palavras foram escolhidas e ponderadas com cuidado. A longa experiência do Camdessus na linguagem da burocracia internacional fez o milagre. E não só isso: Larry Summers, àquela altura subsecretário do Tesouro americano, também falou com vários presidentes de bancos credores.

Fato é que o Fundo não apoiou formalmente o Plano Real, mas a persuasão do comunicado e os telefonemas do Camdessus e do Larry Summers fizeram com que os bancos desistissem de pedir o endosso do Fundo para o Plano Real. Larry entendia intelectualmente o Plano, conforme mencionei, e Camdessus tinha mais visão e tarimba política do que o grego do Hemisfério Ocidental, um funcionário de carreira do Fundo. A novela terminou com a renegociação da dívida externa brasileira e a normalização dos pagamentos internacionais. Sem endosso do Fundo, mas com um persuasivo apoio informal.

As discussões sobre câmbio e a intuição da realidade

Outro episódio que gostaria de comentar é o das discussões sobre se o câmbio deveria ficar fixo ou flutuante no Plano Real logo de saída. Tratava-se de discussão típica de política econômica. O câmbio foi vagamente tratado no "Larida". Na proposta de 1984, falávamos em uma âncora wickselliana que teria como fundamento a política de juros fixada pelo Banco Central. De 1984 a 1994, eu já havia me convencido das virtudes do câmbio flutuante. O Gustavo queria o câmbio fixo com minibandas. Ele foi mais persuasivo do que eu nos debates internos e a maioria da equipe, o presidente Fernando Henrique inclusive, bancou o Gustavo. Incapaz de moldar a política cambial, responsabilidade intrínseca ao Banco Central, minha posição como presidente da instituição ficou insustentável. Peguei o boné e voltei para casa.

O interessante é que a persuasão muitas vezes depende de uma certa intuição da realidade. De um lado, você poderia considerar que uma âncora cambial fixa seria fundamental para dar a largada, quando a desconfiança quanto ao sucesso do plano de estabilização era grande e a inflação ainda era alta para os padrões internacionais. Por outro lado, você poderia considerar que a permanência dos mecanismos de indexação após o Plano Real asseguraria uma inércia inflacionária a valores relativamente baixos de inflação. E que, reduzindo o risco de colapso cambial, a eficácia da política monetária seria aumentada, fazendo com que fosse possível estabilizar a inflação sem taxas de juros extraordinariamente altas e câmbio sobrevalorizado. Além do mais, câmbios fixos sempre terminam em crise de balanço de pagamentos.

Como decidir entre intuições completamente distintas? Não há evidência para ajudar nesse caso. Exercícios contrafactuais são sempre sujeitos a controvérsias, mas continuo acreditando que um esquema de transição para o câmbio flutuante logo no início teria sido melhor do que a âncora cambial. Gustavo levou a melhor na discussão, mas meu ponto aqui é enfatizar que muitas vezes o papel da persuasão é optar entre intuições da realidade distintas e não passíveis de resolução por estudos empíricos. Poderia falar horas sobre o tema, mas o que quero realçar é o papel das intuições da realidade.

Como gerir a burocracia estatal

Um dos aspectos menos discutidos em torno da arte da política econômica é sobre como fazer com que a burocracia estatal opere no sentido de viabilizá-la. No funcionalismo público, em geral há uma maioria que cumpre as tarefas e uma minoria que carrega o piano. Os carregadores de piano são funcionários públicos extremamente dedicados e competentes, dispostos a trabalhar duro como se estivessem na iniciativa privada, embora não recebam nenhuma remuneração extra e ainda enfrentem riscos legais com os Tribunais de Conta. O segredo, em qualquer política econômica, é localizar logo quem pode carregar o piano. Esses técnicos existem — pude testemunhar isso na Fazenda, no Tesouro Nacional, na Secretaria da Receita Federal, no BNDES, no Banco Central.

Se você se cercar dos bons, tem condição de atuação. Se brigar com a máquina ou escolher errado seus assessores mais próximos, esquece, nada funciona. Lembre-se de que a máquina pública pode boicotá-lo da maneira mais sutil com a chamada "operação tartaruga". Não faz, demora, não antecipa problemas, espera que eles surjam. O resultado é inelutável: quem vem de fora não consegue fazer nada. Então, você ser capaz de envolver ao menos os melhores da administração pública, motivar as pessoas, formar uma equipe, é essencial. Atuar em time, ser capaz de ouvir e não falar o tempo todo. As pessoas querem falar também, é preciso saber ouvir e reconhecer o trabalho delas.

Balanço: o que foi feito e pode ser feito

Fazendo um balanço das lições importantes para os formuladores de políticas públicas, não acredito que minha experiência pessoal sirva muito como referência porque foi rara. E única. Ter sido capaz de implementar um *paper* que eu mesmo escrevi em coautoria com o André e mudar o rumo do país é raríssimo de acontecer. E, depois, ter tido a chance de corrigir o que não deu certo na primeira vez e atuar de novo, numa segunda vez, foi uma oportunidade única. Então, minha experiência pessoal é um caso, digamos, fora do ordinário.

A reflexão final que eu colocaria é a seguinte: o Plano Real criou algo impossível de se imaginar antes, não apenas pela estabilização da inflação, mas por ter posto em marcha uma agenda de reformas que privatizaria a Vale do Rio Doce e a Telebras, quebraria monopólios estatais, avançaria na reforma administrativa, criaria as agências reguladoras e a Lei de Responsabilidade Fiscal. O Banco Central sofreu uma modernização fortíssima nesse período e, com o Armínio Fraga, conseguiu finalmente implantar um sistema de câmbio flutuante — o tripé macroeconômico.

As bases do Brasil moderno foram fixadas em oito anos de Fernando Henrique e um pouco antes, no governo Itamar. E, se perguntássemos a alguém se isso seria possível acontecer, a resposta seria que não haveria a menor chance. O que mostra que o Brasil tem uma faceta surpreendente. Se o país tiver na Presidência alguém com experiência, que entenda o que precisa ser feito, e se ele tiver a seu lado um time de gente capaz, as coisas acontecem.

É preciso ter na Presidência uma pessoa capaz, com experiência política, com visão correta das reformas. E ter uma boa equipe. São duas condições que estão longe de serem fáceis de se conseguir. Quando vejo o desânimo nacional, entendo que o governo Bolsonaro, em particular, desanima qualquer um. É um dos piores governos da nossa História. Mas, se olharmos para a experiência do Plano Real, é preciso lembrar que esse Plano foi feito num momento de total desesperança. Quando Ayrton Senna morreu naquele acidente fatal, foi-se com ele a única esperança de glória para o Brasil. No pessimismo dos meses anteriores ao Plano Real, a morte do Ayrton Senna, o único brasileiro que dava certo, foi um sinal dos tempos sombrios em que vivíamos. Mas logo depois houve o Plano Real. O Brasil pode surpreender, sim, quando há uma boa costura política e equipe técnica. Pode surpreender muito, superando as expectativas mais mirabolantes. Eu falo por convicção. Eu vivi essa experiência.

Leituras sugeridas:

- Arida, Persio e André Lara Resende. "Inertial Inflation and Monetary Reform". *Texto para Discussão nº 85*. Rio de Janeiro: Departamento de Economia da PUC, 1985. Disponível em: <http://www.econ.puc-rio.br/uploads/adm/trabalhos/files/td85.pdf>. Acesso em: 5 dez. 2022.
- Arida, Persio. "A história do pensamento como teoria e retórica". *Texto para Discussão nº 54*. Rio de Janeiro: Departamento de Economia da PUC, 1983. Disponível em: <http://www.econ.puc-rio.br/uploads/adm/trabalhos/files/td54.pdf>. Acesso em: 5 dez. 2022.
- Arida, Persio. "Rakudianai: a política, a prisão, o encontro com o crocodilo, o julgamento e meu pai: lembranças de quarenta anos atrás". Revista *Piauí*, nº 55, abr. 2011. Disponível em: <https://piaui.folha.uol.com.br/materia/rakudianai/>. Acesso em: 5 dez. 2022.
- Arida, Persio. *Coleção História Contada do Banco Central do Brasil, vol. XX*. Disponível em: <https://www.bcb.gov.br/historiacontada/publicacoes/hc_bc_volume_20_persio_arida.pdf>. Acesso em: 5 dez. 2022.
- Arida, Persio. "Economic Stabilization in Brazil". *Texto para Discussão nº 84*. Rio de Janeiro: Departamento de Economia da PUC, 1984. Disponível em: <http://www.econ.puc-rio.br/uploads/adm/trabalhos/files/td84.pdf>. Acesso em: 5 dez. 2022.
- Arida, Persio. "Macroeconomic Issues for Latin America". *Texto para Discussão nº 87*. Rio de Janeiro: Departamento de Economia da PUC,

1985. Disponível em: <http://www.econ.puc-rio.br/uploads/adm/trabalhos/files/td87.pdf>. Acesso em: 5 dez. 2022.

- Arida, Persio. "Observações sobre o Plano Real". *Economia Aplicada*, vol. 3, São Paulo, 1999.
- Bruno, Michael, Stanley Fischer, Elhanan Helpman e Nissan Liviatan. Com Leora Meridor. *Lessons of Economic Stabilization and Its Aftermath.* Cambridge (MA): The MIT Press, 2003. [Recomenda-se, em especial, a leitura do capítulo "From Inertia to Megainflation in Brazil: Comments", de Persio Arida.]
- Cunha, Patrícia Helena F. "Estabilização em dois registros". *Estudos Econômicos*, São Paulo, vol. 36, nº 2, abr.-jun. 2006, pp. 383-402. Disponível em: <https://www.scielo.br/pdf/ee/v36n2/v36n2a08>. Acesso em: 5 dez. 2022.
- Resende, André Lara. *Consenso e contrassenso: por uma economia não dogmática.* São Paulo: Portfolio-Penguin/Cia. das Letras, 2020. [Recomenda-se a leitura, em especial, do apêndice C, "Inflação inercial e reforma monetária no Brasil", de André Lara Resende e Persio Arida.]

5. Gustavo Franco
Podcast realizado em 11 de fevereiro de 2021

Gustavo H.B. Franco é bacharel (1979) e mestre (1982) em Economia pela PUC-Rio e PhD (1986) pela Universidade Harvard. É sócio-fundador da Rio Bravo Investimentos. Foi presidente do Banco Central e também diretor da Área Internacional da instituição, tendo ocupado o cargo de secretário adjunto de Política Econômica do Ministério da Fazenda (1993-1999). Participa de diversos conselhos consultivos e de administração e escreve regularmente para jornais e revistas. Desde 1986 é professor do Departamento de Economia da PUC-Rio. Tem diversos livros publicados e mais de uma centena de artigos em revistas acadêmicas.

Resumo
O ex-presidente do Banco Central fala essencialmente de sua contribuição na implementação do plano econômico que promoveu a estabilização econômica do Brasil na década de 90.

Ensaios de orquestra para Brasília

Minha trajetória começa no Departamento de Economia da PUC, de onde vários economistas de gerações anteriores tinham saído para posições de governo. E alguns deles ainda estavam ativos, dando aula, orientando teses. Isso foi no período entre a minha chegada ao Brasil, em outubro de 1986, depois do doutorado, até 1992, quando veio o convite para participar do governo.

Nesse período houve o Plano Collor, quando fiz talvez um primeiro ensaio de ir para Brasília. Isso porque um professor, colega nosso, o Eduardo Modiano, estava diretamente envolvido com o time da ministra Zélia Cardoso de Mello. Em razão desse contato, um grupo de economistas, do qual eu fazia parte e que era originalmente associado à campanha de Mario Covas, assessorou o próprio governo Collor numa medida provisória sobre a abertura comercial. Foi apenas nesse assunto, como se fosse uma consultoria, mas, na verdade, foi uma espécie de ensaio.

Depois, houve um segundo ensaio da minha ida para o governo. Pouco antes do Plano Collor 2, havia uma negociação política grande sobre a participação do PSDB na gestão Collor. Por conta disso, o então deputado José Serra, que estava cotado para ser o ministro da Economia em substituição a Zélia, organizou, na casa dele, várias sessões com um grupo que compreendia Edmar Bacha, acho que André Lara Resende também, Persio Arida, enfim, vários dos que depois trabalhariam no Plano Real. Foram encontros em dois ou três fins de semana, pelo menos. Mas a articulação política não se materializou, o PSDB não foi para o governo e Serra não se tornou ministro. Já o grupo, fez algum laço. Eu, por exemplo, conheci o Beto Mendonça nesses encontros.

Para quem estava ali perto da fronteira de pesquisa sobre o tema da inflação no Departamento de Economia da PUC, era natural naquela época que fosse assuntado, cogitado para uma posição no governo. "Vem aqui conversar, vem estudar" — aquele tipo de conversa do qual todo mundo gosta, independentemente de simpatizar ou não com o presidente no momento. Conversar não tirava pedaço.

Foi com esse espírito que colaborei com a medida provisória sobre a abertura comercial no grupo do qual também faziam parte o Winston Fritsch, a Maria de Fátima Fritsch, hoje casada com ele, e o Eduardo Augusto Guimarães — nós quatro. Foi uma colaboração de prazo e tema bem limitados, que não implicou nenhum vínculo com o governo Collor.

Mais adiante, o grupo do "segundo ensaio" seria maior. Quando Fernando Henrique foi feito ministro da Fazenda, em maio de 1993, veio um convite direto de Washington, onde ele estava, junto com Pedro Malan e Armínio Fraga, ambos lá no governo também desde o primeiro momento. Foi deles que recebi o primeiro telefonema com as sondagens.

O uso da História na tese sobre hiperinflações

A História é, sem dúvida, um instrumento fundamental para se pensar as alternativas para o presente, mas devemos utilizar suas lições e as dos eventos ocorridos em outros países com imensa cautela. Transplantar as soluções de outros países era uma tentação permanente, porém perigosa, porque geralmente são universos muito diferentes e separar as coisas é sempre complexo. Acho que lidei bem com o problema a partir de uma postura básica: respeitar a barreira da língua. Explico.

Cheguei a Harvard com a intenção de estudar os processos de inflação muito elevada em países distantes. Dos sete casos emblemáticos abordados em um famoso artigo sobre hiperinflação publicado em 1956 pelo Phillip Cagan, estudei quatro para a minha tese: os casos de Alemanha, Áustria, Hungria e Polônia. Para esses quatro, a maior parte da literatura era em alemão. E lá em Harvard havia material primário muito abundante sobre todos esses países e não seria difícil se eu quisesse aprender alemão. No início, eu tinha um estagiário que falava alemão e tentava esquadrinhar um pouco as fontes primárias, mas depois desisti de estudar o material primário dessa forma, estava muito improdutivo.

Então, a barreira da língua é o primeiro obstáculo que mantém você distante daquela experiência. E, no exterior, em particular no quinto subsolo da biblioteca de Harvard, fazendo pesquisa sobre esses assuntos, você se sente como quem saiu da órbita da Terra e está flutuando no espaço, indo para um planeta desconhecido.

Ali, o que se colocava para mim, em termos de carreira, era aprender alemão e passar a ser um *scholar* de estudos germânicos. Porque era profundo esse mergulho na experiência alemã, e na da Áustria, em especial, era tudo muito parecido. Eu não precisaria, creio, investir em aprender húngaro e polonês, que eram as línguas dos outros países. Aprender alemão já seria um bom desafio. É uma língua tão diferente que você não consegue nem ler uma tabela. E, no meio desse processo, aconteceu outro episódio sobre a barreira da língua, também muito bom para adquirir humildade quanto a isso.

O meu orientador, Jeffrey Sachs, arrumou uma consultoria com o governo da Bolívia, onde havia uma hiperinflação em andamento. Sachs funcionaria como os *money doctors* do passado, que eram os consultores financeiros ingleses e americanos que passaram a orientar os países da América Latina no pós-guerra, na década de 20. Sua função seria organizar um plano local e um diálogo com o FMI. Quando ele fechou esse contrato, me chamou para conversar e propôs: "Você não quer ir para a Bolívia, ser o meu cara lá?" Eu disse: "Espera, a capital do Brasil não é Buenos Aires, eu não falo espanhol, não há a menor chance de eu entender o que está se passando indo para La Paz. É outro mundo e há uma barreira da língua aí. Meu portunhol garante quando muito pedir comida no restaurante. Mas, para acompanhar essas coisas sérias, não dá."

Saber que tinha uma hiperinflação viva na América Latina, ainda que em espanhol, mesmo com legendas, era muito atrativo e estimulante. Já a ideia de mudar-me para La Paz, não. Então, a barreira da língua é uma boa maneira de você perceber a distância entre nós e outros mundos, ou os limites da sua expertise.

Do plano conceitual à execução

Um bom começo para essa reflexão sobre a *Arte da Política Econômica* é o conteúdo do meu livro *A moeda e a lei: uma história monetária brasileira — 1933-2013*, publicado em 2017 pela editora Zahar. O livro é resultado de um curso que organizei para estudantes de graduação de Economia na PUC e que recebeu muitos alunos de Direito. Era um curso sobre a distância que existe entre desenharmos gráficos no quadro-negro da Gávea e o que acontece na vida real em Brasília. Era um curso sobre como executar "política econômica".

Para início dessa conversa, o economista precisa aprender a dialogar com os advogados. Não se faz nada em Brasília sem advogados. A começar porque o economista, ao chegar a Brasília, em geral não sabe nem a diferença entre uma portaria e uma emenda constitucional. Acha que tudo pode, e logo ouve que nada pode, sobretudo se a coisa não for feita pelo instrumento apropriado. Assim, ele começa a aprender como funcionam as engrenagens, os botões a acionar, e também sobre o funcionamento do chamado Estado de Direito, do qual tanto se ouve falar. Esse aprendizado, porém, pode levar muito tempo para se completar e a inflação pode acabar com você antes de você aprender. O curso e o livro foram organizados em torno da minha experiência, entre outros temas. São 800 páginas. É muito assunto.

Meu livro chama atenção para uma fase pouco charmosa de toda essa experiência de estabilização, que é o início de tudo, a fase de organização e recrutamento. Quando chegamos a Brasília, saídos da Academia, ninguém, em tese, tinha experiência executiva em máquina pública. Alguns do grupo tinham passado por experiências anteriores no governo, mas só quem tinha desembarcado em Brasília para valer era o Edmar Bacha, durante o Cruzado, e ele nem quis assumir cargo nenhum, ficou meio que em tempo parcial, com missões específicas.

Quando chegou o Fernando Henrique, o grupo que se formou era muito pequeno. Em maio, quando comecei, éramos ainda praticamente o Winston Fritsch e eu — ele, como secretário de Política Econômica, e eu, como secretário adjunto. Os outros vieram depois. Em outubro, veio o Persio Arida para o BNDES e o Pedro Malan para o Banco Central. Aí eu mudei para o Banco Central, que é uma estrutura completamente diferente, com muito mais recursos.

Os meses em que fiquei na Fazenda, de maio a outubro, foram supervaliosos para entender o ministério, o Orçamento, as contas públicas, essa confusão que é a máquina pública. Além disso, a Secretaria de Política Econômica na ocasião era, a despeito de ser muito pequenininha, o cérebro auxiliar da Secretaria Executiva. Ali passava, por exemplo, toda a conversa com as estatais sobre a definição de tarifas públicas, os planos de investimento e outras questões sensíveis de política econômica.

O Tesouro e a Receita são máquinas muito grandes. A Receita, sem dúvida, é maior e mais poderosa. Ambas são muito focadas, especializadas, com muita rotina. Os burocratas dali raramente saem para conversar. O Murilo Portugal, secretário do Tesouro na ocasião, estabeleceu um padrão diferente. Não quero ser injusto com os que o antecederam, mas me parece que o Murilo levou o Tesouro para outro patamar, não apenas de capacidade de execução, mas também de reflexão e interação com as ações de governo, sobretudo com o Banco Central. Ainda que, naquela época, o Tesouro não fosse capaz de fazer coisas obviamente de sua alçada, como a renegociação da dívida externa, conduzida por um time especial baseado no Banco Central e, posteriormente, a colocação de bônus da República. Eu fiz vários *roadshows* de colocação de bônus do Tesouro no exterior com apenas um representante do Tesouro. Ninguém sabia o que estava acontecendo direito. Nós, do Banco Central, é que praticamente fazíamos tudo. Era um momento de reorganização institucional...

Fato é que estava todo mundo aprendendo. E o momento era crítico, pois a organização institucional das autoridades monetária e fiscal estava sob intensa pressão. Na verdade, era um processo de desconstrução, com tudo se deteriorando, com uma inflação saindo de 30% ao mês, ou seja, que já não estava baixa, e acelerando para 50%. Pode-se discutir por que os 50% são tomados como o limiar da hiper. Eu acho que a nossa experiência demonstrava que a fronteira não era bem essa — nós já estávamos dentro. Porque 20% ou 30% é a mesma coisa que 50%, já que não se nota a diferença no dia a dia.

Minha definição de hiperinflação é quando se passa a fazer a conta da inflação por mês e não mais por ano. Essa é a chave que vira, e a partir daí é só um pouquinho mais ou um pouquinho menos. Não faz grande diferença conceitualmente. E isso já tinha acontecido quando chegamos no governo.

Para mim, pessoalmente, era uma experiência maravilhosa, porque eu não pensei que aquelas criaturas que eu havia estudado tanto na História dos anos 20, em alemão, pudessem estar vivas, ainda mais no Brasil. Tinha lá uma experiência na Bolívia, outra no Peru e uma terceira na Nicarágua. Então, além da Argentina, que está sempre ali, um pouquinho antes de nós, já eram quatro casos de hiperinflação de tiranossauros que falavam espanhol. Estar no Brasil, o centro das atenções naquele momento para combater o problema, aquela pandemia monetária extrema, era fantástico.

Um grupo-chave de advogados e especialistas

Houve então uma longa fase "administrativa" para formar o grupo, não o grupo formulador de economia, mas as várias camadas periféricas desse grupo, que eram os técnicos especializados em temas cruciais para todo o mecanismo funcionar. A começar pelos advogados, que eram os caras que tinham estado em todos os planos anteriores e sabiam todos os truques. É claro que precisávamos aprender todos os truques na língua deles, e aí novamente a lição sobre a barreira da língua foi importante, porque o assunto do Direito é isso, no fundo é uma questão de idioma. Eles tratam da mesma coisa que nós, é a mesma realidade, só que falam uma língua diferente. Se você não souber falar essa língua, não vá a Brasília, não se meta com política econômica. Mas aprenda, que é fácil. Depois que você aprende e conversa com eles, não com o intuito de substituí-los, tudo dá certo. Você não vai perder o sotaque, mas dialogar com eles é fundamental.

Depois dos advogados vieram as outras periferias, que eram os assuntos dos técnicos especializados, do cara de política salarial, da Previdência, do SFH, do agro, dos impostos, as questões setoriais, enfim, cada tema era um planeta diferente. Por exemplo, quando se abre a tampa dos contratos habitacionais, é um mundo de experiências, é uma área na qual não se pode entrar inocente. É preciso paciência e disciplina para aprender, entender quem entende e descobrir quem é o especialista. Não é necessário chegar ao nível dele, contudo, é preciso saber quem é ele e aprender a sua língua para poder se entender com ele. Isso vale para os advogados. São vários os assuntos a aprender. Então, não é tarefa para quem está com preguiça. Tudo dá muito trabalho.

No Plano Real, cada um tocou o seu instrumento

Na primeira fase do lançamento do Plano Real não havia nenhuma organização. Não porque o Clóvis Carvalho, secretário executivo do Ministério da Fazenda, que coordenava os trabalhos, fosse desorganizado. Ao contrário. Clóvis era superdisciplinado na condução das reuniões, porém, nas primeiras rodadas, nós sequer podíamos falar que estávamos pensando em fazer um pacotão. O que criamos foi uma rotina de várias reuniões, cada um se envolvendo em uma respectiva área do setor público. Todos sabíamos que, em algum momento, o ministro ia chegar e perguntar o que fazer, e teríamos que funcionar como uma orquestra que estava ensaiando, mas cada um na sua sala.

Esse momento seria delicado e a pressão era imensa. No entanto, na primeira vez que nos sentamos juntos, já havia um conjunto de ideias bastante concretas. Foi tudo muito rápido. Quando nos sentamos para executar, já havia as pessoas certas para aplicar as ideias grandes em várias áreas. O Pedro Malan e eu já estávamos no Banco Central com todas as armas mais ou menos preparadas. O Banco Central é onde você tem os canhões mais importantes, no caso de um empreendimento como esse. Então, nós já tínhamos controle executivo do principal exército que precisava ser movido, que era o Banco Central, infinitamente mais poderoso que a Fazenda na hora de uma iniciativa como essa.

Claro que era preciso trazer a Fazenda para dentro do projeto, e também outras áreas do Executivo. Mas foi perto do final de 1993 que nos sentamos para fazer a primeira medida provisória. Já havia uma rotina de reuniões semanais estabelecida pelo Clóvis, com atas, agendas e pautas. Tudo isso bem na linha dos ritos de conselhos de administração, de onde vinha o Clóvis. Com isso, estabeleceu-se um ritmo muito produtivo para nós. E, claro, quando veio o plano de estabilização, tudo foi prosseguindo na analogia corporativa. A metodologia já estava criada.

O mesmo grupo que se sentava para fazer o planejamento estratégico era encarregado de executá-lo. A questão é que o dia a dia começou a ficar infinitamente mais complicado quando a URV foi para a rua e passamos a ter que resolver todos os pepinos gerados por ela. Pepinos práticos. O Clóvis foi espetacular, um maestro espetacular na parte processual e organizacional do esforço, onde, enfim, cada um tocou seu instrumento.

A primeira lição que fica daquele momento é a seguinte: não vamos fazer romance dizendo que o Plano Real foi uma ideia *bacanuda* para a qual bastou apertar um botão. Não foi bem assim. Outro romance é dizer que havia um desejo imenso da população de se livrar da inflação e que estavam todos pedindo um plano de estabilização. Também não. As dificuldades foram terríveis e foi preciso chutar muitas canelas para fazer a coisa acontecer.

Existe a ideia de que o Plano Real foi pró-mercado. Na filosofia pode até ser, mas, na hora da execução, não tinha conversinha, tinha que fazer a coisa direito. Claro que estávamos no comando de uma máquina gigante que, no passado, em empreendimentos parecidos, soube usar a força bruta, que não funcionou porque foi malconduzida ou utilizada de um jeito errado. É claro que usamos todas as ferramentas discricionárias de governo que havia em Brasília. Jogamos tanto quanto possível o jogo do mercado, inclusive no Banco Central, na mesa de câmbio, na mesa de juros, a gente jogou o jogo. Mas nós éramos o cassino. E o cassino sempre ganha. No entanto, tinha que saber jogar.

Portanto, a história toda das conversões voluntárias e dos incentivos foi incrível, sobretudo como narrativa. E a experiência alemã de reforma monetária nos foi superútil, mas está longe de ter sido a única. Havia histórias de outros países com múltiplas moedas, a própria experiência de dolarização estava na mente de todo mundo naquele momento, incluindo o que a Argentina havia feito. No caso dos anos 20, a dolarização foi o processo que abriu a porta para estabilizações súbitas de grandes inflações, via fixação da taxa de câmbio. Essa era a verdadeira mágica do nosso primeiro movimento, a atuação, ou não atuação, do BC no mercado de câmbio.

Num segundo momento, observa-se que o plano de estabilização passou a depender mais diretamente das ferramentas convencionais. Então, uma maneira pela qual gosto de pensar o assunto é a seguinte: a inflação estava indo para 50%, fizemos a reforma monetária da URV e a mexida no câmbio, e isso deu uma pancada na inflação para baixo. Pelo que me lembro, nos primeiros 12 meses da nova moeda a inflação ficava na faixa de 20% ou 30% ao ano, um nível ainda inaceitável, mas um extraordinário progresso para quem havia começado com 50% ao mês.

Então, é como se tivesse havido dois Planos. O primeiro foi trazer de 50% ao mês para 30% ao ano; depois veio o outro, de julho de 1994 até 1998, que levou o IPCA de 30% ao ano para 1,6% ao ano. Essa segunda fase, mais convencional e mais polêmica, deu imenso trabalho. E durou quase todo o primeiro mandato do presidente Fernando Henrique, que foi praticamente todo consumido nesse esforço histórico.

Caneladas e cotoveladas de todo tipo no governo

O primeiro mandato de FHC começa com a inflação na faixa de 3% ao mês, logo depois da URV, e termina em um 1,6% ao ano. Essa trajetória foi muito tensa, foi uma espécie de guerra de infantaria, palmo a palmo, tudo muito disputado, muito brigado e pegado, muita gente reclamando, todo tipo de ressentimento, problema em cima de problema, juros altos, câmbio baixo, todos reclamando, empresários, sindicatos. Não se deve romancear um plano de estabilização: foi um processo muito difícil, que teve cotoveladas e caneladas de todo tipo, além das coisas certinhas e bonitinhas.

Fato é que chegamos a 1998 com a inflação bem baixa, vitoriosos, mas com certa fadiga, e sei bem do que estou falando. A inflação estava em 1,6% ao ano, acho que a menor inflação que o Brasil já havia tido desde a Primeira Guerra. E, sem dúvida, a menor inflação da história do Banco Central. Nunca o Brasil tivera uma inflação menor que a dos Estados Unidos. Isso não acontece com "molezinhas" e "coisinhas no amorzinho", como meus filhos falam. Foi uma guerra: quem diz que foi fácil não estava lá.

Vamos à vida como ela é: o pessoal tem preguiça na hora que chega em Brasília. Todos querem fórmulas simples e mágicas, e é aí que mora o perigo. Por exemplo, vamos pensar em um tema difícil: contratos do SFH. A tarefa é bolar um sistema de conversão voluntário, em que as partes vão aceitar e reinventar seu relacionamento, mas apostando que vai dar certo. Vai ver o trabalho que isso dá. Todos desconfiam. É quando vem a tentação de adotar soluções rudimentares, inclusive congelamentos, que atendem a múltiplos interesses, até mesmo dos economistas. São os "falsos atalhos".

Tínhamos feito cinco congelamentos antes do Plano Real. Um recorde mundial, eu creio. Então, em matéria de congelamento, a experiência era completa e era tudo o que deveríamos evitar. Aprendemos muito revivendo esses experimentos com os advogados, com os especialistas setoriais, que lembravam como ocorreu no Plano Bresser, que foi diferente do Plano Verão, cada qual inovando em alguma área. Enfim, os truques eram incontáveis. Fomos coletando essa sabedoria e colocando dentro de uma estrutura diferente, onde a compatibilidade com incentivos e a adoção voluntária da nova moeda eram a nova filosofia. Uma filosofia totalmente compatível com a experiência das estabilizações europeias de inflações elevadas, baseadas na fixação da taxa de câmbio e no retorno ao padrão-ouro.

A nossa URV foi uma ferramenta para fazer uma "desindexação", nome de guerra para a adoção de uma reforma monetária envolvendo a migração para a moeda nova, por meio de uma variedade de fórmulas engenhosas, sempre *market friendly*, sempre voluntárias, e que, substancialmente, davam às pessoas a segurança de que elas não seriam garfadas. É tudo muito difícil de fazer, mas, nas múltiplas aplicações da coisa, acho que conseguimos. Infelizmente, contudo, essa fase "mágica" acabou em julho de 1994. Daí em diante, a estabilização seguiu um trajeto bem mais convencional.

Então, o que aconteceu entre julho de 1994 e o final de 1998? É uma parte menos charmosa do experimento todo que envolveu juro alto, política monetária funcional e métodos dos planos de estabilização ortodoxos mais *hardcore*. Ou seja, aqui é preciso ter imensa persistência, mas vão acusá-lo de teimosia, a imprensa vai bater, o pessoal vai reclamar, seus amigos e apoiadores vão se esconder. Estabilização é isso, não é "molezinha", não.

Ainda sobre o enfrentamento de crises, houve uma sucessão de choques externos superadversos de 1997 em diante, coincidindo exatamente com o momento em que assumi a presidência do Banco Central. Não tive sorte. Foram choques financeiros vindos da Ásia, entre agosto e setembro de 1997, e da Rússia, no final do primeiro trimestre de 1998. Foram crises financeiras com todos esses elementos que hoje a gente vê no cinema sobre a crise de 2008. De fato, houve tudo isso, e o Banco Central tendo de operar em vários mercados ao mesmo tempo — de derivativos, de títulos da dívida, de câmbio, de juros etc. O Banco Central era o centro nervoso da batalha.

Em 1997, nós já tínhamos uma taxa de inflação perto de 10% ao ano. Já em um ambiente bastante diferente do início e com um progresso imenso em matéria de taxa de inflação, o que nos dava uma legitimidade gigantesca para implementar medidas ortodoxas, às vezes doloridas, e que em outra condição não teríamos capacidade de executar. As pessoas experimentavam a sensação de viver num país sem crack, sem a inflação elevada, e estavam gostando. Nada como ter bons resultados.

Nós refletíamos muito sobre tudo isso, porque estávamos conseguindo mostrar esses resultados — o "acionista" estava feliz. Então, com resultados positivos, ganha-se mais legitimidade, mais espaço para trabalhar e até para errar. Enfim, estávamos bem preparados e sempre estivemos prontos para ouvir todo mundo, porque era um empreendimento cheio de especialistas setoriais, com conhecimentos especializados insubstituíveis. Toda a construção era baseada numa conjugação de especialistas. Se juntássemos todos em uma sala sem coordenação daria a maior confusão. Entretanto, conseguimos gerencialmente formar ali um grupo, uma unidade, e ter um norte, uma maneira de funcionar. Do ponto de vista executivo, foi uma experiência maravilhosa.

O aprendizado sobre a formação e operação de equipes

A maior dificuldade era recrutar os especialistas em Brasília. Mas, depois que eles estavam no barco, ficava mais fácil. Em geral, o perfil médio de um especialista com 20, 30 anos de Brasília, em uma carreira superespecializada num assunto que pode ser petróleo ou orçamento, é o de um profissional que já tem as ideias, que vivenciou todos os pacotes. Ele é capaz de contar, na visão dele, o que estava errado em cada um dos Planos anteriores em relação ao setor no qual trabalha. E é preciso saber processar isso. Uma vez que você tem um time, é preciso saber ouvi-lo.

O recrutamento era difícil pelo seguinte: pense em um especialista em Previdência. Suponha que ele seja um funcionário do Senado que está cedido a outro departamento, trabalhando em um determinado setor porque ali é onde ele conseguiu um DAS-5, uma complementação salarial que é importante para a vida dele. E você precisa atrair esse especialista para trabalhar no seu Ministério da Fazenda. Ele, na mesma hora, pergunta se você tem um DAS-5, mas você só tem o DAS-3. E ele: "Ah, mas nesse caso não dá, eu prefiro ficar onde estou" — ou ir para o conselho de administração de uma estatal irrelevante para ter uma sinecura. Você só vai conseguir recrutar se a pessoa acreditar no seu projeto. Depois, é preciso acertar os detalhes do recrutamento, da remuneração, da dedicação, ver a quem ele se reporta.

Muitos acabam entrando em cargos de assessoria, porque não é possível acoplar todos na estrutura administrava existente, que, obviamente, não está organizada para um plano de estabilização. A estrutura existente está arrumada para a normalidade e um plano de estabilização não é a normalidade. Então, como é que se organiza? Às vezes, por exemplo, o jeito é arrumar DAS temporários no Congresso. O fato é que é a maior dificuldade conseguir os especialistas. Depois que eles estão ali, basta começar a fazer reuniões que tudo vai caminhando com facilidade. Tem muito talento em Brasília, muita gente experiente e competente. Naquele momento, havia a experiência acumulada de vários planos de estabilização, o que envolvia funcionamento da economia, inflação alta, desindexação e conversão de contratos. Tudo era experiência. Bastava colocar no papel, entender e tocar para a frente.

A nossa contribuição de fazer a URV como guarda-chuva para todas as conversões foi uma facilitação gigante. Na verdade, foi algo simples: era uma dolarização sintética, se fosse para descrever em uma frase. Sobre executar, acho que foi crucial centralizar o esforço no Banco Central, porque era uma organização grande, repleta de mão de obra de altíssima qualidade, pronta para ser mobilizada. Não tinha isso na Fazenda, nem em outra área do setor público. Talvez houvesse algo parecido no BNDES ou na Petrobras, numa estatal, ou seja, fora de Brasília, e não para esse assunto. Afinal, era uma reforma monetária e o Banco Central era, ou deveria ser, o guardião da moeda.

O Banco Central era o lugar para concentrar o esforço, a começar pela facilidade em se reunir. Ali as pessoas entram pela garagem sem sair do carro, ninguém vê, não tem bagunça de jornalista na porta. Já na Fazenda era um corredor polonês. No Banco Central dá para fazer reunião todo dia, a imprensa não vê quem está entrando. Não fica mapeando quem entra e quem sai, querendo apurar quando o pacote vai para a rua. E a execução do Plano teve um pouco de preparativo de guerra, porque as identidades das pessoas tinham que ser escondidas e as minutas de texto precisavam circular com segurança total. Deu tudo certo. Houve somente um vazamento, em julho de 1994, para a *Folha de S. Paulo*, dois dias antes da medida provisória do Plano Real propriamente dito. Aquela foi a única vez em que ficamos intrigados com o que aconteceu.

Clóvis Carvalho mantinha uma disciplina interessante no nosso grupo. Quando havia uma reunião para ler minutas, ele distribuía uma cópia com o nome de cada um que recebia. "Essa é sua. Quando acabar a reunião, você me devolve, que eu vou anotar aqui no meu controle, antes de triturar." Então, no caso do vazamento, descobrimos depois exatamente qual foi a minuta que vazou. O que, depois, é pouco consolo. Mas tudo bem, dá uma medida do cuidado que tivemos com essa parte.

A fase de infantaria, as encrencas e o ânimo da tropa

Tivemos liquidações de bancos estaduais e privatizações do que era possível, e essas coisas tinham um enorme valor no decorrer do processo. Chamo de fase de infantaria, porque era, de fato, como se a infantaria estivesse lá, no campo de batalha, correndo na direção das metralhadoras alemãs. E você precisava animar a tropa. A tropa era composta não apenas por aqueles que estavam indo brigar, mas também pela opinião pública. Todos precisavam aderir ao Plano e acreditar que aquilo era para valer, que nós íamos realmente atacar as coisas difíceis.

Então, as privatizações promoviam uma injeção periódica de ânimo, mostrando que nós estávamos, sim, transformando o Estado e combatendo os males que geravam a bagunça fiscal, origem de toda a confusão. Havia outras coisas, a privatização é só um exemplo porque representava eventos importantes, como os leilões. Por conta deles, havia briga, gás lacrimogênio, polícia, aquele tumulto, e aquilo rendia vários dias de noticiário, oferecendo a prova concreta de que estávamos atacando os verdadeiros problemas.

A briga de infantaria ou a guerra de trincheiras eram imagens que nos acostumamos a usar para descrever o aspecto cotidiano da briga contra a inflação. E este é o aspecto mais infernal dessa fase da guerra: todos os dias tem uma briga, mais ou menos como um longo campeonato de basquete. Todo dia tem jogo, todo dia é 102 x 101; 98 x 97; você ganha 84 coisas, perde 87; tem dias que você perde, vai dormir irritado. É sempre jogo duro, todo dia. E todo dia tem 500 ações. Está bem, 500 é exagero, mas umas 100 ações por fazer. Você ganha mais ou menos a metade, perde mais ou menos a outra metade e, com o tempo, vai ganhando mais do que perdendo.

Isso inclui pequenas coisas no Ministério da Fazenda, no Banco Central e no plano administrativo, como dizer "não" ou "sim" para determinadas demandas. Como no mercado, quando o Banco Central atua em juro, em câmbio, todo dia tem uma encrencazinha, uma queda de braço. Então, todo dia você sai de capacete. E foi assim durante quatro anos. E, às vezes, para acirrar ainda mais os ânimos, saía no jornal um anúncio como o da privatização da Telebras, um evento que ajudava muito o desenrolar da batalha. Mas a essência da estabilização era essa luta cotidiana.

E nós tínhamos as estrelas no nosso time, como o Pedro Malan, que é um colosso, a pessoa que mais falava com a imprensa e com a sociedade. O próprio Fernando Henrique, claro, foi o primeiro, só que depois que se tornou presidente não era mais quem falava do dia a dia da economia. Essa função ficou com o ministro da Fazenda. O Pedro era quem falava das coisas da economia, inclusive para preservar o presidente. Ele falava várias vezes por dia, em vários eventos. Era bem mais que animar a tropa ou animar o mercado. Era explicar o que estava se passando, era convencer as pessoas, construir credibilidade e confiança com o suor do seu rosto e a força das suas palavras.

Viver isso da vida pública foi uma experiência maravilhosa. O Pedro deu uma contribuição espetacular para o país ao assumir essa posição de liderança naquele momento tão sensível. Nunca mais teremos um como ele. Nunca mais.

Sobre lições e agendas

Sobre lições, recomendações e agendas inconclusas, temos uma grande questão. Depois de ter escrito 800 páginas sobre a experiência que vivi, é meio inquietante admitir que o enredo não tem propriamente um final. A saúde da moeda, como a do organismo, é uma agenda permanente. Quando vejo as pessoas de hoje em Brasília falando da rotina delas e dos problemas que precisam enfrentar, não é diferente do que eu vivi. É muito difícil mesmo a solidão de Brasília, a defesa do interesse público quando o público não está com você. Existe um problema de incentivo insuperável. E eu não sei a solução disso, mas acho que a nossa experiência vale para quem está lá, para que possa passar os olhos pelos relatos. No meu caso, o relato do livro é o mais completo que fui capaz de fazer, com todos os detalhes do que vivi.

A melhor lição de quem viveu esse tipo de situação é registrar, escrever, porque outros vão tirar enorme proveito depois. E o Plano Real, felizmente, está muito bem documentado. Muita gente escreveu. O presidente fez memórias e talvez nunca tenhamos tido tanto registro e transparência quanto à formulação e execução de cada etapa de um projeto tão essencial como foi este: reorganizar a moeda no Brasil.

O Plano Real teve uma dimensão institucional supertranscendente, distributivamente crucial, condição essencial necessária para se pensar em desenvolvimento econômico a sério. Em boa medida, a hiperinflação era o fracasso de um modelo. Nós ainda não resolvemos qual será o outro modelo, nós apenas medicamos o organismo dos efeitos nefastos decorrentes do modelo colapsado, mas qual é o novo?

Já se vão mais de 25 anos e o país ainda não está arrumado. Continuamos com as agendas lá de trás e o mundo já deu algumas voltas. Enfim, a luta continua.

Leituras sugeridas

- Franco, Gustavo. *A moeda e a lei: uma história monetária brasileira — 1933-2013*. Rio de Janeiro: Zahar, 2017.
- Franco, Gustavo. "20 anos do Plano Real", *O Globo*, 22 fev. 2014. Disponível em: <https://oglobo.globo.com/economia/20-anos-do-plano-real-11687119>. Acesso em: 28 set. 2022.
- Franco, Gustavo. *Coleção História Contada do Banco Central do Brasil, vol. XXII*. Disponível em: <https://www.bcb.gov.br/historiacontada/publicacoes/hc_bc_volume_22_gustavo_franco.pdf>. Acesso em: 28 set. 2022.

II. GOVERNANÇA, GESTÃO E CRISES

6. Armínio Fraga
Podcast realizado em 5 de fevereiro de 2021

Sócio-fundador da Gávea Investimentos e presidente do Conselho do Instituto de Estudos para Políticas de Saúde, é membro do Group of Thirty e do Council on Foreign Relations. Foi presidente do Banco Central (1999-2003), presidente do Conselho da B3, diretor do Soros Fund Management e *trustee* da Universidade Princeton, onde obteve seu PhD. Foi professor da PUC-Rio, da EPGE/FGV, da School of International and Public Affairs/Columbia (Nova York) e da Wharton School (Pensilvânia).

Resumo

Armínio Fraga, que também foi diretor de Assuntos Internacionais do Bacen (1991-1992), esteve na linha de frente do banco em vários momentos de instabilidade econômica, marcados, sobretudo, por crises externas e domésticas derivadas de desequilíbrios fiscais e de financiamento externo. Sua entrevista traz importantes lições e aprendizados para a gestão de crises.

O interesse pela vida pública

Cresci e me formei exatamente no final do ciclo dos 30 anos do Milagre Econômico. Estudei na PUC-Rio, que, desde aquela época, já era um departamento mais voltado para temas de política pública. Naquele momento, as coisas no país começaram a descarrilar e o departamento — aí, eu já estava entrando no mestrado — focava muito os dois grandes temas macro, que eram a inflação, caminhando para hiper, e as crises recorrentes de balanço de pagamentos. Foi por aí que me interessei em entrar para a vida pública, muito a partir do lado acadêmico e por incentivo dos meus professores, que suscitavam interesse em um tema que cativava todos nós, alunos, mas também por influência familiar. Sou de uma família de professores de medicina ligados à UFRJ. Então, herdei um quase dever de me engajar de alguma forma, e calhou de as coisas andarem nessa direção. Mas não foi nada planejado.

Tive a influência também do meu período em Princeton, que foi uma continuação da PUC. O departamento de Princeton também já tinha, à época, uma tradição de se preocupar com o lado aplicado da economia. Tinha muita teoria também, muita matemática, mas esse lado existia e esse foi um dos fatores que me atraíram para fazer o meu doutorado lá, como uma continuação quase automática do que eu vinha experimentando no Brasil, onde tudo vinha piorando. Em 1982, quando veio a moratória, eu estava em Princeton e isso acabou sendo tema de um capítulo da minha tese e, depois, objeto de estudo na minha vida não acadêmica também. Quando comecei a trabalhar como economista, decidi voltar para o Brasil. Antes, cheguei a testar o mercado acadêmico nos Estados Unidos, mas recebi uma oferta de voltar no início de 1985 e acabei nem concluindo essa exploração de oportunidades.

Optei pelo Brasil num momento interessantíssimo, tanto do ponto de vista econômico quanto do político. Cheguei mais ou menos no momento exato em que o regime militar terminava, uma fase, portanto, de grande excitação. Era a volta da democracia e tudo o mais, em paralelo a um quadro econômico complicado. Fui trabalhar como economista no Banco Garantia, substituindo o André Lara Resende, que tinha sido meu professor e havia me recomendado porque estava indo assumir outras responsabilidades no grupo. Ele, por sua vez, entrava no lugar do Cláudio Haddad, que, àquela altura, já tinha tido uma passagem pelo governo, no Banco Central. Então, acabei indo atrás dessa linha. Por conta de muita rotatividade no governo, tive também ainda, bem novo, a chance de ir para o Banco Central como diretor, assumindo depois o cargo de presidente. No dia a dia como economista, eu vivia fazendo análise econômica aplicada, análise de tendências, de conjuntura, de política pública etc.

Tanto no Banco Garantia quanto na Salomon Brothers, onde trabalhei por dois anos, e depois no fundo do Soros, o meu trabalho envolvia o uso das ferramentas que a gente adquire no curso de Economia. E eu sempre procurei me manter conectado com a pesquisa acadêmica, que, pela qualidade e pela isenção, sempre me é útil, seja na minha atividade privada, seja na pública.

Na administração pública

A minha entrada na administração pública se deu por etapas. Na verdade, eu tive três voltas ao Brasil. Na primeira, depois do meu doutorado, quando fui trabalhar no Banco Garantia e dei aula na PUC e na EPGE, da Fundação Getulio Vargas. Depois, acabei retornando aos Estados Unidos, de onde fui direto para o Banco Central por recomendação do Pedro Malan, de quem fui aluno, e de um amigo, não economista, o Geraldo Hess. Fui para a área Internacional, quando o país estava em moratória. Uma das nossas missões era justamente participar das renegociações das dívidas privadas, dentro do Plano Brady, com Pedro Malan, e públicas, dentro do Clube de Paris, com Francisco Gros. Tivemos que rever as dívidas governo a governo, um trabalho fascinante. A gente tinha que viajar muito e, com a cabeça de "filhos da PUC", tínhamos também a ideia de começar a trabalhar para construir as bases para uma eventual estabilização. Então, é bom lembrar que fiz parte de uma equipe capitaneada pelo Marcílio Marques Moreira, pelo Francisco Gros e vários outros que chegaram com a missão de desmontar a arapuca do Plano Collor.

Foi uma trabalheira danada. Você tinha um câmbio fixo defasado, preços administrados tabelados, congelamento de preços em geral, mas não havia reservas cambiais. Quando cheguei e fui dar uma olhada, havia lá um número, acho que eram 11 bilhões de dólares, dos quais 8 bilhões, se não me falha a memória, estavam emprestados para a Petrobras e para o Banco do Brasil. Então, não eram reservas líquidas, eram ilíquidas. Ali já enfrentamos, logo de cara, uma pequena crise cambial. Junto com o Pedro Bodin, meu colega na PUC e meu amigo, estávamos os dois na diretoria tentando administrar a crise, àquela altura com um aumento de juros e um acordo com o FMI.

Outra experiência interessante foi a de racionalizar as regras e os controles do mercado de câmbio, que eram imensos. Era um momento em que se imaginava uma flexibilização de regras, pois os controles de câmbio geravam muitas distorções, além de falta de transparência, porque, na prática, sabia-se que era impossível controlar tudo. Então, existia um mercado de câmbio paralelo que funcionava junto com o mercado de ouro, e a ideia era ir arrumando, aos poucos, todo esse ambiente cambial. O princípio maior que nos norteava era o de facilitar a vida de quem não tinha medo da luz do dia e atrapalhar a vida dos bandidos. Isso exigia, sim, alguma liberalização, e foi o que nós fizemos. Eram inúmeras as frentes. Acho que levaria muito tempo para descrever, mas um aspecto importante foi caminhar para unificar as taxas de câmbio. Havia uma taxa de câmbio no mercado paralelo, às vezes cotada ao dobro da "taxa oficial", que criava oportunidades enormes de arbitragem.

Para contar um pequeno detalhe pitoresco, quando eu estudava em Princeton me aproveitava das regras que permitiam comprar dólar à taxa de câmbio oficial de seis em seis meses. No início eram mil dólares. Então, eu pedia emprestados os mil dólares ao meu pai, que comprava no oficial. Eu vendia no paralelo e pagava a minha viagem. Meus colegas de Princeton achavam que eu era um milionário que viajava para o Brasil uma ou duas vezes por ano, mas isso era fruto de uma arbitragem cambial frequente. Nós caminhamos bastante na linha de unificar as taxas de câmbio, o que foi um trabalho importante para o qual vários de nós, ao longo dos anos, deram colaborações. Eu, inclusive, em minha segunda passagem pelo Banco Central, ainda encontrei resquícios desse regime, que aos poucos foi sendo desfeito.

A minha segunda experiência no Banco Central foi como presidente, em 1999. Chego ao Brasil em um ambiente extremamente complexo, com uma expectativa de inflação muito elevada. Eu vinha acompanhando o Brasil não apenas por interesse pessoal, mas por dever de ofício também, já que, na época, trabalhava no fundo do Soros e via com muita preocupação a sustentabilidade da âncora cambial, que foi parte do processo de estabilização. Não foi um processo clássico de âncora cambial, foi algo mais adaptado ao nosso ambiente, uma solução brilhante dada na época por colegas nossos, mas que tinha deixado, como frequentemente se vê na História, um câmbio defasado em decorrência da inflação residual, que, por sua vez, deixava a economia ainda mais vulnerável em função de um quadro fiscal já frágil também.

A leitura que eu tinha era a de que a situação brasileira era um caso típico de "livro-texto", de câmbio defasado e de desequilíbrio fiscal. Mesmo enxergando isso, como a maioria enxergava, havia um receio de que uma depreciação mais elevada do câmbio fosse nos levar a uma repetição do caso do México, que aconteceu exatamente quatro anos antes do Brasil. Comparando os gráficos da taxa de câmbio do Brasil e do México em superposição com defasagem de quatro anos, vê-se que as experiências foram muito parecidas. O diabo é que o caso do México eu tinha acompanhado de perto, porque o assunto era da minha área de trabalho em Nova York. Lá, a inflação acumulada em 12 meses chegou a bater 50%, e o nosso receio era de que se a inflação chegasse a isso no Brasil tudo seria reindexado.

Nós, no Brasil, nunca tivemos o vício do dólar, como praticamente todos os nossos vizinhos na América do Sul. Mas tínhamos, sim, desenvolvido mecanismos de indexação que foram uma defesa natural contra a inflação por parte das pessoas, das empresas e do próprio governo. Esse era o receio. Portanto, foi necessária uma operação de emergência montada com uma âncora nova: o sistema de metas para a inflação. Mas esse sistema, por sua vez, não funcionava solto no ar, ele exigia outras âncoras, sobretudo uma ancoragem fiscal, na época também cambial, para evitar um *overshooting*.

Um esforço que fizemos em paralelo ao ajuste fiscal foi trabalhar com os nossos credores privados, com o FMI e o governo americano. Foi um conjunto de ações. Mas, antes de aceitar a presidência do Banco Central, tive a chance de conversar com o ministro Malan, com o Pedro Parente, que também estava no ministério, e com o presidente Fernando Henrique. Eles me chamaram em meio àquela confusão. Na verdade, eu já havia sido sondado antes, mas tinha acabado de ir para os Estados Unidos, deslocado a minha família para lá, meus filhos estavam na escola, enfim, eu tinha ido para lá fazer meu pé de meia e disse "não, presidente, agora eu realmente não posso, por favor me dispense". E, de brincadeira, prometi que no segundo mandato dele eu voltaria. Ele riu, e tal, e foi isso que aconteceu.

Na conversa da volta, procurei me certificar de alguns detalhes importantes que acabaram dando base ao trabalho de introdução do sistema de metas para a inflação com o câmbio flutuante. Um deles era realmente ter certeza de que o ajuste fiscal estava acontecendo. Eles me garantiram que sim, apesar de, no ano anterior, ter havido uma tentativa de 51 medidas que não tinham dado certo.

Opção pelo regime de metas de inflação

Eu acreditava que a saída para o Brasil não era reancorar o câmbio. Nessa área nós tínhamos um longo histórico de fracassos e de crises periódicas. Mas eu achava que era possível, seguindo uma tendência global daquele momento, introduzir metas para a inflação e para a área fiscal. O ajuste já estava sendo feito e a Lei de Responsabilidade Fiscal sendo desenhada. Portanto, a partir daí, introduzimos metas para o saldo primário e refizemos o acordo com o FMI, que teve de inovar muito nos seus critérios clássicos, que não se aplicavam ao nosso caso. Na época, o FMI possuía critérios monetaristas bem velhos.

Obtive também permissão para fiscalizar os bancos públicos, que eram muito opacos. Fizemos as primeiras inspeções consolidadas dos bancos públicos, o que foi uma ferramenta a mais naquele momento. Saímos também em *roadshow* mundo afora para ajudar a ancorar o câmbio e nos dividimos em três grupos. Com isso, reduzimos o *overshooting* e passamos a trabalhar com os números. Havia uma pressão enorme do setor oficial internacional para que repetíssemos o caminho da Coreia, que introduziu os controles. Mas, para nós, isso seria um retrocesso, uma volta a um modelo que havia dado muito errado.

Decidimos fazer o *roadshow* para mostrar os números e provar em hipóteses muito conservadoras que a conta fechava. Foi uma lição do lado prático de quem trabalhou no mercado. Se eu sou um especulador, estou apostando contra o real e vejo que há um caminho plausível para essa moeda se estabilizar, eu vou cobrir a minha posição. Então, o trabalho ali era um pouco esse, de chamar atenção para o que estava acontecendo aqui no Brasil. Às vezes eu falava para as pessoas: "Imagine só um país que tem saldo primário positivo, no qual a dívida pública não é tão grande, onde os bancos estão com saúde, por que esse país vai estar mal? As coisas vão se acertar." Mas, claro, a história tem que fechar, depende da entrega de resultados.

Há pouco tempo tivemos o Larry Summers nas manchetes, com seu brilhantismo, falando da sua Teoria da Estagnação Secular. Ele tinha apanhado um pouco, porque havia bancado o regime cambial brasileiro, que não se sustentou. Mas outra vez dobrou a aposta conosco, o que foi muito importante, e aí deu certo, porém foi um certo sufoco. Tenho lembranças boas do que veio depois, porém, durante uns dois meses, ou talvez um pouco menos, durante algumas semanas, não havia segurança de que ia dar certo. Depois o mercado começou a dar os sinais certos, e o resto mais ou menos nós conhecemos.

No caso do Plano Real, houve ainda uma crise bancária e depois uma crise fiscal/cambial. Foram necessários vários ajustes. O nosso foi o ajuste do final do regime monetário, mas em sequência ao ajuste fiscal. Houve essa sequência. No caso do sistema de metas, o nosso receio era escolher uma meta no início do ano, quando havia muita incerteza e uma dispersão enorme nas expectativas. Então, nós conversamos e estipulamos que a nossa meta seria ter, no último trimestre do ano, uma inflação anualizada de um dígito.

Isso parecia razoável, porque a inflação no ano anterior tinha sido de 2%. Havia uma expectativa de que isso estivesse ainda embutido no funcionamento da economia e decidimos que, no final de junho, anunciaríamos as metas para o resto do ano e para os dois anos seguintes. E assim foi. Ali pelo final de junho, anunciamos por decreto a meta do ano, que foi de 8%, depois de 6% para 2000, depois de 4%. Terminamos o ano em 9%, com as expectativas permanecendo cravadas na meta até meados de 2001, que foi outro ano de enormes confusões, com o início de um período turbulento.

Lições da experiência do setor privado

Minha experiência de setor privado não foi a experiência típica de alguém que trabalhou numa empresa, numa função gerencial, de marketing, de sistemas ou até operacional. Ela sempre foi mais voltada, de fato, para o investimento sob uma perspectiva mais macro. Mas uma grande lição, que aprendi na época do Alan Greenspan, tanto no Banco Garantia quanto no fundo do Soros, depois, mas principalmente no Soros, é que uma boa estratégia de investimento tem que cruzar as informações macroeconômicas com as microeconômicas. As microeconômicas vêm das empresas, dos setores e do comportamento cíclico de cada setor, que é algo hoje bem entendido. Na época, já era um pouco, contudo houve aprendizados ao longo do caminho. E esse olhar para o qualitativo foi, para mim, sempre da maior importância.

É claro que é bom ter modelos e acompanhar os dados e tudo o mais, porém é preciso ir além para realmente ter um conhecimento profundo. O Alan Greenspan ficou famoso no uso desse atributo, apesar de ser um pouco hermético na maneira de falar. O final dele no Banco Central americano não foi bom, a coisa meio que estourou um pouco na mão dele. As políticas hiperliberais demonstraram que não se pode contar com o mercado para estabilizar as coisas do jeito que se imagina nos chamados "livros-texto". Já o outro lado do Greenspan era muito impressionante. Quando ele falava para todos os presidentes do Banco Central, era como se a gente estivesse ouvindo o papa contando anedotas setoriais surpreendentes e de enorme importância.

Antes do Banco Central, o Greenspan era consultor de empresas e tinha várias histórias sobre isso, o que era motivo até de brincadeira, porque ele às vezes falava e ninguém entendia nada. Ele fez uma grande aposta que deu certo e outra que deu errado. A certa foi deixar a economia correr. Ele apostou na produtividade, no *boom*, e isso durou muitos anos. Acho que ele ficou 17 anos no Banco Central e, no final, fez a aposta hiperliberal na regulação *light* do sistema financeiro. Foi ali que ele ficou mal, mas, se olharmos o conjunto da obra, é muito interessante. Ele pode ser considerado um liberal extremo. Um libertário, traduzindo literalmente do inglês. E foi bom, mas, durante a maior parte do tempo, pagou um preço. Ele, os mercados e as pessoas.

No setor privado, aprendemos também a importância das finanças, do comportamento dos mercados e das tendências históricas a exageros que precisam ser entendidas e administradas também no setor público. No meu caso, essa experiência foi útil no Banco Central, na segunda vez. Antes, inclusive, dei um curso sobre esse tema na Universidade Colúmbia baseado nas experiências com várias crises no fundo do Soros, como participante ativo. Eu tinha um exército de alunos, eram 20 por ano trabalhando. Eles tinham que escrever cada um dos três trabalhos exigidos. Um deles era um memorando de *policy* para o ministro da Fazenda ou para o presidente do Banco Central de um país emergente, e o outro era uma recomendação de investimento em outro país, de região diferente da sua. Depois, todos tinham que escolher um Banco Central e analisar, o que eu já fazia havia tempos.

Já perdi a conta do número de Bancos Centrais que visitei. Mas era assim, você tinha que estudar a história do Banco Central, o arcabouço legal, o balanço contábil do Banco Central e as regras de política, se é que existem. Às vezes não existem. Nós fazíamos estudos de caso e em cada aula sempre havia alguns alunos com experiência no assunto do dia. Isso era sensacional também como aprendizado. Os alunos tinham que pensar como setor público, mas com a cabeça de mercado, lidando com as características e as implicações de comportamentos do setor público e entendendo como esses universos conversavam.

2002: uma crise causada e resolvida pela oposição

Uma das crises mais complexas foi a de 2002, uma crise causada e resolvida pela oposição. Nosso trabalho ali foi tentar, por meio da persuasão, convencer os vários atores a agir de maneira razoável. 2001 tinha sido um ano difícil, com a crise de energia, a crise da Argentina, a crise nas bolsas do mundo, a bolha etc. Foi um ano bem complicado, mas as coisas tinham se acalmado e o mercado estava contente, relaxado, entrando em 2002 na expectativa de que o candidato da situação se elegesse. Era o José Serra na época.

No início da campanha, as pesquisas mostravam a liderança da Roseana Sarney. Porém, acreditava-se que era coisa passageira e que depois, lá na frente, o Serra concentraria esses votos. E existiam dois candidatos que faziam o mercado ficar mais nervoso, que eram o Lula e o Ciro Gomes. O que aconteceu? Quando a candidatura da Roseana Sarney naufragou, em função de um episódio famoso de uma mesa cheia de dinheiro, a expectativa era de que o Serra fosse subir, que os votos dela fossem para ele. E qual não foi a surpresa do mercado quando isso não aconteceu.

Nós, que estávamos lá dentro, começamos rapidamente a sentir com o dedo no pulso do mercado que as coisas iam ficar complicadas. Eu me lembro de uma reunião específica no gabinete econômico na Casa Civil. Toda semana tínhamos um almoço, às terças-feiras, no Ministério da Fazenda e, no dia seguinte, pela manhã, a reunião na Casa Civil. Aquela tinha menos gente da área econômica e ministros de outras áreas. Ali nós já alertamos o pessoal para apertar os cintos porque a temperatura ia explodir, tudo indicava que seria bem difícil. E havia a expectativa de que o Ciro subiria muito, o que de fato aconteceu. Só que depois ele próprio se atrapalhou todo e a candidatura afundou.

Nesse meio-tempo, o mercado foi pirando, o dólar, que estava em 2 reais no início do ano, foi subindo e chegou a bater 4 reais. Uma tensão tremenda. O que nós fazíamos, na época, era conversar com o mercado, com as pessoas, mas era muito difícil, porque o Pedro Malan falava, eu falava, nossos colegas falavam com quem fosse, com a imprensa, com investidores brasileiros, estrangeiros, e eles alegavam que no dia 1º de janeiro de 2003 nós não estaríamos mais lá e que, portanto, eles precisavam se proteger.

Então, as pessoas começaram a comprar dólar e os bancos estrangeiros e brasileiros passaram a descarregar suas posições de títulos públicos, provavelmente até mais que os estrangeiros. Afinal, estavam fazendo o papel deles, não dava para criticar. E o mercado foi ficando cada vez mais tenso, e nós tentando acalmar a todos, dizendo que o mercado avaliava que se o PT ganhasse iria fazer o que estava escrito no programa de governo. E estava tudo ali por escrito, e as pessoas se davam o trabalho de ler aquele programa de moratória, auditoria da dívida, algumas coisas que eram razoáveis até para um leigo. Eu, por exemplo, nunca fui contra nenhuma auditoria. Ao contrário. Mas aquilo levava a um certo pânico, porque a situação poderia sair de controle e o Brasil poderia escorregar para um regime econômico velho, como o que deu errado para nós durante tantos anos de controle. E, aí, seria uma crise absolutamente incontrolável.

A transição do governo FHC para o governo Lula

O nosso papel, àquela altura da transição, era tentar mostrar que a situação não estava tão fora do lugar. Tínhamos um superávit primário, a dívida pública não era muito grande, os bancos estavam saudáveis e, mantendo mais ou menos o cenário até aquele momento, tudo iria se acalmar. Essa foi a aposta que fizemos. E a Carta ao Povo Brasileiro de Lula foi por esse caminho.

Num primeiro momento, porém, não teve efeito. Olhando na linha do tempo, a situação começou a se acalmar cerca de três meses depois, mas a Carta foi uma âncora naquele momento, embora a âncora maior tenha sido o próprio Lula. Quando ele pôs na cabeça que a situação era administrável, a coisa melhorou. Aí tivemos vários de nós conversando, eu participei de várias das conversas preliminares. Facilitava que tanto eu quanto o Pedro Malan tivéssemos um diálogo bom com todo mundo, porque a oposição era implacável, mas não era irracional. E foi esse o caminho. Nós trabalhamos com o FMI para obter uma linha que, na época, era bastante grande e não dependia de nada, era só manter as coisas como elas estavam. A crença era de que as coisas se acalmariam e, na prática, foi o que aconteceu. Foi um segundo semestre tenso, até o próprio Lula deixar tudo claro.

Fato importante foi que, no meio do caminho, apareceu a figura fundamental do Antonio Palocci, no início como coordenador da transição e depois como ministro. E o Palocci mostrou uma tremenda habilidade. Depois, eles recrutaram o Henrique Meirelles, que trouxe também toda uma história de setor privado, e o resto a gente sabe. Mas, durante algum tempo, a inflação subiu muito porque o câmbio, bem depreciado, gerava um movimento não linear de repasses de preços. Felizmente, no fim das contas, as coisas se acalmaram, mas foi, no fundo, uma crise em torno da qual não podíamos fazer muito porque simplesmente não estaríamos mais no governo em janeiro.

Para que transições como aquela sejam menos dramáticas e mais civilizadas é importante não apenas a autonomia do Banco Central. Um regime macroeconômico arrumado deve incluir, em primeiro lugar, a parte fiscal, monetária e cambial. Em segundo lugar, deve haver um claro comprometimento com o Estado de Direito, com o império da lei, com honrar contratos, dívidas etc. Essa combinação, a meu ver, é a vitoriosa.

A independência do Banco Central é um elemento importante, testado em vários países, mas não é à prova de qualquer desaforo. Nós tivemos na América Latina três casos de países que tinham Bancos Centrais independentes, com excelentes presidentes, e que explodiram. A Venezuela, com Ruth de Krivoy, o México, com o famosíssimo Miguel Mancera, e a Argentina, com Pedro Paul no regime de caixa de conversão. Os três tinham independência formal, mas isso não foi suficiente.

O Brasil teve um avanço com a lei que aprovou a autonomia do Banco Central, em fevereiro de 2021, o que não significa que isso, por si só, tenha resolvido todos os problemas. Mas era uma defesa a mais. Para proteger o lado fiscal, tínhamos a Lei de Responsabilidade Fiscal, porém hoje, claramente, não temos mais porque ela não foi respeitada. Houve um colapso fiscal enorme entre 2014 e 2015, de cinco, seis pontos do PIB, que até hoje não foi revertido. Então, não há Banco Central que resista a uma política fiscal frágil demais. Penso que esse é o nosso caso hoje. Parte do problema vem da pandemia, e isso é inegável, mas não temos hoje um arcabouço fiscal robusto suficiente. Temos um Teto de Gastos que é apertado, um governo que parou de investir. Para repriorizar as despesas no Brasil, vai ser necessário muito mais esforço para que se obtenha alguma chance de se ter uma vida macroeconômica tranquila, mais produtiva e mais justa, com políticas melhores.

Outro momento difícil para nossa equipe foi quando o Banco Central fez a reforma da marcação a mercado. Na verdade, essa regra já existia e já valia, porém, como não havia muita flutuação de preços, sobretudo dos títulos de taxa flutuante, que eram negociados perto do par, na prática não importava tanto. Havia uma quase coincidência entre a taxa de mercado e o que estava lá nos *books*. Quando a situação começou a esquentar e nós percebemos que havia potencial para uma crise bastante grave, nós nos vimos diante de um dilema: o de exigir o cumprimento da regra, mas, ao mesmo tempo, suavizar a adesão a ela.

No início do ano tomamos a decisão de permitir um ajuste gradual, uma marcação gradual ao mercado. Foi uma decisão difícil, como muitas que se tomam. O mercado começou a piorar e isso criou uma espiral que, em última instância, nos forçou ao cumprimento mais rápido da regra. Por quê? A razão era simples: os fundos carregavam títulos marcados a um preço superior ao que eles valiam. Então, os investidores mais bem-informados, tipicamente os grandes, começaram a sacar. Aí, com medo de deixar o mico na mão do povo, nós aguentamos o tranco.

O nosso erro foi deixar isso acontecer gradualmente, mas não que tivesse feito diferença. Fechar os olhos à não marcação, na nossa leitura, teria levado a esse tipo de corrida. O que aconteceu não foi uma crise, uma autocombustão. Havia uma real percepção de que as políticas públicas no Brasil iriam colapsar nas mãos do PT. Não aconteceu, mérito do PT. Por isso eu disse, naquela altura do jogo, que foi culpa e mérito do PT. Essa foi a história. Inclusive, naquele momento, ficou difícil para nós e especialmente para mim, como presidente do Banco Central, em meio a uma crise, acusar os bancos de terem feito corpo mole. Os bancos também não queriam ter uma corrida, então era difícil para eles fazer *mea-culpa* naquela hora. Ninguém falou nada e o Banco Central apanhou. Paciência.

Tínhamos algum capital político que fomos obrigados a gastar. Se não tivéssemos dado prazo, talvez a coisa tivesse sido um pouco mais suave, os sinais de mercado teriam aparecido antes e talvez as reações positivas também tivessem aparecido antes. Esse é um contrafactual positivo, que é do meu feitio. Não sou um cara negativo, embora hoje esteja preocupado com o que está acontecendo com o nosso país. Esse assunto é cheio de mal-entendidos e eu já meio que joguei a prejuízo.

O diálogo com o FMI e as instituições internacionais

Minha experiência me mostrou também a importância do diálogo do Banco Central com o FMI e as instituições internacionais. Esses diálogos influenciam a percepção externa e a opinião formada do país. Por exemplo, o colegiado dos presidentes de Bancos Centrais se reunia na minha época oito vezes por ano na Basileia, no Banco Mundial. Aquilo era da maior relevância, porque esses presidentes de Banco Central falavam com os seus bancos, que, tipicamente, são formadores de opinião, com seus relatórios, suas avaliações, os negócios que eles fazem. Era uma rede de extremo valor, para o bem e para o mal.

Eu vi casos que prefiro não mencionar, mas um eu posso. Numa das várias crises da Argentina, com o país derretendo por dentro, eu vi o momento exato em que o setor oficial anunciou que ia desistir da Argentina. Para nós, aquilo acabou sendo o oposto. As primeiras reuniões do G20 aconteceram durante esse período. Pedro Malan e eu fomos a essas reuniões e participamos ativamente, tanto que eles queriam que nós presidíssemos o G20, cuja presidência é rotativa. Mas nós, sabiamente, sabedoria mais do Pedro do que minha, recusamos porque ela aconteceria em 2002, o ano da eleição. Nós éramos muito ativos e aquilo era uma oportunidade de vender o nosso peixe. Mas era mais do que isso porque, no caso das instituições financeiras internacionais, havia algum apoio financeiro em momentos difíceis.

No caso do Banco Mundial, tivemos um imenso apoio para o desenho de reformas estruturais. Quando o assunto era o mercado de crédito e suas várias dimensões, ter, através do Banco Mundial, acesso às melhores experiências do mundo em várias áreas, da Itália à Nova Zelândia, era um privilégio. Foram várias iniciativas, tais como refazer a Lei de Falências; adotar os padrões internacionais de contabilidade; refazer o sistema brasileiro de pagamentos; mudar os critérios de provisionamento etc. Eu podia falar horas sobre isso. Existe inclusive um *book* do que na época se fez e se continuou a fazer depois. Isso não foi único do meu período, mas a nossa fase foi muito boa para fazer reformas. E tínhamos bastante apoio dessa rede internacional, uma rede muito boa. E uma vez que eles percebem que a interlocução com o Brasil é boa, que a nossa palavra vale alguma coisa, o Brasil adquire muito espaço, até pelo seu tamanho. E isso depois vira um exemplo para outros países.

À reunião de Davos, por exemplo, eu talvez tenha ido todos os anos. Por uma ou duas vezes, fui praticamente sozinho, mas isso já ajudava, porque ali você fala com Deus e o mundo numa cidadezinha desse tamaninho, com pessoas que ficam frequentemente surpresas com o nosso trabalho. Hoje o Banco Central tem feito muita coisa também, ajuda muito na formação de uma imagem, ele tem um espaço privilegiado nessa função.

Os novos desafios do Banco Central

Comparando este momento que estamos vivendo com o meu período no Banco Central, vemos que os mercados certamente evoluíram, são mais sofisticados, mais líquidos, passaram por mudanças regulatórias importantes no Brasil e no mundo, principalmente depois da crise de 2008. Olhando o papel de um presidente do Banco Central no Brasil, e partindo das heranças antigas, os grandes desafios que se tem daqui para a frente podem ser divididos entre temas macro e os demais. Do lado macro, o desafio é administrar uma situação inerentemente instável, diante da qual as ferramentas do Banco Central são limitadas. O Banco Central vai até certo ponto; é como pescar com uma linha fina. Com uma linha fininha — a fragilidade fiscal — não se pega um peixe grande. Se forçar, a linha vai arrebentar. Então, como lidar com isso neste momento?

O Banco Central tem também uma série de outras funções, que começam com a garantia de bom funcionamento do sistema financeiro como um todo, dos encanamentos e conexões mais variados que afetam o dia a dia das pessoas e das empresas e que fazem parte de um ambiente de imensa inovação tecnológica. Acompanhando essa evolução, temos agora o Pix, que é algo fascinante — a moeda eletrônica, que, de certa forma, já existe, pois hoje é possível fazer muita coisa usando apenas um celular. E, daqui a pouco, espero que não demore, vamos ter o 5G. E, quem sabe, isso seja feito de uma forma que se possa caminhar na direção do acesso mais universal, que mudaria tudo.

O Banco Central está bem posicionado para lidar com essas questões, mas, ao mesmo tempo, está sempre pressionado. Veja, por exemplo, os bancos. Há relativamente pouco tempo era difícil um banco novo internacional entrar no mercado brasileiro. Por quê? Porque era necessário ter aqui uma rede de agências, e era impossível reproduzir as redes dos cinco grandes bancos que existem hoje aqui. Por isso ninguém nem tentava, vários desistiram do Brasil porque não tinham essa estrutura local. Qual não é a ironia do destino? Hoje as agências, com o uso do celular, passaram a ser mais um custo do que uma vantagem. Então, você vê novos concorrentes entrando no mercado. E o Banco Central lá, pilotando o processo, caminhando em direção a uma moeda que é cada dia mais eletrônica, já pensando nas dimensões que afetam a vida das pessoas, das empresas, pensando em educação financeira. É um mundo fascinante.

Eu acho que o Banco Central está se saindo muito bem e a população reconhece. E isso é bom porque, para o Banco Central poder fazer tudo o que precisa fazer, as pessoas precisam entender mais ou menos o que ele faz. E para isso ninguém precisa entender o sistema de liquidação de transações no mercado de derivativos, o que é difícil para qualquer pessoa não especializada entender. Mas o básico, sim. E acho que o Banco Central está fazendo um esforço para se comunicar e explicar, e isso só ajuda. Acho que essa parte está legal. É um trabalho que acho gostoso demais de fazer no banco também.

Enfim, fazendo uma grande síntese, vejo o Brasil com muita preocupação no momento. O país está patinando, de um jeito ou de outro, há pelo menos 40 anos. Tivemos excelentes momentos, mas outros muito ruins, e a resultante disso foi pouco crescimento e alguma queda na desigualdade, que ainda segue muito elevada. Do ponto de vista político e ético, temos um imenso desafio para o Brasil com o crescimento pífio da produtividade. Mas é um quadro cheio de oportunidades, se olharmos para o copo meio cheio, que é como procuro olhar, embora nem sempre consiga. Às vezes me ouço falando e até me espanto com a minha própria fala. Analiticamente, acho que estamos com muitos problemas e não estou vendo essas coisas sendo encaminhadas de maneira adequada, o que me preocupa.

Com uma visão mais de longo prazo, vejo um engajamento de jovens na política como algo auspicioso, e o Brasil com algumas defesas sistêmicas funcionando, embora elas ainda estejam sendo testadas. O Brasil ainda é um espaço livre, tem uma imprensa livre, e isso, de certa maneira, ajuda a limitar o dano de alguns aspectos mais nefastos do padrão atual de política pública. E deixa também a esperança de que possamos crescer muito, de uma maneira bem mais justa, a partir da simples constatação de que há um enorme espaço para melhorar. Essa, sim, é uma teoria econômica muito simples, é a teoria da convergência, do crescimento. É verdade que o Brasil não tem convergido, tem até divergido, mas o que isso significa? Que o país tem crescido menos do que os países da fronteira, o que é um vexame, embora esse não seja um dado imutável da nossa realidade.

Concluindo, eu diria o seguinte: vamos aguentar porque vai ter espaço, em algum momento, para as coisas melhorarem a partir de uma atuação do governo que, do ponto de vista econômico, seja abrangente, ocupe o lado macro, para a gente não repetir essa história de uma crise atrás da outra. Eu acho que o Brasil poderia crescer 4% ao ano por muitos anos, com um governo razoável. E que seja também gerador de oportunidades, de mobilidade social. Para que fique mais estável do ponto de vista político, menos vulnerável às demagogias e populismos, que tanto atrapalharam a nossa vida aqui, sobretudo na América Latina. Enfim, meu recado final é esse, e eu espero que isso seja entendido de uma maneira positiva, ou seja, que eu não vejo hoje um caminho fácil, mas ainda vejo um caminho para nós. Então, vamos correr atrás.

LEITURAS SUGERIDAS

- Fraga, Armínio. *Coleção História Contada do Banco Central do Brasil, vol. XXIV*. Disponível em: <https://www.bcb.gov.br/historiacontada/publicacoes/hc_bc_volume_24_arminio_fraga_neto.pdf>. Acesso em: 29 set. 2022.
- Fraga, Armínio. "Monetary Policy During the Transition to a Floating Exchange Rate: Brazil's Recen Experience". Artigo publicado em 2000, baseado na apresentação feita para o Simpósio do FED, em Jackson Hole, ago. 1999. Disponível em: <https://www.imf.org/external/pubs/ft/fandd/2000/03/pdf/fraga.pdf>. Acesso em: 29 set. 2022.

7. Pedro Parente
Podcast realizado em 18 de março de 2021

Pedro Parente formou-se bacharel em Engenharia Elétrica pela UnB em 1976. Iniciou a carreira no serviço público em 1971 no Banco do Brasil e, em 1973, foi transferido para o Banco Central, em ambos os casos por concurso público. Foi consultor do FMI e de instituições públicas, incluindo Secretarias de estado e a Assembleia Nacional Constituinte de 1987-1988. Ocupou diversos cargos na área econômica do governo, como o de secretário executivo do Ministério da Fazenda (1995-1998) e o de ministro de Estado (1999-2002), além de coordenar a equipe de transição de governo do presidente FHC para o presidente Lula. Na gestão FHC, atuou como presidente da Câmara de Gestão da Crise de Energia Elétrica (2001-2002).

Entre 2003 e 2009, foi vice-presidente executivo do Grupo RBS e, entre 2010 e 2014, foi CEO da Bunge Brasil. De 2016 a 2018, foi CEO da Petrobras, empresa na qual integrou o Conselho de Administração (1999-2002), do qual foi presidente (2002-2003). De 2018 até março de 2022, presidiu o Conselho de Administração da BRF, função que acumulou com a posição de CEO Global (2018-2019). Foi também presidente do Conselho de Administração da B3, da CPFL, da Duratex e do Banco do Brasil e membro independente e coordenador do Comitê de Nomeação da Vale.

Atualmente, a atividade principal de Pedro Parente é como sócio-fundador da eB Capital, gestora de *private equity* que investe prioritariamente em empreendimentos que associam elevado retorno e impacto. É presidente do Conselho de Administração da Vast, empresa do Grupo Prumo, membro dos Conselhos de Administração da Continental Grain Company e do Syngenta Group. Preside o Conselho de Administração (*pro bono*) da Orquestra Sinfônica do Estado de São Paulo.

Resumo

Engenheiro e ex-chefe da Casa Civil da Presidência da República, Pedro Parente relata sua experiência na administração pública brasileira, com destaque para os papéis desempenhados na área econômica e em funções de gestão e coordenação intragovernamental. Como ministro da Casa Civil, liderou a gestão da crise de energia em 2001; como presidente da Petrobras, em 2016, enfrentou a crise deixada pelo escândalo da Operação Lava Jato. Parente traz sua contribuição com relatos sobre aprendizados, lições e boas práticas de gestão.

Aprendizado com líderes comprometidos

Tenho hoje 68 anos e uma longa carreira. Comecei a trabalhar numa empresa familiar bem pequena, aos 14 anos. Então, são 54 anos de trabalho, com prevalência de 30 no setor público e o restante no privado, contando os quatro anos em que trabalhei em família. Portanto, a possibilidade de ter uma visão do setor público e do setor privado tem me ajudado bastante. Comecei no setor público no Banco do Brasil, uma sociedade de economia mista. Fiz concurso público em 1971, aos 18 anos, e depois fui para o Banco Central, também por concurso público. Banco do Brasil e Banco Central foram excelentes escolas. Não apenas do ponto de vista técnico, mas também do ponto de vista da consolidação dos meus valores profissionais — se aos 18 anos ainda não temos consolidados os valores pessoais, que dirá os profissionais.

Tive o enorme privilégio de trabalhar com chefias extremamente competentes, comprometidas com a causa pública e que me ensinaram muito. No meu primeiro dia no Banco do Brasil, por exemplo, entendi o valor da contabilidade. Eu trabalhava numa agência bancária que, como sabemos, faz pagamentos e recebimentos. No início do dia o tesoureiro distribui os recursos para cada caixa e anota quanto entregou a cada um. No fim do dia, os caixas devolvem os recursos que têm e que, obviamente, devem bater com o saldo inicial — menos os pagamentos, mais os recebimentos. Esse processo era feito na contabilidade do Banco do Brasil já naquele tempo, quando nem tinha planilha. E nesse primeiro dia meu chefe explicou: "No final do dia, verificamos se o que cada caixa devolveu corresponde de fato ao saldo inicial, menos pagamentos, mais recebimentos, e olhamos isso através da contabilidade." Questionei: "E se não bater?" Ele disse: "Ninguém vai para casa, só vai para casa quando bate, tá certo?"

Então, graças ao poder da síntese, entendi ali que essa tal de contabilidade era algo muito importante. Depois, fui para o Banco Central, onde tive também um chefe que me ensinou muito sobre valores, alguém que trabalhava no setor público e com quem aprendi duas coisas absolutamente relevantes. A primeira é que, em todo lugar, você tem clientes e é preciso pensar neles quando está trabalhando. No setor público não é diferente.

Eu trabalhava no Departamento de Administração Financeira e os meus clientes eram os usuários da informação, da contabilidade que produzíamos. Devíamos ter um contato permanente com esses clientes, a fim de saber se o que realizávamos os atendia; do contrário, tínhamos de buscar saber o que deveria ser feito para atender, como melhorar o serviço. Enfim, essa era a visão de cliente em 1973 no serviço público. Veja que extraordinário. Há outro ensinamento que a experiência no serviço público me trouxe: qualquer coisa que você faça, faça da melhor maneira que puder, não importa se você tem um trabalho de baixa ou de alta qualificação, não importa o salário que ganha. Importa fazer da melhor maneira que puder, seja porque essa é a sua contribuição à sociedade, seja porque vai se sentir motivado com isso.

Trabalhei no Banco Central até 1985. Tive muita sorte também porque, quando trabalhava lá, o Banco Central transformou sua contabilidade, que era estritamente formal, em contabilidade gerencial. Isso me obrigou, de novo, a conhecer todas as operações do banco, a fim de montar os esquemas contábeis que permitissem marcar os momentos das operações cuja informação era, digamos, necessária a uma gestão gerencial. Não mero registro contábil do passado.

Fiquei no serviço público de 1973 a 1985. Foram 12 anos interrompidos por três meses no final de 1977, após fazer e concluir meu curso de Engenharia. Sou engenheiro eletrônico, com opção em telecomunicações. Achava que Banco do Brasil e Banco Central eram apenas "bicos". Queria mesmo ser engenheiro. Assim, ao me formar, consegui uma boa posição no Centro de Pesquisas da Telebras, em Campinas. E foi daquelas lições que a vida ensina. Eu fui, tentei e percebi que gostava mesmo era do que fazia no Banco Central. E eu havia saído do Banco Central para receber de 30% a 40% menos, porque já tinha uma boa progressão na carreira lá. Não sem grande dificuldade, consegui voltar para o Banco Central, onde continuei até 1985.

No BC, comecei a ter um contato com temas ligados às finanças públicas, especialmente à chamada conta de movimento do Banco do Brasil. Este é um capítulo muito importante da história das finanças públicas brasileiras, período em que havia uma grande confusão entre Banco Central, Banco do Brasil e Tesouro Nacional. Os três funcionavam, na prática, como uma instituição só, com contabilidades distintas, mas com um único caixa — o caixa único era o do Banco do Brasil. Mas existia uma conta de movimento que, para espanto de todos hoje e para nenhum espanto naquela ocasião, pois ninguém se escandalizava com isso, tinha um fechamento automático no final do dia contra o Banco Central. Ou seja, se faltasse dinheiro do Banco do Brasil, havia um lançamento automático que sacava dinheiro das reservas do Banco Central, e vice-versa.

Na grande maioria das vezes, fosse por conta dos elevados gastos realizados por ordem das autoridades financeiras, fosse pela elevada inflação, o resultado era negativo. Era emissão monetária na veia, emissão automática, utilizada de maneira bastante "competente" pelos ministros da Fazenda, porque permitia a realização de muitas despesas, tipicamente fiscais, fora do Orçamento Geral da União. Na época, o Banco Central preparava e o Conselho Monetário Nacional aprovava o chamado

Orçamento Monetário, que de orçamento não tinha nada, até porque possuía, expressamente autorizadas, as contas "em aberto", quer dizer, sem limite, para gastos como, por exemplo, o custeio agrícola. Havia ampla liberdade de realização de despesas, sem escrutínio ou aprovação pelo Parlamento.

Ao final do meu tempo no Banco Central, fui convidado a representar o banco nos grupos de trabalho que o Maílson da Nóbrega então havia criado como secretário-geral do Ministério da Fazenda. Esse grupo teve um papel importantíssimo na concepção do que, naquele momento, se chamou de reforma bancária. Mas não era uma reforma bancária, era uma ampla reforma das finanças públicas, uma reorganização completa do funcionamento do Tesouro Nacional, do Banco Central e do Banco do Brasil. Diversas iniciativas foram propostas, entre as quais a criação da Secretaria do Tesouro Nacional, a STN. Naquele momento, a imagem que fazíamos era a de que a STN deveria atuar como o marido da viúva chamada Tesouro Nacional. Porque muitos iam lá, enganavam a Viúva e levavam o seu dinheiro.

Então, tínhamos essa pretensão de estar, figuradamente, achando um marido para a Viúva, ou seja, alguém que tomaria conta dela, que seria exatamente a Secretaria do Tesouro Nacional. Também se trabalhou na proposta de unificar o Orçamento, ou seja, acabar com o Orçamento Monetário como instrumento de realização de despesas públicas, transferir tudo para o Orçamento Fiscal e encerrar a conta de movimento. Ao mesmo tempo, o Banco do Brasil teria como contrapartida a condição de operar como qualquer outro banco em outras atividades do mercado financeiro e bancário, e não apenas como um banco comercial.

Com esse trabalho junto ao grupo liderado pelo Maílson da Nóbrega, acabei ficando conhecido pelos assessores do ex-ministro João Batista de Abreu, que foi convidado para ser secretário executivo do ex-ministro e ex-deputado Francisco Dornelles, que, por sua vez, foi convidado por Tancredo Neves para ser o ministro da Fazenda. Ocorre então a doença do Tancredo, como sabemos, e ele não assumiu a Presidência, assumindo em seu lugar o vice-presidente eleito, José Sarney. Dornelles não era o ministro da Fazenda da preferência do Sarney, por isso ficou pouco tempo. O João Batista ainda sobreviveu à saída do Dornelles por alguns meses, mas depois acabou saindo também e seguiu na Secretaria de Fazenda de Minas Gerais.

Mas, voltando ao início do governo Sarney, fui convidado para ir para o Ministério da Fazenda mantendo o meu vínculo empregatício com o Banco Central, e assim comecei a minha carreira executiva de funcionário do governo. Primeiro, como secretário-geral adjunto do Ministério da Fazenda e, depois, em posições diversas tanto no Ministério da Fazenda quanto no Ministério do Planejamento. Tenho histórias muito boas desse tempo.

A carreira executiva no governo

Quando fomos para o Ministério da Fazenda, completou-se a concepção e a implementação desse novo modelo de finanças públicas com a criação do Siafi, o Sistema Integrado de Administração Financeira, um sistema novo, criado entre 1986 e 1987, que interligava todas as unidades gestoras do governo federal em tempo real, on-line. Eram mais de mil unidades gestoras do governo ligadas por terminais de computadores utilizando uma contabilidade instantânea, o que antes desse processo levava quatro meses para fechar.

Foi realmente uma grande revolução. A partir daquele momento, fiquei ocupando diversas posições de executivo do setor público na área econômica do governo, até que fui secretário Nacional de Planejamento, já no tempo do ministro Marcílio Marques Moreira. E quando o presidente Fernando Collor sofreu o impeachment, preferi fazer uma experiência internacional e aceitei um convite para um contrato de dois anos como consultor do Fundo Monetário Internacional, com residência em Washington. Voltei ao Brasil para ser secretário executivo do Pedro Malan, a convite dele, durante os primeiros quatro anos do primeiro mandato do Fernando Henrique. Depois, no segundo mandato do FHC, fui primeiro nomeado ministro do Planejamento, mas, três meses depois, o presidente me convidou para ser ministro-chefe da Casa Civil, cargo em que fiquei até o final do mandato dele.

O chefe da Casa Civil tem as atribuições que cada presidente determina. No começo da minha atuação, o deputado Aloysio Nunes Ferreira tinha a função de secretário-geral da Presidência da República. De acordo com as atribuições dadas pelo presidente, caberia a ele a parte da articulação política, e a mim, a da articulação administrativa. Mas nos demos tão bem que essas funções se misturavam um pouco e agíamos muito mais conforme o assunto do que propriamente por linha de atuação. Não havia nenhuma disputa de poder entre nós, o que é raro entre ministros, especialmente quando não são da mesma linha nem do mesmo grupo. Da minha parte, acho que a ausência de rivalidade se devia ao fato de eu nunca ver o poder como um fim em si mesmo, mas como um meio de alcançar resultados.

Só fui entender o poder que eu tinha como chefe da Casa Civil quando saí de lá, quando perdi o poder. Porque, até então, tive incrementos pequenos de poder ao longo da carreira, sempre na medida da minha progressão nas funções públicas. Só quando saí lá de cima e vim para fora foi que me dei conta do poder que tinha. Mas não mudei minha visão. Como disse, poder, para mim, era um meio e não um fim em si mesmo. Um ponto que julgo fundamental dessa posição no chamado "centro de poder" é que essa posição não significa ter o poder originário. Quem está ali não foi eleito para aquela função. O eleito é o presidente da República. O Aloysio Nunes Ferreira, por exemplo, havia sido eleito para ser deputado, não para ser secretário-geral da Presidência.

O poder emana do presidente da República. Ou há uma relação de total confiança com ele ou não existe a possibilidade de se exercer nenhum papel secundário na plenitude. Eu tinha como princípio nunca dizer a interlocutores que estava falando em nome do presidente sem ter conversado previamente com ele e recebido suas orientações específicas sobre a condução daquele determinado assunto. Essa confiança do presidente em mim, e no meu trabalho, foi fundamental para assumir outro grande encargo: a gestão da crise de energia.

Acho importante trazer essa discussão ao momento presente porque eu diria que seria impossível um trabalho desses com o atual presidente da República, Jair Bolsonaro. Isso porque ele não delega nada a ninguém e se utiliza dos ministros, das pessoas de sua equipe, enquanto e como lhe convém. Quando não convém mais, ele desfaz a relação imediatamente. Dois dias depois de convidar alguém para ser ministro, já está desautorizando a pessoa em público. Isso, para mim, não funcionaria de maneira alguma. Aliás, se pensarmos sob o ponto de vista do sistema de governo ideal, estamos muito longe dessa meta com esse presidencialismo de coalizão, no qual não há nenhuma nitidez partidária. Partidos que hoje estão no governo se bandeiam facilmente depois da eleição para o outro lado, caso a vitória seja daqueles que antes eram oposição.

Esse nosso presidencialismo de coalizão — com a fragmentação do espectro político em um número enorme de partidos — não garante uma base de sustentação sólida do governo no Congresso Nacional. Esses partidos têm agendas próprias e elas raramente coincidem com uma visão orgânica do governo, que está ali para atender à sociedade, atender à população. Mas é preciso funcionar como um todo orgânico. Nenhum problema hoje é de uma área apenas. Ainda mais agora, com a extraordinária ampliação do acesso à informação. Deveríamos ter um sistema de gestão com as prioridades do governo definidas a partir das necessidades da sociedade para, então, estabelecer programas de trabalho para as diversas áreas que fossem consistentes entre si e que buscassem atender a essas necessidades de maneira orgânica. E que realmente otimizassem a utilização dos recursos do governo. Porque uma discussão é a carga tributária elevada, a outra é a qualidade do gasto.

Não temos nem de perto essa organicidade. Hoje cada ministro tem sua agenda, cada um vai numa direção. O presidente da República só está focado na próxima eleição. Estamos pedindo para pensar à frente, não no governo atual. Assim, estamos muito longe do ideal. No tempo do Fernando Henrique esse tipo de problema acontecia, mas a delegação ao chefe da Casa Civil ajudava no alinhamento de ideias sempre que havia divergências, fosse conversando com os líderes políticos, fosse tentando buscar uma solução convergente. Hoje não existe isso.

Não há um sistema de gestão adequado. O que existe é um planejamento estritamente normativo, que não é verdadeiramente estratégico. E não se tem coordenação alguma. Cada um faz o que quer, exceto aquilo que diretamente o presidente desautoriza imediatamente o ministro a fazer — o resto das coisas acontece. Então, estamos bem longe do ideal e me preocupa muito o atual sistema político, porque ele não busca, minimamente, melhora alguma.

Importância da Casa Civil

A Casa Civil tem algumas funções parecidas com a holding de uma companhia, que deve empoderar e monitorar as diversas empresas daquele grupo, para o que se empregam diferentes níveis de delegação. Essa é uma boa maneira de lembrar que a teoria empresarial aborda diferentes tipos de holding — desde as operativas, que descem ao nível operacional, até aquelas que são meramente de acompanhamento financeiro, com plena delegação às empresas do grupo daquela holding. Para mim, este é um tema muito caro: a necessidade de um sistema adequado de gestão, que hoje não existe. Parece burocracia, mas não é. A partir de metas de governo, a "holding Casa Civil" pode se desdobrar em diversos níveis, de tal forma que as ações dos diversos órgãos, somadas, possam fazer o governo atingir metas gerais e estratégicas de interesse da sociedade.

Nesse sentido, a Casa Civil tem uma função de coordenação fundamental. Para tanto, ela não precisaria entrar no detalhe de tudo, bastando ter a condição de reunir os sistemas que permitam estabelecer, de alguma maneira, um plano estratégico de gestão geral do governo. E, por outro lado, reunir as informações sobre a execução desse plano, de modo a avaliar os desvios em relação ao planejado, assim como os planos de ação para corrigir os desvios e tudo mais.

Esse é o papel da Casa Civil que considero mais apropriado. Que pode ser também o de um Ministério de Planejamento e Gestão, conforme pensado inicialmente no governo Fernando Henrique. Poucas pessoas no setor público demonstram ter a preocupação com um verdadeiro sistema de gestão e com a necessidade de gestão no governo. Como já mencionei, prevalecem as visões de cada ministro e de seu grupo político e de uma maneira totalmente desarticulada e sem visão integrada.

A avaliação de políticas é muito cara, por exemplo, aos governos anglo-saxões, nos quais se fazem inúmeras discussões de avaliação com base nos chamados *outcomes* (resultados alcançados) e não nos *outputs* (meios necessários para alcançar os resultados). A diferença é simples. Aqui, quando buscamos resultado, nós nos baseamos principalmente na observação do processo. Olhamos para o número de salas de aula que foram construídas, mas não priorizamos observar se aquele número de salas teve como resultado direto a diminuição do analfabetismo e da evasão escolar. Ou seja, não se olha o impacto direto na sociedade em função de determinada ação.

Algo que funcionou muito bem no meu período foi a Câmara de Política Econômica. Era um setor liderado pelo chefe da Casa Civil, do qual participavam o Ministério da Fazenda, o Ministério do Planejamento, a Casa Civil e o Banco Central. Fazíamos reunião toda quarta-feira pela manhã, com absoluto respeito à autonomia do BC. Fosse porque esta era a visão do presidente Fernando Henrique e de Pedro Malan, ministro da Fazenda, fosse porque era também a visão do presidente do Banco Central, o Armínio Fraga, a Câmara funcionava de maneira bastante adequada, permitindo, de fato, uma coordenação. E não tinha vazamento. Isso era interessante. Quando havia convidados na reunião, já podíamos ter certeza de que, se houvesse vazamento, o convidado é que havia vazado. Porque, da nossa parte, isso não acontecia.

A Câmara de Política Econômica funcionou muito bem durante todo o nosso período de governo. Já as outras Câmaras Setoriais não foram iniciativa minha. Eram da época do Clóvis Carvalho. No meu tempo, não me lembro de funcionarem adequadamente, talvez até por responsabilidade minha, não saberia dizer. Mas a Câmara de Política Econômica seguramente funcionou muito bem.

Incapacidade do governo de prever a crise de energia

Saindo do tema governança para falar de crises, destaco a crise de energia de 2001, da qual participei ativamente. Acredito que ali houve, por parte do governo, uma confusão derivada do desconhecimento da complexidade do sistema hidrelétrico brasileiro, uma confusão entre a probabilidade de um evento acontecer e a magnitude desse evento, caso ele acontecesse. O governo recebia a seguinte informação: nós estamos com um risco de apagão ou de necessidade de cortes compulsórios de energia da ordem de 5%. O que o governo entendia? Que se houvesse necessidade de corte de energia seria preciso um corte de 5%. Porém, há um erro de formulação e compreensão do enunciado aqui. Uma coisa é 5% de probabilidade de haver a necessidade de corte de consumo de energia. Outra é: se houver necessidade de corte de energia, a redução compulsória de consumo será de 5%.

A diferença entre probabilidade e dimensão de um possível evento de corte é sutil e não foi ressaltada. Faltou dizer que se houvesse a necessidade de corte de energia, ainda que com uma probabilidade pequena, isto é, de 5%, poderiam ser necessários cortes em diferentes dimensões, podendo-se alcançar tanto 20% quanto 30%, 40%, dependendo de variáveis fora do controle do governo. Isso porque a geração de energia elétrica era — e ainda é, só que em escala menor atualmente — muito dependente do regime de chuvas. É por essa razão que a gestão do Sistema Integrado Nacional, o SIN, é tão complexa.

Assim, qual não foi a nossa surpresa quando, em uma reunião da Câmara de Política Energética, no início de maio de 2001, os técnicos do Ministério de Minas e Energia disseram que precisariam de cortes compulsórios de energia talvez de quatro, seis ou mesmo oito horas. Dá para imaginar o susto do governo? Aquilo foi um "barata voa". Mas a perplexidade do governo, de certa forma, foi importante, ainda que tenha tido um impacto desastroso em sua popularidade, porque transmitiu à sociedade, de maneira eloquente, que aquele era um problema gravíssimo.

O assunto, obviamente, foi o tema principal da reunião seguinte na Câmara de Política Econômica. O Malan levou a percepção de que o governo precisaria de uma coordenação central desse tema e que isso havia deixado de ser somente um assunto do Ministério de Minas e Energia. Hoje podemos fazer uma ligação direta com o que aconteceu e ainda acontece no Brasil por causa da pandemia de covid-19, que não era um tema só do Ministério da Saúde, era um tema muito mais amplo.

Voltando a 2001, o Malan levou ao presidente da República que eu deveria assumir a coordenação daquele esforço de governo. O presidente me chamou, me transmitiu essa determinação e eu, baseado nesse relacionamento de confiança, disse: "Presidente, entendo, sou funcionário público, o senhor é meu chefe, está me dando uma missão que eu vou cumprir. Mas quem dá a missão, dá os meios, preciso de um prazo até amanhã de manhã para pensar o que será preciso." Passei a noite trabalhando, claro, e na manhã seguinte fui me encontrar com ele na Base Aérea.

Então, disse ao presidente Fernando Henrique: "Primeiro, precisamos ter autonomia, sem autonomia não será possível resolver o problema. Segundo, precisamos ter poder para tomar as decisões. As decisões terão que ser terminativas, não podemos ficar sujeitos àquele processo de governo, do tipo: vai primeiro para a área A no Ministério da Fazenda para avaliar, depois para a área B analisar, depois para a área C resolver...

E terceiro: é preciso permitir a coordenação do governo e a comunicação adequada disso à sociedade." E propus a criação de uma Câmara de Gestão da Crise exatamente com esses poderes.

Nessa conformação, eu seria o coordenador dessa Câmara, mas teríamos representantes de todos os órgãos federais com alguma responsabilidade no assunto ou que poderiam contribuir de alguma forma: do Ministério da Fazenda, do Ministério do Planejamento, da Aneel e do Operador Nacional do Sistema Elétrico. Além de outras pessoas, como o Mauro Arce, então secretário de Energia do estado de São Paulo, e o professor Vicente Falconi, consultor de qualidade e produtividade para empresas privadas e, posteriormente, com intensa atuação no setor público. E começamos a fazer um trabalho extenso de escuta e comunicação com a sociedade.

Uma decisão que tomamos na comunicação foi admitir que o governo federal tinha errado. E que, portanto, havia duas coisas que precisávamos fazer. Primeiro, não esconder nem dourar a pílula em nenhum aspecto relacionado ao tema. Tínhamos que ser absolutamente realistas dali para a frente. Segundo, eu estaria à disposição 24 horas por sete dias da semana para qualquer órgão de imprensa ou qualquer jornalista que quisesse falar conosco sobre a gestão da crise de energia. E, graças ao fenômeno de a sociedade perceber a perplexidade do governo diante do problema, tivemos sucesso na iniciativa de criar um programa voluntário e não compulsório. Eu me lembro muito bem de fotos na capa da *Folha de S. Paulo* antes e depois do início do programa de racionamento, com a diferença de apenas uma semana, mostrando o impacto impressionante do programa em locais da cidade de São Paulo. Foi algo espetacular do ponto de vista de participação da sociedade, a partir da percepção da gravidade da crise.

É verdade que houve um impacto importante na popularidade do governo, com reflexo inclusive na eleição de 2002. E seria compreensível se isso tivesse prejudicado o sucesso do programa nos meses seguintes. Mas a adesão continuou, na minha visão, em razão do engajamento da sociedade, que deu uma contribuição direta para a solução de uma questão nacional. Uma evidência empírica dessa minha percepção era o fato de que, nos diversos Planos anteriores de que participei, no meu tempo de Ministério da Fazenda, eu era parado na rua normalmente para as pessoas reclamarem, até, literalmente, me rogarem pragas. No tempo do apagão, ao contrário, eu era parado na rua para as pessoas agradecerem e me dizerem, com satisfação, que estavam cumprindo a meta.

Para os consumidores de baixa renda, nós criamos um estímulo positivo, que era dar 2 reais de crédito para cada real economizado, o que, na prática, significava que se houvesse uma redução de 1 real no consumo deles, a conta acabaria totalmente paga pelo governo. No final, os políticos governantes pediam que mantivéssemos o racionamento, tendo em vista o impacto da redução, em muitos casos, do custo de energia para as famílias de baixa renda, que acabavam não precisando pagar a conta de luz. Naquele momento, a vinda do Falconi deu contornos concretos àquilo que citei anteriormente sobre a necessidade de um sistema de gestão. Sob a orientação e a liderança dele, criamos o sistema de gestão para o programa de racionamento, que o próprio Falconi registra como o maior programa de desdobramento de metas do mundo em todos os tempos.

A crise da Petrobras

Fui conselheiro e presidente do Conselho de Administração da Petrobras no governo do presidente Fernando Henrique e aprendi a admirar a empresa e seus colaboradores. Tinha grande respeito pelo trabalho deles de desenvolvimento de tecnologias, especialmente de exploração em águas profundas. Em 2014 eclodiu a crise denominada Operação Lava Jato, que gerou uma tremenda revolta. Entre as várias razões procedentes para a revolta, pela lista de roubalheiras perpetradas contra a empresa, surgiu a percepção equivocada de que a corrupção na Petrobras, de dimensões gigantescas em relação a seus montantes, seria também gigantesca em relação ao número de executivos e funcionários envolvidos, enlameando a empresa de uma maneira absurda. Aquilo me deixou revoltado, dada a admiração que eu dedicava à Petrobras.

Logo no início do governo Michel Temer, recebi uma ligação do presidente, ainda interino, me chamando para conversar. Eu viajaria até os Estados Unidos no dia seguinte, para participar de uma homenagem ao Armínio Fraga, e respondi que estava saindo para o aeroporto, mas que se fosse urgente eu adiaria a viagem. Ele disse que não era e que o procurasse ao voltar. Cheguei a Nova York e fui surpreendido com uma saraivada de jornalistas perguntando se eu iria para a Petrobras. Fui transparente e disse que não tinha recebido nenhum convite nessa direção. Mas isso me fez pensar no assunto durante aqueles dois dias de viagem.

Cheguei a Nova York numa terça-feira de manhã, dia do jantar em homenagem ao Armínio, e na quarta de noite voltei para o Brasil, pensando se aceitaria. Minha conclusão foi a de que, caso eu fosse mesmo convidado a ajudar a resolver o problema da Petrobras, eu não poderia recusar, tamanha era a minha indignação com a situação da empresa, porém só aceitaria se tivesse todas as condições necessárias para cuidar do problema, como tive na crise do racionamento de energia.

Quando cheguei ao Brasil, fui direto a Brasília falar com o presidente Temer. Entrei no gabinete e ele foi objetivo: "Pedro, eu queria convidá-lo para ser presidente da Petrobras." E eu respondi: "Presidente, eu vim preparado para aceitar o seu convite, mas não numa conversa de cinco minutos." E expliquei: "Porque eu preciso entender o que o senhor pensa da Petrobras. E o senhor precisa entender o que eu penso da Petrobras. Se houver coincidência, podemos conversar." Ele me pediu para aguardar, uma vez que tinha me encaixado numa agenda naturalmente muito cheia, e eu fiquei ali cerca de duas, três horas, esperando para explicar a minha visão.

Finalmente, na conversa, destaquei que, para aceitar o convite, não poderia haver interferência política no trabalho, eu precisaria de autonomia para gerir a empresa como uma empresa de fato. Como consequência, entre outras, a política de preço tinha que ser assunto da empresa e a diretoria e o Conselho de Administração deveriam ser compostos apenas por pessoas cujo perfil se encaixasse com base no currículo, e não em indicação política. Novamente, minha demanda era de autonomia e autoridade. Ele disse que estávamos perfeitamente alinhados e foi aí que aceitei o convite. Saí dali direto para uma entrevista coletiva na qual já disse que não haveria indicações políticas, conforme combinado com o presidente.

Cheguei na Petrobras e começamos a enfrentar os problemas do passado recente, toda a crise decorrente das investigações da Lava Jato. Havia também a questão dos resultados da empresa, um endividamento elevadíssimo, e a empresa não fizera a publicação de seu balanço. Era uma longa lista de problemas. Trabalhamos novamente *by the books*. Estabelecemos um planejamento adequado e os sistemas para fazer o planejamento acontecer, além de um trabalho muito grande de comunicação com os funcionários, para voltarem a ter orgulho de pertencer a uma organização exemplar. Fizemos isso realmente com disciplina, tanto no planejamento quanto na execução. E os resultados foram aparecendo.

Nós tínhamos duas metas corporativas. Uma era relacionada à segurança física das pessoas nas plataformas, ponto em que alcançamos resultados comparados aos das melhores empresas internacionais. Outra meta era focar no endividamento da empresa, extremamente elevado. Cumprimos a nossa meta, reduzindo a dívida à metade em dois anos. Quando cheguei, a Petrobras tinha perdido a posição de empresa de maior valor na Bolsa de Valores brasileira para a Ambev, depois perdeu também para a Vale.

Quando saí de lá, a Petrobras tinha voltado a ser a empresa de maior capitalização. Multiplicamos o valor dela em dólares por três vezes. Foi um trabalho muito bem-sucedido, no qual, de novo, se mostra a relevância de se poder realizar o que é necessário à organização em que se está. E a Petrobras não foi utilizada para outros fins, que não os próprios objetivos empresariais estabelecidos em sua lei de criação.

O poder do diálogo em Brasília

É fundamental saber dialogar em Brasília. Hoje falei exatamente sobre isso com uma integrante de um grupo de trabalho do qual participo para aumento da participação feminina nos Conselhos de Administração. Sou *coach* de mulheres que são conselheiras ou querem ser conselheiras, e falamos disso.

Acredito que quando alguém procura um secretário, um vice-ministro da Fazenda ou um ministro-chefe da Casa Civil, esta pessoa, representando ou não uma organização, está imbuída de uma absoluta convicção de estar com um problema relevante o suficiente para levá-lo a essas autoridades, ainda que as referidas autoridades possam não concordar com essa relevância. Para mim, esse aspecto era sempre muito claro. Então, eu sempre escutava essas pessoas. E, mesmo que tivesse absoluta convicção de que não poderia atender, nunca dizia "não" no primeiro contato, porque queria me certificar de que realmente não dava mesmo para fazer alguma coisa. Se de fato não fosse possível, eu pedia ao setor responsável para dar um retorno, e com isso essas pessoas entendiam que eu dialogava e fazia um esforço para minimamente atendê-las.

Aprendi que escutar é algo muito valioso, muito valioso mesmo. Seja porque quem não escuta não acumula nada para si, já que, enfim, é entrópico, ou seja, como está sempre externando o que pensa não se permite acolher e refletir sobre a visão de terceiros; seja porque também é um ato de sabedoria, porque tem um ditado, se não me engano é chinês, que diz: "O homem é escravo da palavra e senhor do silêncio." Ou seja, quem fala demais acaba dando bom-dia a cavalo. Eu buscava ouvir e entendo que essa era então a razão pela qual eu era reconhecido como uma pessoa de diálogo. O que não quer dizer uma pessoa titubeante, que não toma decisões. Não há oposição entre uma coisa e outra.

Você pode ser uma pessoa determinada, que toma decisões, que não é titubeante, e ainda assim escutar, o que lhe fará muito bem, até porque isso o ajudará a tomar decisões melhores. Eu tenho uma grande frustração com a diferença entre o que o nosso país é e o que poderíamos ser. A grande verdade é que, infelizmente, a trajetória tem sido a de nos afastarmos cada vez mais daquilo que poderíamos ser para muito melhor. Enquanto não houver a percepção de um valor maior por parte dos líderes da classe política, líderes das mais diversas naturezas — sem subtrair aqui o papel fundamental da classe política —, acho que continuaremos patinando. Isso me traz essa grande frustração e essa grande tristeza.

Lamento não poder terminar aqui num tom positivo. Tenho certeza de que, se fosse o Malan, no meu lugar ele estaria dizendo: "Não, vamos superar, e tal." Mas, se não tivermos clareza do problema, não enxergarmos igualmente o diagnóstico, não seremos capazes de virar esse jogo.

LEITURA SUGERIDA
- Holt, Jim. *When Einstein Walked with Goedel: Excursions to the Edge Thought.* Nova York: Farrar, Straus and Giroux, 2019.

8. Murilo Portugal
Podcast realizado em 27 de abril de 2021

Murilo Portugal é bacharel em Direito pela UFF. Com diploma em Desenvolvimento Econômico pela Universidade de Cambridge, é mestre em Economia pela Universidade de Manchester. Foi assessor na Casa Civil (1981-1985), chefe da Assessoria Econômica da Secretaria-Geral da Presidência da República (1990-1992) e secretário do Tesouro Nacional (1992-1996), além de ter participado da implementação do Plano Real. No exterior, foi diretor executivo do Banco Mundial (1996-1998) e diretor executivo do FMI (1998-2005). Retornou ao Brasil, em 2005, para comandar a Secretaria Executiva do Ministério da Fazenda, cargo em que ficou até março de 2006. Em dezembro daquele ano, voltou para o FMI, agora como vice-diretor-geral. Em março de 2011 deixou o FMI para se tornar presidente da Febraban, onde ficou até 2020. Participou de conselhos de diversas instituições, como Banco do Brasil, Caixa Econômica Federal, Eletrobras e IRB.

Resumo

Murilo Portugal traz relatos de experiências e lições extraídas de sua participação em organismos públicos, nacionais e internacionais. Das experiências como assessor da Casa Civil, secretário do Tesouro Nacional e secretário executivo do Ministério da Fazenda, Murilo extrai a importância do assessoramento e da coordenação nas ações de governo na Casa Civil, mencionando fatores relevantes na consolidação da Secretaria do Tesouro. Expõe, ainda, as condições que levaram ao maior superávit primário da História do Brasil, em 1994. Tendo ocupado direção executiva no Banco Mundial e no FMI, relata também o tenso ambiente de negociações entre o Brasil e o Fundo em 1998. Por fim, reconstitui o contexto e o papel do Fundo na crise financeira mundial de 2008, época em que, como vice-diretor-geral do FMI, liderou um portfólio de 81 países.

Trabalhando com bons líderes

Sou carioca e, até os 20 e poucos anos, morei no Rio de Janeiro, onde a vida para um jovem como eu, naquela idade e naquela época, era ótima. Já no meu período de faculdade comecei a fazer concursos públicos. Na verdade, eu fazia concursos públicos em série e passei em vários. Minha primeira escolha foi trabalhar em uma função administrativa no Tribunal Regional Eleitoral do estado. Depois, passei em outro concurso, para trabalhar no Itamaraty, em Brasília, como oficial de chancelaria. Eu não queria trocar de cidade nem ir para Brasília, mas o meu pai me convenceu de que aquela experiência mudaria a minha perspectiva de vida. Então, acabei indo para lá em 1970 e chegando à conclusão de que o meu pai tinha razão.

No Itamaraty, tive dois chefes excelentes, o Carlos Átila Álvares da Silva, que depois virou ministro do Tribunal de Contas da União, e o embaixador Paulo Tarso Flecha de Lima, que ainda era conselheiro. Aliás, uma constante na minha carreira foi a sorte de sempre ter tido chefes excelentes, todos mais inteligentes, mais competentes e, claro, muito mais experientes do que eu e com os quais aprendi muito. Liderado por eles, primeiro trabalhei na Divisão de Promoção Comercial, que tinha a missão de fomentar as exportações brasileiras. Em 1975, fui para o Ipea como técnico de planejamento e pesquisa, trabalhando na Divisão da Indústria. Embora tenha continuado no Ipea até me aposentar, saí diversas vezes da instituição, requisitado para trabalhar em outros lugares. Isso era e continua sendo comum na administração em Brasília. Numa dessas vezes, fui requisitado para o Ministério do Planejamento, do qual o Ipea fazia parte, durante a gestão do ministro Reis Velloso. Depois, trabalhei na Presidência da República e no Ministério da Fazenda.

Em 1982, Carlos Átila, o antigo chefe no Itamaraty, me convidou para trabalhar na Presidência da República no período do governo Figueiredo. Era a transição do regime militar para o civil, em meio a uma grande crise financeira na América Latina, aquela iniciada em meados da década de 80. Depois, trabalhei uma segunda vez na Presidência, entre 1990 e 1992, na Assessoria Econômica da Secretaria-Geral, também a convite de um ex-colega e amigo do Itamaraty, o embaixador Celso Marcos Vieira de Souza. Eu fazia a ligação da Presidência com o Ministério da Fazenda, conduzindo diretamente alguns programas, como o de Desregulamentação e o de Melhoria da Qualidade e Produtividade, todos tão bem-sucedidos que acabaram merecendo um livro publicado para a biblioteca da Presidência.

Nessa função, eu também participava de reuniões entre o presidente e a equipe econômica e com outras autoridades. Conheci muitas pessoas com as quais depois tive de novo o privilégio de trabalhar, por exemplo, o Armínio Fraga, que era diretor da Área Externa do Banco Central, o Pedro Parente, que era secretário de Orçamento, e vários outros membros da equipe do ministro Marcílio Marques Moreira. Saí da Presidência em 1992 para ser secretário do Tesouro, nomeado pelo presidente Itamar Franco. Nessa função trabalhei diretamente com sete ministros da Fazenda: Gustavo Krause, Paulo Haddad, Eliseu Resende, Fernando Henrique, Rubens Ricupero, Ciro Gomes e, por último, o Pedro Malan. Todos excelentes ministros, excelentes chefes, que sempre botaram o interesse público em primeiro lugar.

Quando saí do Tesouro, fui trabalhar nos Estados Unidos, inicialmente como diretor executivo do Banco Mundial, depois como diretor executivo do FMI. Voltei para o Brasil em 2005, após aceitar convite para ser secretário executivo do Ministério da Fazenda na época do ministro Antonio Palocci, mas fiquei ali por um período curto. Quando Palocci saiu, tive um convite para continuar, porém decidi sair também. E quando já estava quase no fim da minha quarentena, quando já estava quase aceitando um convite do Gustavo Franco para trabalhar na empresa dele, a Rio Bravo, o espanhol Rodrigo Ratto, que era diretor-gerente do FMI, me chamou para ser um dos três vice-diretores-gerais de lá. Estimulado pelo próprio Gustavo Franco, aceitei e fui pela segunda vez para Washington, onde fiquei de 2006 a 2011. Um ano antes de terminar meu mandato, deixei o FMI para ser presidente da Febraban, que congrega 185 bancos no Brasil. Ali passei nove anos aprendendo bastante sobre o setor bancário, na prática. Rapidamente, isso é um pouco da minha história profissional.

No centro do poder, o papel da Casa Civil

Nessa minha trajetória, eu destacaria as experiências que tive no chamado centro do poder, de onde acompanhei processos importantes de tomada de decisão nos dois períodos em que estive na Casa Civil da Presidência da República, organizando e participando de reuniões e de visitas presidenciais em diversos países. Sou um grande entusiasta de instituições fortes, mas isso demanda processos e rotinas bem definidos, estruturas bem desenhadas e servidores de qualidade moral e técnica elevada. Há vários estudos econômicos que sugerem que as instituições que funcionam bem, públicas ou privadas, estão entre os principais aspectos e requisitos para se acelerar o desenvolvimento econômico em um país. É claro que as qualidades individuais das pessoas que exercem as principais funções de comando são também muito importantes, assim como os méritos das estruturas organizacionais, mas mesmo uma estrutura muito boa não fica imune a um exercício atabalhoado nem ao mau exercício do poder.

Trabalhar perto do poder é uma experiência intensa. Quem tem muito poder, ou trabalha perto do poder, corre o sério risco de ser inebriado por ele. Tem um livro de um grande embaixador americano, chamado George Kennan, em que ele dedica um capítulo só ao tema. Como ele bem define, mesmo em um governo democrático, o centro do poder funciona em um ambiente de ambições inflamadas, de rivalidades, de suspeitas e de ressentimentos que raramente despertam o que as pessoas têm de bom, muitas vezes despertando, na verdade, o que elas têm de ruim. O título do livro é *Around the Cragged Hill: A Personal and Political Philosophy*. O Pedro Malan conhece bem esse livro.

Em países presidencialistas como o nosso, a Presidência é um misto de centro de poder político com um aspecto de corte e de repartição pública. Não sei muito bem até hoje qual seria o melhor desenho para um órgão dessa natureza, que precisa, talvez, de uma configuração especial em termos de estrutura organizacional, com um pouco mais de flexibilidade do que os outros órgãos da administração. Isso porque demanda uma estrutura capaz de se adaptar às prioridades, aos diferentes programas de governo, a realidades políticas que são cambiantes e à personalidade do presidente em exercício. Assim, o que acontece na Presidência é que a maioria dos cargos, incluindo os de secretária e de contínuo, é comissionada, e isso, em parte, é compreensível para um centro de poder.

Fazendo um exercício de elucubração, imagino que talvez fosse conveniente haver alguns consultores de alto nível permanentes nas áreas econômica, social, legal, política e internacional que pudessem se manifestar sobre assuntos específicos, de forma técnica, quando demandados. Isso não impediria, claro, que o presidente pudesse ter assessores nessas áreas, e de alto nível, mas de sua livre escolha pessoal. Nos assuntos importantes, que podem gerar erros catastróficos, uma certa redundância nunca é demais. É como pilotar um avião que tem três sistemas independentes para acionar uma turbina.

A engrenagem da Presidência tem que ser muito eficiente no aconselhamento do presidente, na transmissão das orientações para o resto da administração, na checagem final das medidas submetidas ao presidente, no auxílio para o relacionamento harmonioso com os outros dois Poderes da República, com os estados e com a sociedade civil, sempre acompanhando a execução do que foi decidido. Então, a estrutura deve cobrir todas essas funções e se adaptar às circunstâncias.

No governo Collor, por exemplo, foi criada a Secretaria-Geral, que substituiu a Casa Civil no período, além de outros órgãos com esse fim, como a Secretaria de Assuntos Estratégicos e a Secretaria de Governo, ambas mantidas em todos os outros mandatos presidenciais. Não sou um especialista em cultura organizacional nem em instituições, mas acho que esse é um caminho para o fortalecimento das instituições. Como memória e método são fundamentais também para isso, essas estruturas, tanto a fixa burocrática quanto as transitórias eleitorais, precisam trabalhar de forma paralela.

Dois trabalhos importantes na minha experiência profissional foram a consolidação interna da Secretaria do Tesouro e as mudanças institucionais na própria política fiscal. A Secretaria do Tesouro foi criada em 1986. O primeiro secretário, o economista Andrea Calabi, organizou o órgão do zero. Seus sucessores, Paulo César Ximenes, Luiz Antônio Gonçalves e Roberto Figueiredo, continuaram o trabalho do Calabi também com boas gestões. Procurei seguir o trabalho deles, com a vantagem de ter tido um pouco mais de tempo. Fiquei cerca de quatro anos na Secretaria do Tesouro, contra dois anos de cada um deles.

Lembro-me de que, na minha primeira semana de trabalho, houve uma greve que durou 40 dias. Até duas das três secretárias que me atendiam entraram em greve e nós tivemos que rodar a folha de salários da União no Ministério do Exército. Os funcionários saíram da greve, coitados, sem aumento, e ainda tiveram que repor os dias não trabalhados, porque a Secretaria do Tesouro tem que dar o exemplo, mas com uma promessa minha de que implantaríamos um sistema por meio do qual quem trabalhasse mais e melhor ganharia mais.

Então, pedi a um dos meus secretários adjuntos, o Almério Amorim Cançado, para montar um sistema remuneratório com essa natureza. Quando esse projeto ficou pronto, houve uma resistência muito grande por parte do Departamento de Administração do Serviço Público, o Dasp, e da Casa Civil, e o projeto ficou parado um ano. Precisei fazer várias reuniões ministeriais para aprovar, e o presidente Itamar só editou o decreto criando essa gratificação por desempenho e produtividade, que era chamada de GDP, no último dia do mandato dele, em 30 de dezembro de 1993. Isso a pedido do então presidente eleito Fernando Henrique Cardoso. Na época, não tinha outro sistema desse tipo na administração federal e funcionou muito bem. A gratificação podia até dobrar o salário dos servidores, dependendo tanto do desempenho individual quanto do atingimento de algumas metas coletivas preestabelecidas para cada divisão do Tesouro.

Para decidir sobre essas metas, junto com os secretários adjuntos e os chefes das 40 divisões, nós nos reuníamos por dois dias na Escola Superior de Administração Fazendária, em Brasília, para estabelecer as metas do semestre seguinte. As metas eram semestrais, e para ser meta a atividade tinha que atender a três critérios. Primeiro, tinha que ser relevante. Não podiam ser ações banais, tais como aumentar a quantidade de e-mails enviados ou recebidos como prova de que o funcionário estava trabalhando. Em segundo lugar, a meta tinha que ser observável. Era preciso poder constatar e provar que determinada tarefa, ação ou resultado, havia ocorrido ou não. Em terceiro lugar, a meta tinha que depender o mínimo possível do estado de coisas no mundo e o máximo do trabalho dentro da divisão, para evitar que variáveis externas ou eventuais mudanças institucionais interferissem, atrapalhassem ou ajudassem o seu atingimento.

Outra mudança institucional que fizemos foi separar as funções de execução financeira das de controle interno. As duas eram realizadas pelo Tesouro, o que, na minha opinião, gerava um conflito implícito de interesses, porque o órgão que exercia e fazia a execução financeira não podia ser o mesmo que controlava, internamente, se o trabalho estava ou não sendo bem-feito e se as regras para realizar despesa pública estavam sendo seguidas. Por isso pedi a outro secretário adjunto, o Domingos Poubel de Castro, que cuidava da parte de controle interno na Secretaria do Tesouro, que fizesse um projeto para criar uma Secretaria separada, independente do Tesouro, dentro da estrutura do Ministério da Fazenda, para exercer as funções de controle interno. E desse processo surgiu a Secretaria Federal de Controle, que, depois, passou para o âmbito da Presidência da República e acabou originando a Controladoria-Geral da União, que existe até hoje.

Paralelamente a esse processo de organização e consolidação interna do Tesouro, tive o privilégio de participar também das reuniões que levaram ao Plano Real. Ajudei na elaboração de várias medidas fiscais e na sua execução. Um aspecto importante do Plano foi que a parte fiscal começou em meados de 1993, um ano antes da parte monetária, que só veio a ser implementada em meados de 1994. Acho que essa foi uma das razões pelas quais o real deu certo. Quando a parte monetária foi anunciada, já havia resultados das medidas estabelecidas na área fiscal. A política monetária pôde contar com o apoio da política fiscal. Foram feitos também avanços institucionais importantes e úteis, tanto para o Plano Real quanto para os anos seguintes.

O refinanciamento da dívida dos estados

Um grande avanço foi o refinanciamento das dívidas que os estados tinham com a União. Três rolagens anteriores da dívida entre essas partes já haviam sido feitas: uma em 1989, outra em 1991 e outra no início de 1993, mas nenhuma tinha funcionado. Os estados simplesmente paravam de pagar e continuavam pressionando por novas rolagens. Havia enorme resistência dos técnicos do Tesouro em tratar desse assunto em razão do fracasso das experiências anteriores. Então, decidimos desenhar uma rolagem baseada em garantias líquidas e certas e de fácil execução, que teriam de ser dadas pelos estados e pelos municípios para a União, caso eles não efetuassem o pagamento do que havia sido rolado.

Para tanto aproveitamos o processo de revisão constitucional de 1993 para aprovar uma emenda à Constituição que permitisse que os estados e municípios dessem as suas transferências constitucionais para a União em garantia da rolagem das dívidas. Com base nisso, começamos a discutir com os secretários estaduais de Fazenda e acabamos concordando em refinanciar as dívidas contraídas pelos estados, até o primeiro semestre de 1993, com os cinco bancos da União. Depois da aprovação dessa lei, exigimos que os estados aprovassem leis estaduais referendando a rolagem que tinha sido negociada e pedimos um parecer fundamentado dos procuradores-gerais de cada estado, constando que a lei federal e as leis estaduais eram constitucionais tanto no âmbito federal quanto no estadual.

O processo funcionou muito bem e nunca mais houve atraso superior a um mês. Quando um estado não pagava, o Tesouro sustava as transferências decenais até atingir o montante da dívida. O trabalho de blindagem jurídica dessa lei e desses contratos também funcionou perfeitamente de 1993 a 2010. Nesse período, vários governadores foram ao Supremo arguindo a inconstitucionalidade dessas retenções, mas sempre perderam. O próprio presidente Itamar Franco, que sancionou o projeto de lei de rolagem das dívidas estaduais quando presidente, declarou uma moratória em Minas Gerais quando virou governador de lá, depois de sair da Presidência, porém teve a transferência bloqueada pela lei que ele mesmo havia proposto ao Congresso. Foi ao Supremo arguindo a inconstitucionalidade da lei e perdeu.

O processo orçamentário da época era muito desorganizado. Para acomodar as demandas por gastos, o próprio Executivo já apresentava ao Congresso um Orçamento irreal que superestimava as receitas e subestimava as despesas obrigatórias, como a folha de salários e os benefícios previdenciários. Tudo isso para criar um espaço fiscal fictício e fazer alocações para outros fins. E não colocava nenhum centavo de receita tributária para pagar os juros da dívida pública. Devido a essa desorganização, o Congresso entrava nesse jogo de faz de conta do Executivo, dançando a mesma música. Assim, recebia do Executivo um Orçamento irreal e transformava isso num Orçamento surrealista. Nesse caso, a execução das despesas tinha que ser feita na boca do caixa, atrasando o pagamento de algumas despesas. Isso funcionava porque as receitas sempre foram mais bem indexadas à inflação do que as despesas.

Outra inovação importante foi o Fundo Social de Emergência, uma ideia do Edmar Bacha que permitia desvincular um valor de 20% da receita tributária da União para ser usado para qualquer fim. Então, a proposta orçamentária feita em 1993 para o ano de 1994 foi retirada pelo governo do Congresso, refeita por um grupo liderado pelo Bacha e reapresentada ao Congresso. Isso atrasou bastante a tramitação do Orçamento de 1994, que só seria aprovado em meados daquele ano, quase seis meses depois do início do ano. Nesse período, eu executava apenas 1/12 avos da proposta que havia sido encaminhada ao Congresso e isso ajudou muito o ajuste fiscal daquele ano.

Outra medida que ajudou foi a aprovação, no final de 1993, do Imposto Provisório sobre Movimentações Financeiras, o IPMF. Graças a essas medidas fiscais, algumas transitórias, outras permanentes, fizemos em 1994 o maior superávit primário da História do Brasil até hoje: 5,17% do PIB. Isso foi um dos pontos que ajudaram o Plano Real a dar certo naquele primeiro ano, porque a parte fiscal foi toda estruturada e planejada, repito, antes da parte monetária. Mas esse superávit elevado de 1994 foi fugaz. Já começou a derreter no ano seguinte, embora as mudanças institucionais internas na Secretaria do Tesouro e na política fiscal tenham sido mais duradouras. Era um período difícil, a gente tinha que negar muita coisa. Notícia boa quem dava era o ministro ou o presidente. O Tesouro ficava com a má fama de negar os pedidos de liberação de recursos.

Fim da inflação e perda da receita inflacionária

A dívida pública prefixada encurtava em razão do aumento da inflação, da incerteza quanto à inflação futura e da rapidez com que ela aumentava. Tivemos o sucesso de reduzir a inflação fortemente, mas o plano trouxe consigo novos problemas, porque muitos estados entraram em crise financeira ao perder a receita inflacionária. O mesmo aconteceu com alguns bancos públicos e outros privados, que também eram sócios do governo em coletar o imposto inflacionário. Eles ganhavam com o *float* dos recursos num regime de inflação alta. Você depositava em um dia, o dinheiro só era usado no outro e na virada. Com a inflação alta, os bancos ganhavam.

Nesse momento, ressurgiu uma crise fiscal nos estados. Vários atrasaram os salários dos servidores, não havia dinheiro para a saúde e houve uma rebelião dos governadores contra a Lei nº 8.727, que estabeleceu diretrizes para o reescalonamento das dívidas dos estados. Criada em 1993, ela só foi mantida pela tenacidade do Pedro Malan e pela sabedoria do presidente Fernando Henrique. Para aliviar o problema, em 1995 o Conselho Monetário Nacional passou a autorizar a Caixa Econômica a dar empréstimos aos estados para pagamento da folha de salários com garantia da União. Um erro que cometi na rolagem de 1993 foi não estar preocupado em influenciar o desempenho fiscal, a atuação fiscal dos estados. Eu estava preocupado só em receber de volta o que eles deviam à União.

Focalizamos tudo nas garantias e não usamos nenhuma ferramenta para tentar influenciar e modificar o comportamento fiscal dos estados. Isso só seria feito dois anos depois, a partir dessa crise, no voto 195 do CMN. Criamos uma Secretaria Adjunta para fazer um acompanhamento detalhado dos estados e negociar programas de ajuste fiscal com eles. Chamei o João do Carmo Oliveira, um ex-colega de Cambridge que estava no Banco Mundial, para ser o secretário adjunto dessa área e ele fez um belíssimo trabalho. Mandamos missões a todos os estados com urgência para levantar a situação e propor medidas de aumento de arrecadação, de corte de despesas e de privatizações que teriam que ser implementadas pelos estados. E todos esses compromissos foram incluídos no contrato feito com eles.

O caminho para a privatização dos bancos estaduais

Começamos também outra negociação com os estados que tinham dívida mobiliária junto aos próprios bancos — todos tinham bancos — ou junto ao público. Daí surgiram as "carioquinhas", os títulos da dívida pública estadual do estado do Rio que o público comprava também. Começou uma negociação paralela com esses estados para o Tesouro refinanciar essas dívidas em troca de que os bancos estaduais fossem privatizados, fechados ou transformados em agências de fomento. Essa negociação foi concluída pelo Pedro Parente, então secretário executivo, em 1997, quando eu já tinha saído do Tesouro.

Mas isso não alterou a regra da rolagem da dívida estabelecida na Lei nº 8.727. Tudo continuou igual, com exceção do aumento no percentual de 11% sobre a receita líquida que os estados tinham que pagar. Esse percentual foi elevado, em geral, para algo em torno de 15%. Essa estratégia foi muito bem-sucedida porque dos 27 bancos estaduais que existiam restaram só cinco. Os outros ou foram privatizados ou foram transformados em agências de fomento.

Eu me lembro de que, em 1996, o então governador de Alagoas, pela terceira vez, Divaldo Suruagy, foi ao meu gabinete pedir que eu não retivesse as transferências ao estado para pagamento da dívida naquele mês. Respondi que, infelizmente, não poderia abrir aquela exceção porque, se o fizesse, teria de fazer o mesmo para todos os estados. Ele então me entregou a cópia de uma carta de renúncia que apresentaria na semana seguinte na Assembleia Legislativa se justificando e responsabilizando o Tesouro pela renúncia. Chamei a atenção dele para o fato de que só a folha de salários dele correspondia a 107% da receita do estado, e que se todo mês ele deixasse de recolher o que devia ao Tesouro ainda assim faltaria pelo menos 7% de receita necessária para pagar o funcionalismo e ele teria que tomar mais empréstimos.

Ele saiu da sala com essa negativa e eu fiquei apavorado, achando que ele fosse mesmo renunciar. Liguei para o presidente Fernando Henrique contando o episódio e alertei que, se fraquejássemos com Alagoas, que era um dos estados mais endividados, seria impossível não conceder o benefício a outros. O presidente então bancou a retenção e o governador Suruagy não cumpriu a ameaça imediatamente. Depois, em 1997, quando eu já tinha saído do Tesouro, ele acabou renunciando.

Meu período no Tesouro foi o momento profissional em que trabalhei mais, aprendi mais e contribuí mais com o país. Depois, tive uma doença séria e pedi ao Malan para sair. Foi quando ele me indicou para trabalhar no Banco Mundial. Posteriormente, o mesmo Pedro Malan me indicou para ser diretor executivo no FMI, quando o Brasil era representado pelo professor Alexandre Kafka, uma figura fantástica, decano do Fundo, que estava lá desde a sua indicação, em 1965, pelo doutor Bulhões, o ministro Octávio Gouvêa de Bulhões. Kafka era uma figura lendária no FMI, falava seis idiomas, era professor de Economia na Universidade da Virgínia e muito perspicaz, sempre cheio de tiradas inteligentes. Era uma pessoa muito difícil de suceder.

A crise na Ásia, o aumento do risco e a reação

Depois da crise na Ásia, começou a ficar claro o risco de haver uma desvalorização cambial no Brasil antes das eleições de 1998 ou de o câmbio ser alterado após as eleições. O ministro Malan, que sempre fez questão de manter a soberania brasileira na definição de qualquer medida macroeconômica que adotássemos, acelerou a preparação de um programa de três anos de ajuste fiscal com medidas estruturais. Na época, eu ainda estava no Banco Mundial e, a pedido dele, tirei férias e vim ao Brasil para trabalhar um mês em sugestões para a área fiscal no próprio escritório do Banco Mundial de Brasília, onde fiquei meio incógnito. Aí, 11 dias antes das eleições presidenciais, em setembro de 1998 o presidente Fernando Henrique fez um discurso no Itamaraty em que disse que, se ganhasse as eleições, implementaria um programa de ajuste fiscal e de reformas estruturais.

Negociações com o FMI

Em novembro, quando os diretores executivos do Fundo tomam posse, fui para o FMI, com o objetivo de iniciar oficialmente por lá as conversas para um empréstimo do Fundo ao Brasil. Na verdade, essas conversas já tinham começado informalmente antes, em outubro, logo depois da Reunião Anual do Fundo, da qual o Malan havia participado e na qual já havia avisado que tinha a ideia de implementar um programa de três anos e tal, reafirmando o compromisso de fazer superávits primários anuais mantendo a política de banda cambial vigente na época. Dentro daquela banda, o câmbio flutuava e ia lentamente se alterando com o tempo. Tratava-se de um sistema de câmbio fixo que requeria manter a política de juros que fosse necessária para sustentar aquele regime cambial.

Mas a negociação formal para um empréstimo do FMI só começou mesmo após a Reunião Anual. Eu já estava morando em Washington e trabalhando no Banco Mundial quando assumi o cargo de diretor executivo do Fundo, no início de novembro. Saíram do Brasil para a negociação o Pedro Parente, que era o secretário executivo do Ministério da Fazenda, e o embaixador Marcos Caramuru, então secretário de Assuntos Internacionais na Fazenda. Trabalhando em equipe, conseguimos um acordo rápido com o Fundo na parte fiscal do programa, mas o mais difícil foram as negociações em relação ao regime de câmbio semifixo do Brasil. Tanto o FMI quanto o Brasil estavam errados nesse ponto, o que só viemos a descobrir *a posteriori*.

O Brasil queria manter o regime cambial e o Fundo propôs que fizéssemos uma desvalorização de 14% para depois continuar com o sistema de bandas. O FMI não cedia e nós tivemos que, paralelamente, procurar o apoio tanto do governo americano, para eles influenciarem o Fundo, como também de outros países do G7. Tínhamos vários interlocutores dentro do governo americano, mas quem decidia era o secretário adjunto de Assuntos Internacionais, o Larry Summers. Com a ajuda do governo americano e do G7, acabamos convencendo o FMI a manter o regime cambial, embora esse tenha sido um ponto muito difícil da negociação que demorou para ser aprovado.

Outra questão decidida na última semana das negociações foi a definição do montante total de ajuda financeira que o Brasil queria receber do Fundo. O Malan não queria que esse número vazasse para não perder o impacto do anúncio de um valor expressivo nas expectativas do mercado. Como ele é um excelente negociador, o melhor que conheci, não revelou nem para mim nem para os outros que estavam negociando o valor que ele queria. Então, nem o Parente, nem o Marcos Caramuru, nem eu sabíamos quanto queríamos tomar emprestado. A orientação que recebemos era dizer que o acordo era preventivo, que não estávamos preocupados em sacar o dinheiro e que por isso o montante não era tão importante assim. O importante era a qualidade das políticas e o endosso firme do Fundo a essas políticas. Assim, toda vez que o pessoal do Fundo perguntava quanto a gente queria, respondíamos isso, sem dizer o número que, na verdade, desconhecíamos.

O representante do FMI ficava exasperado pedindo o valor do empréstimo que iríamos solicitar e toda vez que isso acontecia ligávamos para o Malan, que repetia a mesma argumentação sem nos revelar o número. Até que, em um domingo, na semana final das negociações, o Summers nos chamou na casa dele. Fomos eu, Pedro Parente e o Marcos Caramuru. Com as filhas dele ali brincando na sala, Summers foi repassando todos os principais pontos do programa, testando várias vezes o comprometimento que tínhamos com a manutenção da taxa de câmbio fixa e com a política monetária que fosse necessária para manter aquele equilíbrio externo. Isso porque, em um regime de taxa de câmbio fixa, normalmente os juros têm que ser mais elevados. Só no final ele perguntou que montante queríamos. E nós, que continuávamos sem conhecimento do valor, repetíamos aquela chorumela que o Malan mandava a gente repetir.

Foi quando Summers concluiu a reunião com uma frase que eu nunca mais esqueci: "Vocês estão correndo o risco de nós acreditarmos em vocês." Aí nós saímos dali meio assustados e ligamos imediatamente para o Malan contando isso. Ele continuou fazendo segredo sobre o número que negociaria diretamente com o Stanley Fischer, que era o vice-diretor-geral do Fundo nessa época e amigo dele. Eu, por exemplo, só fiquei sabendo do montante quando o programa foi anunciado. Era um valor que o Fundo nunca emprestara a outro país-membro: 41 bilhões de dólares. O Fundo entrava com 18 bilhões, o Banco Mundial e o BID com 4,5 bilhões cada um e até o BIS, que é o banco de pagamentos internacionais, entrou com alguns bilhões de dólares.

O montante do empréstimo obtido com o FMI era maior, em 7 bilhões de dólares, do que todas as necessidades de financiamento externo do Brasil em 1999. Então, se você somasse o déficit em conta-corrente que era projetado para aquele ano com todos os pagamentos de empréstimos externos, inclusive pelos bancos privados, que venciam naquele ano, o valor era maior. Minha primeira reunião no Conselho de Administração do Fundo foi para discutir esse empréstimo. A discussão começou às dez da manhã e terminou às cinco da tarde. Todos os diretores aprovaram o empréstimo, porém vários, principalmente os europeus, manifestaram dúvidas sobre se íamos conseguir segurar a taxa de câmbio, que estava sobrevalorizada. O diretor canadense, por exemplo, fez uma intervenção profética, dizendo que o nosso programa não estava bem desenhado, que o melhor desenho para ele seria um sistema de câmbio flutuante com metas de inflação.

No entanto, o nosso programa foi aprovado do jeito que estava. E quando telefonei para o Malan, no fim da tarde, informando o resultado da reunião, soube que o Congresso Nacional, já naquela tarde, tinha rejeitado uma das medidas fiscais, a de estabelecer contribuições previdenciárias adicionais dos servidores aposentados. Mas conseguimos aprovar outras medidas fiscais ainda em novembro e dezembro de 1998, como o fim de várias isenções de impostos, o que resultava em quase 1,4% do PIB. Ainda em novembro daquele ano, o Banco Central começara a reduzir os juros. A taxa Selic, que estava em 40%, passara para 29%. Os demais países que participavam do Conselho de Administração do FMI acharam precipitado. Por isso, durante todo o mês de dezembro, tivemos uma reunião semanal para discutir os acontecimentos no Brasil, quando eu tinha que ouvir e rebater reclamações. Mas as perdas de reservas continuaram. Só em dezembro perdemos 6 bilhões de dólares.

Até que, no dia 12 de janeiro de 1999, o Pedro Malan me ligou em Washington, por volta das cinco da tarde de lá, acho que eram sete da noite no Brasil, para informar que o Gustavo Franco ia sair e seria substituído pelo Chico Lopes. E que a política cambial ia ser alterada com a adoção da chamada banda diagonal endógena, que o Chico tinha imaginado e proposto. Perguntei se ele já tinha avisado ao Fundo e fiz a sugestão de que o fizesse, para que eles não descobrissem no dia seguinte pelos jornais. Ele concordou com a estratégia e ficamos a noite inteira em conversa com a alta gerência do Fundo, que nos desaconselhou a fazer a mudança, que, mesmo assim fizemos e, de fato, não funcionou.

No mesmo dia, uma sexta-feira, o câmbio atingiu o teto da banda de 1,32 real por dólar e, em 48 horas, fomos forçados a flutuar o câmbio. O Malan, junto com o Chico Lopes, embarcou para Washington, onde ambos participaram de discussões bastante tensas, principalmente porque a mudança cambial havia sido uma sugestão anterior do FMI à qual havíamos sido contrários. Aquelas negociações só não fracassaram porque o Malan tinha um conceito pessoal e era muito respeitado tanto na alta direção do FMI quanto no Tesouro. Além de ser amigo do Stanley Fischer, que havia sido o economista principal do Banco Mundial, e também do Larry Summers, que havia sido diretor econômico do mesmo banco quando o Malan estava lá.

Sem a confiança que esses interlocutores tinham no Malan, acho que o programa teria acabado ali. E ficou no ar aquela disputa com o Fundo defendendo o aumento dos juros e o Chico Lopes resistindo, até que foi substituído pelo Armínio Fraga em fevereiro e, a partir daí, as coisas andaram. O Armínio elevou os juros para o nível necessário, de forma a conter a especulação cambial e a fuga de capital. E o Brasil não precisou sacar a maior parte do empréstimo a que tinha direito.

A negociação com o Fundo na transição de 2002

Em 2002, o Brasil estava de novo à beira de enfrentar uma situação financeira difícil. Isso porque estávamos às vésperas de uma eleição que poderia trazer uma grande mudança na política econômica, o que gerou outra forte crise de confiança e desvalorização cambial. Então, o governo articulou um novo empréstimo com o Fundo, mas que só seria desembolsado para o futuro governo se o governo desejasse manter a política econômica vigente. Aquela foi de novo uma negociação difícil.

O Fundo, inicialmente, não queria aceitar, tinha muitas dúvidas em fazer o empréstimo, contudo, acabou sendo convencido por um argumento nosso. Nós dizíamos que, se não houvesse um novo acordo para ser sacado pelo futuro governo, seríamos obrigados a solicitar o saque de todas as parcelas a que já tínhamos direito e deixar o dinheiro no caixa para o próximo governo, qualquer que fosse ele, mesmo que tal governo não tivesse nenhum compromisso com a manutenção da política econômica. Diante desse forte argumento, eles concordaram em fechar o acordo. O presidente Fernando Henrique chamou os candidatos presidenciais com maior chance de vitória para reuniões individuais e apresentou a eles a ideia do empréstimo do Fundo. Os candidatos compareceram e fizeram manifestações públicas favoráveis ao acordo.

Retornei ao Brasil, em 2005, como secretário executivo do ministro Palocci, que foi um bom ministro da Fazenda e um ótimo chefe, infelizmente por um período curto e um pouco tumultuado. Na semana em que assumi, foi noticiado um suborno de um funcionário dos Correios que mais tarde daria origem à investigação do chamado Mensalão. Isso acabou dominando a cena política e reduziu o espaço para mudanças institucionais, embora alguns importantes avanços já tivessem ocorrido antes da minha chegada ao ministério. Foi o caso da desdolarização da dívida interna, feita pelo Joaquim Levy, e a consolidação de programas sociais no Bolsa Família, conduzida pelo Marcos Lisboa, avanços que persistem até hoje.

No início do governo havia sido aprovada também uma emenda constitucional que alterava a aposentadoria para os novos funcionários públicos, admitidos a partir da aprovação de uma lei complementar, e criava um fundo de pensão de regime contributivo para eles. Tentei, insistentemente, arrancar do Ministério da Fazenda esse projeto de lei — infelizmente, fracassei. A burocracia estatal conseguiu atrasar por sete anos a edição dessa lei complementar, que só seria promulgada em 2012.

Houve também uma tentativa de se criar um teto constitucional para as despesas primárias correntes da União como proporção do PIB. Na época, essas despesas estavam em 16% do PIB. A emenda foi articulada com o Ministério do Planejamento, mas, infelizmente, não prosperou porque a Casa Civil considerou a ideia rudimentar, argumentando que "gasto corrente é vida". Um ponto positivo foi que o Brasil conseguiu pagar no meu período todo o empréstimo do FMI que eu havia ajudado a negociar como diretor executivo.

Quando o ministro Palocci deixou o governo, o Joaquim Levy e eu resolvemos solicitar a nossa exoneração. Voltei ao FMI, agora não mais representando o Brasil no Fundo, e sim como um membro da gestão, a convite do Rodrigo Ratto. Passei a ser vice-diretor-geral junto com mais dois colegas, o americano John Lipsky e o japonês Takatoshi Kato. Dois anos depois, viria a crise financeira global de 2008. Ou seja, não mais uma crise dos países emergentes e sim dos países desenvolvidos.

O meu portfólio no FMI abordava três áreas: relações do Fundo com um conjunto de países-membros, alguns tópicos de política e a supervisão de alguns departamentos. A regra é que vice-diretores-gerais tivessem sob a sua responsabilidade tanto países desenvolvidos quanto em desenvolvimento em todas as regiões do mundo, mas eles não podiam cuidar do próprio país. O meu portfólio lá, que incluía 81 países desenvolvidos e em desenvolvimento nos cinco continentes, tinha alguns tópicos, como códigos e padrões financeiros, a relação do Fundo com outros organismos internacionais e a organização das reuniões anuais. Eu tinha também sob a minha supervisão direta os departamentos de Estatística e de Pessoal, as áreas de orçamento, de assistência técnica e a supervisão da gestão do fundo de pensão dos funcionários do FMI.

O Fundo tem duas funções básicas. Uma delas é dar assistência financeira e técnica aos países em crise. A outra é exercer a *surveillance*, uma vigilância econômico-financeira acompanhada do aconselhamento dos países-membros. As funções de assistência financeira e técnica geralmente são exercidas somente em relação aos países em desenvolvimento. Mas a função de vigilância econômica financeira é exercida em relação a todos os países-membros, inclusive os países importantes em termos globais. Todo ano o Fundo manda uma missão aos países-membros para avaliar as políticas econômicas e financeiras deles e o risco de crise, além de fazer recomendações a cada um. Depois dessas visitas é feito um relatório, que é distribuído a todos os países-membros para ser discutido pelo Conselho Diretor do Fundo.

Infelizmente, acho que essa função do FMI de vigilância econômica, financeira e acompanhamento nunca teve, na prática, a importância que deveria ter. O Fundo tentava fazer isso bem, mas não gerava influência nem nos países desenvolvidos nem nos países em desenvolvimento que não precisavam de empréstimos. Era uma função sem muito impacto efetivo. O Fundo também não avaliava em detalhes o risco de crises financeiras nos países mais importantes, como os Estados Unidos, que pudessem afetar os outros. Na minha época de diretor executivo, eu sempre dizia que a crise financeira é uma coisa que se espalha muito rapidamente, então, todos os países têm interesse na política interna dos Estados Unidos e dos outros países grandes. Uma crise global pode ser como a pandemia, que agora está espalhada em todo o mundo.

A crise financeira de 2007 a 2009, com o pico em 2008, foi causada pelos setores financeiros privados dos Estados Unidos e da Europa. Pode-se dizer que, em relação a esses países, onde funcionavam as empresas que causaram a crise, essa função de vigilância e de acompanhamento econômico-financeiro poderia ter sido mais bem exercida. Um ou dois anos antes da crise, em um simpósio em Jackson Hole, o diretor de pesquisa do Fundo, Raghuran Rajan, que depois virou presidente do Banco Central da Índia, havia feito algumas observações e sugestões premonitórias sobre os riscos que existiam no mundo desenvolvido naquela época. Mas isso acabou não levando a nada.

Com a chegada da crise, o Fundo teve que retomar uma atividade que já havia exercido em 1945, quando foi criado, que era a de emprestar dinheiro aos países europeus afetados pela situação econômica pós-Segunda Guerra. No pico da crise de 2008, foram emprestados 94 bilhões de dólares a mais de uma dezena de países europeus. Eu mesmo tinha 18 países europeus no meu portfólio, dos quais quatro tinham precisado de empréstimo: Islândia, Grécia, Portugal e Sérvia, nessa ordem. Outros do meu portfólio, como Espanha, Suécia, Suíça e Bélgica, não precisaram.

Ainda como consequência da crise, o FMI aumentou muito os empréstimos para os países em desenvolvimento. Foi aceita também uma proposta feita pelo diretor-geral do FMI, o francês Dominique Strauss-Kahn, que havia sido nomeado diretor do Fundo em 2007, para emissão de direitos especiais de saque que, em inglês, chama-se Special Drawing Rights. O SDR é uma espécie de moeda que só circula entre os governos dos países-membros do FMI, fora do setor privado, e que se incorpora às reservas dos países que, assim como o FMI, são obrigados a aceitar esses SDRs como moeda. Strauss-Kahn conseguiu vender aos países mais importantes essa proposta e, em 2009, o Fundo emitiu 183 bilhões de SDRs, direitos especiais de saque que representavam cerca de 260 bilhões de dólares. Sem contar os empréstimos que foram feitos e o fortalecimento da regulação financeira que era aplicável aos bancos privados no acordo original de Basileia, que foi revisto e ampliado em 2010, exigindo mais capital de melhor qualidade e maior liquidez por parte dos bancos privados.

Isso não era uma responsabilidade do Fundo, mas do Conselho de Estabilidade Financeira e do órgão que funciona como banco de pagamentos internacionais, o BIS. Entretanto, o Fundo participou muito dessas discussões e, nesse caso, a atividade de vigilância financeira global no

FMI foi bastante fortalecida, principalmente mensurando riscos, tentando medir os impactos da política dos países mais ricos e criando novos relatórios sobre vulnerabilidades internas e externas dos países grandes.

Também no que diz respeito aos empréstimos houve muita inovação com a criação de várias modalidades de novos empréstimos preventivos, criados para prevenir crises. O mais importante para a contenção de crises é, primeiro, ter boas políticas macroeconômicas para se evitar que as crises financeiras ocorram. A melhor política é a da prevenção. As crises são provocadas por um acúmulo de decisões equivocadas que cada país toma para si próprio, gerando pequenas crises que evoluem lentamente no início para depois tomarem proporções maiores que fogem ao controle do país originalmente afetado. A de 2008 foi uma delas. A pandemia de covid-19 foi o estopim de outro tipo de crise como essa. E essas são as mais difíceis de prevenir.

Mas, qualquer que seja a origem, o custo da solução de crises financeiras é sempre concentrado em um período único de tempo, o que sacrifica muito a geração que está vivendo naquele período. E esse custo é sempre bem maior do que o custo da prevenção. Então, acho que se aplica aqui aquele ditado popular que diz que prevenir é melhor do que remediar. Independentemente de qual seja a origem da crise, é necessário agir rápido na hora que ela estoura, não perder tempo, pois tempo é dinheiro e, em meio a uma crise, mais ainda. É preciso agir rápido e de forma decisiva, fazendo em geral mais do que se acha necessário naquele momento para surpreender positivamente os mercados, alterando expectativas negativas.

Quando eu estava no Fundo e procurava explicar essa tese aos países dos quais era interlocutor, eu comparava o Fundo a um hospital ao qual seu plano de saúde fosse associado. Um hospital com os melhores médicos e equipamentos possíveis. Agora, hospital nunca é um lugar prazeroso para se ir. O ideal seria ir ao hospital apenas uma vez por ano para um *checkup* e depois seguir as prescrições que os médicos tiverem feito. Fazer exercício, ter uma alimentação saudável, parar de fumar, evitar o estresse, o que é um pouco semelhante à função do Fundo, que é dar conselhos aos países para que evitem crises econômicas.

No entanto, se o país não fez nada disso, ou se fez o contrário disso tudo e de repente teve um infarto, aí não dá mais para perder tempo. É preciso correr direto para o médico, que, certamente, vai sugerir procedimentos desagradáveis e urgentes, como uma cirurgia de abrir o peito que poderia ter sido evitada, mas que ainda é melhor do que a alternativa, que é morrer. E não adianta reclamar do médico, não adianta reclamar do hospital. A mesma coisa acontece quando você não fez nada para estimular a crise, porém teve a má sorte de ser atropelado, sem culpa nenhuma. Também tem que ir o mais rápido possível para o hospital a fim de ser submetido a um tratamento doloroso, mas necessário, para a sua sobrevivência. O hospital é útil, é importante. O ideal, contudo, é frequentá-lo apenas em momentos felizes, como o do nascimento de um filho. Fica aqui uma analogia sobre o funcionamento do Fundo.

Resultados, lições e agendas inconclusas

Em resumo, posso dizer que, para mim, o trabalho na administração pública foi uma experiência positiva, muito gratificante, embora às vezes um pouco frustrante. Já falei de algumas inovações que conseguimos fazer. As frustrações não foram poucas, mas elas servem para a gente mudar o comportamento no futuro. Não adianta ficar remoendo ou reclamando. Temos uma agenda econômica e social inconclusa no Brasil, então, acho que as novas gerações, que eu espero ajudar um pouco com essas histórias de dinossauros mais velhos, têm muito trabalho a fazer, valorizando sobretudo a ética do trabalho, do esforço e da responsabilidade individuais, sem a qual é difícil progredir. E para as pessoas que vão entrar no serviço público, acho que o roteiro é navegar sempre direcionado pela bússola do interesse público. E se cercar de pessoas que sigam essa mesma bússola e sejam bem preparadas tecnicamente.

É importante trabalhar incansavelmente para mudar aquelas coisas que precisam e que podem ser mudadas, considerando as circunstâncias políticas existentes. Em geral, as grandes crises são também oportunidades de grandes mudanças e é preciso aproveitar essas oportunidades. Ao mesmo tempo, é preciso ter resignação e paciência para saber que algumas coisas não podem ser mudadas ou, então, só podem ser mudadas gradualmente. Nesse caso, também é preciso trabalhar incansavelmente, como se fosse uma formiguinha levando uma folhinha para determinada direção.

O mais difícil é ter a sabedoria política para distinguir em qual situação você está e saber que, na maioria das vezes, a função do funcionário público não é avançar, é evitar um retrocesso institucional. Muitas vezes soluções ruins são apresentadas para resolver problemas complexos, mas o ideal é evitar o uso de meios inadequados para justificar fins meritórios, suscitando aquela velha máxima filosófica que diz que o fim não justifica os meios. Minha experiência diz que uma solução ruim acaba sendo um tiro pela culatra. Então, tomem cuidado com as desonerações tributárias, com os subsídios temporários, porque eles tendem a ser longevos. Na função pública, além de fazer o bem, você tem que evitar o mal, porque, infelizmente, às vezes, isso é o máximo que se consegue fazer.

Leitura sugerida

- Kennan, George Frost. *Around the Cragged Hill: A Personal and Political Philosophy*. Nova York: W.W. Norton & Company, 1994.

9. AMAURY BIER
Podcast realizado em 9 de março de 2021

Amaury G. Bier é sócio da Gávea Investimentos. Foi diretor executivo do Banco Mundial, da International Finance Corporation (IFC) e da Multilateral Investment Guarantee Agency (Miga), além de secretário executivo do Ministério da Fazenda (1999-2002). Já havia ocupado posições de senioridade no âmbito do governo federal, notadamente como secretário de Política Econômica do Ministério da Fazenda (1998-1999) e economista-chefe do Ministério do Planejamento (1996-1998). No setor privado, foi economista-chefe do Citibank Brazil (1994-1996); sócio da empresa de consultoria Kandir & Associados (1992-1993); e economista-sênior da Sadia e da Copersucar. Bacharel em Economia, completou o curso de doutorado em Economia na USP (1986), onde lecionou Economia (1985-1986).

RESUMO

Seguindo o bloco de gestão de crises e governança, o economista Amaury Bier detalha lições e conceitos aprendidos em sua experiência em funções de formulação e gestão de políticas em ministérios da área econômica. Como secretário executivo do Ministério da Fazenda (1999-2002), vivenciou importantes experiências na arte de fazer política econômica. Assim, ele faz aqui um balanço desse aprendizado e relata desafios que fizeram parte do período, além de apresentar uma visão sobre como aumentar a eficácia da operação no setor público.

Passo acelerado

Eu me formei em Economia pela Universidade de São Paulo e logo passei para o mestrado. Fiz todos os créditos ali mesmo na USP, porém, não completei a dissertação, porque surgiu um convite para seguir adiante com meus estudos acadêmicos passando diretamente ao doutorado. Pulei, portanto, a etapa da dissertação. Talvez tenha sido um equívoco ter acelerado o passo, porque acabei não defendendo também a minha tese de doutorado. Com isso, fiquei apenas com a titulação de bacharel em Economia. Não creio que isso tenha afetado muito a minha vida profissional, mas talvez pudesse ter sido mais feliz se tivesse feito a dissertação de mestrado, depois o doutorado, devagar, e assim por diante. Não foi uma decisão apropriada, mas foi o que aconteceu.

Quando estava no último ano do doutorado, tendo já terminado os créditos, participei de um programa interdisciplinar do Cebrap, um centro de pesquisas que reunia vários intelectuais importantes e onde se criou um programa interdisciplinar para jovens pós-graduandos de várias áreas: economia, direito, sociologia, história, ciência política. O programa unia jovens de todas essas áreas com o objetivo de gerar não apenas uma interação, como também um treinamento interdisciplinar no qual o aluno pós-graduando de Economia se expunha às disciplinas de Filosofia ou Sociologia, por exemplo. *Mutatis mutandis*, o aluno de Direito se expunha à Economia e, assim, todos se expunham a uma variedade de disciplinas das Ciências Sociais. Foi um período de dois anos extremamente rico para mim. Aprendi muito ali na convivência com pessoas extraordinárias, formei vínculos e relacionamentos que duram até hoje e ainda fazem parte da minha vida pessoal e profissional. Sinto como uma experiência bastante relevante na minha formação.

Estava no Cebrap quando me casei e minha esposa ficou grávida do nosso primeiro filho. Foi quando me senti compelido a buscar um emprego, porque realmente tinha, enfim, problemas de ordem material que eram relevantes para mim na época. Meu primeiro emprego foi na Coopersucar, como economista júnior da empresa. Comecei trabalhando como analista econômico e fiquei cerca de um ano lá. Depois, fui para outra empresa, a Sadia, até que veio minha primeira interação com o setor público.

Primeira experiência no setor público

Quando o Antônio Kandir, que eu conhecia da época do Cebrap, se tornou secretário de Política Econômica da ministra Zélia Cardoso de Mello, no governo Collor, ele me convidou para integrar sua equipe. Foi minha primeira experiência no setor público, em Brasília, como técnico da Secretaria de Política Econômica. Aquela foi uma experiência riquíssima, de aprendizado e interação também com os jovens que o Kandir havia levado de toda parte, inclusive da PUC-Rio. Por intermédio do Eduardo Modiano, Kandir reuniu pessoas bastante competentes que mais tarde vieram a ter muita projeção na cena brasileira, e com as quais aprendi, convivi e convivo até hoje.

Quando Marcílio Marques Moreira assumiu o Ministério da Economia, Fazenda e Planejamento, chamou novos nomes para o Banco Central e montou um novo secretariado no ministério. Naquela oportunidade, tive minha primeira interação com Armínio Fraga, hoje sócio e amigo de longa data.

Retorno ao setor privado e depois ao governo

Chegou o momento em que saí do governo e voltei para São Paulo, de novo a convite do Kandir, para trabalhar com ele em uma consultoria que ele havia iniciado. Fiquei um tempo lá até ser convidado para ser economista-chefe do Citibank, onde fiquei cerca de dois anos. Era a primeira vez que trabalhava em uma instituição e foi também uma experiência interessante.

Quando o Kandir assumiu o Ministério do Planejamento, já no governo Fernando Henrique, aceitei o convite dele para integrar sua equipe. Tão logo meu antecessor, Martus Tavares, se deslocou para a Secretaria Executiva do ministério, passei a ocupar a Assessoria Econômica do Ministério do Planejamento, onde trabalhei por dois anos diretamente com o Kandir e já com muita interação com o Ministério da Fazenda e o Banco Central. Portanto, conhecendo bastante bem toda a equipe da Fazenda, inclusive o Pedro Malan e o Pedro Parente.

Então, Kandir se candidata a deputado e deixa o Ministério do Planejamento. Naquele momento, eu tenderia a voltar para São Paulo, mas Pedro Malan me convida para assumir a Secretaria de Política Econômica do Ministério da Fazenda. Assumo esse posto, um trabalho interessantíssimo, com a responsabilidade de suceder ao José Roberto Mendonça de Barros, uma barra muito alta para mim.

Em dado momento, Pedro Parente assume o Ministério do Planejamento, a convite do presidente Fernando Henrique, e abre-se a vaga de secretário executivo na Fazenda. Então Pedro Malan me honra com o convite para assumir essa Secretaria, o que faço praticamente até o final do segundo mandato do presidente Fernando Henrique.

O que faz um secretário executivo?

Na minha experiência e avaliação, o papel do secretário executivo varia, dependendo do ministro e também do perfil desse secretário executivo. No meu caso, quais eram potencialmente as funções? Coordenar e fazer funcionar a pasta da Fazenda, no caso, o ministério do qual eu era secretário executivo. Uma função que envolve questões orçamentárias não apenas do ponto de vista macro, mas do próprio ministério, como alocação de recursos, questões de RH e do dia a dia da gestão de um ministério que, obviamente, não são resolvidas diretamente pelo ministro. No meu caso, sequer eram resolvidas por mim, no papel de secretário executivo.

Na Fazenda, herdei do Pedro Parente uma estrutura que achei extraordinária: a ideia era delegar ao secretário executivo adjunto as tarefas de administração do Ministério da Fazenda, a fim de liberar tempo, energia e tranquilidade para fazer, digamos, a segunda perna do trabalho de secretário executivo. Este precisa fazer o que o ministro acha que ele deve fazer. Pode formular? Pode. Pode simplesmente coordenar as Secretarias? Pode. Deve ter alguma ascendência sobre os secretários? Pode ter, pode não ter.

Pedro Malan tinha ali um secretariado estupendo, de alta qualidade, muita senioridade e eficiência. A mim não cabia coordenar os trabalhos da Receita Federal nem da Secretaria do Tesouro. Como eu me encaixava ali? Ajudando o ministro a pensar e, sobretudo, na parte de fazer acontecer. Conversávamos, eu acompanhava a agenda dele bem de perto, estava presente na maior parte dos momentos, das interações dele com secretários e pessoas fora do ministério. Eu estava absolutamente ciente dos assuntos tratados — quais eram e como ele gostaria de vê-los resolvidos. E, então, procurava fazer com que aquilo acontecesse.

Para citar um exemplo clássico, era necessário ajudar a conduzir uma conversa que poderia se desdobrar em uma consulta à Procuradoria-Geral da Fazenda Nacional para promover a articulação entre duas Secretarias que, eventualmente, não se entendiam: a Secretaria de Política Econômica e a Secretaria da Receita Federal. Sempre havia algum tipo de conflito também com o Banco Central, por exemplo, ou com a Secretaria da Receita Federal, ou com a CVM, ou com as autarquias ligadas aos órgãos colegiados vinculados ao Ministério da Fazenda.

Havia também outra função que eu julgava importante. Eu fazia parte dos conselhos de instituições públicas federais, como o Banco do Brasil e a Caixa Econômica Federal, e recebia com frequência os presidentes dos bancos. Eles levavam seus problemas, suas preocupações. Estas envolviam não só questões intramuros, de cada um dos bancos, como também de relacionamento com o Congresso Nacional, com outras áreas do governo, o próprio Executivo, outros ministérios, enfim, questões que são do cotidiano. Sempre procuramos tratar da governança dessas instituições financeiras e dos bancos públicos, a exemplo da gestão de uma instituição privada. Essa era a diretriz desde o começo do governo Fernando Henrique, era assim que funcionava.

Há outro papel interessante do secretário executivo, que é o trabalho junto ao Conselho Nacional de Política Fazendária. O ministro da Fazenda é presidente do Confaz e essa presidência em geral é exercida pelo secretário executivo. Também me envolvia com frequência na interação do Ministério da Fazenda com o Congresso.

A difícil arte de dizer "não"

Todo ministro precisa de um escudo. Esse escudo, por vezes, é o secretário do Tesouro, outras vezes, é o secretário da Receita ou mesmo o presidente do Banco Central. Frequentemente, porém, é o próprio secretário executivo. Às vezes, por exemplo, é necessária uma interação com uma bancada: ruralista, da Saúde, da Educação. O ministro atende, ouve. Pedro Malan é uma pessoa de poucas palavras. Ele, sabiamente, não se expunha muito. E eu ficava ali, ouvindo junto com ele, do lado dele. Após ter ouvido todas as questões a serem tratadas, eu devia dar seguimento a elas.

Em geral, não havia tratamento possível sem danos importantes ao Erário público. Não era possível atender às demandas e era preciso dizer "não". Então, eu tinha essa interação, às vezes conflituosa, com senadores, com deputados. Uma das principais funções do Ministério da Fazenda é dizer "não". Aprendi muito com essa função. Estou aprendendo até hoje a dizer "não" e não é fácil fazer isso com eficiência. Você precisa aprender a ouvir. Explicar o motivo de aquele "não" estar sendo dito. E você está lidando com pessoas muito inteligentes, então, não é fácil. A pessoa envolve você, ela quer o "sim", precisa politicamente do "sim". Para essa pessoa, o "sim" é o melhor porque ela está enxergando uma necessidade que não pode esperar. É difícil dizer "não". Ainda estou aprendendo.

Entre o apagar de incêndios e a agenda estrutural

Como conciliar a demanda por ações emergenciais e a necessidade de construir e avançar com o processo de modernização institucional? Em vários momentos, a resposta a uma situação conjuntural, uma situação urgente, envolve elementos estruturais. Isso é típico e está acontecendo agora, com a pandemia. Uma tensão produzida por um choque externo da pandemia gera a necessidade de se incorrer em déficits fiscais. Estes não podem ficar sem uma resposta de longo prazo, sob pena de desorganizarem totalmente a economia. São duas questões que andam juntas.

Então, é preciso dividir a variável de ajuste à sua jornada de trabalho. Trabalha-se mais, trabalha-se nos fins de semana, não há como organizar isso melhor. Claro que, para tarefas específicas, pode-se destacar um grupo de pessoas que não esteja tão absorvido com as tarefas do dia a dia. Um exemplo disso foi a Lei de Responsabilidade Fiscal. Havia um grupo de pessoas dedicadas à produção de minutas e soluções. Essas pessoas não estavam no dia a dia dos ministérios porque, do contrário, a lei não sairia.

O caso da tributação: os diferentes players

Sobre a reforma tributária, ela é muito difícil de ser feita devido às implicações políticas envolvendo os estados, os municípios, as corporações e as bancadas, na medida em que há vinculações também. É um tema bastante complexo do ponto de vista político. Não acho que o entrave maior esteja na formulação de uma proposta, várias foram formuladas ao longo do tempo. Nesse caso, acho importante contar sempre com a participação da Receita Federal, que conhece o sistema tributário. Claro que a Receita tem um viés de preservação do *status quo*, porque sua função precípua é arrecadar. E mudanças trazem incertezas.

A Receita Federal tem uma preocupação menor com a eficiência do sistema tributário, do que, digamos, um formulador de política econômica deveria ter. A Receita se preocupa, sobretudo, em não perder as condições de arrecadar. É importante também a função de arrecadação do sistema tributário, mas é importante não distorcer o sistema econômico, ou distorcer o mínimo possível. Isso jogou historicamente a discussão da reforma tributária para a Secretaria Executiva. Participei de vários debates e de tratativas de reforma tributária na época em que estava no governo.

O melhor exemplo que me ocorre foi a proposta de reforma idealizada pelo Bernard Appy como secretário executivo do Ministério da Fazenda. Ele abraçou essa causa e se tornou um dos maiores especialistas no tema. Até hoje tem influência sobre esse debate, porque não é a Receita que vai fazer a reforma, tem que ser alguma outra instância. Secretário executivo é o candidato interessante a tocar isso, ou o secretário de Política Econômica, um dos dois.

O papel da coordenação intragoverno

Para que a agenda de uma reforma aconteça, a coordenação governamental é de extrema relevância. No meu caso, acho que tive sorte, sobretudo no governo FHC, porque os dois ministros-chefes da Casa Civil eram de uma competência extraordinária nesse trabalho de coordenação. Tanto o ministro Clóvis Carvalho quanto o ministro Pedro Parente faziam brilhantemente a coordenação, colocando todo mundo que precisava opinar sobre um tema em volta da mesa discutindo com franqueza, com abertura, sem vácuo decisório. Produzir a decisão é uma arte, e uma arte de bons executivos. Aprendi muito prestando bastante atenção para absorver tudo ao máximo, porque realmente é impressionante a eficiência desses dois como gestores.

Relacionamentos e proximidades são importantes e ajudam, mas é sempre difícil para terceiros lidar com o tipo de situação que geram. Por exemplo, não há coordenação que resolva o problema de um ministro ser muito próximo do presidente da República. Isso obriga outro ministro, que seja seu eventual antagonista, a ir no domingo visitar o presidente para dar a opinião dele com franqueza. Isso acontecia muito devido à frequência de disputas dentro do governo. Um ministro achava isso, outro achava aquilo. O presidente da República é o árbitro final e sua decisão não passa, necessariamente, pela Casa Civil. Mas no dia a dia do governo não deveria ser assim.

Ter uma Casa Civil forte, com perfil de gestor, é algo importante. A interação do Ministério da Fazenda com outras pastas e outras áreas de governo era grande. Cito exemplos, como o caso do Comércio Exterior, fundamental, porque envolve política tarifária, questões dessa natureza, e até linhas de financiamento externo. A interação com o Ministério da Agricultura também é de enorme importância, porque todo subsídio é financiado pelo Tesouro. Então, há uma implicação fiscal e, com isso, ficávamos ali discutindo com o Ministério da Agricultura o tempo todo. Pela mesma razão, com o Ministério da Integração Nacional, a Sudene, a Sudam e os fundos constitucionais. Discutindo como gerir com eficiência aqueles subsídios, tentando minimizá-los. O nosso objetivo era operar de forma eficiente esses mecanismos subsidiados e com o menor custo para o Tesouro.

Quando se definiu o piso mínimo de despesas do Ministério da Saúde, houve uma implicação fiscal gigante. Então, todo ano, na hora da definição do Orçamento, do contingenciamento, havia muita interação. A interação era boa quando a interlocução era boa. Ministros e secretários executivos de qualidade produziam convergências, mesmo no contexto de uma situação que tipicamente seria de conflito de interesses. Um queria algo; outro queria outra coisa. Mas era uma contraposição produtiva e desarmada.

A transição do governo FHC-Lula

Sem dúvida, ajudou na transição do governo FHC para o governo Lula tomar emprestadas as transições de governo civilizadas e organizadas dos países mais desenvolvidos. Em 2002 ocorreu uma transição documentada e bem-feita, com a antecedência necessária. Foi uma transição com as informações sobre os temas que iriam surgir nos primeiros dias de governo claramente identificados, a fim de que cada um que assumisse seu posto de ministro da Saúde, da Fazenda ou de presidente da República, por exemplo, soubesse quais decisões seria obrigado a tomar nos primeiros dias, nas primeiras semanas de governo. Houve uma experiência inspiradora durante a crise da Coreia, também em meio a uma transição política na qual o FMI exigiu, para dar seu apoio, uma contrapartida de compromisso dos candidatos ao governo naquele país, só que de maneira bastante formal, amarrada e talvez indigesta. Muito difícil de ser digerida politicamente.

Em 2002, vivíamos um momento difícil, que vinha de 2001, com a crise argentina e a crise americana, produzida pelas fraudes contábeis e tudo mais. Havia ainda reflexos da crise de energia no Brasil. Um ano difícil, e o presidente Fernando Henrique com dificuldade de fazer o seu sucessor. Com a candidatura do ex-presidente Lula crescendo, acendeu a chama de um risco político alto. Naquele momento, começamos a ter reflexos sobre os indicadores de rolagem da dívida e de câmbio, gerando, portanto, a necessidade de reação da política monetária, já que a desvalorização cambial produzia inflação. A política monetária precisava reagir a esse choque e a atividade econômica também começou a desacelerar fortemente. Enfim, era um momento de muita dificuldade.

O setor externo ficou fragilizado, porque houve uma saída de capitais que produziu até mesmo a desvalorização cambial. Havia então a conveniência de se negociar um acordo com o Fundo Monetário, que não precisaria, necessariamente, ser utilizado pelo governo seguinte. Este não precisaria sacar esse acordo, mas teria a possibilidade de sacar, se necessário. Conseguimos negociá-lo em bases saudáveis do ponto de vista político, ou seja, bastando conversas com os candidatos e sinalizações vagas de que eles apoiariam alguns princípios de política econômica.

Isso foi feito. O acordo com o Fundo Monetário foi obtido, respaldado pelo entendimento da importância desse processo por parte dos principais candidatos que participaram dessas conversas. Essa sinalização ajudou a aquietar a situação. Mas o cenário só acalmou, de fato, após a transição, com a equipe do novo presidente anunciada e a política econômica sinalizada e compromissada do ponto de vista fiscal e responsável, em todos os aspectos. No primeiro mandato, a primeira sinalização que o presidente Lula deu ao assumir foi bastante positiva. Com isso, os questionamentos perderam importância.

Negociar esse acordo e fazer essa transição organizada, protegida, mais civilizada, foi muito importante naquele período. A situação poderia ter tido outro caminho, e ensejado, inclusive, outro tipo de reação por parte do presidente eleito. Felizmente tudo correu bem, mas a situação era delicada. Quando a incerteza é produzida pela política, só a política pode resolver. Não há outra maneira.

A experiência no Banco Mundial

Depois do Ministério da Fazenda, tive uma experiência curta no Banco Mundial, onde fiquei por aproximadamente um ano. O mandato era de dois anos, mas, após um ano, decidi voltar para o Brasil. Minha função era basicamente a de conselheiro de administração residente do Banco Mundial. Ou seja, com presença e trabalho diários na instituição. Essa instituição, porém, tem a sua diretoria, a sua presidência, uma estrutura hierárquica própria.

Há um Conselho de Administração formado por 24 membros que representam todos os sócios do Banco Mundial. Alguns deles têm o próprio representante, outros sócios se juntam no que eles chamam de *constituencies* [*círculos eleitorais*], a fim de elegerem o seu representante. O Brasil, em alguns momentos, é o representante desse conjunto de países no Conselho do Banco Mundial, nesse *board*. Esse Conselho aprova toda e qualquer operação de crédito do banco e de suas agências.

Nunca vi nenhuma situação em que o projeto proposto pela diretoria do Banco Mundial fosse recusado pelo Conselho. Porque essas negociações se dão antes. Elas se travam antes e só chegam ao Conselho se tiverem a concordância da maioria dos membros em particular — dos europeus, dos japoneses, dos americanos e, hoje em dia, talvez dos chineses. Do contrário, nada anda.

A diretoria do Brasil representa cerca de nove países. Naquele ano, por exemplo, trabalhei próximo ao Haiti, porque o país precisava muito de ajuda, e eu procurei me aproximar do Banco do Haiti para que alguns empréstimos fossem dados ali. Aquilo era percebido como governo brasileiro? Não. Acho que era percebido como uma diretriz e uma aproximação do Banco Mundial, e não do governo brasileiro.

A única coisa que me pareceu realmente interessante nesse trabalho foram as discussões sobre política, que passavam também por esse Conselho. Procurar respostas para entender como o Banco Mundial deve enfrentar a questão da governança, das regras contábeis, da corrupção, da pobreza... Ali há discussões interessantes sobre política e sobre o funcionamento do próprio banco. A reforma do banco, seu fundo de pensão e como ele deveria investir o dinheiro eram questões discutidas nos comitês dos quais eu participava. Mas foi menos interessante do que eu gostaria, ou não teria ficado só um ano.

Síntese, reflexões e lições

A experiência na administração pública brasileira comporta um universo de reflexões e lições. Farei apenas as reflexões que me ocorrem como as mais importantes. Em primeiro lugar, acho fundamental termos no governo agências, burocracias, no bom sentido. Carreiras bem estruturadas, com pessoas tecnicamente competentes e com desejo e estímulo para fazer a coisa certa, trabalhar em prol do bem coletivo.

É preciso aperfeiçoar os incentivos. Pela minha experiência, temos, por incrível que pareça, burocracias de qualidade, bem-intencionadas, e quadros que trabalham arduamente com o interesse público em mente. Isso é essencial preservar, tanto em autarquias que já existiam quanto em agências criadas a partir do governo Fernando Henrique, no seu espírito de apoio técnico ao Estado, de política de Estado, e não de governo — acho que essa distinção é muito importante. E é preciso evoluir, isso eu acredito que é urgente, na estrutura de remuneração do funcionário público para que ela possa ser mais meritocrática, e que os estímulos corretos sejam dados ao longo da carreira do funcionário.

Hoje isso tudo está distorcido e há farta literatura sobre como as carreiras são achatadas. O nível inicial é muito alto, chega-se ao topo muito rápido e, nesse ponto, qual é o estímulo para a pessoa continuar progredindo e trabalhando corretamente? Tudo isso precisa ser revisto, essa reforma do Estado, do "RH do Estado". O Armínio usa muito esse termo, corretíssimo e fundamental, e é preciso que isso aconteça.

No entanto, o que sempre testemunhei no setor público em larga escala foi gente comprometida, competente, capaz de levar o interesse público como guia. É claro que há exceções, locais em que talvez não seja exatamente assim. Porém, no ambiente do Ministério da Fazenda, do Planejamento, do Banco Central, da CVM, da Receita Federal, foi isso que encontrei. Há críticas que podem ser feitas aqui e acolá em relação a tendências excessivas ou à cegueira para determinados problemas. Mas, no geral, a minha experiência foi muito positiva.

10. Eduardo Guardia (*In memoriam*)
Podcast realizado em 13 de maio de 2021

Economista com doutorado em Economia pela FEA-USP, Eduardo Guardia foi sócio do BTG Pactual e CEO do BTG Pactual Asset Management. Antes de ingressar no BTG Pactual, em julho de 2019, ocupou diversos cargos no governo e no setor privado. No setor público, foi ministro da Fazenda, secretário de Fazenda do estado de São Paulo e secretário do Tesouro Nacional. No setor privado, foi diretor executivo da BM&F Bovespa (hoje B3), sócio executivo da Pragma Gestão de Patrimônio e diretor financeiro e diretor de Relações com Investidores da GP Investments. Atuou ainda como membro do conselho de diversas companhias, como Vale, Droga Raia, Cosipa, Cesp, Cteep e Sabesp, e como *chairman* do Banco do Brasil e do Banco Nossa Caixa. Foi professor de Economia na PUC-SP.

Resumo
O economista, falecido aos 56 anos em abril de 2022, relata os desafios políticos e econômicos enfrentados como secretário executivo do Ministério da Fazenda (2016-2018) e como ministro da pasta (2018-2019), após a transição presidencial de 2016. Comenta também a agenda de reformas e do controle das contas públicas, além do processo de aprovação da Lei do Teto de Gastos Públicos e suas consequências. Aborda ainda a complexidade da reforma tributária no Brasil, apontando o contraste entre atuar no setor público e no privado.

Múltiplas experiências e foco na questão fiscal

Ao longo da vida profissional, procurei mesclar a parte acadêmica com a participação na administração pública e no setor privado. Fiz doutorado na USP, iniciando a carreira como um professor focado na questão acadêmica, mas sempre com interesse muito grande na administração pública. Minhas pesquisas de mestrado e doutorado foram voltadas para a questão fiscal no Brasil, um desafio enorme que temos até hoje. A primeira oportunidade de trabalhar em governo surgiu na Secretaria de Fazenda do estado de São Paulo, na gestão de Mario Covas, onde eu cuidava da administração do caixa. De lá fui para Brasília, a convite do Amaury Bier e do Antônio Kandir, para trabalhar na parte de privatizações.

Na sequência, passei para a Secretaria de Política Econômica, de novo com o Amaury, o que foi uma experiência fantástica. Dali, fui para o Tesouro, onde era adjunto do nosso saudoso Fábio Barbosa, grande amigo, excelente profissional. Quando Fábio foi para o setor privado, no início de 2002, eu o substituí na Secretaria do Tesouro Nacional. Eu tinha 36 anos quando vivi minhas primeiras crises de governo, na transição do mandato de FHC para o de Lula. Antes disso, vale lembrar que havia enfrentado a marcação a mercado e o enorme desafio da gestão da dívida pública, com a desvalorização da moeda. Foi um primeiro contato muito forte com um período de crise em uma situação de comando no papel de secretário do Tesouro Nacional.

Do Tesouro fui para o governo do estado de São Paulo, para ocupar o cargo de secretário da Fazenda do então governador Geraldo Alckmin. Foi uma experiência extraordinária, em que mergulhei na questão tributária através do Confaz e participei ativamente da gestão do governo e das concessões e privatizações, sempre com a responsabilidade pela parte fiscal. Foi quando resolvi me privatizar e fui para a GP Investments, uma empresa de *private equity*. Depois, virei sócio de uma empresa de gestão de patrimônio, também responsável pela área de *private equity*, e trabalhei muito perto do Luiz Fernando Figueiredo, que era diretor de Política Monetária. Foi o que segui fazendo depois na BM&F Bovespa, a atual B3. Todas essas experiências foram fundamentais para conhecer bem o mercado de capitais.

O conhecimento do mercado de capitais e do setor público é bastante rico, principalmente para se pensar em gestão de políticas e gestão de crises. Da BM&F Bovespa, tive a oportunidade de ser o secretário executivo do Ministério da Fazenda, a convite do ministro Henrique Meirelles. Quem efetivamente toca aquele ministério é o secretário executivo, então, foi outra experiência fantástica. Quando o Henrique Meirelles saiu do ministério para virar candidato à Presidência da República, ele me colocou no seu lugar como ministro por um período curto, mas intenso.

Ao sair do governo, depois da minha quarentena, fui para o banco BTG Pactual, onde estou até hoje como CEO da Asset. Esse é um momento extremamente interessante para se estar no mercado financeiro, que passa por profundas modificações, com muita coisa acontecendo e enormes oportunidades. No BTG, tenho agora também a chance de ter uma visão internacional do mercado de capitais, o que é muito interessante. Então, minha trajetória profissional é essa boa mistura de vida acadêmica com setores público e privado.

Sobre minha troca de posição no governo, posso dizer que a transição de secretário executivo para ministro da Fazenda foi relativamente tranquila, porque como secretário executivo eu já tinha essa função de tocar o ministério. Também sempre tive um relacionamento muito bom com todo o time, um time de extraordinária qualidade que o Meirelles havia montado no ministério. Assim, minha mudança para a cadeira de ministro foi quase natural.

Primeira crise como ministro

O problema foi que virei ministro no início de abril de 2018 e menos de 30 dias depois estourou a greve dos caminhoneiros. Tínhamos uma agenda de trabalho que já era a agenda do ministro Meirelles, onde o foco era manter a disciplina fiscal, fortalecer o mercado de capitais, atrair investimentos para o Brasil e implementar uma agenda de produtividade e eficiência para a economia brasileira. Então, com 30 dias no cargo, enfrentar a greve de caminhoneiros questionando a política de reajuste diário do óleo diesel e querendo redução de impostos, sob a ameaça de paralisação do país, não foi tarefa fácil.

Nunca vou esquecer. Eu estava no Palácio do Jaburu, onde o presidente Michel Temer despachava, e, saindo de lá em um domingo à noite, no dia 20 de maio, o presidente disse: "Guardia, amanhã precisamos falar sobre essa questão da greve dos caminhoneiros, essa coisa aí está esquentando, vamos conversar." E acordamos com o país paralisado. Foi tudo muito rápido e intenso, mas considero que tivemos uma gestão de crise eficiente justamente porque também fomos rápidos.

Em dez dias enfrentamos esse problema dificílimo, que impôs um custo fiscal elevado. Mas conseguimos nos comunicar com a população, explicitar os custos fiscais da solução do problema e apresentar alternativas para compensar esses custos. Na verdade, foi uma atuação do governo inteiro. Do meu lado, eu tinha a responsabilidade de evitar que a greve dos caminhoneiros se traduzisse num problema fiscal. O custo até o final do ano era de quase 10 bilhões de reais, valor bastante alto, mas conseguimos compensar integralmente o custo da greve.

Gestão de crises: fazer escolhas e ser transparente

A grande arte da gestão de crises de governo é saber fazer escolhas. Querem reduzir o preço do diesel em 46 centavos? Isso custa 9,5 bilhões. Então, vamos acabar com o Reintegra, um subsídio ao setor exportador, vamos desonerar a folha, reduzir alguns incentivos que não fazem nenhum sentido como subsídio, como aquele que beneficiava a produção de refrigerante na Zona Franca de Manaus. Também acabamos com alguns incentivos na indústria química, mas isso tudo de uma maneira coordenada, transparente e conversada com o Congresso Nacional. O resultado foi que absorvemos o custo, pagamos a conta dessa maneira e conseguimos, em dez dias, acabar com a crise sem nenhum custo fiscal. Aliás, acho que nos saímos até melhor, porque reduzimos benefícios que eram ineficientes e pouco transparentes, tendo como contrapartida a redução do óleo diesel.

O segredo para enfrentar uma crise é ser direto, transparente e, principalmente, calcular o custo das alternativas e enfrentar os *trade off*. É evidente que ninguém gosta de estar numa crise dessas, mas acho que nos saímos bem e rápido de uma situação tão delicada. Foi uma experiência. É importante lembrar que a greve dos caminhoneiros foi apenas um fato que aconteceu em meio a um momento político extremamente conturbado, pós-impeachment da presidente Dilma, sob os desdobramentos da Operação Lava Jato e o início de um processo intenso de reformas.

Agenda, reformas e apoios

Antes de falar da minha experiência nesse processo, é importante ressaltar que tivemos um apoio enorme do presidente Temer e do presidente da Câmara, o deputado Rodrigo Maia. Eles entendiam a importância da agenda de reformas colocada de maneira muito clara desde o início da transição Dilma-Temer pelo ministro Henrique Meirelles e por todos nós. Esse é um ponto fundamental. Havia um norte a ser seguido e tínhamos clareza da necessidade de implementação dessas reformas, que iam muito além da questão fiscal.

Várias medidas importantes foram tomadas na transição Dilma-Temer. Evidentemente, tivemos o Teto de Gastos, um tema bastante atual; a reforma da Previdência; a agenda de privatizações; e, no BNDES, a mudança da TJLP para a TLP, que reduz os subsídios implícitos dos financiamentos. Em todos esses processos, tivemos o bom senso de saber até onde dava para ir. Porque, nessa questão das reformas, é preciso muito trabalho dentro do governo, além de capacidade de articulação e de comunicação com a população dentro dos limites do possível.

Lembro-me que trabalhei muito com o ministro das Minas e Energia e o Paulo Pedrosa, que era o secretário executivo, tentando avançar na privatização da Eletrobras. Lembro-me também do deputado Rodrigo Maia me dizendo, de uma maneira muito franca: "Eduardo, não vamos conseguir, já estamos em final de governo. Não temos condições políticas de avançar na privatização da Eletrobras, mas é preciso completar o processo de privatizações das distribuidoras de energia." Tínhamos feito a privatização da Ceal, em Alagoas, no início do governo, e, no período final, da Eletroacre, no Acre, da Ceron, em Rondônia, da Boa Vista Energia, em Roraima, e da Cepisa, no Piauí. É preciso bom senso para identificar o que dá ou não dá para fazer e dar um passo na direção correta.

Além disso, trabalhamos na questão do marco legal para a privatização de aeroportos, ferrovias, na questão do modelo de negócios do pré-sal e dos blocos de petróleo. A importância dessas iniciativas se devia não só ao fato de gerarem recursos, mas também ao fato de trazerem investimentos privados para o país, investimentos que, no meu entendimento, seriam feitos com muito mais eficiência do que na gestão pública. Nossa agenda de reformas priorizava melhorar os marcos regulatórios e ter condições de atração de investimentos em áreas fundamentais.

Não completamos os marcos legais dos setores elétrico, de saneamento e de telecomunicações, mas, após colocarmos a discussão na mesa, algumas coisas foram posteriormente concluídas. Fizemos ainda a reforma do Ensino Médio, de papel fundamental, um belíssimo trabalho da ministra Maria Helena Guimarães de Castro. Além disso, avançamos no cadastro positivo, na Lei de Falência, nas regras de distrato, na duplicata eletrônica, na nova Lei de Finanças Públicas, importante para os governos estaduais, e no fortalecimento das agências reguladoras.

Tínhamos uma visão de governo e de país que ia muito além da questão fiscal e conseguíamos avançar no que era possível a cada momento. Além da estratégia de visão — o que acho que faz diferença e na qual procurei colaborar —, havia uma participação ativa junto aos parlamentares e internamente dentro do governo, construindo soluções com outros ministros, colegas dentro do mesmo barco. Ninguém faz nada sozinho, precisamos saber o que é possível em cada etapa do plano de voo da estratégia de reformas no país. Acho que o governo Temer, com todas as dificuldades que teve, foi bem-sucedido nisso tudo.

Importância do diálogo

Naquele contexto, a definição de prioridades e o trabalho no Executivo correram com muito diálogo. Primeiro, era preciso investir no trabalho interno do governo. Há que se construir um consenso dentro do governo para depois se discutir com o Legislativo. Como secretário executivo, eu e a equipe íamos toda semana discutir com o presidente Rodrigo Maia. O que dá para fazer agora, o que temos que tirar da pauta do Congresso porque não adianta insistir? Brasília é um mundo extremamente complexo e ninguém consegue enxergar tudo sozinho. Há enormes resistências de pessoas que estão lá e sabem operar para bloquear ações, mesmo aquelas que são boas para o país.

É preciso diálogo para a construção de soluções e, muitas vezes, é preciso saber recuar. Havia 15 projetos que queríamos aprovar, mas sabíamos que não seria possível aprovar todos. Você negocia um pelo outro, mas tem de ter tudo pronto para poder capturar as oportunidades. Esse é o segredo da articulação. Estar pronto para quando a oportunidade aparece e, evidentemente, dar os créditos a quem está tocando cada coisa. Éramos discretos no Ministério da Fazenda. Eu sempre falava: quanto aos créditos, eu não sou político, nunca fui, não queria ser, os créditos são de vocês, se conseguirem aprovar. Isso ajuda a fazer as coisas andarem. Eu tive um excelente professor, que foi o ministro Pedro Malan. Cresci vendo o ministro atuar como profissional. E é dessa maneira, com muito trabalho, muito foco, e trazendo as pessoas certas para o seu lado, que se alcançam os objetivos. É um modo de fazer.

A questão fiscal ainda é o grande problema

Não tenho dúvida ao dizer que a questão fiscal ainda é o maior problema que precisamos enfrentar. Quando aprovamos o Teto de Gastos, em fins de 2016, o gasto público federal primário girava em torno de 20% do PIB. Nosso objetivo era que a despesa ao longo de dez anos caísse para 0,5% do PIB ao ano, ou seja, 5% do PIB num período de dez anos, para transformar o déficit primário gerado no governo Dilma em um superávit primário estrutural.

Sabíamos que o Teto não resolveria os problemas. O Teto era, sobretudo, uma maneira crível, inclusive olhando para os mercados que financiam a dívida pública, de afirmar que existia um compromisso com o processo de ajuste fiscal e que isso se daria de maneira gradual. Em 2016, com a situação fiscal que tínhamos, que já era delicada, fazer um ajuste em dez anos seria um luxo. Mas conseguimos comunicar e fazer. Então, o Teto era uma ponte para que pudéssemos fazer as reformas, a exemplo da Previdência.

Mas há que ir além, mergulhar na estrutura de despesa do governo. Só no governo federal, a despesa primária era de 20% do PIB, e com a pandemia isso piorou. Houve uma expansão de despesa muito grande e uma redução de receita. No início de 2021, discutia-se a possibilidade de se tirar o Teto, mas, nesse caso, o navio desancorava de vez, o que seria grave para o país, porque acentuaria a crise. O Teto, por si só, não resolve os problemas, mas força a discussão em torno das reformas. Então, ficamos devendo, porque as reformas não estão completas. Infelizmente, na época em que lançamos o Teto, achávamos que poderíamos usar o espaço dos benefícios tributários, que são inaceitáveis, revendo o gasto e os subsídios tributários, despesas públicas pouco transparentes que passaram de 0,5% do PIB em 2010 — um padrão por muitos anos — para 4,5% em 2015.

Sempre acreditei que o Teto nos ajudaria nas reformas e na redução das despesas em 0,5 ponto do PIB por ano para termos um superávit primário estrutural, sem o qual não se consegue financiar a dívida. Minha tese era de que deveríamos usar essa ineficiência, o sistema de benefícios tributários que temos, para financiar uma reforma tributária decente, ou seja, para conseguir distribuir melhor a carga tributária. Mas, infelizmente, com a situação que estamos vivendo, teremos de usar esse espaço do benefício tributário para acelerar a geração do superávit primário.

Nossa situação fiscal é delicada. Felizmente, o recado que veio do governo no início de 2021 foi de manutenção do Teto. Se o próximo governo não entrar com uma agenda de reforma estrutural do gasto público, vamos ter problemas pela frente. O país gasta muito e se financia de maneira inadequada, pela baixa qualidade de nossa carga tributária. Para completar esse quadro, a dívida cresceu. Temos uma dívida bruta que foi para 90% do PIB, alta para os padrões de países com renda média semelhante à da brasileira. E temos uma tendência de elevação da taxa de juros, porque os juros ficaram muito baixos e a tendência agora é subir. O ponto de partida hoje é bem pior do que aquele que encontrei em 2016, quando introduzimos o Teto de Gastos. Esse é o cerne do nosso problema. E tem toda a parte de reformas micro, da agenda de produtividade. Ainda estamos longe de resolver todos os problemas.

Experiências com transições políticas

Na transição FHC-Lula, eu era secretário do Tesouro. Participei ativamente do período, inclusive tive a satisfação de ter como interlocutor, apontado pelo governo do PT, um grande amigo meu, o Bernard Appy. Tivemos uma transição muito civilizada. Muitos dos que participaram da transição Temer-Bolsonaro tinham vivenciado a anterior e todos nós procuramos fazer algo semelhante, a pedido do presidente Temer. Ele encarregou o ministro-chefe da Casa Civil, Eliseu Padilha, de coordenar todas as áreas e pediu que déssemos total apoio à nova equipe de governo.

Eu não conhecia bem o ministro Paulo Guedes, da Economia, mas nossa equipe deu todo o apoio a essa transição. Esta é uma obrigação de quem está no governo: fazer uma transição clara para a equipe que entra. Quando cheguei, em 2016, as circunstâncias eram diferentes. Houve um processo de impeachment, foi tudo mais doloroso. Chegamos sem nenhuma informação. É difícil, porque assumir um governo é de uma complexidade extraordinária em todas as áreas.

Posso assegurar que, de maneira geral, no governo Temer e, particularmente, no Ministério da Fazenda, houve uma transição muito civilizada para o governo de Jair Bolsonaro. Algumas pessoas da maior relevância continuaram no governo. Cito o caso do Mansueto Almeida, do Esteves Colnago, do Marcelo Guaranys, pessoas muito boas que já estavam em nossa equipe e continuaram na equipe do ministro Guedes. Transição é assim que tem que ser, não pode ser diferente. É um compromisso mínimo com o país fazer uma transição civilizada.

Um tema importante: a reforma do IVA

Outro tema da maior importância para o país que precisa ser levado em conta na próxima transição de governo é a reforma do IVA, o Imposto sobre Valor Agregado, porque não se trata de uma questão fiscal, mas de competitividade, de eficiência da economia brasileira. É uma questão federativa relevante. Por isso a complexidade do tema. Tratei dele quando estava no governo federal, depois como secretário de Fazenda do estado de São Paulo, como ministro da Fazenda e com o chapéu do setor privado, onde a reforma do IVA também tem impacto evidentemente relevante.

Qual a maior dificuldade na implementação do IVA? Primeiro, a existência de uma tributação excessivamente concentrada na pessoa jurídica. Há uma tributação baixa na pessoa física, quando comparada à de países desenvolvidos, e uma tributação indireta absolutamente ineficiente, complexa e elevada. Isso envolve uma questão federativa muito grande, porque a tributação indireta é o cerne da tributação dos governos estaduais e municipais, que também dependem de repasses do governo federal. Mas sou cético com relação a essa reforma, porque, além de ela envolver uma questão federativa complexa, nenhum estado quer perder um tostão da arrecadação.

Criou-se, também no Brasil, um sistema complexo de relação do setor privado com o setor público tendo em vista a obtenção de benefícios tributários. Hoje há fábricas se deslocando de um estado para outro sem a menor justificativa econômica, apenas por conta de benefícios tributários. Pode-se até dizer que isso ajuda a desenvolver as outras regiões, mas de uma forma cara e pouco transparente. Quebrar isso é uma dificuldade enorme. Lembro-me de quando enfrentei a questão de benefícios tributários no setor automotivo e no setor de refrigerantes na Zona Franca de Manaus, que já mencionei aqui. É uma briga muito grande e enraizada também dentro do Congresso Nacional.

Ao contrário do passado, temos um bom projeto de reforma tributária capitaneado pelo Bernard Appy, e é preciso dar esse crédito. O Bernard teve um papel de destaque na montagem desse projeto, mas não vejo ainda um consenso para a sua aprovação. Lembro-me bem disso. Eu era secretário da Fazenda em São Paulo, em 2005, e o coordenador do Confaz era o secretário da Bahia. Conseguimos trabalhar em um projeto de reformulação do ICMS que não dependia do governo federal. Haveria um período de transição de oito anos e o projeto já estaria em vigor em 2013. Estava tudo acertado e a reunião era só para tirar foto. Era uma reunião do Confaz em São Paulo e, no meio dela, o Ceará votou contra. Foi um caos, ninguém entendeu. O resultado exigia unanimidade.

Fato é que é muito difícil avançar. Esse é um dos nossos problemas. E isso tem um lado bom e um lado ruim. O lado bom é que temos um projeto pelo qual podemos trabalhar, que é esse apresentado pelo Bernard Appy. E o atual presidente da Câmara, Arthur Lira, já demonstrou interesse nisso. O lado ruim é que não existe consenso no Congresso nem mesmo entre os estados para se avançar. É uma pena, porque esse é um dos pontos mais importantes, quando se pensa em competitividade da economia brasileira. Não dá mais para conviver com essa esquizofrenia que é o sistema do ICMS, crédito para um lado e para o outro, benefício tributário e falta de transparência nesse elevado gasto tributário.

Um país com as necessidades do Brasil não pode se dar o luxo de renunciar a tributos de maneira tão pouco transparente, como é o caso da tributação indireta no país — o que também se aplica a outros tributos, não só ao ICMS, que é o maior exemplo. Esse é um dos pontos centrais para acabarmos com essa maluquice que é a guerra fiscal. Resumindo: o Brasil pode ser comparado hoje a uma fábrica de baixa produtividade que cria inúmeras resistências a uma maior integração com o comércio internacional. Espero que em algum momento possamos avançar com essa reforma também.

Setores privado e público: diferentes dinâmicas

Toda a minha percepção de Brasil hoje se acentua pela experiência em múltiplos setores públicos e privados, cujas dinâmicas são muito diferentes. No setor privado há uma questão fundamental: a permanente pressão decorrente da competição. Se perder o *timing*, se não tiver habilidade de montar o melhor time, com alinhamento de interesses, vai ficar para trás. Há setores, inclusive, em que a tecnologia é disruptiva. Ela vem rapidamente, muda tudo e a pessoa, quando percebe, já ficou para trás. Então, o tipo de pressão, de urgência, de necessidade vivida pelos melhores profissionais do setor privado é bem diferente da dinâmica vivida no setor público. É evidente que tanto em um quanto em outro a base para que as coisas deem certo é o comprometimento com o trabalho, a competência e a dedicação, mas as dinâmicas são diferentes.

No setor público aprendi que, além da estratégia de saber para onde ir, é preciso ter uma agenda correta, porque não adianta fazer nada com a agenda errada. Supondo que a agenda está correta e com as prioridades bem definidas, é fundamental ainda ter capacidade de comunicação e de convencimento. É preciso lutar com interesses específicos, saber convencer e se comunicar com a população e o Congresso, onde é vital buscar aliados. Ali não existe espaço para voluntarismo, ninguém faz nada sozinho, tem de ter apoio político, um time engajado e alinhado, e saber testar os limites do possível a cada momento. Se achar que vai chegar sozinho e mudar tudo, esqueça. Dessa forma, você não vai a lugar nenhum, porque a coisa lá em Brasília é bem mais complicada do que parece.

A gestão pública traz desafios diferentes da gestão privada, que sofre outro tipo de pressão. Não estou dizendo que uma é mais fácil que a outra — as duas são extremamente complexas. Pensando no que eu faria diferente, em alguns momentos acho que eu deveria ter dado mais ênfase à capacidade de comunicação, a fim de explicar melhor o que estávamos fazendo. Sempre procurei trabalhar com as melhores pessoas disponíveis e dando espaço para o time crescer junto. Isso é importante, mas, em alguns momentos, tanto no setor público como no privado, ficamos tão centrados em resolver os problemas, que acabamos dando menos ênfase à comunicação do quê e do por quê aquilo está sendo feito e qual o custo se não for feito. A questão da comunicação clara é fundamental. No setor público isso envolve uma capacidade de negociação muito grande. Então, é rica essa experiência dos dois lados, já que são mundos diferentes.

Um olhar com preocupação sobre o país

Para deixar uma mensagem final, eu diria que temos que olhar para o nosso país com preocupação e atenção. Estamos em um momento de corda esticada demais. Deixamos problemas sérios se acumularem por muito tempo. Sei que as coisas são difíceis. Tenho vários defeitos, mas não sou ingênuo. Não é fácil mudar as coisas, mas precisamos trazer de volta o debate dos temas relevantes para o país. Polarização de esquerda, de direita... o debate não é esse. O debate é sobre como fazer o Brasil crescer de maneira eficiente para podermos incluir as pessoas que estão sofrendo. Há uma dificuldade enorme para se alcançar esse objetivo. Sem crescimento, sem eficiência econômica, sem seriedade, não vamos resolver nossos problemas centrais.

Infelizmente, deixamos o Brasil acumular inúmeros problemas e precisamos recolocar o país, o mais rápido possível, em uma agenda de enfrentamento dos temas relevantes. Não adianta enxugar gelo, focar em temas pouco ou nada importantes. Temos que enfrentar as questões tributária, fiscal e de eficiência econômica, ou continuaremos ficando para trás. Países também podem dar errado, e há vários exemplos disso no mundo. Precisamos tomar cuidado. Nosso país tem uma série de riquezas, mas a gente precisa ter uma liderança com capacidade de coordenação.

Estamos num momento muito delicado no Brasil. Somos um país que tem oportunidades enormes. Vejo isso hoje no mercado de capitais, com novas tecnologias, novos setores. Mas vamos olhar o país como um todo e enxergar os problemas que ou simplesmente não estamos resolvendo ou estamos empurrando para debaixo do tapete. Essa é a grande obrigação de todos nós. Temos que ter uma compreensão dos desafios, temos de exigir que o país caminhe na direção correta, porque estamos acumulando uma quantidade imensa de problemas que vão tornando as soluções mais custosas, mais difíceis.

Leituras sugeridas

- Fukuyama, Francis. *Identify: The Demand for Dignity and the Politcs of Resentment*. Nova York: Farrar, Straus and Giroux, 2018.
- Kissinger, Henry. *Diplomacia*. São Paulo: Saraiva Uni, 2012.
- Mayo, Anthony J. e Nitin Nohria. *In Their Time: The Greatest Business Leaders of the Twentieth Century*. Massachusetts: Harvard Business Review Press, 2005.

III. Reformas microeconômicas

11. Marcos Lisboa
Podcast realizado em 13 de abril de 2021

Marcos de Barros Lisboa é doutor em Economia pela Universidade da Pensilvânia. Foi professor assistente no Departamento de Economia da Universidade Stanford e atualmente é o diretor-presidente do Insper. Foi secretário de Política Econômica do Ministério da Fazenda no governo Lula. Exerceu também as funções de diretor executivo e de vice-presidente no Itaú Unibanco, entre 2006 e 2013. É colunista do jornal *Folha de S. Paulo*.

RESUMO
O economista Marcos Lisboa fala sobre o papel das políticas pró-produtividade, criadas a partir de sua experiência como secretário de Política Econômica do Ministério da Fazenda (2003-2005). Aborda também a importância das reformas microeconômicas, as dimensões do processo de sua formulação e de sua implementação e a necessidade de compromisso de todos com a agenda de tais reformas.

Uma estrada cheia de curvas

Minha história é curiosa, é uma estrada cheia de curvas. Cursei Economia na UFRJ nos anos 80. Na época, a UFRJ era um dos principais centros da tentativa de se criar, no Brasil, uma alternativa à teoria neoclássica, ortodoxa — ou o jargão que se queira dar —, que era a pesquisa econômica praticada nas principais universidades do mundo. Estudei Marx durante muito tempo e também as principais controvérsias decorrentes de *O capital*, como a de que só o trabalho gera valor ou a de que existiria uma tendência decrescente da taxa de lucro que resultaria no fim do capitalismo. *O capital* era um livro fascinante pela sua análise da história econômica, mas também pelos muitos problemas teóricos que propunha e que não conseguira resolver.

Havia muitas outras correntes heterodoxas. Os pós-keynesianos argumentavam que uma leitura atenta de Keynes permitiria identificar argumentos revolucionários sobre a incerteza e o funcionamento do capitalismo que haviam escapado aos economistas convencionais. A gente lia Kalecki, Schumpeter, Labini. A minha dissertação de mestrado foi sobre uma das correntes heterodoxas, a abordagem neorricardiana. Como é usual na heterodoxia, essa abordagem tinha como ponto de partida uma crítica à teoria neoclássica. E eu achava que era minha obrigação conhecer em detalhes o tema da minha crítica.

Já do meio para o fim da faculdade, eu estava interessado em compreender um pouco mais da pesquisa em economia neoclássica. Comecei a estudar por conta própria e acabei indo parar no Impa, onde aprendi um pouco de matemática e dos modelos de equilíbrio geral. Em pouco tempo, ficou claro que os heterodoxos haviam construído uma caricatura, um espantalho da teoria neoclássica. Suas críticas, no melhor dos casos, generalizavam indevidamente problemas que surgiam em modelos muito particulares. Isso se dava com os neorricardianos, que decretavam o equívoco da teoria neoclássica com base em um problema que existia no modelo de preços proposto por Walras no fim do século XIX. Mas esse problema não ocorria nos modelos de equilíbrio geral desenvolvidos desde meados do século XX.

Então, o que acontecia no caso da crítica neorricardiana era típico da heterodoxia: criar um espantalho com base em casos particulares. Isso é recorrente no debate sobre economia no Brasil, que se vale de espantalhos para denunciar a divergência. Por aqui, são comuns frases como "os economistas ortodoxos acreditam que mercados sempre funcionam", "que é melhor um Estado mínimo", "que os agentes são racionais", "que os mercados são completos e competitivos", entre muitas outras frases de efeito. Não é bem assim. Há uma imensa quantidade de modelos na teoria neoclássica que apontam a necessidade de regulação dos mercados em certas circunstâncias, que analisam a racionalidade limitada dos agentes econômicos, que estudam os efeitos reais da política monetária, que examinam os benefícios de políticas sociais para o bem-estar e o crescimento econômico.

A realidade da pesquisa em economia realizada no resto do mundo é muito diferente da caricatura utilizada no Brasil. O próprio termo "teoria neoclássica" induz a erro, pois faz parecer que existe uma única teoria e que seus postulados básicos seriam aceitos por todos os que se dizem neoclássicos. É como se o termo refletisse uma visão de mundo sobre como a economia funciona. Não existe isso. A economia neoclássica estuda os resultados da interação social, que pode ser mediada por preços de mercado ou por comportamentos estratégicos. Os mercados podem ser competitivos ou pode não haver mercados. As pessoas podem ser mais ou menos racionais. O poder público pode ter papel relevante para a melhora do bem comum ou pode ser capturado por interesses particulares. Estudar esses muitos casos era o tema da pesquisa em economia em outros países.

Essa agenda de pesquisa, contudo, era desconhecida pela heterodoxia aqui, que utilizava alguma caricatura de um modelo particular para denunciar toda a abordagem neoclássica como equivocada. Fiquei surpreso com a dissonância entre o que os heterodoxos definiam como "teoria neoclássica" e o que fui aprendendo ao estudar economia. Acabei indo fazer meu doutorado na Universidade da Pensilvânia, onde estudei finanças e modelos de equilíbrio geral com mercados incompletos. Depois, dei aula um tempo nos Estados Unidos. Mas quando voltei para o Brasil resolvi me dedicar a estudar as razões do nosso atraso. Na época, a pesquisa aplicada sobre o crescimento econômico desigual dos países estava a todo o vapor na Academia americana.

Por que alguns países cresceram tão mais do que outros no século XX? Que fatores explicam o notável desempenho dos Estados Unidos e da Europa Ocidental? Por que os investimentos não eram prioritariamente direcionados para os países emergentes, como Índia ou Brasil? Os dados já indicavam que alguns países conseguiam produzir muito mais renda com a mesma quantidade de capital e de trabalho. E essa capacidade, que os economistas chamam de produtividade total dos fatores, aumentava mais rapidamente em alguns países do que em outros. Entender essas discrepâncias era o tema principal da pesquisa sobre desenvolvimento econômico nos anos 90.

Uma das conjecturas frequentes era a de que existiria um possível problema de coordenação. Os países mais pobres estariam em uma armadilha de pobreza: haveria pouco investimento porque havia pouca demanda. E havia pouca demanda porque havia pouco investimento. Não se produz carro porque não há aço. Não se produz aço porque não há produtores de carros. Assim, caberia ao Estado coordenar as decisões de investimento para superar o atraso.

Outra conjectura era a de que o baixo crescimento decorreria da desigualdade de renda. As famílias mais ricas poupam muito. As famílias mais pobres, por outro lado, consomem pouco porque têm pouca renda. Políticas de redistribuição de renda poderiam estimular o aumento do consumo, o que, por sua vez, estimularia o crescimento da renda e do investimento. Mas ficava sempre a dúvida: como os países ricos conseguiam gerar tão mais renda com a mesma quantidade de capital e trabalho, e como essa capacidade aumentava tanto ano após ano, cerca de 2%, por décadas? Fui então para a Fundação Getulio Vargas, onde, junto com o Samuel Pessôa, passei alguns anos estudando os modelos de desenvolvimento econômico e a evidência empírica sobre os fatores mais correlacionados com o crescimento dos países.

Novas fronteiras da economia aplicada

Naquela época, a microeconomia já iniciara uma imensa transformação na pesquisa aplicada, tanto dos temas analisados quanto das técnicas de estimação e das bases de dados. E essa revolução continuou nas décadas seguintes, o que permitiu tratar de temas como desigualdade, discriminação e violência com muito mais rigor. Quando possível, a economia passou a utilizar métodos parecidos com os da medicina para testar hipóteses. Um exemplo seria oferecer programa de treinamento a trabalhadores desempregados. Do grupo que se inscrevesse seria sorteada uma parte para participar do programa. Tempos depois se verificaria o resultado. Quem fez o programa conseguiu melhores empregos?

Quando isso não fosse possível, uma opção seria procurar grupos assemelhados de pessoas ou empresas que tivessem sido afetados por choques distintos. Por exemplo, um estado americano aumentou o seu salário mínimo, ao contrário de outro estado vizinho. Como se comportou o desemprego nas duas regiões, antes e depois do aumento diferenciado do salário mínimo? Novos temas passaram a ser tratados com maior rigor, como o impacto das leis e do maior acesso a armas sobre os índices de violência. Temas dos mais variados — da discriminação do mercado de trabalho por gênero ou raça à gestão da política monetária — passaram a ser estudados com maior cuidado e, em alguns casos, com resultados surpreendentes.

As técnicas de modelagem e de testes empíricos da economia transbordaram para outras áreas de pesquisa, como na gestão de políticas sociais, e para outras ainda mais inesperadas, como a ciência política e a área da saúde. Cheguei até a coordenar, com Naercio Menezes, um livro sobre microeconomia abordando muitos problemas relevantes, como regulação do setor da saúde, discriminação e trabalho infantil, mas pouco tratados na Academia brasileira.

A agenda de pesquisa aplicada da economia invadiu novas áreas focando questões como: que tipo de gestão melhora o aprendizado dos alunos, por exemplo? Como se faz um programa de transferência de renda mais eficiente, que chegue às pessoas que devem ser beneficiadas? Como aperfeiçoar o desenho de leilão para a venda de concessões públicas? Como desenhar a regulação de setores complexos, como o de energia? Eram tantos os temas importantes e, no entanto, a maioria dos economistas por aqui continuava discutindo aquela beiradinha da economia, de câmbio e juros.

Mesmo no tema do desenvolvimento econômico, já havia bases de dados mais ou menos detalhadas sobre quase uma centena de países, o que permitia, ao menos, que se verificassem algumas hipóteses e se fizesse análise comparada entre os países. Tudo bem que os resultados não seriam tão robustos, como em muitas outras áreas da economia. Mas já era melhor do que fazer escolhas de política pública com base em palpites.

Alguns resultados eram óbvios, tendo em vista a pesquisa microeconômica das décadas anteriores. Por exemplo, uma educação de qualidade é importante para o aumento dos salários e explica parte da diferença de renda entre os países. Os argumentos tradicionais de que havia problema de coordenação nas decisões de investimento ou de que havia pouca demanda em países com maior desigualdade, contudo, não conseguiam explicar, empiricamente, a diferença de renda entre os países. Suas implicações eram inconsistentes com os dados observados. Havia algo a mais que determinava a diferença no crescimento da renda entre os países.

No fim dos anos 90, começaram a surgir os resultados de uma vasta pesquisa aplicada que indicava a importância do desenho das instituições e das regras do jogo que balizam o funcionamento das economias de mercado para o crescimento econômico. Uma parte relevante da diferença de renda entre os países parece decorrer, por exemplo, da proteção de empresas ineficientes, com baixa produtividade, o que os economistas chamam de *misallocation of capital*. O debate sobre política econômica no Brasil, entretanto, continuou centrado nos velhos temas da macroeconomia, numa espécie de obsessão, como se câmbio e juros resolvessem os principais problemas do país.

Foi quando veio a campanha de 2002 e me chamaram para participar de um grupo que ia fazer um documento para o PMDB. Era um grupo que reunia muita gente para falar sobre quais seriam os problemas mais importantes da agenda econômica no Brasil. O resultado, porém, foi um documento fraco, com muitas opiniões, sem que se analisasse a evidência empírica mais recente na pesquisa aplicada sobre desenvolvimento que se fazia na Academia em outros países.

Já havia muita evidência, por exemplo, sobre a relevância das regras para o desenvolvimento do mercado de créditos e capital, instrumentos essenciais para o crescimento econômico. Já se sabia da complexidade técnica da regulação para diversos mercados, como o de energia ou saúde, e da sofisticação do desenho mais adequado de leilões para concessões de diversos ativos. O mesmo ocorria com as políticas de transferência de renda ou de regulação do mercado de trabalho. Esses temas, porém, eram pouco tratados no debate sobre economia no Brasil.

A inserção no debate público nas eleições de 2002

Em agosto de 2002, recebi um telefonema do Zé Alexandre Scheinkman, me contando que no dia seguinte ia sair na imprensa que ele tinha se juntado à candidatura de Ciro Gomes, então um candidato à Presidência em ascensão. Mas Zé tinha uma vida em Nova York, era professor em Princeton e não podia voltar para o Brasil. Ele me perguntou se eu não queria ser a contraparte dele aqui. Pedi um tempo para pensar e achei melhor não aceitar. Poucos dias depois, sugeri a ele escrevermos um documento que sistematizasse a nossa visão do que era a agenda econômica do país para ser distribuído a todos os que se interessassem. Zé topou e a gente preparou um esboço do documento em poucas semanas.

Analisamos toda a literatura técnica que tínhamos à disposição, fizemos um roteiro sobre os temas em que parecia existir consenso e destacamos alguns pontos sobre os quais havia alguma controvérsia no Brasil. Reunimos 17 economistas amigos nossos e fizemos uma discussão organizada, focada nos pontos em que ou havia alguma divergência, ou faltava algum esclarecimento, ou faltava literatura técnica etc. A reunião durou pouco mais de um dia e, com mais três, quatro dias de trabalho, fechamos o documento, separando a parte da importância da macroeconomia, que precisa funcionar direito para não atrapalhar, e a questão do crescimento econômico, que é outra história.

A Agenda Perdida, como esse documento posteriormente ficou conhecido, destacava essa outra história — o papel do desenho das instituições, das regras que organizam os mercados, da gestão da política pública, do detalhamento da implementação da política social. E distribuímos o documento a todos os que se interessaram. Logo após a eleição, Antonio Palocci, que era o coordenador da transição, me chamou para conversar, o que me surpreendeu. Eu não era próximo do PT e tinha imensas discordâncias das propostas de política econômica de seus economistas. Mas foi ótimo. Ficamos algumas horas conversando e, no fim, ele me perguntou se eu não queria me juntar ao governo. Eu poderia escolher a Secretaria que achasse melhor. Argumentei dizendo que achava difícil me juntar porque a minha visão dos problemas que eu considerava fundamentais era muito diferente da visão dominante na época e, sobretudo, dos economistas do PT. Ele me garantiu que teríamos liberdade para trabalhar.

Falei com ele uns dias depois e disse que topava a Secretaria de Política Econômica, que era responsável por estudos e estimativas econômicas e que, fora isso, era uma Secretaria pouco relevante. Eu achava que ter muito poder em Brasília atrapalhava. Quanto mais poder se tem, pior. Você fica importante, os objetivos se perdem, as pessoas começam a fazer pedidos, a burocracia o afoga. Queria um cargo "não importante", como era o caso dessa Secretaria, que, essencialmente, fazia projeções, analisava o impacto econômico dos projetos de lei e fazia sugestão de reformas. Ali, sim, haveria chance de propor alguma agenda econômica. Se o ministro e o governo achassem que valia a pena, ótimo. Era prerrogativa de quem fora eleito.

Passamos novembro e dezembro escrevendo um documento que seria o roteiro da proposta de política econômica do governo. Isso era importante para o alinhamento tanto dentro do ministério quanto com o resto do governo. Ali seria colocado tudo o que pensávamos e iríamos defender, sem surpresa ou improviso. E mesmo havendo pessoas com visões muito diferentes na equipe econômica, como eu, Bernard Appy, Joaquim Levy, entre outros, conseguimos montar um texto razoavelmente coeso e arrumado em cerca de 45 páginas ainda antes da posse.

No começo do governo, comecei a atuar como secretário da Câmara de Política Econômica, que se reunia às quartas-feiras na Casa Civil, com a participação de ministros e diretores do Banco Central. Muitos leram e comentaram o documento, que foi sendo aperfeiçoado, a fim de contemplar as diferentes sensibilidades. No fim de março, começo de abril de 2003, o documento ficou pronto, com 98 páginas, incluindo um Sumário Executivo longo com as ideias principais. O texto iniciava com um grande diagnóstico sobre as razões do atraso brasileiro em que se procurava sistematizar a evidência da pesquisa aplicada.

A agenda econômica começava com o cuidado em relação à macroeconomia e ao ajuste fiscal, que tinha por objetivo reduzir a dívida pública. E seguia com propostas para temas diversos, como a gestão da política monetária e a autonomia do Banco Central, a reforma das regras peculiares da Previdência Social no Brasil em comparação com as de outros países, como Espanha e Estados Unidos, o baixo impacto da tributação e das políticas públicas na redução da desigualdade, mais uma vez em comparação com outros países, como a Inglaterra.

O texto procurou sistematizar os dados disponíveis que ressaltavam a especificidade dos problemas no Brasil detalhando uma agenda de reformas institucionais, como no mercado de crédito. Havia ainda a proposta de unificar os programas de transferência de renda e focalizar no auxílio aos mais pobres. A divulgação do documento resultou em uma imensa polêmica. Houve um domingo, no fim de abril, em que muitos da esquerda, do governo e de fora, criticaram violentamente as ideias propostas ao longo de páginas e mais páginas na *Folha de S. Paulo*. Eu fui criticado nominalmente, inclusive, por quatro ministros de Estado.

No dia seguinte, a *Folha* publicou uma entrevista de página inteira com a Maria da Conceição Tavares me desancando. Ela achava inaceitável a ênfase no problema fiscal. Segundo ela, todos os principais economistas concordavam que o maior problema era a vulnerabilidade das contas externas. Conceição repetia o argumento de autoridade típico da heterodoxia brasileira: quem era eu para discordar de tantos grandes economistas, como Delfim Netto, Luiz Gonzaga Belluzzo e outros? Ela optou por concentrar a crítica em mim, apenas um secretário, quando se tratava de um documento do ministério.

O ponto mais atacado era a proposta de focalização dos programas de transferência de renda para as famílias de baixa renda, que depois virou o Bolsa Família. Isso criou uma polêmica imensa nas semanas e nos meses seguintes. Muitos economistas de esquerda vieram a público criticar duramente a proposta de focalização das políticas sociais nos mais pobres. Tinha o Fome Zero na época, que fracassou porque foi um programa mal concebido, e, com o tempo, o Bolsa Família acabou se impondo.

Gestão, governança e foco

Tenho muita gratidão por Palocci. Ele foi o responsável por liderar aquela agenda. Eu achava que seria importante ter clareza do que estávamos dizendo, qual era o discurso, qual era a direção. Mas foi ele que viabilizou o texto, comentando, revendo e criticando diversas versões. E foi ele que tornou possível a existência do documento. E que protegeu a gente da pancadaria que recebemos. As pessoas subestimam a importância do Beca, o Bernard Appy, como secretário de Política Econômica do Ministério da Fazenda. Ele podia discordar aqui e ali, mas sempre aceitava dialogar. Beca conduziu a rotina do ministério naqueles anos. Acho que todos aprendemos que podíamos confiar nele como confiamos nas nossas sombras.

Palocci organizou um ministério com governança. Havia disciplina de execução, rotinas de reuniões e uma divisão mais ou menos clara das atribuições de cada secretário, cada um atento a um setor específico. Joaquim Levy cuidava do Tesouro, de alguns temas regulatórios, como o diálogo com o ministério sobre a reforma do setor de energia, e da relação com os estados. Beca cuidava do dia a dia do ministério e eu, de outras áreas do governo e de algumas reformas. Nossa rotina de gestão era bastante disciplinada. Já o ministro cuidava muito da política, coordenava a equipe, decidia sobre cada ponto relevante e fazia intervenções quando necessário. Era impressionante a capacidade de Palocci de entender qualquer decisão econômica, fazer perguntas que tinham nos escapado e decidir rapidamente.

Acho que, em geral, todos sabíamos de tudo o que estava acontecendo, qual era a agenda. Talvez ela não tenha sido coordenada com tantos detalhes no começo, mas, na prática, acho que foi assim. Havia muito diálogo naquele time. Tínhamos autonomia para avançar bastante individualmente, mas, se ocorresse algum esbarro, Palocci entrava para decidir com a sua grande habilidade, sem confronto, com muita conversa, análise e argumentação. Nosso trabalho era mergulhar nos detalhes de todas as propostas, acompanhando com cuidado aquela quantidade absurda de projetos e medidas em Brasília que só quem esteve lá conhece a extensão.

Mantínhamos reuniões frequentes de trabalho, inclusive com líderes de oposição, para acompanhar o andamento dos projetos de lei. Estávamos sempre juntos, conversando no Legislativo e no restante do governo, e assim a agenda foi avançando. Nessa dinâmica, várias medidas foram adiante, como o consignado e a nova Lei de Falências, que tiveram inclusive o apoio de políticos da oposição, além de parte da base aliada. A gente conduzia esse diálogo de forma muito ampla, procurando dar conta das preocupações sem travar grandes batalhas, tentando construir pelo diálogo e pelo convencimento. Esse era o estilo do ministro.

Aprendi com Palocci a evitar, no governo, discussões sobre temas gerais, abstratos, como a polêmica entre "mais Estado ou mais mercado". O que interessava era o caso particular. Queremos dar crédito mais barato para trabalhadores sem conceder subsídios. Como fazer? Foi assim que nasceu o crédito consignado. Procurávamos discutir as medidas de forma concreta, entendendo o que gerava controvérsia em cada ponto específico e tentando ajustar o desenho da proposta quando possível. Muitas acabaram sendo aprovadas, sempre de forma tecnicamente cuidadosa, mas respeitosa com a política.

A lentidão das reformas e os grupos de interesse

Reformas com capacidade de impacto tendem a avançar muito lentamente no Brasil, como no caso da Previdência. E esse talvez seja o tema mais espinhoso. Nossa legislação é incrivelmente detalhada — ali se quer tratar de todos os casos particulares. Por isso ela destoa do resto do mundo e não à toa é complexa. Invariavelmente, a legislação brasileira é capturada por grupos de interesses específicos e a nossa tradição intelectual aceita a concessão de benefícios para interesses particulares com muita facilidade, o que eu chamava de "economia da meia-entrada".

Grupos de interesse existem no resto do mundo e causam nos Estados Unidos e nos países europeus os chamados problemas de *rent-seeking*, que é quando um agente privado busca garantir seus interesses econômicos manipulando as regras a seu favor por meio da influência sobre decisões públicas, por meio de lobbys ou de corrupção. Mas o que surpreende no Brasil é a escala desse processo. Basta comparar, por exemplo, o volume de crédito direcionado a taxas de juros subsidiadas, as restrições ao comércio exterior e as exceções tributárias. A extensão dessas distorções no Brasil destoa da observada nos países desenvolvidos. A nossa sociedade aceita a exceção com naturalidade. E a exceção prolifera em toda a legislação.

Toda vez que você tenta criar uma agenda para romper com essas distorções, os setores privados que se sentem privilegiados pela legislação colocam um obstáculo. Esse é um velho ponto da lógica da ação coletiva discutido em um livro incrível de Mancur Olson, só que no Brasil isso atinge uma escala que eu não conheço em nenhum país organizado, nem em muitos países emergentes.

Vamos pegar o exemplo da reforma tributária. Em que o nosso regime tributário é diferente do regime do resto do mundo? Olhando só a tributação indireta, sem levar em conta o tamanho da carga tributária, em que somos diferentes da maioria dos países? Regra geral: cerca de 160 países têm um imposto sobre o valor agregado. Esse é um imposto que quase não gera contencioso, não gera disputa. É um imposto sempre pago no destino, com uma alíquota uniforme sobre a imensa maioria da produção, incidindo sobre a diferença das notas fiscais do que foi vendido e do que foi comprado, como manda a boa economia.

E por que o mundo opta por esse imposto? Porque é um imposto que não distorce decisões de produção, de investimento. O problema ocorre quando a tributação distorce as decisões econômicas. É quando pensamos assim: "Existe uma tecnologia mais eficiente, mas eu não vou utilizá-la porque tem aquela outra, que é pior, mas que paga menos imposto"; "Tem uma ótima decisão de investimento aqui, mas eu vou deixar de realizá-la porque tem aquela outra, que é pior, mas paga menos imposto." Às vezes, as distorções não são visíveis, pois estão embutidas nos preços dos insumos e bens de capital, mas induzem a decisões de produção menos eficientes. Essas distorções levam à baixa produtividade, ao baixo crescimento.

Por exemplo, no Brasil a tributação varia por tipo de produto. Só isso já gera um pesadelo imenso. Como é que você define um produto? Aquela sandália de borracha é uma sandália ou um impermeabilizante? Cereal tem uma tributação, chocolate tem outra. Como fica a barra de cereal com chocolate? Pode parecer incrível, mas isso leva a um número impressionante de ações nos tribunais administrativos e na justiça. O contencioso administrativo sobre temas tributários no Brasil chega a 15% do PIB. Na OCDE, essas disputas sobre tributação não chegam a 0,3% do PIB. Isso gera um caos. Pior, leva a decisões de investimento e de produção menos produtivas simplesmente pela diferença da tributação. Mas aí, de novo, cada grupo que trabalha naquele setor específico faz o seu lobby para conseguir uma alíquota de tributação diferente.

No Brasil temos ainda uma distorção chamada crédito físico. Nos demais países, há o crédito financeiro — as empresas se creditam de todas as despesas, com raríssimas exceções a essa regra. No Brasil, o produtor só pode receber crédito por tudo aquilo que entrou diretamente na produção. Mas o que entra diretamente na produção? A energia da fábrica entra, mas não a do escritório. E o uniforme do operário? E o marketing? Tudo depende, os critérios variam, os créditos não são imediatos e essas questões se transformam em mais uma fonte de litígios tributários.

E ainda há vários impostos indiretos. Só no governo federal tem o PIS, a Cofins e o IPI. Depois tem o ICMS, com regras complexas que variam conforme o estado. E, nos munícipios, o ISS adiciona mais uma dose de complexidade. O IVA, que é o Imposto sobre Valor Agregado aplicado a bens e serviços, é um tributo que não provoca essas distorções. Todas as decisões de consumo são igualmente oneradas e o imposto é parcialmente arrecadado em cada etapa da produção, com uma alíquota uniforme sobre o valor adicionado naquela etapa. Fazer a reforma tributária, contudo, esbarra nos grupos de pressão, aqueles que se beneficiam de alguma exceção, de alguma regra particular. Os produtores de bens agrícolas ameaçam com tratoraço. O setor de serviços não aceita pagar impostos, como a maioria da população. O mesmo vale para a produção de caminhões e a compra de táxis.

Vai cobrar do livro, do jornal? Não pode, livros e jornais são especiais, importantes para a vida das pessoas, não podem pagar imposto. E como fica o álbum de figurinhas, como os da Copa do Mundo? E as figurinhas são parte do livro ou não? Devem ou não pagar imposto? Só que quando você não cobra de Antônia, tem que cobrar duas vezes de Maria. Então, ficamos com uma legislação incrivelmente complexa, que nasce toda torta e sobre a qual algum grupo com capacidade de defender seus interesses sempre acaba conseguindo impor seu privilégio. A reforma tributária não anda porque o setor privado não quer.

Há sempre muitos interesses por trás de toda essa legislação complexa da qual o governo é refém. Ou cúmplice. Por exemplo, não seria

ótimo unificar o cadastro nacional de automóveis? Isso está estabelecido desde o governo Fernando Henrique, mas até hoje o projeto não foi
posto de pé. Por que permanecemos com os registros dos Detrans e sua
burocracia custosa em cada estado? Porque tem lá o pequeno interesse
daquele órgão estadual que recebe algum dinheiro para emitir a guia, da
qual não abre mão, além de muitos intermediários que se beneficiam por
conseguirem desobstruir a burocracia em troca de uma remuneração.
Somos um país refém de grupos de interesse, seja no setor público, seja
no setor privado.

Que fazer para melhorar as políticas públicas?

Na época em que estava no governo, cheguei a propor que criássemos
uma instituição de avaliação de impactos de políticas públicas semelhante à Productivity Commission da Austrália, modelo depois copiado pela
Nova Zelândia. Essa comissão tem mandato e independência para avaliar a eficácia e a eficiência de políticas públicas. Atualmente, acho que
existe solução melhor: abrir os microdados, permitir que os pesquisadores independentes tenham amplo acesso às informações e avaliem o
impacto das regras e das políticas públicas. Com isso, haveria muito mais
instrumentos para se medir a eficácia das intervenções do governo.

Mas só isso não basta. Muitas políticas públicas já têm avaliações bastante detalhadas sobre o seu impacto, como é o caso do Bolsa Família e
dos instrumentos de gestão na educação. O que me surpreende é como
tudo isso é tão pouco usado no debate público. As políticas públicas são
adotadas com base em palpites e preconceitos. É muito frequente alguém
ter uma ideia e ela ser adotada sem um único estudo detalhado, sem uma
avaliação de impacto. E não estou falando de experimentos com grupos
de controle randomizados. Estou falando de avaliações elementares de
impacto. Basta ver as propostas que passam atualmente pelo nosso Congresso. Em geral, elas têm pouco ou nenhum embasamento técnico.

Quando eu estava no governo, procurávamos praticar umas regras na análise de qualquer proposta perguntando, por exemplo: qual é o problema que queremos resolver? E ainda: como sabemos que se trata de um problema que pode ser resolvido com intervenção pública? Porque às vezes parece um problema que pode ser resolvido, mas não é. Não bastam boas intenções para que a política pública seja eficaz — em geral nem há boa intenção. Se o governo decide proteger a produção de algum bem nacional, isso significa que o país vai pagar por essa proteção. Essa conta pode se dar por meio do uso de tributos, que poderiam ser utilizados em outras políticas públicas, ou por meio de um preço maior desse bem a ser pago pelos consumidores, em razão da restrição à compra de importados mais baratos. Qualquer das opções tem efeitos colaterais.

Um exemplo são as regras de conteúdo nacional para as plataformas de petróleo. Elas resultaram em um custo maior para a compra dessas plataformas, reduzindo a rentabilidade da exploração de poços e até mesmo tornando-a inviável em certos casos, dependendo do preço do petróleo. A regra de conteúdo nacional estimulou a produção local de componentes das plataformas, mas também restringiu a exploração de petróleo. De um lado, estimulou o emprego no Brasil. De outro, reduziu a criação de empregos, em razão da menor produção. Qual foi o saldo líquido? Segundo estimativas do Grupo de Energia da UFRJ produzidas em meados da década passada, a conta final foi uma destruição líquida de cerca de 60 mil empregos.

As intervenções do governo na economia produzem efeitos colaterais e é preciso analisá-las com cuidado, pois, do contrário, o tiro pode sair pela culatra. Geram-se benefícios para algumas empresas e seus empregados, mas, por outro lado, reduz-se a renda das famílias, que são obrigadas a pagar mais caro pelos bens produzidos por essas empresas. Ou, então, prejudicam-se as empresas que utilizam esses bens, comprometendo-se a produção e a geração de emprego nas outras etapas da cadeia. Então, não dá para querer resolver um problema sem olhar os custos de oportunidade da intervenção pública, sem olhar seus efeitos colaterais no restante da sociedade.

A primeira pergunta a fazer é se aquela medida é capaz de melhorar o bem-estar da sociedade, levando-se em conta todos os seus efeitos, diretos e indiretos. E qual é a evidência disponível para estimar esses efeitos? Nem sempre há dados confiáveis disponíveis, por isso deve-se analisar a evidência internacional. Como os demais países lidam com o tema? Existe avaliação de impacto com microdados? E, no caso brasileiro, qual é a nossa especificidade legal, institucional? Quais são os efeitos indiretos dessa medida, dadas as características específicas do Brasil?

A regra na Secretaria de Política Econômica era sempre responder a essas perguntas para analisar cada proposta e depois sistematizar as principais conclusões. O pessoal da Secretaria me chamava de "Secretário de Uma Página". Depois de detalhar tudo, era preciso sistematizar em uma página a proposta, com um parágrafo sobre cada um desses itens, numa espécie de Sumário. Só depois vinham os Anexos, que detalhavam os itens. Por exemplo, para reformar a Lei de Falência, estudamos a legislação de mais de 30 países. Estudar a legislação significa não apenas saber como ela funciona naquele país, mas também sistematizar a pesquisa aplicada que existe avaliando os seus impactos. E, na medida do possível, devíamos sempre analisar os indicadores do problema que temos no Brasil.

Fazíamos esse trabalho para quase todo projeto de lei que encaminhávamos por meio da Secretaria. Quem quisesse entrar no detalhe poderia se aprofundar no material mais extenso que preparávamos, onde reuníamos a evidência que tínhamos utilizado. Isso facilitava o diálogo. Se alguém discordasse, bastava apontar problemas nos Anexos. "Olha, eu tenho trabalhos que mostram resultados diferentes." "Ótimo, então vamos analisar e discutir as razões dessa diferença: bases de dados melhores, outras técnicas de estimação, aspectos colaterais que não havíamos considerado?"

O caso da Lei de Falência

No caso da Lei de Falência, a legislação no Brasil previa que toda demanda trabalhista deveria ter prioridade sobre as demais. Só que havia muitos casos disfuncionais, incluindo alguns em que altos executivos paralisavam a resolução do conflito por anos a fio, demandando milhões de reais em causas controversas, para dizer o mínimo. Por outro lado, credores com garantia real, que tinham emprestado para aqueles mesmos executivos com o compromisso de que receberiam as garantias oferecidas em caso de inadimplência, ficavam a ver navios. O resultado era o menor crédito para as demais empresas.

Acionistas e gestores das empresas têm melhores condições de avaliar o risco e as oportunidades de seus negócios do que os credores. Se tudo dá certo, eles recebem lucros e bônus. Se dá errado, eles devem ir para o fim da fila. Por outro lado, os credores têm uma remuneração limitada se a empresa estiver bem, mas podem ter perdas em caso de insucesso. Por essa razão, as taxas de juros variam conforme a modalidade de crédito concedida. Se os devedores oferecem alguma garantia real, como uma máquina, os credores sabem que, em caso de inadimplência, poderão receber e vender o bem, minimizando suas perdas. Se não há garantia prevista, a perda, em caso de fracasso do negócio, é maior. Por isso as taxas de juros variam conforme a modalidade de crédito, sendo menores para o caso de haver garantias ou para o caso de o empréstimo ser mais curto, pois os riscos são menores.

Mas, em nosso país, a legislação e o Judiciário vão na contramão do funcionamento do mercado de crédito em outros países. Eu empresto, a empresa entra em dificuldades e o executivo, que assumiu o compromisso de pagar a dívida em caso de problema, diz que não é bem assim, que ele deve preservar a propriedade do seu negócio para garantir empregos. Para o investidor ou o banco é melhor não emprestar, ou então cobrar juros maiores para compensar o maior risco. O resultado é um mercado de crédito menos desenvolvido, com menor financiamento para o investimento e a produção e maiores taxas de juros.

Como eu disse, nós analisamos a legislação de falência em mais de 30 países, desenvolvidos e emergentes, muitos famosos pela proteção trabalhista. E em apenas um, a França, descobrimos que havia a prioridade da sucessão trabalhista, mas esta era limitada a dois salários mínimos por trabalhador. A nova Lei de Falência, de 2005, procurou agilizar a mediação de conflitos em caso de inadimplência, reduzindo as ações oportunistas que prolongavam a vida de empresas inviáveis para benefício dos seus acionistas. Foi parcialmente bem-sucedida.

Mais tarde, alguns pesquisadores analisaram o impacto da nova Lei de Falência utilizando microdados. Nas mesmas condições econômicas, menos empresas entraram em falência depois da aprovação da lei. Em regiões onde a nova lei foi aplicada com maior eficiência, havia mais investimento, geração de emprego, crédito e salários. Esses trabalhos foram publicados em revistas acadêmicas internacionais, que verificam com muito cuidado a qualidade da pesquisa, o uso de dados e as técnicas de estimação utilizadas. Um deles foi publicado na *Quarterly Journal of Economics*, uma das melhores na área.

O mesmo ocorreu com outras reformas, como as alterações na alienação fiduciária para financiamento de automóveis, que agilizavam a retomada dos carros em caso de inadimplência. A evidência indica que mais pessoas passaram a ter acesso a crédito mais barato. Os inadimplentes perdem seus carros, mas os demais têm acesso a melhores condições de crédito.

A ciência organiza o debate. Quem discorda pode, simplesmente, pegar os dados, que são de livre acesso, e mostrar que não é bem assim. A ciência consiste num conjunto de regras para testar hipóteses. Se você acha que estou errado, traga seus dados e métodos de estimação e vamos tentar verificar quem está errado. Muitas vezes a evidência não é robusta, havendo bons argumentos para ambos os lados. Mas a disciplina da ciência elimina muitos argumentos disparatados.

No país dos lobbies

Sempre que políticos me pedem opinião sobre algum tema técnico, procuro fazer o meu dever de casa, a minha lista de perguntas. Como é no resto do mundo? Qual o impacto da medida? Quais as pesquisas aplicadas existentes? Qual a robustez dos resultados? Os dilemas são inevitáveis nas escolhas de política pública. Proteger inadimplentes pode beneficiar empresas que enfrentaram dificuldades inesperadas, mas também pode induzir ao oportunismo. Por outro lado, se o Judiciário rompe as regras pactuadas numa operação de crédito, os oportunistas agradecem, enquanto empresas boas são penalizadas, pois terão piores condições para obter financiamento.

O desenho da política pública requer que se analise com cuidado como as pessoas ou as empresas vão reagir às novas regras, qual será o impacto direto e indireto das medidas. Mas esse cuidado deixou de ser a prática da política pública em Brasília. As medidas são discutidas sem embasamento técnico, caindo de paraquedas. Alguém apresenta uma conta ligeira dizendo que tantos empregos serão gerados naquele setor e pronto, obtém subsídios públicos. Não há estimativa dos efeitos colaterais da medida nem dos seus efeitos difusos sobre a sociedade. Não se cobra uma análise cuidadosa do custo-benefício das medidas.

Isso piorou muito desde o fim da década de 2000. A agenda de política pública foi cada vez mais capturada por grupos de interesse que apresentam suas contas ligeiras para justificar a obtenção de benefícios públicos. Diz-se: "A indústria de bens de capital é importante, gera tantos empregos e merece proteção contra a concorrência dos bens produzidos no exterior." Mas pouco se pergunta: "E quantos empregos serão destruídos porque os bens de capital ficarão mais caros ou serão de pior qualidade?"

Comprar bens de capital mais ineficientes prejudica as demais empresas, que vão produzir menos ou cobrar mais pelo que produzem. Essa proteção piora a produtividade da economia e atrapalha o crescimento econômico. Mas esse debate é ignorado atualmente. Somos um país de lobbies e temos um Estado capturado por grupos de interesse. Aqui acontecem coisas impressionantes. Contratos são feitos e rompidos com a maior facilidade. O prefeito do Rio resolve, por exemplo, encampar a Linha Amarela, muitos juízes dizem "não", explicando que o contrato é juridicamente perfeito. Mas, de repente, vem um novo juiz, dá uma canetada e permite o arbítrio sem qualquer análise técnica cuidadosa que avalie suas consequências. Romper o contrato dessa concessão prejudica outros contratos de infraestrutura no Brasil? O nosso Judiciário decide sobre a validade de contratos com base em preconceitos, sem entender muito bem do problema, sem ter a certeza das suas consequências.

Mapeando os problemas do país

Se eu tivesse que listar os quatro grandes problemas do Brasil, diria que um deles, sem dúvida, é o tributário. E acho que a população não tem muita noção de quão distorcido e prejudicial ao crescimento brasileiro é o nosso sistema. O detalhamento das regras dos tributos sobre consumo leva a decisões de investimento e a estruturas de produção ineficientes, e isso significa menor crescimento econômico.

Nosso comércio exterior é outro problema. Somos um país fechado ao comércio e com uma complexidade de normas não tarifárias que reflete a facilidade com que grupos de lobistas restringem a importação de bens produzidos no exterior. O resultado é a dificuldade de acesso a uma tecnologia mais moderna. Nossas empresas acabam sendo obrigadas a utilizar bens de capital ineficientes. O Brasil se priva de acompanhar as inovações tecnológicas do resto do mundo por ser um país mais fechado ao comércio exterior.

O terceiro grande problema é o voluntarismo tecnicamente despreparado do Judiciário. Com tanta falta de segurança nos contratos na área de infraestrutura, como vamos conseguir investimentos importantes para expandir a nossa estrutura de ferrovias, portos e rodovias? Como vamos desenvolver as áreas de geração e transmissão de energia com tamanha insegurança jurídica, já que nunca se sabe ao certo se o contrato vale ou não vale?

As intervenções desastradas do Judiciário no mercado de crédito resultam em piores condições de financiamento para as famílias e as empresas. O mercado de crédito é mais eficaz quando os credores conseguem identificar os tomadores de empréstimos com melhor condição de pagar suas dívidas. Mas a proteção do Judiciário aos inadimplentes incentiva os comportamentos oportunistas, aumentando o risco do negócio e as taxas de juros, além de reduzir o financiamento em geral. Se o Judiciário é leniente com o mau comportamento, as pessoas passam a dirigir mais pelo acostamento. O baixo investimento no Brasil não acontece à toa.

O quarto grande problema, que, na minha opinião, é crucial, é a ineficiência do Estado. Como podemos ter um Estado que conseguiu encarecer tanto a nossa carga tributária em apenas 25 anos? Em 1995, ela era de 25% do PIB. Hoje está em 34%, isto é, nove pontos acima. E quando comparamos o Brasil com países parecidos ao longo destes 25 anos, vemos que evoluímos muito menos no aprendizado dos alunos e na retirada das pessoas da pobreza. O resto do mundo ficou muito melhor do que nós com o Estado crescendo menos. Os países emergentes fora da América Latina, incluindo os do Leste Asiático, não têm um Estado de Bem-Estar nem próximo do que se tem no Brasil. No entanto, conseguiram reduzir a pobreza muito mais que o Brasil, melhoraram muito mais os indicadores de aprendizado de seus alunos.

Então, o que fazer? Por que o nosso Estado é tão ineficiente? Como é que ele arrecada tanto e isso resulta em tão pouco benefício para a maioria da população? O dinheiro desaparece no caminho, capturado por lobbies do setor privado e pelas corporações de servidores públicos.

As escolhas da sociedade e o papel dos economistas

Temos duas etapas de conversa pela frente. A primeira reflexão é sobre as grandes escolhas da sociedade, os rumos que ela quer tomar. Queremos ter mais Estado de Bem-Estar ou menos? Preferimos um país que cresça mais em detrimento do Estado de Bem-Estar? Ou aceitamos um país que cresça menos, mas que tenha maiores políticas de bem-estar social? A economia é a ciência que estuda esses dilemas, procurando analisar os impactos das diversas escolhas. E como enfrentamos dilemas? Aí a decisão é da sociedade, da política. Nós, economistas, não temos nada a dizer sobre isso.

Preferimos um país mais fechado, mais autônomo, mesmo que isso signifique um país mais pobre? Ou não, preferimos um país mais aberto e exposto ao mundo, mesmo que isso traga, eventualmente, alguns riscos em momentos específicos? Enfim, essas são escolhas da política, os economistas não têm nada a dizer sobre isso. Agora, uma vez feita a escolha da política, devemos cuidar da técnica para garantir a sua implementação.

Queremos um Estado de Bem-Estar desse tamanho? Bacana. Como é que você implementa? Como é que você garante uma política de transferência de renda que chegue aos grupos que você deseja? Como é que garantimos políticas eficazes no cuidado com a saúde? Como se otimizam os recursos públicos disponíveis? Habitação popular? E o transporte? Essa é a parte que é tão descuidada no Brasil e que fica, em geral, no terreno das intenções.

A política é soberana na escolha dos dilemas sociais, mas implementar política pública requer muito trabalho. Não é nada trivial. Desenhar a lei, entender os incentivos existentes, as implicações, os efeitos colaterais e os mecanismos de controle para evitar problemas são etapas que desprezamos no Brasil.

A arte da política econômica

Frequentemente, minimizamos a complexidade do que é fazer uma lei, descuidando dos detalhes das propostas. Como as pessoas vão reagir às novas regras e quais serão os seus efeitos colaterais? Além disso, para fazer uma lei não basta escrevê-la, imprimi-la e ir para casa. É preciso acompanhar atentamente todo o processo no Legislativo e o de implantação dos regimes legais e das normas. Primeiro, a lei tem de ser bem-feita, o que não tem sido o caso no Brasil. Recentemente, muitas das leis aprovadas não passam de cartas de intenção mal escritas. Outras foram inteiramente desvirtuadas no processo legislativo e passaram a incluir uma impressionante quantidade de distorções para beneficiar grupos de interesse.

Outro ponto: uma vez que a lei foi encaminhada, você precisa passar a acompanhar as mudanças. A cada reunião de formulação de um projeto de lei é um parágrafo que entra, um parágrafo que sai, um aposto. Os projetos de lei precisam ser acompanhados no detalhe, na vírgula, e, após a sua formulação, é indispensável acompanhar todo o processo de gestão e de implementação.

Fazer política pública, gestão pública, significa arregaçar as mangas. Porque esse é um jogo que você ganha no dia a dia. Um bom exemplo de uma fantástica reforma que se deu unicamente por prática, sem que fosse necessário criar nenhuma lei relevante, foi a do Banco Central. Quem é da minha geração de economistas se lembra do Banco Central dos anos 80, daquele Conselho Monetário com mais de uma dezena de pessoas, empresários, gente que era beneficiada por crédito subsidiado tomando decisão sobre crédito subsidiado.

Pois bem, sem que houvesse necessidade de fazer nenhuma lei relevante, no exercício da prática, técnicos reconhecidamente muito bons foram organizando a governança da gestão do BC. Foi criado o Copom e foram estabelecidas a maneira de se relacionar com o mercado e a forma de comunicação, por meio de atas, relatórios. Enfim, ao longo dos últimos 20 anos, desenvolveu-se uma gestão de política monetária que tem controlado a inflação sem gerar grandes sustos, uma política monetária que deixou de ser um problema imenso, como ocorria antes de meados dos anos 90.

Imaginar que só as leis resolvem as coisas é um equívoco. Leis como a tributária e a do comércio exterior são importantes, claro, mas é o exercício da prática ao longo dos anos que constrói a governança da política monetária em uma sociedade que hoje não aceita mais ter inflação. Quando a inflação dispara, como aconteceu em 2013, por exemplo, o incômodo social é imenso. Então, a gestão pública é feita no dia a dia, na prática, com cuidado.

Falando, por exemplo, do caso da energia. Como está a Aneel, como está a ANP, como estão as agências reguladoras responsáveis? Estão compostas por técnicos bem nomeados, respeitados, que conhecem bem o mercado? Elas têm uma atribuição clara do seu papel em relação ao Poder Executivo? Temos um marco regulatório adequado? Enfim, todas as discussões que são fundamentais para viabilizar um setor elétrico dinâmico, que permita preços menores de energia e expansão da oferta, são esquecidas. A engrenagem se prende a um ou dois "espantalhos" meio mágicos e, quando você vai olhar no detalhe, a lei de capitalização da Eletrobras está cheia de problemas. Mas parece que os problemas passam batido.

Isso tem ocorrido ainda mais frequentemente nos últimos dois anos. Muitos projetos de lei têm sido aprovados garantindo-se privilégios a grupos de pressão, até mesmo constitucionalizando-se esses privilégios. Um exemplo são os benefícios tributários para setores diversos, como o de semicondutores, que agora fazem parte da Constituição. Mas este é apenas um entre muitos exemplos.

Gestão pública é implementação. É conhecer a técnica, não é fazer manchete de jornal. Isso implica uma agenda que corrija distorções, melhore o desenho da política pública, melhore a governança de setores complexos, como telecomunicações ou energia, melhore a gestão e a eficácia da política educacional, da política de saúde ou de transferência de renda. Aliás, na maioria das vezes, a boa gestão pública não é tema de manchete de jornal.

Para terminar, queria levantar um ponto, para não ser injusto. Tudo o que conseguimos fazer naqueles anos foi resultado do trabalho de um grupo liderado por Palocci, com Bernard Appy, Joaquim Levy, Jorge Rachid e muitos outros. Podíamos ter divergências eventuais sobre os meios, mas jamais sobre a nossa missão. E a conversa era franca, aberta, sem agenda oculta. Havia ainda Daniel Goldberg e sua equipe no Ministério da Justiça. A gente trabalhava junto como se fosse um único time.

E eu ainda tive a sorte de contar, na Secretaria de Política Econômica, com Ana Paula Vescovi, Otávio Damásio e vários outros técnicos admiráveis, profundamente comprometidos com a política pública. E tem muita gente assim no serviço público. A gestão pública, conforme acontece no setor privado, requer equipes que conheçam bastante bem a cultura interna e façam cuidadosamente o dever de casa, que conheçam a técnica da economia e da legislação. É importante reconhecer aqui minha dívida de gratidão por ter podido participar dessa equipe.

Leituras sugeridas

- Acemoglu, Daron e James Robinson. *Por que as nações fracassam: as origens do poder, da prosperidade e da pobreza*. Rio de Janeiro: Elsevier, 2012. Disponível em: <https://publications.iadb.org/publications/english/document/Under-Rewarded_Efforts_The_Elusive_Quest_for_Prosperity_in_Mexico.pdf>. Acesso em: 16 out. 2022.
- Banerjee, Abhijit V. e Esther Duflo. *Good Economics for Hard Times*. Nova York: PublicAffairs, 2019.
- Deaton, Angus. *The Great Escape: Health, Wealth, and the Origins of Inequality*. Nova Jersey: Princeton University Press, 2015.
- Foguel, Robert William. *The Escape from Hunger and Premature Death, 1700-2100: Europe, America, and the Third World*. Cambridge: Cambridge University Press, 2004.
- Santiago, Levy. *Under-Rewarded Efforts: The Elusive Quest for Prosperity in Mexico*. Inter-American Development Bank (IDB), 2018.
- Tirole, Jean. *Economia do bem comum*. Rio de Janeiro: Zahar, 2020.

12. Elena Landau
Podcast realizado em 8 de abril de 2021

Elena Landau formou-se em Economia e Direito na PUC-Rio, onde também recebeu o título de mestre em Economia. Foi professora do Departamento de Economia nessa universidade e na Faculdade de Direito da FGV. Foi também diretora de Desestatização do BNDES. Integrou o conselho de empresas como Bolsa de Valores do Rio de Janeiro, Vale, Cemig e AES Brasil e presidiu o conselho da Eletrobras. Atualmente, integra o Conselho Acadêmico do Livres, é sócia do escritório Sergio Bermudes Advogados e membro independente do conselho da Eneva S.A., do Museu Judaico de São Paulo e do Instituto Inhotim, além de colunista do jornal *O Estado de S. Paulo*. Em 2022, a convite da senadora Simone Tebet (MDB), coordenou o programa econômico da então candidata à Presidência da República.

Resumo

Em meio a controvérsias e polêmicas, a privatização, que ganhou força na década de 90, sofre até hoje impasses de execução no Brasil. Com sua experiência, a economista Elena Landau analisa os caminhos da desestatização no país. Sua participação no BNDES, num momento de inflexão do programa de privatização, foi fundamental para a extração de valorosos aprendizados sobre desenhos institucionais, modelagem de ativos e de infraestrutura.

Na privatização, quase por acaso

Cheguei ao processo de privatização quase por acaso. Comecei a minha formação, junto com tantos outros colegas reunidos neste livro, no Departamento de Economia da PUC-Rio. Lá, tínhamos uma visão muito focada no combate à inflação, o que era quase uma obsessão entre todos os alunos. Eu não era exceção. Após terminar o mestrado na PUC, fui para o doutorado no MIT. Na época era petista e achava que, com doutorado, aprenderia os instrumentos de políticas públicas voltados para ajudar nas questões do desenvolvimento social do Brasil. Passei um ano lá, mas não gostei. As aulas teóricas não preenchiam meu interesse pela economia política e esta acabou sendo uma experiência muito árida, por isso não concluí o curso.

Também havia uma questão pessoal. Meu companheiro na época não conseguiu visto para ficar nos Estados Unidos e precisou voltar. Então, tive que escolher entre doutorado e vida afetiva. Escolhi a vida afetiva. Um ano depois, nascia meu único filho. Uma boa troca — a maternidade no lugar do doutorado. De volta ao Brasil, fui dar aulas e, após uma rápida passagem pelo Ipea, me juntei ao Chico Lopes e ao Eduardo Modiano na empresa Macrométrica, fazendo análise de conjuntura econômica e de política macroeconômica. Depois, fui para a Confederação Nacional da Indústria, onde fiquei um tempo no Departamento Econômico. Era um período de inflação elevada e eu contribuía com o boletim de conjuntura, analisando as fontes da aceleração inflacionária.

Simultaneamente, comecei a acompanhar os movimentos do PSDB, pois o famoso discurso "O choque do capitalismo", do Mario Covas, já havia chamado minha atenção. Aliás, este é um manifesto que vale ser relido, porque já em 1989 antecipava uma série de políticas liberais e modernizantes que hoje estão na ordem do dia. Aborda até a privatização. Por essa época, passei a prestar atenção em um jovem governador chamado Tasso Jereissati, que iniciava no Ceará uma mudança de política pública. Ele ganhara uma eleição contra coronéis e implantava em seu estado uma nova forma de governar, bem característica da que fariam no futuro os governos do PSDB.

A coragem dele de mudar as políticas públicas no Nordeste me cativou, o que era algo bem mais complicado que a experiência social-democrata de São Paulo, que sempre contou com um empresariado mais moderno e uma sociedade bem distinta daquela outra, marcada pelo coronelismo. Tasso tem, até hoje, uma atuação e uma liderança política que me atraem. Anos mais tarde, por recomendação de André Lara Resende, Edmar Bacha e Persio Arida, meus professores na PUC, o Tasso me convida para fazer sua assessoria na presidência do PSDB.

O Tasso havia acabado de assumir e queria uma assessoria direta para produzir um programa econômico tendo em vista as eleições de 1994. Embora não houvesse esperança de que fosse ganhar, o trabalho serviria para amadurecer um projeto para, quem sabe, 1998. Então, começo a trabalhar com o Tasso no final de 1991, início de 1992, buscando agregar as ideias de vários economistas ligados ao partido com o objetivo de formular um programa econômico. Eu tinha uma relação bastante próxima com os três professores que me indicaram e mantinha contato permanente com a imprensa para falar das ideias que iriam compor um futuro plano de governo. Foi minha entrada no mundo político.

O caminho para o governo

Em maio de 1993, o então ministro das Relações Exteriores, Fernando Henrique Cardoso, se tornou ministro da Fazenda da noite para o dia. Até aí não havia muito envolvimento dos tucanos com a gestão de Itamar Franco. O grupo de economistas não acreditava que seu governo daria muito certo. Ele já trocara vários ministros da área econômica e FHC foi sua quarta escolha. Com a ida de Fernando Henrique para a Fazenda, porém, as coisas mudaram completamente. E esse é um bom exemplo de como tudo é meio circunstancial no Brasil, tornando difícil pensar em estratégias de longo prazo. Nunca vou esquecer o telefonema que recebi do Tasso assim que FHC foi anunciado como novo ministro: "Elena, vamos fechar o escritório de assessoria aí no Rio, pois não sou mais o candidato. A bola saiu do meu pé. O candidato, naturalmente, é o Fernando Henrique. Você vai para Brasília com o Edmar e vai lá ajudar a formar a equipe e no que mais ele precisar. Ele tem que dar certo."

Na noite da posse de Fernando Henrique, fomos, Edmar e eu, jantar com ele e dona Ruth. Discutimos a formação da equipe, mas nenhum de nós dois podia se mudar para Brasília. Edmar estava recém-casado e eu tinha meu filho, que na época estava com 9 anos. Fiquei no Rio assessorando Edmar. Ele e André Lara foram para o governo e o Persio ficou fora, pois ainda ocupava o cargo de vice-presidente do Unibanco. Passado pouco tempo, em setembro daquele ano, o Persio se tornou presidente do BNDES. Foi minha mãe que avisou: "Olha, aquele seu amigo de nome esquisito vai ser presidente do BNDES." Telefonei e ele me confirmou: "De fato, fui convidado agora pelo ministro, o que você acha?" Falei: "Acho genial, só você que está faltando." Foi quando ele me perguntou: "Você vai comigo [*para o BNDES*]?" Não pensei duas vezes: "Vou, lógico, ficar no Rio de Janeiro com você no BNDES? É irrecusável." E assim fui para o banco, como sua assessora.

O pano de fundo: as disfunções do Estado

Persio foi para o BNDES com a ideia de acelerar as privatizações. Como sua assessora especial — as demais assessorias da presidência do banco foram extintas —, eu deveria estar concentrada em fazer a ponte entre ele e os processos de desestatização, que eram tratados em distintas diretorias e superintendências. Mas acabei assumindo outras funções também. Muito cedo ficou claro que ele teria de ir a Brasília com frequência para ajudar na concepção da política macroeconômica e anti-inflacionária. Com isso, comecei, cada vez mais, a assumir funções de chefia de gabinete e de assessoria e virei uma espécie de porta-voz do Persio no BNDES.

Apesar da importância que ia assumindo por lá, eu não estava satisfeita porque não sentia que estava trabalhando em um projeto específico. E disse isso a ele. Surgiu, assim, a ideia de se criar uma Diretoria de Privatização, que passei a dirigir e que então concentrou, com duas superintendências específicas, todas as iniciativas do Programa Nacional de Desestatização, o PND. As pessoas sempre viram a privatização como um processo desgarrado do Plano Real, o que é um equívoco, já que o Plano reunia um conjunto de políticas necessárias à sustentação da nova moeda. Políticas que já estavam no "choque do capitalismo" continuavam na ordem do dia. Nós precisávamos melhorar as condições fiscais e a competitividade, junto com a sustentação da nova moeda.

Uma das medidas consistia em fazer uma reforma profunda do Estado. Havia a necessidade de mudar o papel do Estado naquele cenário de estatais demais, deficitárias e sem capacidade de investimentos. Os serviços públicos, como energia e telecomunicações, estavam em péssimas condições. Mas, além disso, havia uma confusa relação entre os bancos públicos e as estatais, com financiamentos sem critérios claros e sem análise de impacto fiscal. Persio mudou radicalmente a atuação do BNDES e introduziu novos critérios de concessão de créditos, mesmo para empresas privadas. Enquanto isso, no Banco Central, limites eram impostos ao financiamento para o setor público.

Para mim, foi um período de grande aprendizagem, era tudo muito novo na minha carreira. A mudança de cultura foi grande. Até então não existia a ideia de financiar apenas o que o setor privado não financia. Com anos de inflação muito elevada, o BNDES era a principal fonte de financiamento de longo prazo no país. E isso valia para qualquer setor. Existia quase uma competição do BNDES com os próprios bancos privados. O Persio conduziu uma mudança de postura em relação ao BNDES e às empresas estatais e ao tipo de financiamento. Mudou o perfil de empréstimos ao mesmo tempo que reduziu o volume. Foi parte da reforma do Estado também. Ressalto isso para mostrar que a privatização não era uma política isolada.

Um exemplo: na primeira reunião de diretoria discutimos o financiamento de um hotel em uma das principais avenidas de uma praia na Zona Sul do Rio de Janeiro. Persio vetou, dizendo: "Pessoal, hotel na avenida Atlântica o setor privado vai financiar, porque não tem nada mais atrativo possível no mercado. Não cabe a nós participar." O recado estava dado. E, para mim, foi tudo uma novidade, pois nunca tinha trabalhado no sistema financeiro. Fui para o banco com a missão de ajudar na venda de ativos e reduzir participações minoritárias de forma geral, inclusive de ações que estavam na carteira da BNDESPar.

Tudo poderia desaguar no Tesouro

O que mais me surpreendeu no primeiro momento foi a ideia de que o BNDES atuava de forma independente do Tesouro Nacional, mesmo sendo o banco uma subsidiária integral. Para os ativos que eram incluídos formalmente no PND, a lei determinava que os recursos obtidos na venda deveriam seguir, prioritariamente, para abater a dívida pública. Mas para empresas estatais fora do programa não havia um controle claro sobre vendas de blocos de ações minoritárias — como se o percentual de ações da União não fosse relevante, desde que se mantivesse o controle estatal.

Por isso Persio solicitou que redigíssemos uma proposta de decreto, ou regulamentação, determinando que participações de estatais não poderiam ser vendidas sem autorização do Tesouro. Por quê? Para não diluir o patrimônio da União. Assim, se um dia, eventualmente, a empresa fosse privatizada, poderíamos manter o patrimônio público ou aumentá-lo, maximizando os ganhos para a União. Alguns meses depois, me liga um procurador da Fazenda Nacional, que não era o procurador-chefe:

— Olha, doutora Elena, estou aqui com um requerimento para liberação de oferta secundária de ações para a Telebras. Por que a senhora está impedindo?

— Eu não estou impedindo nada — respondi. — A Telebras não faz parte do programa de privatização.

— Mas, então, por que não pode?

— Olha, não pode porque vai diluir o patrimônio da empresa. Acho melhor o senhor falar com o secretário do Tesouro Nacional para ver se ele permite isso.

— Ah, se não há impedimento legal, vou autorizar.

E assim fez. Sem análise econômico-financeira, só jurídica.

A questão não era apenas reduzir o número de estatais. O governo Collor já tinha dado início ao PND, atribuindo um papel importante ao BNDES, que ia da avaliação das empresas — a precificação — à modelagem de venda. Dava continuidade a um longo processo que vinha desde o governo militar, com a criação do Programa Nacional de Desburocratização (Decreto nº 83.740/79) e da Secretaria Especial de Controle das Empresas Estatais. Com Collor, a privatização virou uma política de Estado e não apenas de desinvestimentos dos bancos públicos, que até então usavam os recursos para ampliar o volume disponível para empréstimos, limitado pela crise fiscal do final dos anos 80.

Persio deu um passo a mais ao olhar a atuação do Estado como um todo, ao ponderar entre a necessidade de capitalização e de investimento, ao preservar o patrimônio a ser vendido futuramente. Como disse, eu não tinha experiência com o setor bancário ou de crédito, mas, como economista, com olhar macroeconômico, todas essas iniciativas que introduzimos faziam sentido, uma vez que queríamos mudar a presença do Estado na economia.

A inserção do BNDES na privatização

Depois da crise dos anos 80, com déficits duplos, o BNDES ficou sem recursos suficientes para cumprir a própria função, ou seja, conceder empréstimos de longo prazo. Havia uma crise fiscal e internacional e o período ficou conhecido como "década perdida". Existiam mais de 300 empresas estatais quando, em 1981, foi criada a Comissão Especial de Desestatização. Uma das funções do BNDES era fazer uma política de recuperação de crédito dessas empresas, que estavam nas mãos do Estado, por exemplo, pela falta de pagamento de empréstimos.

Além disso, o BNDES tinha participação em empresas importantes, como a Siderbrás, que apresentava graves problemas financeiros. Para melhorar seu caixa, o banco iniciou uma política de desinvestimentos e com isso adquiriu expertise na avaliação de empresas, na venda de participações acionárias e na condução de leilões. Adotou também a auditoria externa, dando transparência e legitimidade a seus processos. Era o embrião do que mais tarde se chamaria Programa Nacional de Desestatização.

Quando chega o governo Collor, o BNDES ajuda. Acho que os técnicos de lá devem ter feito quase sozinhos a lei que originou o PND, que é a Lei nº 8.031/90. Eu não estava lá ainda. Nela estão estabelecidos esses métodos e sistemas que, ao longo do tempo, foram criados e aprimorados pelo BNDES.

Todo governo que entra acha que vai descobrir uma nova governança, introduzir novos atores, atribuir novos papéis, até para deixar sua impressão digital no processo. Mas o primeiro ponto, independentemente da qualidade do desenho que se tenha, é a liderança, algo essencial para deslanchar o PND. No BNDES, entre 1990 e 1992, quem liderou foi o Eduardo Modiano. E o PND era uma das principais bandeiras do governo. Mas era uma governança muito diferente daquela que seria implementada mais tarde, na minha gestão.

Na época dele, e ainda no meu primeiro ano lá, havia uma Secretaria de Desestatização, composta por auditores e consultores externos que davam apoio ao PND. A Secretaria era comandada pelo André Franco Montoro, ajudado por economistas, como José Roberto Mendonça, e por advogados especialistas em direito societário, como Nelson Eizirik. A Secretaria avaliava a modelagem das empresas a serem privatizadas, que era feita por consultores. Os processos eram distribuídos pelas diretorias do BNDES, que então executava a venda ou a liquidação. Ou seja, não havia uma diretoria única responsável pelas privatizações. A ideia do Modiano era a de que todo o banco participasse daquele projeto, tão importante para o governo.

Uma diretoria só para a privatização

Então, quando cheguei ao BNDES, em 1993, não havia uma diretoria única de privatização. Isso mudou na presidência do Persio, quando ele instituiu a Diretoria de Desestatização, em 1994, e eu assumi a posição de diretora. Assim, passei a ter assento permanente na Secretaria de Desestatização. Nossa equipe já trabalhava com um conjunto de empresas a serem privatizadas, definidas pelo próprio presidente Collor. Por isso não sei quais foram suas bases para a escolha, mas elas estavam dentro da Ordem Econômica da Constituição, que define, em seu artigo 173, que a presença do Estado "só será permitida quando necessária aos imperativos da segurança nacional ou a relevante interesse coletivo, conforme definidos em lei".

Esse artigo da Constituição é muito importante. Apesar de a nossa cultura ser patrimonialista, com uma presença histórica grande do Estado, a Constituição de 1988 deixa claro que a sua participação na atividade econômica é uma exceção, sendo raros os casos em que se justifica. A situação fica mais evidente quando se refere à segurança nacional ou diz respeito a questões de monopólio — como o do urânio ou o militar. Já os temas referentes ao interesse coletivo continuam em uma área cinzenta e têm que estar definidos no estatuto social da estatal. É exatamente isso que torna confusa a noção de função social de uma estatal, especialmente quando se trata de sociedades de economia mista, com participação minoritária de acionistas privados.

Muita gente acha que a função social pode ser, por exemplo, subsidiar os serviços, como aconteceu com a Eletrobras e a Petrobras nos governos do PT. Mas não é assim, a função de uma estatal está descrita em seu estatuto, que reflete a lei que a criou. Embora haja algum grau de subjetividade, essa ideia permitiu que Collor incluísse inúmeras empresas no PND, como as de fertilizantes, de petroquímica, a Embraer, a Rede Ferroviária e a Light. A maioria eram empresas de atividades econômicas que poderiam facilmente ser absorvidas pelo setor privado.

Dentro desse bloco e fora dele, havia as empresas prestadoras de serviço público, como a própria Light e a Escelsa, distribuidoras de energia, respectivamente, do Rio de Janeiro e do Espírito Santo, que deram muito mais trabalho para se definir a modelagem de venda. Era preciso mudar até a forma de operação de todo o setor elétrico, além de detalhar como delegar ao setor privado através de concessões. A Lei de Concessões, de autoria do Fernando Henrique Cardoso, estava parada no Congresso Nacional. Só seria aprovada em 1995.

Novo status: cria-se o Conselho Nacional de Desestatização

O primeiro passo do processo de desestatização é a escolha da empresa. Mas só com um decreto do presidente da República ela é incluída no PND. Assim, é ele que sempre tem a palavra final sobre a privatização. Itamar Franco não era muito simpático à privatização, mas nunca interrompeu os processos. Suspendeu-o por alguns meses para fazer uma espécie de auditoria dos atos do ex-presidente Collor. Mas logo retomou. A grande mudança que Itamar fez foi reduzir o uso de moedas de privatização, até finalmente acabar com o seu uso. Ainda como seu ministro, FHC tornou o tema a base do programa econômico, a fim de dar sustentação ao Plano Real. E nós demos sequência ao que já vinha sendo feito pelo governo anterior.

Em 1995, FHC se tornou presidente e o PND deu um salto. Primeiro, porque recebeu da equipe econômica um leque ampliado das empresas que deveriam ser privatizadas, no qual se incluíam, por exemplo, a Vale do Rio Doce, a Eletrobras e a Telebras. Isso aumentou a relevância das empresas que estavam no programa. Segundo, porque, em vez de uma Secretaria de Desestatização, com consultores externos apoiando o BNDES, criou-se um conselho de ministros, o Conselho Nacional de Desestatização, elevando o status do PND e dando mais força ao BNDES. Isso porque o banco secretariava esse Conselho para enfrentar as resistências políticas e também as resistências internas das empresas, não só do corpo técnico, mas inclusive das diretorias executivas. Além disso, o Conselho era soberano.

A adoção de tal dinâmica foi ideia de Edmar Bacha, que era o novo presidente do BNDES. Ele tinha como propósito conferir maior legitimidade ao PND por meio do secretário do Conselho, que, inicialmente, era o ministro da Casa Civil, representando o presidente da República. Além dele, o Conselho era integrado pelos ministros da Fazenda, da Administração e do Planejamento e por ministros das áreas abrangidas pelo programa. Mais tarde, José Serra, então ministro do Planejamento, assumiu o comando de todo o processo. Olhando em perspectiva, foi o período que considero o melhor momento de institucionalidade do PND. E acredito que o modelo instituído na época ainda é o mais apropriado.

Fraturas e lacunas para avançar

Às vezes, a própria empresa é a favor da privatização, caso da Eletrobras. Tanto o seu Conselho de Administração quanto a sua Diretoria Executiva eram favoráveis à privatização, contribuindo com o processo e participando das decisões. No passado, era o contrário. Raramente se tinha apoio da própria empresa no programa. No caso da Vale do Rio Doce, a maior resistência que sofri não foi nem do sindicato, mas de seu presidente, Francisco José Schettino. Ele fazia todo o possível para boicotar o projeto, pois queria se manter no poder, em uma posição de destaque. Foi necessário que o ministro da Casa Civil conversasse com o ministro de Minas e Energia para, usando uma expressão forte, "enquadrar a empresa". Foi um processo tenso. Não concluí a venda porque pedi demissão logo após a venda da Light.

O que temos hoje são camadas desnecessárias na governança: uma Secretaria Especial de Desestatização, Desinvestimento e Mercados, que não faz nada além do que o BNDES já fazia, e que, de certa maneira, tem a finalidade apenas de colocar a privatização debaixo do comando do ministro da Economia, que pouco fala sobre o assunto. A Secretaria contempla 300 ativos em seu cronograma de desestatização. Outro erro, na minha opinião, foi juntar o PND, que era basicamente venda de ativos, ao Programa de Concessão, de Infraestrutura e de Parceria Público-Privada.

É possível até privatizar empresas de serviços públicos de infraestrutura, como Cedae, Light e Eletrobras, mas essas empresas têm suas concessões dentro dos próprios ativos. Não se trata de uma venda ativo por ativo, mas da venda do controle acionário de uma empresa. Isso faz muita diferença e é completamente diferente de vender um projeto *greenfield* — quando o produto do projeto é realizado a partir do zero — de ferrovia ou rodovia, por exemplo.

No presente modelo, o Conselho do Programa de Parcerias de Investimentos engloba o Conselho Nacional de Desestatização. E é o Tribunal de Contas da União que aprova a modelagem financeira da privatização e vem exagerando nessas funções. A interferência do TCU é cada vez maior, atrasando a publicação de editais e gerando insegurança regulatória. Tirar o PND do BNDES para colocá-lo abaixo de uma Secretaria não fez nenhum sentido. Porque continua sendo do BNDES a responsabilidade pela execução e pelo acompanhamento de todo o processo de desestatização.

Foram de responsabilidade do banco, por exemplo, a privatização da CEEE-G, do Rio Grande do Sul, e da Cedae, no Rio de Janeiro. Assim como a modelagem e a venda de vários ativos de saneamento. E, no que coube à Secretaria, temos como resultado a capitalização da Eletrobras com um modelo bem questionável, porque mantém a posição dominante da empresa do setor de geração de energia. Portanto, a criação da Secretaria apenas atrapalhou a governança do processo e conferiu mais uma obrigação ao ministro da Economia, que já tem cinco outros ministérios abaixo de si.

Não é à toa que o programa de privatização anda muito de lado. Falta liderança. Não sabemos quem são os responsáveis nem quais são suas atribuições. Falta, especialmente, apoio do atual presidente, Jair Bolsonaro. Durante o governo FHC, a visão comum sobre a condução da economia foi fundamental para consolidar a nova função do BNDES.

Além da maximização do valor de venda

A privatização é um programa muito mal divulgado e mal explicado, independentemente da época. Tanto é assim que as pessoas atribuem como única função da privatização a contribuição ao ajuste fiscal. Existe a falsa percepção de que a única ação realizada numa modelagem é maximizar o valor de venda da empresa. Óbvio que é necessário valorizar o ativo a ser vendido. Mas faz parte da modelagem a análise do setor no qual a empresa se enquadra, sua eficiência, a forma como os passivos serão liquidados etc. Ou seja, o impacto não é só na empresa, mas no setor, na economia e na sociedade.

Nos anos 90, a questão fiscal era crucial para garantir a consolidação do Plano Real, por isso foi dado mais peso à maximização do valor de venda. Era preciso aumentar a receita e reduzir os gastos públicos, a fim de se conseguir equilibrar as contas públicas. No entanto, essa contribuição fiscal foi pouco percebida por conta da opção pela âncora cambial, que acabou exigindo um aumento da dívida pública e absorvendo boa parte dos recursos arrecadados na privatização. Como a prioridade era o abatimento da dívida, a população não via para onde o dinheiro ia e não sentia que a venda do patrimônio público estava trazendo benefícios para a sua vida. Isso só foi percebido quando a universalização da energia e da telefonia se consolidou.

Primeira etapa da modelagem

O trabalho de modelagem começa pela contratação de dois consultores externos. Um verifica, basicamente, o valor do fluxo de caixa descontado. O outro cuida, também, do patrimônio líquido. Tudo a fim de evitar a superveniência passiva, muito comum no início das privatizações, quando os consultores não olhavam as dívidas todas, apenas o patrimônio. Assim, o risco era repassado ao investidor. Para se evitar isso, a forma de avalição das empresas foi modificada. Hoje leva-se em consideração o patrimônio líquido da empresa, especificando-se os passivos a serem assumidos e reduzindo-se o risco do comprador.

Outra alteração implementada foi em relação aos leilões. Inicialmente, não eram definidos os blocos de controle nem o controlador. Assim, um número X de ações ia a leilão, os interessados apareciam e somente depois se compunha o bloco de controle. Em determinadas situações, percebíamos que era mais interessante vender um bloco de controle direto, a fim de se valorizar mais o prêmio de controle para o governo. Mas cada caso era um caso.

Íamos adaptando conforme o cenário para atingir nossos objetivos. Um exemplo disso é quando a privatização serve como instrumento de mudança de um setor, caso do petroquímico, que adotava um modelo tripartite em que o governo, o setor privado nacional e os investidores internacionais — os japoneses — tinham direito de preferência. Logo, foi necessária uma longa negociação, com o objetivo de vender as empresas sem esse direito de preferência. Há um projeto bonito, para o qual gosto de chamar atenção, que foi conduzido por Sérgio Motta. É o projeto da Telebras, porque uniu todas as questões referentes à privatização.

O sistema Telebras, ao ser privatizado, arrecadou recursos para o Tesouro, introduziu um novo processo de competição, produziu uma lei geral e uma agência reguladora. Uma verdadeira modificação setorial. Muito diferente do cenário atual, nos anos 90 nosso mercado acionário era concentrado e não havia tanta liquidez. Não havia um mercado de capital maduro, o que dificultava trazer para cá experiências como a britânica. Hoje já é possível pensar em privatizar via capitalização, com diluição da participação da União, conforme prevê o modelo da Eletrobras.

No início do governo do PT, quando a questão fiscal era menos prioritária por conta de ajustes já feitos por FHC, houve uma clara inversão na modelagem. O foco passou a ser a redução de tarifas e pedágios, no lugar do valor da outorga e do que era arrecadado. Isso mostra que cada governo tem sua noção do que é interesse público do Estado na atividade econômica. Vulgarmente, esse entendimento é definido na expressão "setor estratégico", que não está na Constituição, mas é, obviamente, uma postura política. Logo, não adianta ter todo um desenho da privatização perfeito, todos os instrumentos e a expertise do BNDES, já que tudo dependerá da concepção do governante. Petróleo é estratégico? Para alguns, sim, para outros, não. Segundo a Constituição, petróleo pode ser privatizado.

Para que o governo Fernando Henrique ampliasse o programa de privatização, foram necessárias pelo menos cinco emendas constitucionais. Elas quebravam o monopólio da União em determinadas atividades, passando a abranger serviços públicos e a preparação da venda das distribuidoras de energia federal Light e Escelsa. FHC também acabou com o monopólio da Petrobras no petróleo, o que permitiu a entrada de novos investidores no setor. Por isso 1995 marcou uma mudança completa, uma inflexão positiva no programa de privatização. Não somente por conta da inclusão de empresas simbólicas, como a Vale do Rio Doce, que hoje seriam consideradas estratégicas, mas também por conta da permissão de novos setores e atores.

E quem é contra a privatização? São contra a privatização, basicamente, aqueles que saem perdendo com ela. As estatais compõem o patrimônio de um grupo de interesse e de políticos que delas se servem absorvendo orçamentos que poderiam construir o verdadeiro patrimônio público: escolas e atendimento médico de qualidade, esgoto tratado e segurança. Também são contra a privatização, por exemplo, os fornecedores das estatais que possuem contratos não republicanos ou que praticam sobrepreço. Há ainda os políticos, com as suas indicações, e os sindicatos que fazem contratação desnecessária de funcionários. Essas vozes sempre foram muito fortes.

Os órgãos de controle e as resistências

O TCU assumiu um enorme poder de lá para cá e ainda tem o papel de dar legitimidade ou aprovar o processo. Na nossa época, o TCU era muito mais voltado para a questão da avaliação dos procedimentos, e acho que tudo foi aprovado. Hoje o TCU interfere na definição de preço, o que não é sua atribuição. Então, o processo fica mais complexo e levamos muito tempo à espera da aprovação. O Judiciário e o Ministério Público eram bem erráticos, dependiam da posição ideológica de quem assumia os processos, mas sempre se conseguia suspender liminares e superar as dificuldades jurídicas.

Sempre houve muita resistência às privatizações, principalmente no Congresso. Então, essa questão não justifica a atual paralisia do PND, que sempre demandou muito trabalho de comunicação e explicação. Se, por um lado, a corrupção revelada pela Operação Lava Jato reduziu a oposição à privatização, por outro, afetou ainda mais a credibilidade na capacidade de o governo usar seus recursos de forma republicana. A visão do que o Estado deve ou não fazer não pode depender da percepção de honestidade que a população tem de seu governante, mas das funções que, de fato, devem ser assumidas pelo Estado, que são poucas mas devem ser bem definidas e limitadas. É fundamental uma estratégia de comunicação para explicar a razão de se venderem estatais, especialmente as lucrativas.

O caso especial da infraestrutura

Quando Edmar Bacha assumiu a presidência do BNDES, ele me pediu que acumulasse as diretorias de Privatização e de Infraestrutura, juntando a venda de ativos com projetos de concessão. Depois de três meses administrando os dois processos, percebi que seria impossível dar a devida atenção a questões tão complexas que exigiam abordagens tão distintas. Falei: "Edmar, ou faço uma, ou faço outra. Porque são dois bichos diferentes e estranhos." Ele então separou as duas áreas, entregando a Fernando Perrone a diretoria de Infraestrutura do banco.

A privatização trata da venda de ativos existentes, concentrando os esforços na avaliação das empresas e na modelagem de venda. Já a concessão, em geral, trata de projetos *greenfield*, partindo do zero e exigindo um desenho de projeto básico de qualidade a ser desenvolvido pelo setor privado ou por meio de parcerias público-privadas. Um bom projeto reduz o risco da concessão e diminui a insegurança jurídica e regulatória, atraindo investidores de melhor qualidade. Embora sejam bichos diferentes, privatização e concessão são muito trabalhosos e não são administráveis por uma única diretoria. A privatização, sozinha, já me demandava atenção 24 horas por dia, sete dias por semana.

A qualidade regulatória e as disfunções

A captura política das agências reguladoras, todas estabelecidas ao longo da gestão FHC, se deu com o tempo. Ela fica clara quando o ente regulador, ao tomar decisões, por exemplo sobre ajustes tarifários, incorpora objetivos políticos do governo do momento, por exemplo, para ajudar a política anti-inflacionária. Casos recentes desse tipo de postura foram vistos na atuação da Aneel e da ANP.

A Aneel participou do anúncio da famosa MP nº 579, ao lado do Executivo. Essa MP impôs uma enorme intervenção no setor elétrico e foi um desastre. A agência perdeu a isenção nas críticas à MP, o que limitou sua capacidade de responder com rapidez aos desajustes, que foram se acumulando no setor. Os resultados foram um tarifaço e um grande desequilíbrio setorial. A Eletrobras quase quebrou. Na mesma linha, vimos a ANP anunciando uma nova Lei do Gás que iria reduzir as tarifas em 40%. Não se viu, nos dois casos, uma análise de impacto regulatório prévio.

Essa interferência tem muito a ver com a nossa cultura, que permite intromissões do governo na regulação do setor público como se isso fosse natural. O ministro Luís Roberto Barroso sempre fala algo com o qual concordo muito: "Brasil tem sociedade viciada em Estado." E isso perpassa várias atividades econômicas e políticas públicas.

O enfraquecimento das agências leva a uma maior interferência do TCU e do Judiciário no assunto. Porque quando as agências falham, o Tribunal cresce e começa a cumprir funções que não são as dos seus ministros, interferindo, por exemplo, no próprio processo técnico de definição de modelos, de preços, de outorgas. Como consequência, temos o que chamamos de "apagão das canetas", que é uma paralisia decisória, porque começa a haver medo de que o TCU passe a ser punitivo, caso discorde tecnicamente de uma decisão. Isso é grave.

O Judiciário também anda precisando de ajustes. Decisões monocráticas vêm crescendo de forma significativa. O que deveria ser exceção tem virado regra. Muitas são, previsivelmente, revertidas pelo colegiado. Por exemplo, uma liminar do ministro Ricardo Lewandowski, totalmente contrária à jurisprudência do próprio STF, suspendeu o programa de privatização por um ano. E não foi por acaso — ele se declarou publicamente contrário ao processo de privatização na ocasião. A encampação da Linha Amarela pela prefeitura do Rio, outro exemplo, foi determinada pelo presidente do STJ.

O mercado não é bobo

O grande quebra-cabeça brasileiro é o seguinte: como continuamos vendendo ativos no Brasil tendo uma qualidade regulatória tão ruim, com tanta insegurança jurídica e com um Judiciário que interfere tanto e tão frequentemente? Esta é a pergunta. No auge da crise política, em um grave momento do governo Bolsonaro, a empresa de saneamento de Alagoas foi vendida com muito sucesso, com ágio extraordinário. Em abril de 2021, foram vendidos 22 aeroportos, com ágio de até 9.000%. Pode até ter havido um erro no preço básico, não importa, porque é o leilão que define o preço e ele foi extraordinário, em meio a uma crise política gravíssima.

Com todos esses problemas, como continuamos com potencial enorme de vender ativos? Porque os investidores têm uma esperança no Brasil a longo prazo. Essa pode ser uma resposta. Mas a resposta pode ser também a de que os ativos podem estar baratos demais. O mercado não é bobo. Se recursos financeiros estão sendo aplicados, se há pagamento de ágio, talvez seja porque existe uma combinação de fatores, como confiança no futuro e ativos baratos demais.

E o que permanece como agenda? Para responder a essa questão, é preciso entender o papel da desestatização no contexto do país e como ela se encaixa na reforma do Estado. A privatização não atende somente à arrecadação. Ela serve para a transformação, a geração de mais eficiência na economia. A empresa estatal nunca conseguirá ser tão eficiente quanto a privada. A estatal está submetida a regras que retiram a flexibilidade da administração sem que a empresa consiga impedir a corrupção nas compras e nos negócios do governo. Ela não tem liberdade de contratação e de demissão de seu corpo técnico.

Mas, mesmo que essas dificuldades pudessem ser superadas com revisões nas normas, o uso político da estatal é quase parte da sua natureza. Seja para servir de moeda de troca em negociações de pauta legislativa, seja, simplesmente, para abrigar filiados do partido. As estatais estão lá, vivas e próximas, para serem usadas. É preciso muita convicção por parte de um governo para abandonar essa herança do patrimonialismo. Outra questão refere-se à crença de que estatal que dá lucro não pode ser privatizada. Dar lucro é obrigação e não impedimento para uma desestatização. A privatização trata da recolocação do Estado na economia.

Que Estado queremos?

Estou a cada dia mais convencida de que a desestatização é fundamental e de que deveríamos seguir o artigo 173 ao pé da letra. Ou seja, privatizar tudo o que não seja proibido. Essa é a minha convicção. E, de novo, para fazer isso é preciso liderança. Não vamos conseguir avançar sem um líder que acredite que a privatização é fundamental para liberar o Estado para fazer aquilo que ele pode fazer melhor. Com as estatais saindo da atividade econômica, abandonando a atividade empresarial, aumentaremos a eficiência na economia.

O discurso puramente fiscal é muito pobre. Devemos ir além. Precisamos perguntar: qual é o Estado que queremos? Acredito que a pandemia nos trouxe uma resposta clara. O Estado que queremos é aquele focado na educação, na conectividade, na qualidade da habitação popular, no transporte público, no saneamento, ainda que por meio de delegação. E não um Estado que precisa controlar uma empresa de comunicação, como a EBC, ou a Valec, ou petróleo ou refinaria. Esse não é um Estado ideal para nós.

Termino elogiando a minha equipe. Não se consegue fazer o trabalho que fizemos, lá nos anos 90, se não tivermos um quadro de funcionários tão bom, tão dedicado, de corpo e espírito, a um projeto. Todos estavam empenhados em um processo importante para um projeto econômico, para um projeto de país. Esse é meu aprendizado.

LEITURAS SUGERIDAS

- Aragão, Alexandre Santos de. *Empresas estatais: o regime jurídico das empresas públicas e sociedades de economia mista*. Rio de Janeiro: Forense, 2ª ed., 2018.
- Giambiagi, Fabio, Sergio Ferreira e Antônio Marcos Ambrózio (orgs.). *Reforma do Estado brasileiro: transformando a atuação do governo*. Rio de Janeiro: GEN Atlas, 2020. [Recomenda-se, em especial, a leitura dos artigos de Marcos Mendes e Luiz Chrysostomo de Oliveira Filho.]
- Oliveira Filho, Luiz Chrysostomo de. "Etapas da desestatização no Brasil: 30 anos de história", *Texto para Discussão nº 55*. Rio de Janeiro: Iepe/CdG, 2019. Disponível em: <https://iepecdg.com.br/textos/etapas-da-desestatizacao-no-brasil-30-anos-de-historia/>. Acesso em: 17 out. 2022.
- Oliveira, Gesner e Luiz Chrysostomo de Oliveira Filho (orgs.). *Parcerias público-privadas: experiências, desafios e propostas*. Rio de Janeiro: LTC, 2013. [Recomenda-se, em especial, a leitura do artigo "O Estado e a iniciativa privada no setor elétrico: uma análise das duas últimas décadas (1992-2012)", de Elena Landau, Joisa Dutra e Patrícia Sampaio.]
- Pinheiro, Armando Castelar e Elena Landau. *Privatização e dívida pública*. Rio de Janeiro: Biblioteca Digital do BNDES, 1995. Disponível em: <https://web.bndes.gov.br/bib/jspui/handle/1408/14056>. Acesso em: 17 out. 2022.
- Pinheiro, Armando Castelar e Kiichiro Fukasaku. *A privatização no Brasil: o caso dos serviços de utilidade pública*. Rio de Janeiro: Biblioteca Digital do BNDES, 2000. Disponível em: <https://web.bndes.gov.br/bib/jspui/handle/1408/2222>. Acesso em: 17 out. 2022.
- Shleifer, Andrei. *State versus Private Ownership*. NBER Working Papers #6665, Cambridge, 1998. Disponível em: <https://www.nber.org/system/files/working_papers/w6665/w6665.pdf>. Acesso em: 17 out. 2022.
- Tirole, Jean. *Economia do bem comum*. Rio de Janeiro: Zahar, 2020. [Recomenda-se, em especial, a leitura dos capítulos 6 e 17.]

- Velasco, Licinio Jr. "Documento histórico: a privatização no sistema BNDES". *Revista do BNDES*, nº 33, jun. 2010. Disponível em: <https://web.bndes.gov.br/bib/jspui/bitstream/1408/909/4/RB%2033_final_A.pdf>. Acesso em: 17 out. 2022, pp. 307-382.

13. José Márcio Camargo
Podcast realizado em 18 de março de 2021

José Márcio Camargo é doutor em Economia pelo MIT, tendo se graduado em Economia na UFMG. Professor do Departamento de Economia da PUC-Rio e economista-chefe do Banco Genial, é referência em estudos e propostas sobre relações de trabalho e inclusão.

Resumo

O economista e professor da PUC-Rio José Márcio Camargo defende a importância dos incentivos no desenho de políticas no mercado de trabalho e examina a força das ideias como ação propulsora de políticas públicas. Com uma breve passagem pelo governo federal, contribuiu para o desenho de políticas, a exemplo do programa de transferência de renda conhecido hoje como Bolsa Família. Participou também das discussões em torno de reformas aprovadas pelo Congresso Nacional entre 2016 e 2019, entre elas o Teto de Gastos, o fim da TJLP e a reforma trabalhista.

Duas experiências formativas

Começo contando dois fatos determinantes na minha formação humana e profissional. O primeiro aconteceu em 1964, quando houve o golpe militar e eu cursava o Científico, equivalente ao atual Ensino Médio, no Colégio Municipal de Belo Horizonte. Durante o governo João Goulart, foram implementadas as chamadas Escolas de Base nas periferias das grandes cidades, onde estudavam os alunos pobres. Quando veio o golpe, essas escolas foram fechadas e os professores foram quase todos presos. Aos 16 anos, privilegiado pela boa educação recebida da família, fui chamado para uma reunião com o diretor do colégio, o professor Guilherme Lage, junto com meia dúzia de outros alunos.

A proposta dele era que assumíssemos a direção de duas dessas escolas que estavam paradas havia seis meses desde a prisão de seus professores, acusados de serem subversivos. O diretor se propunha a coordenar o processo de retomada das aulas, mas elas seriam conduzidas diretamente por nós, seus alunos. Passei dois anos como diretor de uma dessas duas escolas, e acho que não preciso dizer como foi espetacular essa experiência de vida, da qual não esqueço. Aquele aprendizado de convivência com pessoas de nível social tão diferente do meu foi importante não apenas para a minha formação como pessoa, mas também por ter me levado a descobrir o quanto eu gostava de ensinar.

A outra experiência marcante foi a oportunidade, aí já no início dos anos 70, de dar aulas para as lideranças sindicais do ABC paulista que estavam sendo formadas naquele ambiente de muita repressão ainda. Na época, eu já estava fazendo mestrado na Fundação Getulio Vargas do Rio, de onde pegava um ônibus de 15 em 15 dias para dar aulas na sexta, no sábado e no domingo em uma igreja de São Paulo, retornando só no domingo à noite. As aulas giravam em torno do funcionamento do mercado de trabalho e de lições básicas de economia, nas quais eu explicava por que os preços subiam e desciam, enfim, questões aplicáveis na vida prática daquelas pessoas. Novamente, aprender a me relacionar com pessoas completamente diferentes de mim, ajudando na formação delas e contribuindo para uma sociedade melhor, foi impactante.

O curioso nesses dois episódios é que ambos envolviam a substituição de professores presos pela ditadura. No primeiro caso, poder-se-ia considerar que eu estivesse ajudando a repressão, uma vez que estava cobrindo a vaga deixada por "subversivos" com aval do governo. No segundo caso, porém, eu fazia o contrário, ajudando na formação de um movimento que justamente viria a combater essa mesma ditadura. Pouca gente conhece essa parte da minha história que considero fundamental.

Na trajetória formal, minha graduação foi na Universidade Federal de Minas Gerais, onde fiz um excelente curso, depois o mestrado na EPGE da FGV do Rio, outro excelente curso na época, no qual fui aluno do professor Mario Henrique Simonsen. Na sequência, fiz doutorado no MIT, outro curso de ponta que me garantiu uma formação rigorosa. Já em 1978, retorno ao Rio de Janeiro diretamente para dar aulas no mestrado do Departamento de Economia da PUC-Rio, do qual ainda sou professor. Dei aulas até o último semestre de 2020 e, no momento, estou de férias da PUC porque me cansou bastante o sistema de ensino remoto. Para mim, um dos grandes prazeres de dar aulas é o contato presencial e a troca com pessoas mais jovens, com novas ideias, e no ensino remoto isso fica bastante difícil.

Mercado de trabalho como foco de pesquisa

Durante todo esse tempo, minha principal área de interesse e pesquisa sempre foi o funcionamento do mercado de trabalho, as causas da pobreza e da desigualdade no Brasil. Quando voltei do MIT, já nos anos 80, muito bem formado em Microeconomia, a grande discussão aqui no Brasil era descobrir os efeitos da política salarial sobre a formação dos salários e dos preços na economia brasileira. Na época se falava muito em indexação. A Lei Salarial determinava que as empresas eram supostamente obrigadas a reajustar o salário dos trabalhadores com certa periodicidade. No início era uma vez por ano, mas, a partir de 1979, devido à inflação alta que se acelerava, o reajuste se tornou necessário duas vezes por ano, porque os salários perdiam bastante valor entre seis meses e um ano. Então, aquele foi um período em que essa questão da política salarial era o foco da discussão sobre o mercado de trabalho no país.

Quando cheguei dos Estados Unidos, já tinha essa preocupação registrada na minha tese sobre a formação do mercado de trabalho em São Paulo. Ali eu procurava entender como o estado saíra da escravidão para a criação de um mercado de trabalho formal estimulado pela imigração italiana, uma transição feita pelo governo e não pelo setor privado, como se imagina. O governo de São Paulo financiava a vinda de italianos para trabalhar na lavoura paulista em substituição aos escravos, que estavam sendo libertados. E, assim, houve a primeira troca da mão de obra escrava por uma mão de obra assalariada, iniciando a formação do mercado de trabalho de São Paulo.

Mas, embora minha pesquisa focasse o mercado de trabalho, ao longo do tempo minha cabeça foi mudando e fui descobrindo que a questão da política salarial e da indexação estava muito mais ligada aos incentivos gerados pela legislação trabalhista do que propriamente à inflação. E comecei a perceber que, na verdade, se eu quisesse continuar pesquisando o setor, teria que entender que a inflação era uma consequência determinante para o comportamento do mercado de trabalho.

Voltando um pouco no tempo, vale lembrar outro fato curioso. Eu tinha um funcionário que trabalhou cinco anos na minha casa. Quando o demiti, ele entrou na Justiça do Trabalho contra mim, mesmo eu tendo assinado todos os documentos e ele recebido todos os direitos. Recuando um pouco mais no passado para ilustrar o pano de fundo daquele momento, antes disso, em 1985, eu havia tido uma experiência de três meses com o ministro do Trabalho, Almir Pazzianotto, e sua secretária de Relações de Trabalho, Dorothea Werneck. Eles me convidaram para fazer parte do quadro do ministério e, embora aquela experiência tenha durado pouco, foi marcante porque ali eu entendi a dificuldade de trabalhar no governo. Uma das lições que aprendi com o ministro Pazzianotto foi exatamente a importância e o peso das leis.

Mas o discurso do meu funcionário era o do advogado trabalhista, e eu era um economista, certo? Eu entendia, mas percebia o discurso dele de forma diferente. Depois das contas acertadas, um juiz me chamou para uma mediação, porque o funcionário não estava satisfeito com o que havia recebido e queria mais dinheiro e uma indenização. E o juiz me ofereceu a chance de fazer a ele uma contraproposta para resolver o problema de imediato. Eu pensei: "Ora, se preciso fazer uma contraproposta para essa pessoa quando a relação de trabalho já foi encerrada, por que pagar tudo que eu devia para esse homem ao longo da relação de trabalho? Era só esperar, está certo?" Como eu sabia que já tinha pago tudo o que devia conforme mandava a legislação trabalhista vigente na época, eu disse que não faria contraproposta, apenas enviaria os documentos que comprovavam o que eu estava afirmando para que ele estudasse o caso nos autos e tomasse sua decisão. Aquele episódio foi superimportante para mim, porque senti na pele o que era o mundo do trabalho no Brasil.

Que tipo de incentivo o empregador pode gerar para o empregado se, ao final do contrato de trabalho, ele pode vir com uma cobrança que não tem nada a ver com o que foi efetivamente combinado? Além disso, se o juiz fosse de fato estudar o caso, poderia demorar dois, três, até quatro anos. E aquele trabalhador levaria pelo menos sete anos para receber o que supostamente achava que deveria receber. Então, percebi que o incentivo era totalmente errado. E, em economia, especialmente no mercado de trabalho, não existe nada mais estimulante que o incentivo.

Foi a partir desse episódio pessoal que todo o meu trabalho se concentrou em desenhar instituições que gerassem ganhos de produtividade através de incentivos, como treinamento e qualificação dos trabalhadores, tornando as relações de trabalho mais harmoniosas na economia brasileira. Por isso toda a minha produção acadêmica, tanto na área de mercado de trabalho como na área da Previdência e de programas condicionados de transferência de renda, está totalmente voltada para as políticas de incentivo. Toda a ideia é a seguinte: que incentivo vai ser criado para o trabalhador que estará exposto a essa legislação? Esse é o ponto fundamental, é a questão que precisa ser respondida. Nesse sentido, o governo precisa ter essa percepção de olhar para fora e estar aberto a buscar ideias para a construção de políticas públicas em seu enorme ecossistema, formado por economistas, acadêmicos, *think tanks*, organismos sindicais e empresariais capazes de formular e produzir propostas.

No meu caso, a parte mais significativa da minha pesquisa acadêmica começou a ser produzida na década de 80 do século passado, junto com um grupo formado por economistas da PUC e um pessoal do Ipea. Estudávamos basicamente mercado de trabalho, pobreza e desigualdade, sempre escrevendo e publicando artigos em jornais e revistas especializadas. Passávamos horas discutindo essas três questões e produzimos muitas ideias sobre o comportamento do mercado de trabalho.

O embrião do Bolsa Família e a Previdência

Houve um momento em que começamos a perceber que a taxa de rotatividade de empregos na economia brasileira era alta. As empresas demitiam e contratavam trabalhadores com frequência. Foi quando constatamos também que havia uma razão óbvia para isso. Ao ser demitido, o trabalhador ganha um prêmio. Além do FGTS, ele recebe 40% do fundo, aviso prévio, férias proporcionais, enfim, uma grande quantidade de dinheiro. Então, muitas vezes é ele quem induz essa demissão. E o empresário sabe disso. Percebe que o trabalhador, principalmente o menos qualificado, a partir de certo momento começa a desejar essa demissão. Esse era um dos fatores que geravam aquele alto índice de rotatividade. E isso desestimulava o empresário a investir no treinamento e na qualificação do seu trabalhador, porque ele sabia que, mais dia menos dia, o funcionário ia querer ser demitido.

Muito bem, a partir desse tipo de observação, começamos a produzir uma série de propostas de política econômica focando várias questões. Por exemplo, no fim dos anos 80, fazendo uma pesquisa sobre pobreza e olhando dados da Pnad, verifiquei que crianças de famílias muito pobres, com idades entre 10 e 12 anos, estavam contribuindo com até 25% da renda *per capita* familiar. Ora, como isso era possível, inúmeros pais e mães dessas famílias se viam diante do dilema de escolher entre matricular os filhos na escola ou incentivar a entrada precoce da criança no mercado de trabalho. E, invariavelmente, o mais provável era que a opção fosse pelo mercado de trabalho.

A partir dessa análise, veio a ideia de criar os Programas Condicionais de Transferência de Renda. Nesse caso, o governo "compraria" o tempo da criança para ela ir à escola, que passaria então a competir com o mercado de trabalho. A ideia foi tornada pública pelos jornais e começamos a ser convidados a explicá-la a vários setores. Foi assim que atraímos a atenção do ministro da Educação, Paulo Renato, que um dia me telefonou pedindo ajuda para criar e nacionalizar o que virou o Bolsa Escola, lançado no governo Fernando Henrique Cardoso. Essa foi a minha primeira contribuição de verdade para a política econômica. Mas, além dessa, continuamos produzindo ideias para mudar a legislação trabalhista de forma a gerar ganhos significativos de produtividade, publicando muitos artigos tanto no nível acadêmico quanto na imprensa.

Outro foco de pesquisa do grupo da PUC-Rio/Ipea-RJ na época era a questão da Previdência. Já percebíamos que o Brasil gastava demais com isso e começamos a fazer pesquisas também nessa área. Acontece que, ao produzir um conjunto estruturado de ideias no âmbito acadêmico sobre qualquer tema — no meu caso sobre os Programas Condicionais de Transferência de Renda —, o pesquisador começa a ser convidado para falar sobre seu trabalho, e foi assim que, depois do Bolsa Escola, veio o Bolsa Família.

Aliás, a discussão em torno do Bolsa Família tem uma curiosidade interessante. Uma vez implementado o Bolsa Escola, eu e o economista Francisco Ferreira, professor da PUC-Rio especializado em Economia do Bem-Estar Social, decidimos generalizar o benefício social e criamos o Benefício Social Único, que viria a ser o Bolsa Família no futuro. Ofereci o programa ao ministro Paulo Renato, mas o projeto não foi para a frente. No início do governo Lula, o secretário executivo do Ministério do Desenvolvimento Social, Ricardo Henriques, nos convidou para implementar o programa. Convocamos os economistas do grupo e fizemos várias reuniões para desenhá-lo. A curiosidade é que as reuniões eram "clandestinas", não podiam se tornar públicas, para evitar que membros do governo interditassem a discussão sobre o programa, considerado muito neoliberal pelos economistas do PT. Mas, felizmente, o programa foi desenhado e implementado.

Mas, voltando à Previdência, alguns anos depois começamos a nos perguntar por que a Previdência Social no Brasil era tão cara aos cofres públicos. Esse é um ponto que até hoje não consegui entender. Por que o Brasil gasta 14%, até 15% do PIB com Previdência, tendo apenas 10% da população com 65 anos, contra apenas 7% do PIB com educação, tendo 30% da população com 15 anos ou menos? Qual a lógica desse processo? A partir dessa discussão, que acabou acontecendo, passei a ser bastante convidado a falar, já dentro do governo Temer. E acabei participando ativamente do programa Uma Ponte para o Futuro, com o objetivo de desenhar as reformas supernecessárias que foram sendo implementadas.

Costumo dizer que existe uma diferença fundamental entre o tempo cronológico e o tempo histórico. No tempo histórico, muitas vezes passam-se décadas sem que nada de significativo aconteça na vida das pessoas e dos países. De repente, em pouco tempo cronológico, acontece uma mudança essencial e ideias que estavam em discussão na *pipeline* evoluem para a concretização. Acho que isso está acontecendo no Brasil hoje. Todas essas questões mencionadas aqui, sobre as reformas trabalhista e da Previdência, assim como os programas condicionados de transferência de renda e a questão da educação, sempre foram base e tema de conversas, mas nada acontecia. De repente, a maior parte dessas reformas começou a ser votada e medidas que pareciam estar longe de serem implementadas foram colocadas em prática. Por isso costumo dizer o seguinte para os meus alunos: "Não desistam, vão à luta pelas suas ideias, porque o tempo histórico é imprevisível e nunca sabemos como ele vai se comportar."

Impactos da reforma trabalhista

No caso de todas essas reformas, cujas janelas de oportunidade para debate e implementação de ideias se abriram entre 2017 e 2018, enxergo algumas razões que merecem destaque. Uma delas é a evolução do PT.

O presidente Lula começou com um governo bastante responsável, voltado para algumas reformas importantes numa tentativa de organizar a economia, que vinha numa trajetória de organização do equilíbrio fiscal. E Lula reforçou esse processo até 2006. A partir daí, no entanto, houve uma mudança de trajetória governamental que culminou com a recessão de 2014 a 2016, durante o segundo mandato Dilma. A recessão tinha a ver exatamente com a questão do abandono do equilíbrio fiscal e a percepção de que não era preciso controlar tanto a inflação e a taxa de juros. Fato é que essa atitude provocou uma recessão brutal que acabou resultando no impeachment de Dilma.

Nesse meio-tempo, o MDB — na época PMDB —, que tinha o vice-presidente Michel Temer ainda na cadeira, achou que em 2018 o partido poderia ter a chance de eleger o presidente da República, desde que tivesse um projeto de desenvolvimento. E o que aconteceu foi que o MDB acabou lançando ali o projeto Uma Ponte para o Futuro, que era bem fechado e desenhava, de fato, um caminho para o futuro. E isso foi decisivo, independentemente das razões que levaram Temer a assumir a Presidência.

O plano Uma Ponte para o Futuro não se resumia à teoria acadêmica. Na verdade, foi elaborado dentro do MDB e era politicamente muito ligado ao partido. Por isso, quando assumiu a Presidência, Temer imediatamente passou a implementá-lo. O projeto apontava um caminho que foi muito bem recebido naquele momento de recessão cavalar, quando havia um desejo coletivo enorme por reformas que melhorassem o cenário. Naquele momento, a fome se juntou com a vontade de comer e o processo de reformas foi iniciado com o Teto de Gastos e continuado com a reforma trabalhista, que teve, na extinção do imposto sindical, um dos pontos mais importantes. Antes da reforma, os sindicatos se sustentavam com um imposto que os trabalhadores eram obrigados a pagar todos os anos, como fonte de financiamento e meio de fortalecimento dessas corporações. Com o fim do imposto, essas corporações perderam muito poder para lutar por interesses específicos e, com isso, hoje, grande parte delas perdeu também poder político, porque os trabalhadores não estão mais dispostos a financiar entidades que pouco lhes servem.

Outro ponto relevante foi o aumento da flexibilidade, com a liberalização e a terceirização nas contratações. Hoje só se contrata um trabalhador que pode vir a ser demitido, porque nenhum contratante é obrigado a ficar com aquele funcionário a vida toda, sobretudo quando a produtividade dele é baixa. Não por outra razão as taxas de desemprego na Europa são tão altas e nos Estados Unidos, tão baixas. Uma das medidas incorporadas à reforma trabalhista foi justamente essa. Você pode contratar outro trabalhador por duas, três, quatro horas, três dias por semana, dois dias por semana, como for mais conveniente às partes. Antes, os contratos eram muito rígidos e agora são bem mais flexíveis. Se você precisa de um garçom por duas horas, você o contrata por duas horas, por cinco dias ou por uma semana. Antes era impossível fazer isso. Então, essa foi uma medida que gerou mais oportunidades e aumento de demanda por trabalho.

A terceira vertente da reforma trabalhista tem a ver com a diminuição do custo da demissão para o empresário, no sentido de desestimular que o trabalhador deseje ser demitido. Hoje, se o trabalhador entrar na Justiça e perder, ele tem que pagar o advogado. Ou seja, existe um custo para entrar na Justiça do Trabalho. O trabalhador só vai entrar na Justiça do Trabalho quando tiver certeza de que vai ganhar ou se acreditar que há uma grande probabilidade de vencer. Antes, ele entrava na Justiça e o custo era só do empregador. Ele não tinha custo nenhum. O custo dele era o tempo que perderia ao ir até a Junta de Conciliação e Arbitragem para negociar com o patrão quanto ganharia de indenização pela demissão. Com a nova legislação, o que acontece é o seguinte: se o trabalhador perde, ele tem que pagar a sucumbência. Isso significa que há menos incentivo para recorrer à Justiça do Trabalho atrás de indenizações que podem não ser pertinentes.

A questão da terceirização também é fundamental. Antes só era possível terceirizar atividades-meio, nunca atividades-fim. E quem decidia o que era atividade-meio ou atividade-fim era o juiz do trabalho. Isso significava que esse juiz tinha total independência para fazer esse julgamento, e a insegurança gerada por esse fato era grande. O empresário contrata um economista, por exemplo, para dar assessoria na parte de economia. O que é melhor para o empregador e para o trabalhador? Contratar com carteira assinada ou terceirizar a mão de obra? Lá atrás, o banco seguramente preferiria não arriscar a contratação terceirizada de um economista que, segundo a compreensão de algum juiz, poderia vir a ter sua função considerada como atividade-fim do banco e, consequentemente, passar a ter todos os direitos dos não terceirizados. Hoje não existe mais esse dilema porque qualquer trabalho pode ser terceirizado. Se o trabalhador perdeu? De forma alguma, porque isso está no salário dele.

Quando o trabalhador negocia com o patrão, ele não negocia apenas o salário, negocia também o custo dele para a empresa. E esse custo inclui todos os direitos e encargos. Então, com a liberalização do trabalho terceirizado, cresceu muito o número de ocupações dessa natureza, melhorando bastante o funcionamento do mercado de trabalho. O número de demandas na Justiça do Trabalho caiu a menos da metade imediatamente depois da aprovação da reforma trabalhista. O que quer dizer também que os custos de contratação e demissão diminuíram. Hoje observa-se no Caged um aumento do número de contratações com carteira assinada, e isso tem a ver com a reforma, exatamente porque agora é mais barato contratar de maneira formal. Houve uma evolução no número de trabalhadores com carteira assinada até depois da pandemia e isso é uma novidade no Brasil. Não tenho nenhuma dúvida de que isso tem a ver com o resultado da reforma trabalhista. E com a possibilidade de terceirização generalizada.

Entre normas executivas e limites constitucionais

Existe uma margem de manobra razoavelmente grande para a evolução de normas executivas, de medidas desburocratizantes. Há um conjunto de normas limitantes, como a que regulamenta, por exemplo, quantos banheiros determinado ambiente precisa ter, não apenas por questões de segurança, mas também de convivência. O Ministério da Economia está olhando justamente no sentido de simplificar aquelas normas que não precisam necessariamente passar pelo Congresso Nacional. São normas que, além de complicar, encarecem a relação entre trabalhador e empresário. E geram muita incerteza, porque estão sempre dando margem a reivindicações absurdas na Justiça do Trabalho, como um funcionário reclamar que só encontrou dois guardanapos na mesa da cantina quando devia ter encontrado quatro. Claro que esse exemplo é uma brincadeira, mas esse tipo de situação é recorrente, por exemplo, na área da construção civil. Ou seja, é o tipo da matéria que não faz sentido encaminhar para mesas de votação.

Outra facilidade de hoje é poder digitalizar a carteira de trabalho, o que agiliza bastante os processos de contratação. Tudo isso está melhorando significativamente o funcionamento do mercado de trabalho. Mas há outros problemas para os quais não vejo solução. Um exemplo bem concreto é a polêmica do salário mínimo, que está na Constituição, assim como a obrigatoriedade de o governo manter o seu valor real. Assim, é preciso reajustá-lo constantemente pela inflação. O que acontece é que uma parte da informalidade no Brasil tem a ver com o fato de o custo de contratar um trabalhador que ganha o salário mínimo real ser muito alto, levando-se em conta sua qualificação e produtividade, normalmente baixas. Isso significa que, nesse caso, o empresário só vai contratar o trabalhador se o custo real da contratação com os encargos for menor do que o valor da produtividade dele. Se o custo for maior, das duas uma: ou o empresário não contrata ou o contrata informalmente, de modo tal que não tenha de pagar encargos que encareceriam o custo mensal do trabalhador. Então, o que acontece é que o salário mínimo muito elevado acaba gerando mais informalidade e mais desemprego. Isso é um problema. E, para resolvê-lo, só mudando a Constituição, o que acaba não sendo feito, dada a complexidade desse movimento.

O ex-deputado Rogério Marinho, que hoje é ministro do Desenvolvimento Regional, foi superinteligente ao implementar a reforma trabalhista evitando tocar em qualquer ponto que pudesse levar a uma reforma constitucional. Foram feitas apenas reformas infraconstitucionais que estavam na CLT, o que facilitou a implementação da reforma trabalhista. Junte-se a isso o fato de que havia uma taxa de desemprego muito alta e também um certo consenso de que alguma coisa precisava mudar na base das relações de trabalho. A motivação que levou à reforma trabalhista foi a mesma que impulsionou a da Previdência Social. Foi exatamente o consenso de que algo urgente precisava ser feito que permitiu que se mexessem nas bases da Previdência de forma extremamente positiva.

Esse processo de convencimento da sociedade, que só acontece através do tempo, é fundamental. Sem convencer a sociedade, é difícil fazer as reformas que estão sendo feitas agora e as que foram feitas ao longo do mandato do presidente Temer. Para entender melhor esse contexto, se o cenário é de monopsônio no mercado de trabalho e você aumenta um pouco o salário mínimo, você gera mais empregos e mais salários. Isso está na literatura. Se o poder de um empresário é muito maior do que o poder do trabalhador, existe uma folga para se aumentar um pouco o valor real do salário mínimo sem gerar desemprego. Mas, se olharmos para situações em que o mercado é relativamente competitivo, como nas chamadas comunidades, com muitos trabalhadores, pequenas empresas, botequinhos, o que existe é uma competição, não um monopsônio. Nesses mercados seria possível formalizar bem mais a força de trabalho se o custo fosse menor. Esse é o ponto.

Pobreza, desigualdade e educação

Olhando para a frente, há outro aspecto que considero crucial em relação ao funcionamento do mercado de trabalho. As pessoas ficam preocupadas com desigualdade e é claro que essa é uma preocupação legítima, mas eu, particularmente, me preocupo mais com a questão da pobreza, que precisa de solução urgente. De toda forma, qualquer que seja o ponto, o funcionamento do mercado de trabalho, a desigualdade e a pobreza dependem de uma ferramenta fundamental, que é a educação, está certo? Educação é básico. Então, o ponto é o seguinte: agora, e mais do que nunca depois dessa pandemia, é preciso partir para resolver a questão da educação no país. Com a pandemia, o processo de inovação tecnológica foi acelerado e só os mais produtivos e que tinham reservas vão sobreviver nesse cenário. Quem tinha poucas reservas, pouca poupança e era pouco produtivo, vai dançar. Será difícil para essas pessoas. E isso significa que a educação vai ser cada vez mais decisiva.

Considerando o incentivo crescente de automatização da sociedade, não será possível resolver o problema do desemprego e da falta de oportunidades de trabalho para os menos "educados". Estes terão cada vez menos oportunidades e vão ganhar salários cada vez mais baixos. Também manterão relações de trabalho mais deterioradas. De novo: a educação se faz essencial, mas é preciso ter em mente que a questão educacional é intergeracional. É impossível resolver o problema educacional no Brasil em dois, três, quatro, cinco, seis anos. Serão necessárias várias gerações para equacionar isso.

Pesquisas mostram claramente que as crianças que tiverem a sorte de nascer em famílias cujos adultos têm capital humano acumulado terão mais chances de se dar bem na vida do ponto de vista financeiro. A verdade é que esse negócio de nascimento é uma sorte mesmo, uma loteria. Então, ao longo das gerações, é preciso ir diminuindo a diferença de capital humano entre as crianças, para que os próximos adultos tenham menos diferenças entre si, e assim por diante. Esse é um processo longo e doloroso, não vai acontecer daqui a dez anos. Nesse sentido, diminuir a pobreza é mais fácil e diminuir a desigualdade mais complicado. A reforma da legislação trabalhista vai ter provavelmente um efeito muito mais direto sobre a pobreza do que sobre a desigualdade, exatamente porque a desigualdade está ligada à distribuição de capital humano, o que é difícil de mudar. Já a pobreza está mais ligada às relações de curto prazo.

Se houvesse uma legislação que barateasse o custo de contratar formalmente, seria possível diminuir a pobreza de forma substancial, porque essas pessoas poderiam ser acessadas por políticas sociais que não alcançam os informais. É importante ter claro, portanto, que, da forma como foram construídas no Brasil, as relações de trabalho aumentam a desigualdade. E as corporações são instrumentos de crescimento dessa desigualdade. Por exemplo, o grupo privilegiado que conseguiu montar um sindicato ganha um prêmio salarial. Isso implica que o trabalhador daquela mesma empresa que não pertence ao sindicato vai ter que pagar esse custo, porque a empresa vai olhar para quem tem mais poder. O fim do imposto sindical tem um efeito que ainda será medido. Mas acho que terá um efeito de redução da desigualdade.

Como ser eficiente em Brasília

Tentando sintetizar aqui as lições que aprendi em Brasília, acho que a primeira lição é que, em um ambiente político, é preciso ter não apenas um objetivo, mas também muita clareza sobre aquilo que você está propondo. Se você não tiver clareza e não souber como negociar em uma sociedade democrática, não irá muito longe. A atividade política é uma atividade eminentemente de negociação, é preciso fazer concessões para receber em troca, daí a necessidade de clareza. Acho que esse foi o meu maior aprendizado nos anos que passei em Brasília. Nesse ambiente, a melhor primeira opção nunca existe. Não existe brigar pelo "ótimo". De alguma coisa você terá de abrir mão. Ali, todos têm algum poder, alguns mais, outros menos. Então, no processo de negociação política, você terá sempre que dar alguma coisa para ganhar outra. Para isso é preciso listar e hierarquizar seus objetivos antes de encaminhá-los.

O presidente Temer fez uma estratégia inteligente, usando o mais fácil para chegar ao mais difícil. Apesar de ter começado pela proposta do Teto de Gastos, que era o mais importante e difícil, ao longo do processo ele foi enviando para o Congresso uma série de projetos de lei de menos peso, mas cujo objetivo era, também, no fim das contas, ganhar apoio político para a aprovação do Teto. Com isso, aprovou a reforma das estatais e a reforma do Ensino Médio, que também eram essenciais, mas, como eram projetos de lei, se mostravam mais fáceis de votar do que uma mudança constitucional que instituía um Teto de Gastos que propunha mudar a lógica orçamentária do país. Nesse sentido, o bom político é esse. E é muito difícil ser um bom político.

Eu ficava olhando aquelas discussões nos anos que passei lá e só pensava: "Meu Deus do céu, isso é realmente difícil." Mas, para deixar uma mensagem final otimista, insisto com os jovens para que não desistam. Se você tem certeza de que está certo, persiga o seu projeto, porque nunca se sabe o que vai acontecer no futuro.

LEITURAS SUGERIDAS
- Camargo, José Márcio. *Flexibilidade do mercado de trabalho no Brasil*. Rio de Janeiro: FGV, 1996.
- Camargo, José Márcio e Heitor Almeida. *Human Capital Investment and Poverty*. Rio de Janeiro: Departamento de Economia da PUC, 1994. Disponível em: <http://www.econ.puc-rio.br/uploads/adm/trabalhos/files/td319.pdf>. Acesso em: 29 set. 2022.
- Camargo, José Márcio e Francisco H.G. Ferreira. *O benefício social único: uma proposta de reforma da política social no Brasil*. Rio de Janeiro: Departamento de Economia da PUC, 2001. Disponível em: <http://www.econ.puc-rio.br/uploads/adm/trabalhos/files/td443.pdf>. Acesso em: 29 set. 2022.
- Camargo, José Márcio. "Os miseráveis", *Folha de S. Paulo*, 3 mar. 1993.
- Camargo, José Márcio. "Os miseráveis 2", *Folha de S. Paulo*, 12 ago. 1993.

14. Ricardo Paes de Barros
Podcast realizado em 6 de abril de 2021

Ricardo Paes de Barros é engenheiro pelo ITA, mestre em Estatística pelo Impa e doutor em Economia pela Universidade de Chicago. Integrou o Ipea por mais de 30 anos, dedicando-se, em especial, aos temas da desigualdade e da pobreza, do mercado de trabalho e da educação. Foi professor visitante da Universidade Yale, diretor do Conselho de Estudos Sociais do Ipea, subsecretário de Ações Estratégicas da Secretaria de Assuntos Estratégicos da Presidência da República e presidente da Comissão Nacional de População e Desenvolvimento. Publicou diversos livros e artigos, recebendo importantes prêmios em reconhecimento ao seu trabalho, como o Haralambos Simeonidis, da Anpec, o Prêmio Mario Henrique Simonsen e o Prêmio Celso Furtado em Estudos Sociais, da Academia Mundial de Ciências, em sua primeira edição. Foi agraciado com a comenda da Ordem Nacional do Mérito Científico e eleito membro titular da Academia Brasileira de Ciências. É professor titular no Insper, onde se dedica ao uso da evidência científica para a identificação de desafios nacionais, a formulação e a avaliação de políticas públicas.

Resumo
Entre as reformas microeconômicas incluem-se os programas sociais de combate à pobreza e à desigualdade. Com atuação destacada nesses temas, Ricardo Paes de Barros, conhecido como PB, foi um dos grandes responsáveis pela concepção do Bolsa Família. Aqui, ele compartilha as motivações e os desafios do programa e de outras ações de combate à pobreza, demarcando, ainda, as necessidades gerais para se estabelecer uma política social bem estruturada.

A motivação: entender como as coisas funcionam

Eu sempre tive um interesse muito claro por ciência, desde pequeno. Por razões talvez incertas, fui parar na engenharia achando que todo cientista devia ser engenheiro. Percebi, porém, que o meu verdadeiro interesse tinha como maior finalidade descobrir como as coisas funcionam e não inventar novas coisas que funcionam. Eu era, digamos, a criança que gostava de desmontar o brinquedo para saber como aquilo funcionava. Mas não com a finalidade de desenvolver um novo brinquedo. Então, rapidamente, vi que engenharia não era bem a minha área e fui para a matemática aplicada.

Isso tudo me levou, naturalmente, à economia. E, dado que fiz o mestrado em Matemática Aplicada e o doutorado em Economia, era muito natural também que fosse trabalhar com questões bastante quantitativas, que usassem grandes bases de informação. Veio daí o meu interesse menor pela macroeconomia e muito maior pela microeconomia. Dentro da microeconomia, as informações existentes são muito mais sociais do que realmente econômicas. E a ideia da desigualdade sempre me fascinou — não um fascínio ativista, no sentido de querer mudar ou acabar com a desigualdade no mundo, mas sim de querer entender.

Dez mil anos atrás, ou um pouco mais, não havia desigualdade nas primeiras aglomerações urbanas. A invenção da desigualdade veio com a agricultura, com as grandes cidades, mas é um pouco estranho como absorvemos tão bem a ideia de desigualdade. Deveríamos achar inaceitável tanta desigualdade. Portanto, sempre me fascinou tentar entender como tanta desigualdade é gerada, uma vez que as pessoas nascem muito parecidas. É difícil diferenciar dois bebês. Mas por que toleramos toda essa desigualdade? De onde vem essa tolerância? Há nisso outra questão que sempre me fascinou. Ao mesmo tempo que toleramos toda essa desigualdade, talvez sejamos, entre os seres vivos, um dos mais solidários. Assim, temos essa grande capacidade de gerar e conviver com a desigualdade, ao lado de uma grande capacidade para sermos solidários.

Eu nunca tive a intenção de mudar isso, mas sempre tive a intenção de entender. Claro que, à medida que ia estudando, a fim de tentar compreender, quem queria modificar tudo isso aproximava-se e perguntava: "Já que você está estudando isso, será que pode dar uma mão para ajudar a reduzir essa desigualdade?" Logo, conforme ia sendo chamado, tentei dar alguns palpites. Entretanto, repito, eu me considero muito mais um cientista querendo entender. A desigualdade é algo incompreensível e inaceitável. Mas os 7, 8 bilhões de seres humanos que existem hoje parecem seguir convivendo bem com isso. Quem sou eu para mudar essa situação?

A desigualdade é algo eminentemente estatístico, eminentemente quantitativo e, portanto, muito casado com a minha formação. Fiz todo o doutorado pela Universidade de Chicago, mas nunca saí do Ipea. Antes de seguir para o doutorado, eu já era funcionário do Ipea, que, inclusive, pagou o doutorado. Então, durante todo o meu período de estudo, eu recebia salário e tinha uma pequena bolsa da Capes que o complementava. Essencialmente, fui fazer o doutorado com uma remuneração plena do Ipea, que, na época, não era tão grande assim. Mas o Ipea pagou o meu salário integral durante os quatro anos de doutorado.

Origens e desafios do Bolsa Família

É, de certo modo, meio curioso, mas toda a questão do Bolsa Família talvez seja uma das menos complicadas entre todas aquelas com as quais trabalhei ao longo da minha carreira. É curioso como, às vezes, as pessoas não se lembram das coisas mais difíceis que fizemos, só das mais fáceis. Porque, na verdade, o grande problema do Bolsa Família é uma obviedade. Como o próprio Betinho dizia: "Pobreza é muito barato." Sempre foi óbvio que a insuficiência de renda do pobre, ou seja, quanto o pobre precisa de renda para chegar à linha de pobreza, equivale a uma quantidade ínfima da renda nacional. Porque os 10% mais pobres no Brasil detêm 1% da renda brasileira. Portanto, a fim de levá-los ao primeiro decil, eu preciso de metade disso, quer dizer, para não levar ninguém no Brasil a ser mais pobre do que os 10% mais pobres, eu preciso de 0,5% da renda das famílias. E a renda das famílias é quase metade do PIB, logo, preciso de 1/4 do 1% do PIB.

Então, aquilo que estávamos propondo, no caso do Bolsa Família, não era nenhuma sentença muito sofisticada, como foi citado na introdução de um artigo científico: "O Brasil precisa do Bolsa Família porque é relativamente um país de classe média com uma desigualdade gigantesca." E o que acontece quando você é de uma classe média alta e há uma desigualdade muito grande? A renda do seu pobre é muito pequena e a renda relativa ao pobre é muito grande.

O que aconteceu no Brasil foi que se pegássemos 1/4 de 1% do PIB, acabaríamos com 10% da insuficiência de renda dos mais pobres. Ou seja, o fato básico que foi explorado pelo Bolsa Família é: a quantidade de recursos necessária para eliminar a insuficiência de renda do extremamente pobre é mínima. Hoje, a Cepal estima que, no caso do Brasil, isso é 1% do PIB. Sendo assim, para transferir renda para o extremamente pobre em um país já de renda mediana como o Brasil, basta uma quantidade de recursos muito pequena. Isso não aconteceria em um país muito pobre como o Haiti. Nesse caso, a proporção seria de 5%, 10% da renda nacional. No Brasil, é menos de 1%.

A discussão é óbvia. Se com 1%, ou 0,5% do PIB não conseguimos acabar com a extrema pobreza, mas apenas com a insuficiência de renda do pobre, é porque ele continua dependendo dessa transferência, visto que não transformamos a capacidade dele de gerar renda. Essa é outra questão. Mas, para aliviar a pobreza dos 10% mais pobres no Brasil, precisaríamos de menos de 1% do PIB. Quando apresentamos essa tese, muita gente criticou, dizendo: "Isso é supersimplista porque, se encontrar quem são essas pessoas, elas vão ficar dependentes dessa renda." Espera aí, tem gente passando fome. Com 1% se alivia plenamente a extrema pobreza. Depois, é possível fazer várias coisas, com o objetivo de esses pobres passarem a ter uma inclusão produtiva para não dependerem disso. Mas a primeira ação seria transferir essa renda, e isso parece evidente.

Resolver a pobreza é complexo, aliviá-la é simples

A grande dificuldade do Bolsa Família foi as pessoas se convencerem de que realmente só se precisava de 1% do PIB e que isso fazia todo sentido. Antes de se discutir qualquer outra questão, era preciso transferir esse 1%. Mas as pessoas ficavam paralisadas repetindo: "Não, primeiro vamos discutir o que vamos fazer. Depois que soubermos como incluir produtivamente o pobre, transferiremos a ele a renda." Não e não. Primeiro você transfere a renda ao pobre e com isso alivia a pobreza dele. Assim, ele passa a ter o que comer. Depois discute-se como incluí-lo produtivamente.

A discussão sobre o Bolsa Família foi uma discussão política no Brasil, ideológica, para as pessoas chegarem à conclusão de que, sim, não fazia sentido num país com o nível de riqueza do Brasil manter 10%, 20% da população com fome e com outros direitos sociais básicos insatisfeitos, quando, na verdade, 1% de transferência de renda seria suficiente para resolver esse abismo. Assim, outra ação foi tentar superar a discussão, que era resumida na forma como o senador Eduardo Suplicy a abordava: "Para ser 1%, eu preciso descobrir quem são os pobres. Se transferir para todo mundo não vai ser 1%, serão 10%, 20%. Portanto, é preciso um mecanismo de focalização, algo como o Cadastro Único."

Por isso acho que o grande desafio do Bolsa Família foi chegar à conclusão de que resolver a pobreza é complexo, mas aliviá-la é simples. Isso pode ser feito, como dizia o Betinho, com muito pouco dinheiro. Com 1% do PIB eu não resolvo o problema dos pobres, mas acabo com a insuficiência de renda dos pobres, que lhes causa tantos males. E eu posso fazer isso, desde que seja possível focalizar, como o Cadastro Único mostrou, junto com outros mecanismos.

Pode-se fazer mais, como no caso da criação de cotas municipais para o Bolsa Família, buscando-se identificar os mais pobres a partir de um mapa da pobreza para gerar um Cadastro Único. Portanto, repito que era possível, de fato, aliviar a carência de renda dos mais pobres no Brasil com apenas 1% da renda do PIB. Isso é o Bolsa Família. E o mais difícil nessa história toda não é ter implantado "um grande avanço científico". Foi fazer as pessoas simplesmente concordarem que isso deveria ser feito.

A capilaridade pouco conhecida

O Brasil avançou muito nesse período, mas não só nisso. Temos algo muito conhecido, o SUS, o Sistema Único de Saúde. E às vezes estamos menos conscientes de que temos outro Sistema Único muito poderoso, que é o Sistema Único de Assistência Social, o Suas, baseado em cada bairro, cada distrito dos municípios brasileiros. Temos o Centro de Referência de Assistência Social, o chamado Cras, no qual há cerca de 250 mil agentes, ou mais, espalhados Brasil afora.

Nossa rede tem alta capilaridade de assistência social. São esses agentes que cadastram os beneficiários do Bolsa Família. Por isso, ao contrário do Auxílio Emergencial, que, em grande medida, não usou esses agentes, o Bolsa Família e o Cadastro Único são baseados no trabalho do Cras e de seus agentes. Ou eles vão até o pobre numa busca ativa ou os pobres vão até eles. Os agentes preenchem o Cadastro Único, que é utilizado para determinar se aquela pessoa vai ser beneficiada ou não pelo Bolsa Família. E também preenchem o valor do benefício que essa pessoa vai receber. Mas o importante aqui é que temos uma rede fantástica, com alta capilaridade, de assistentes sociais espalhados pelo país.

Portanto, nós não temos o chamado "invisível" — durante a pandemia houve essa discussão. O invisível só é invisível para o governo federal, porque o Cras e a sociedade civil conhecem muito bem quem são os pobres brasileiros. Localmente, todos sabem. Se você for ao Morro da Providência, no Rio de Janeiro, deve encontrar três ou quatro instituições que informam com exatidão nome e endereço de todas as pessoas vulneráveis naquela comunidade. Em qualquer comunidade, todo mundo sabe quem são as pessoas vulneráveis, e o Cras está presente, a fim de coletar essa informação. E o Cadastro Único é baseado, portanto, nessa extrema capilaridade que o Sistema Único da Assistência Social tem, via Cras e via Creas, que são os centros especializados de alta complexidade.

O programa deveria ser ainda mais focalizado

Mudar o Bolsa Família gera controvérsias porque alguns querem mudar o programa de uma maneira; outros, de forma diferente. Já eu acho que deveríamos ter um programa ainda mais focalizado. O problema da pobreza no país reside em conhecer muito bem quem são os nossos pobres. E o Brasil tem hoje toda a capilaridade que essa investigação demanda. Temos um fantástico programa dentro do Cras, chamado Paif, e todas as condições, com o apoio da sociedade civil, para saber quem são aqueles no Brasil que realmente precisam de ajuda. Deveríamos focar nessas pessoas e aumentar o grau de atenção que lhes damos. Em vez de dar pouco para muitos, acho que deveríamos dar muito mais aos poucos que precisam de muito. Isso significa atacar a pobreza profunda com intensidade. Mas para isso é necessário identificar essas pessoas.

Precisamos melhorar a focalização do Bolsa Família. Melhorar o trabalho que o Cras e os agentes do Suas fazem visando à identificação, a fim de oferecer o atendimento do qual essas pessoas precisam. Elas não necessitam só do Bolsa Família, que é apenas o primeiro programa que chegou para o atendimento ao pobre. Da mesma maneira, quando alguém com dor precisa ser atendido em um hospital, muitas vezes o médico que recebe essa pessoa não procura aliviá-la imediatamente e sim descobrir o que ela tem. E, muitas vezes, é justamente o sintoma da dor que informa o problema do paciente. Se o médico acabar de imediato com a dor, corre o risco de mascarar o diagnóstico do indivíduo.

Vamos dizer que o Bolsa Família é a maneira de aliviar a dor do pobre. Com isso, o pobre pode se sentar à mesa e discutir sobre como ele pode se desenvolver, como pode ser incluído produtivamente. Portanto, o passo seguinte é dar a ele as condições para que consiga gerar a própria renda. Algo possível somente depois que a sua pobreza for aliviada. Mas esse alívio na pobreza, em si, não permite a inserção produtiva, que deve ser feita com uma série de outros programas que o Cras precisa levar àquele indivíduo.

O Cras chegará junto àquela pessoa, lhe dará o alívio por meio da renda e fará junto com ela um plano de desenvolvimento para a sua família de maneira comunitária. Um plano de desenvolvimento individual, ou familiar, ou comunitário, para que aquela família, pessoa ou comunidade saia da pobreza, e isso requer acesso a um conjunto de programas. Isso é fantasia? Não, isso é o Brasil Sem Miséria que a presidente Dilma e a ministra Tereza Campello desenharam no primeiro mandato da presidente.

E se o Brasil, em algum momento, tiver um programa real de combate à pobreza, acho que precisaremos voltar ao Brasil Sem Miséria e ver onde paramos, a fim de continuar. Posso discutir vários problemas que considero no Brasil Sem Miséria. Mas esse talvez seja o programa mais bem desenhado em nível mundial de combate à pobreza, feito e implementado por vários anos com grande sucesso, principalmente nas áreas rurais. O que aprendemos com o Bolsa Família é que este é um primeiro passo. Apenas um primeiro passo. O pobre não vai deixar de ser pobre sem um grande apoio à sua inclusão produtiva.

O Brasil Sem Miséria mostra o caminho de como as coisas poderiam ser feitas. E tudo passa, talvez, por deixar que o Centro de Referência de Assistência Social passe a ser o Centro de Referência de Política Social. O combate à pobreza no Brasil deve ser hiperfocalizado: eu tenho que identificar e saber do que aquela pessoa realmente precisa, preciso ter os programas para dar o atendimento necessário a ela e conhecer os canais de comunicação para levar esses programas até lá. Em certo sentido, o Brasil já tem praticamente tudo isso implementado. É uma questão de fazer funcionar programas como o que o Brasil Sem Miséria desenhou.

Os economistas e os programas sociais

Não podemos subestimar a importância de um bom desenho e de uma boa implementação. Um exemplo: o seguro-desemprego no Brasil é um negócio mal desenhado, não importa com que nível de qualidade seja implementado, sempre será péssimo. Por seu próprio desenho, gera incentivos perversos. Então, há situações em que economistas que são gestores públicos precisam trabalhar pesado no desenho dos programas. Há pontos no próprio Bolsa Família que refletem problemas de desenho. Por exemplo, o benefício de superação da pobreza no Bolsa era um imposto de 100%. Se um real a mais fosse declarado ao Bolsa Família, o governo brasileiro diria: "Obrigado por declarar um real a mais, você agora receberá um real a menos. Logo, a sua renda vai ficar igual." Ora, qual o incentivo dele em declarar esse um real a mais se será 100% taxado? Logo, há um problema de desenho aí.

Existem casos nos quais o desenho deve ser trabalhado. Em outros, o trabalho maior é na implementação. Por exemplo, o Criança Feliz é um programa bastante bem desenhado, mas é muito sensível. É um programa do governo federal superdescentralizado e muito bem feito junto aos municípios. Entretanto, tem de ser implementado em nível local por um agente que precisa visitar a família. E tudo depende da qualidade dessa visita. Nesse caso, a implementação é tudo. Assim, há programas cuja implementação mostra que são mais sensíveis. Já outros são como jipes, pouco sensíveis, mas funcionam.

O Bolsa Família é pouco sensível ao modo como é implementado, porque é uma transferência de renda. Então, há programas nos quais o sucesso depende muito da forma de implementação; há outros em que o sucesso depende dramaticamente do desenho. O ideal, naturalmente, é que todo sistema de monitoramento e avaliação tente nos dar um bom desenho, bem avaliado, e um bom modelo de implementação, já bem monitorado e bem avaliado.

Coordenação, cooperação e espaço federativo

O desenho e a implementação das políticas sociais nesse espaço federativo constituem uma questão importante, é óbvio. Ainda que cientificamente não sejam um grande desafio, para os cientistas sociais eles são. Fato é que há muito tempo não existe solução para a pobreza que não seja intersetorial. Se a saúde não coopera com a educação, que não coopera com a assistência social, que não coopera com o Ministério Público, que não coopera com os diversos setores, não há saída para a pobreza. Essa saída não existirá se não partir da cooperação intersetorial. Da mesma maneira, os recursos e a técnica muitas vezes estão em nível estadual, em nível federal, enquanto a implementação e a capilaridade são todas locais. Às vezes, estas não são nem municipais, mas da sociedade civil mesmo.

Não existe nenhuma política social bem-sucedida no mundo que não envolva uma completa cooperação entre governos federais, estaduais e municipais. No caso da vacina, testemunhamos como essa cooperação federal, estadual e municipal é o que fez as pessoas serem vacinadas. Uma fila muito bem organizada. O impressionante no Brasil, e em vários outros países, é como aceitamos a falta de cooperação intersetorial entre governos federais, estaduais e municipais como se isso fosse "uma circunstância da vida". Não pode ser. A cooperação entre os governos federal, estaduais e municipais deveria pressupor ser inimaginável um servidor argumentar que, por qualquer razão, prática ou política, deixou de cooperar.

Da mesma maneira que a cooperação entre governo e sociedade civil precisa ser plena, também a cooperação entre os atores da sociedade civil precisa existir, embora muitas vezes eles não cooperem entre si. Na política social, todos contra a pobreza significa todo mundo cooperando e articulando intersetorialmente, interinstitucionalmente, entre os diferentes níveis do governo. Não poderia ser diferente. Não há teoria econômica, sociológica ou de ciência política argumentando que faz sentido alguma forma de desarticulação setorial.

Mas continuamos praticando e declarando essa desarticulação de maneira impune. É prioritário que isso termine. É lógico que o problema da pobreza será resolvido pelas organizações sociais lá na ponta, com muito apoio dos municípios. Mas o recurso virá do governo federal. Muitas vezes o desenho sai do governo federal através da Academia e de outros órgãos de pesquisa, mas a implementação será, necessariamente, local. E quanto mais fizermos ser local e capacitarmos os locais para implementar as ações de maneira eficiente, mais próximos estaremos da solução.

Não adianta dizer que o município não tem capacidade para se envolver em programas maiores de erradicação da pobreza. Capacite o município, pois ele é o único capaz de fazer isso, já que é o único ator que realmente tem contato com a população. Dê um jeito de formar os funcionários públicos do município para isso acontecer. E vamos combinar que, sem articulação federal, estadual, municipal e sem uma grande cooperação entre governo e sociedade civil, não há combate à pobreza possível. E a sociedade civil, por favor, colabore entre si, porque às vezes há elementos seus que atuam de maneira competitiva ou desarticulada em relação a outros. Vamos todos trabalhar juntos.

Conversão de escolaridade em produtividade

Considero o Bolsa Família bem desafiador, mas ele ataca um dos problemas mais simples de resolver. Acho que os pesquisadores brasileiros estão devendo outra explicação para um problema crônico no Brasil: o do baixo crescimento na produtividade. Por outro lado, o Brasil foi um dos países em que a escolaridade média da força de trabalho mais aumentou no mundo. Esse é um problema esquisito. O Brasil é um dos países que menos foi capaz de converter escolaridade em produtividade. E por vezes se diz: "O Brasil progrediu pouco educacionalmente em qualidade. Não piorou, mas ficou meio estacionado. Mas quantitativamente aumentou muito."

A escolaridade média da força de trabalho brasileira aumenta quase um ano de estudo a mais por década. Esse é um crescimento bem acelerado em relação ao resto do mundo. E o Brasil talvez esteja entre os 10% dos países que mais avançaram quantitativamente em educação. Entretanto, não convertemos isso em crescimento de produtividade. E todo mundo aposta que o grande fator promotor de crescimento de produtividade sistemático é o aumento da qualificação da força de trabalho.

Considero que um dos problemas no Brasil é saber por que o nosso sistema educacional não conversa com o sistema produtivo e vice-versa. Com isso, estamos produzindo cada vez mais educação, mas ela não está se traduzindo em produtividade. Trata-se de um grave problema porque, é óbvio, não queremos educar as pessoas somente para aumentar a produtividade da economia. Queremos que a melhoria da educação no Brasil nos leve a um aumento de produtividade, renda e bem-estar da população brasileira. E não é muito claro por que há no país essa desconexão, essa falta de alinhamento entre educação e sistema produtivo.

Outro problema complexo: informalidade

Outro desafio fundamental no Brasil é entender a informalidade. Isso porque há muitos trabalhadores que continuam preferindo ser informais. Uma legislação trabalhista que não é condizente com a realidade explica um pouco esse fenômeno, contudo, há mais do que simplesmente problemas de legislação trabalhista envolvidos. Para mim, trata-se de algo mais complexo do que a questão do Bolsa Família.

Considero que equacionamos muito bem a inclusão produtiva no campo, com o trabalho no antigo Ministério do Desenvolvimento Agrário, que eu não sei se ainda funciona hoje. Fato é que o país ainda tem inúmeros problemas para resolver, como a inclusão produtiva urbana, a despeito de todo o fantástico trabalho do Banco do Nordeste com o Crédito Amigo e outros programas complexos.

Incentivos, métricas e armadilhas

O incentivo é muito importante. Nos últimos 15, 20 anos, o Brasil gerou uma política social extremamente generosa. Em grande medida, porém, é uma política que ignora incentivos. É generosa, mas não tão inteligente, porque não resolve o problema do pobre. Esse segmento da população necessita de uma política generosa mas eficaz. Para isso, é preciso levar em consideração os incentivos como premissa, em vez de criá-los para que as pessoas se comportem corretamente só depois da implementação da política social. É preciso desenhar a política de tal maneira que os incentivos já estejam implícitos no próprio desenho.

No Bolsa Família, por exemplo, foi criado o retorno garantido: se você disser ao Bolsa Família que conseguiu um trabalho, caso perca esse trabalho mais à frente o Bolsa Família o recoloca automaticamente no programa. Trata-se de um desenho que garante o fôlego para você buscar outro emprego que pague melhor que o Bolsa Família. Portanto, esse é um dispositivo presente no desenho do programa que não exige a criação de nenhuma outra medida complementar. A política pública precisa se ater ao seu desenho para que os incentivos já estejam embutidos nela.

Houve um caso célebre, que o professor de Economia André Portela sempre destaca para quem não acredita em incentivo. Entre as duas guerras mundiais, o Japão implementou a seguinte política agrícola: "Tudo o que for produzido até X é do governo. O que estiver acima de X é seu." Ninguém passou fome, porque todo mundo se preocupava em produzir acima de X, já que até X era do governo. O governo soviético criou a seguinte política: "Tudo que você produzir até X é seu; o que você produzir acima de X é do governo." Ninguém produziu acima de X. Resultado: a população urbana passou fome.

Então, é claro que essa pequena mudança no desenho do "até X vai para quem?" faz toda a diferença. Quem planejou o modelo soviético não previu nenhum incentivo, simplesmente não trabalhou bem no desenho. O desenho é muito importante. Todas as tentativas que têm sido feitas de levar os professores a ficar mais motivados, via sistema de incentivos, um dia vão funcionar, porque um dia vamos descobrir como fazer. Porque os professores, como todos os outros profissionais, respondem a incentivos. A verdade, porém, é que os sistemas que temos tentado têm sido toscos e surtido muito pouco efeito sobre o desempenho educacional.

A Academia Americana de Ciências montou um grande painel para estudar esse problema. A conclusão foi que até hoje não sabemos como incentivar os professores. Isso não quer dizer que não devemos continuar tentando. Porque eles respondem a incentivos, mas é necessário saber qual exatamente é a régua a ser utilizada e com que periodicidade. O sistema de incentivos é complexo e o setor privado fica se vangloriando de que tem esses sistemas. No entanto, o setor privado não tem avaliações de que esses sistemas funcionam tão bem assim. Então, às vezes, o próprio setor privado está se enganando, achando que o seu sistema, que distribui um monte de prêmios, funciona, mas nem aí as evidências são assim tão assertivas.

A avaliação dos programas usados na pandemia

Sobre os impactos dos instrumentos utilizados no período da pandemia, acho que fizemos da pior maneira possível. Em um primeiro momento, não sei nada. Em ciência se aprende muito com tentativa e erro. As empresas e os inventores aprendem muito com tentativa e erro. Por meio de tentativa e erro você testa, analisa e refaz. No Auxílio Emergencial tentamos, mas continuamos fazendo do mesmo jeito e não aprendemos nada.

Quando começou o Auxílio Emergencial, não sabíamos quem nem quantas pessoas iam perder o emprego nem o que estava acontecendo de fato. O nosso sistema de assistência social, que é de uma incrível capilaridade, e o de saúde, que também é de uma incrível capilaridade, estavam meio paralisados. O que poderíamos fazer? O que fizemos? Dar um benefício para 70 milhões de pessoas no mês seguinte foi o que se fez para tentar fazer o avião voar. Se ele não voou e caiu, vamos ver por que caiu.

No segundo mês, vamos conversar com os 70 milhões de beneficiados para saber quem de fato estava precisando. Vamos ao IBGE verificar quantas pessoas estavam perdendo o emprego. Se checar bem, foram 10 milhões de pessoas que ficaram desempregadas e não 70 milhões. Já a sociedade civil e os municípios sempre souberam quem perdeu o emprego em cada comunidade. Mas ninguém perguntou a eles.

Faltou conexão entre governo federal, estado, município e sociedade civil para que, ao longo do período do Auxílio Emergencial, soubéssemos o que estava realmente acontecendo. O primeiro passo foi certo? Qual foi o erro? Trata-se de um exercício de tentativa e erro em que se tenta, tenta, tenta e não se aprende com os erros. Por quê? Porque a informação não está sendo coletada e acumulada usando-se aquilo que melhora a capilaridade dos municípios e da sociedade civil, a fim de informar sobre os erros e os acertos. É como atirar em um alvo sem saber se está acertando ou errando, sem que alguém diga que a minha mira precisa ser ajustada para a direita ou para a esquerda. Alguém deveria ter ficado atualizando essa informação, embora atirar para todos os lados, em um primeiro momento, tenha sido uma boa ideia.

Pobreza e produtividade: desafios

O Brasil tem "n" problemas, mas apresenta um problema muito grave de pobreza. Essa pobreza será resolvida com uma combinação de dois fatores: criação de oportunidades e aumento de produtividade. Não adianta fazer política social, porque a política social, na verdade, é um gancho que você dá ao pobre com a finalidade de ele se enganchar numa economia que gera oportunidades. Se a economia e o país estão parados, se a produtividade não aumenta, a sua política social sempre terá eficácia limitada. Se eu vou dar qualificação profissional a alguém, é porque espero que haverá empregos para que aquela pessoa possa usar sua qualificação. Para isso é preciso que o país cresça.

Os brasileiros pobres não precisam trabalhar mais, eles precisam ganhar mais pelo trabalho que fazem. E, para isso, eu devo aumentar a produtividade do Brasil, que não aumenta significativamente faz muito tempo. Nossa produtividade cresce menos do que cresceu a dos países africanos ao longo da última década.

Para aumentar a produtividade

O que é preciso fazer para aumentar a produtividade? Muitas coisas. A primeira e mais importante é tornar o ambiente de negócios no Brasil mais favorável. Sem isso não se anda para a frente. O governo do Brasil precisa deixar de querer fazer tudo e passar a permitir que as pessoas o façam. Precisa ter orgulho em facilitar, apoiar e ajudar o que deve ser feito. E não ser o fazedor de tudo.

Precisamos de uma economia que cresça com grandes aumentos de produtividade visando à melhoria no ambiente de negócios. Não adianta essa economia andar se os pobres não estão preparados para se beneficiar desse crescimento, isto é, para se beneficiar com a inclusão produtiva. É preciso voltar lá no Brasil Sem Miséria, ver onde paramos e continuar. O Brasil Sem Miséria é um programa desenhado para o pobre ser capaz e se beneficiar de algum crescimento que ocorra. Ou seja: preciso do crescimento e preciso instrumentalizar o pobre de tal maneira que ele seja, se não o primeiro, um dos principais beneficiários desse crescimento.

À medida que os pobres conseguirem se beneficiar desse crescimento mais do que o restante da população brasileira, teremos uma redução na desigualdade e uma fenomenal redução da pobreza. Então, precisamos de crescimento, de programas de inclusão produtiva, de programas que deem ao pobre condições, instrumentos e competências para que ele possa se beneficiar das oportunidades que o crescimento possa trazer. É preciso combinar essas duas variáveis para termos um país melhor e mais justo socialmente.

LEITURAS SUGERIDAS

- Barros, Ricardo Paes de e Laura Muller Machado. *Diretrizes para o desenho de uma política para a superação da pobreza*. Insper, ago. 2022. Disponível em: <https://www.insper.edu.br/wp-content/uploads/2022/08/Barros-Machado-2022.pdf>. Acesso em: 6 out. 2022.
- Barros, Ricardo Paes de, Miguel Nathan Foguel e Gabriel Ulyssea (orgs.). *Desigualdade de renda no Brasil: uma análise da queda recente*. Vol. 1. Brasília: Ministério do Planejamento, Orçamento e Gestão/Ipea, 2007. [Recomenda-se a leitura, em especial, da Nota Técnica.]
- Campello, Tereza, Tiago Falcão e Patricia Vieira da Costa (orgs.). *O Brasil sem miséria*. Brasília: Ministério do Desenvolvimento Social, 2014. [Recomenda-se a leitura, em especial, dos capítulos "A estratégia de inclusão produtiva urbana no plano Brasil Sem Miséria" e "A inclusão produtiva rural do Brasil Sem Miséria: estratégias e primeiros resultados".] Disponível em: <https://www.mds.gov.br/webarquivos/publicacao/brasil_sem_miseria/livro_o_brasil_sem_miseria/livro_obrasilsemmiseria.pdf>. Acesso em: 6 out. 2022.
- Machado, Laura Muller (org.). *Legado de uma pandemia: 26 vozes conversam sobre os aprendizados para política pública*. Rio de Janeiro: Autografia, 2021. [Recomenda-se a leitura, em especial, dos capítulos 4 e 13.] Disponível em: <https://www.insper.edu.br/wp-content/uploads/2021/02/legadodeumapandemia-1.pdf>. Acesso em: 6 out. 2022.

15. Paulo Tafner
Podcast realizado em 23 de março de 2021

Paulo Tafner é economista com doutorado em Ciência Política (Iuperj/ Universidade da Califórnia San Diego), diretor-presidente do Instituto Mobilidade e Desenvolvimento Social e pesquisador associado da Fipe/ USP. Quando pesquisador do Ipea, coordenou o Grupo de Estudos Previdenciários do instituto. Ocupou os cargos de subsecretário-geral de Fazenda do estado do Rio de Janeiro, diretor do IBGE e superintendente da Anac. Deu aulas no programa de mestrado e na graduação de Economia da Universidade Candido Mendes e também na graduação de Economia da PUC-SP. Já publicou mais de duas dezenas de artigos em revistas científicas no Brasil e no exterior. É autor e organizador dos seguintes livros: *Previdência no Brasil: debates, dilemas e escolhas*; *Demografia, a ameaça invisível*; *Caminhos trilhados e desafios da educação superior no Brasil*; *Reforma da Previdência: a visita da velha senhora*; e *Reforma da Previdência: por que o Brasil não pode esperar?*.

Resumo

Paulo Tafner coordenou o Grupo de Estudos Previdenciários no Ipea/ RJ e relata, em detalhes, os desafios enfrentados durante o processo de elaboração do que foi e do que poderia ter sido a reforma da Previdência no Brasil, aprovada em 2019. O período de discussões até a aprovação do documento foi marcado por resistências, mas também forneceu lições para uma agenda futura para o sistema previdenciário brasileiro.

Do Ipea ao foco em Previdência

Para falar da minha participação na reforma da Previdência, começo voltando um pouco no tempo a fim de destacar o privilégio da experiência vivida no Ipea, onde tudo começou. Entrei ali em meados dos anos 80, uma época em que a casa estava em uma fase extremamente fecunda, com grandes ideias e proposições sendo discutidas por mentes virtuosas. No Ipea vi surgirem ideias espetaculares, envolvendo desde propostas de política fiscal e de reforma tributária até o Bolsa Família, que estão presentes até hoje e que começaram a ser desenhadas ali. Na área previdenciária, tive a oportunidade de conviver e aprender muito com Kaizô Beltrão e o falecido Chico Previdência, ou Francisco Eduardo Barreto de Oliveira, conhecido como o pai dos estudos previdenciários no Brasil. Alocado para a área fiscal dentro do Ipea, minha sala era contígua à dele, então, acompanhei todas as grandes discussões muito de perto naquele ambiente.

Minha origem é de São Paulo. Depois da graduação e do mestrado, eu me mudei para o Rio de Janeiro em busca de trabalhar no Ipea — o maior centro de economia na época —, de onde só saí em 2018, com mais de 30 anos de trabalho. No Ipea tive a oportunidade de fazer o doutorado. O Ipea foi meu grande aprendizado. Era uma casa vigorosa que passou, infelizmente, por um processo severo de destruição. Depois da morte do Chico Previdência, com o vazio deixado, acabei me interessando cada vez mais pela questão previdenciária, juntamente com a questão demográfica, outro tema que sempre me encantou.

No final dos anos 90, comecei a estudar com mais profundidade a questão demográfica e, analisando as regras do nosso sistema previdenciário, confirmei tudo aquilo que o Francisco Eduardo dizia. E passei a ir além, a me aprofundar, ler trabalhos, livros e *papers* sobre os dois assuntos. Nesse ponto, o Ipea era incrível, porque dava acesso ao que havia de melhor no mundo em termos de publicações e pesquisas. Dali, fui mergulhando cada vez mais no tema previdenciário. Já naquele período, depois ao longo dos anos 2000 e até hoje, minha preocupação era tamanha que, cada vez mais angustiado, me envolvi na produção de quatro ou cinco livros sobre a área, enquanto a situação se agravava e as reformas eram postergadas.

Em 1998, tivemos um projeto de reforma apresentado pelo presidente Fernando Henrique. Depois, em 2003, outra proposta, apresentada pelo então presidente Lula. A segunda complementava a primeira, mas eram ainda muito aquém do que precisava ser feito. Vale lembrar que, antes desses dois momentos, a proposta da idade mínima já havia sido apresentada pelo presidente Fernando Collor numa reforma que morreu no nascedouro, para depois ser retomada pelo Fernando Henrique e vir a ser aprovada somente em 2019. Ou seja, um processo muito interrompido e cheio de idas e vindas.

Na realidade, até 1950, quando foi criada a aposentadoria por tempo de serviço, a regra da Previdência vigente no Brasil era a da idade mínima. E foram necessários mais 50 anos, quase 60, para conseguirmos revogar a aposentadoria por tempo de serviço e voltar a defini-la por idade, em 2019. Mas, para chegar até aqui, foi preciso um longo processo de amadurecimento. Dentro do Ipea, fui chamado várias vezes pelo ministério, mas nunca tive, nessa área, experiência executiva no governo. Meu campo sempre foi mais o das ideias. Além dos quatro ou cinco livros dos quais participei diretamente, o instituto produziu uma série de outros trabalhos também nessa temática.

Entre 2005 e 2006, salvo engano, foi publicado o primeiro livro sobre questões doutrinárias da Previdência. Era bem interessante e chegava a discutir um pouco os princípios da capitalização, que eram uma novidade. Depois, em 2010, em parceria com Fabio Giambiagi, publicamos um livro que fez bastante sucesso intitulado *Demografia, a ameaça invisível*, e, em 2015, lancei outro, *A visita da velha senhora*. Ali eu já estava começando a desenhar um modelo para a Previdência que acabou culminando, em 2018, 2019, na proposta denominada publicamente "Armínio-Tafner".

É importante fazer um adendo nesse ponto. Apesar de o projeto ser conhecido como "Armínio-Tafner", ele era fruto do estudo de uma equipe de pesquisadores abnegados que, durante praticamente seis meses, se dedicou a criar a proposta cujos trabalhos eu tive o privilégio e a honra de coordenar. Esse grupo era formado pelos seguintes pesquisadores: Leonardo Rolim, Rogério Nagamine, Sergio Guimarães Ferreira, Marcelo Pessoa, Pedro Nery e Miguel Fogel.

Em 2007, eu havia sido indicado para participar do Fórum Nacional da Previdência com o presidente Lula. Então, o debate do Ipea com os órgãos do governo — os ministérios, o INSS e a própria Secretaria de Previdência Complementar — já havia se tornado mais frequente desde meados de 2005 para 2006. Mas havia certa interdição política de ideias. Discutia-se até um ponto, mas não se podia seguir além. Ainda assim, vira e mexe o Ipea passou a ser consultado para analisar iniciativas e propostas. Teve até um pesquisador da área previdenciária do Ipea, o Helmut Schroeder, que chegou a ser secretário de Previdência e, depois de ficar lá por um tempo, acabou indo para Genebra. Então, o Ipea começou a se envolver nas questões dentro do governo, mas, sob a minha ótica, havia sempre certa interdição. Por exemplo, toda vez que eu falava em capitalização, o tema encontrava resistência no âmbito governamental, e eu estou convencido já há bastante tempo de que não era por questões pessoais de gosto.

Fato é que a demografia conspira contra o regime de repartição, no Brasil e no mundo. Não há como manter um sistema de repartição nos moldes atuais com a demografia conspirando contra esse sistema de gerações sucessivas, em que uma geração tem que ser sempre maior que a outra para manter o sistema funcionando. O que vemos é o contrário: as gerações sucessoras têm um número cada vez menor de indivíduos. E, para compensar isso, seria necessário haver uma produtividade gigantesca, crescendo a 4%, 5% ao ano. Não é o que se verifica no Brasil.

A verdade é que em poucos países do mundo você tem ganhos de produtividade acima de 2%, 3% ao ano. A China é um caso excepcional. A Coreia foi outro caso excepcional, mas nenhum desses países é o Brasil. O Brasil não cresce. Aliás, tenho alguns trabalhos que mostram que a produtividade média no Brasil está crescendo abaixo da média da produtividade da África. Então, obviamente, a gente não tem como compensar a redução do quantitativo de indivíduos com ganho de produtividade, não em um horizonte previsível.

Regras que reforçam a desigualdade

Para entender as questões do sistema brasileiro de Previdência, é preciso levar em conta algumas particularidades que são únicas no mundo. Em primeiro lugar, no sistema que existia antes da reforma, a mulher podia se aposentar com cinco anos de antecedência em relação ao homem. Já no resto do mundo, desde o final do século passado, em cerca de 30% dos países a idade mínima de aposentadoria de homens e mulheres já era igual e, em mais da metade deles, a diferença que havia de cinco anos já tinha caído para dois. O Brasil, porém, continuava com os cinco anos de diferença. Essa é uma primeira característica marcante do sistema brasileiro, talvez o único com uma diferença tão grande que não vinha reduzindo com o tempo.

O segundo ponto importante aqui no país era o fato de termos dois tipos de aposentadoria: uma, de primeira classe; outra, de segunda. Tanto a clássica, por idade, quanto a outra, por tempo de contribuição, foram trazidas dos governos trabalhistas dos anos 50. Os trabalhadores pobres, menos instruídos e, portanto, mais expostos ao desemprego e à informalidade, não conseguiam juntar tempo de contribuição. Afinal, nas categorias regulares, normais, eram exigidos 35 anos de contribuição para homens e 30 para mulheres. Em algumas categorias, como a dos professores, a exigência era de 30 anos para os homens e de apenas 25 para as mulheres.

No entanto, os trabalhadores mais pobres, os trabalhadores braçais, aqueles mais expostos às adversidades da rotatividade no mercado de trabalho, não conseguem juntar tempo de contribuição e, nessa situação, os homens só conseguem se aposentar aos 65 anos e as mulheres, aos 60 anos. Por conta disso, eu costumava dizer que no Brasil havia uma situação esquisita: a madame, que era educada, tinha carro, casa própria grande e empregados, se aposentava com uma certa idade, enquanto a empregada doméstica dela só conseguia fazer o mesmo, no mínimo, seis anos depois. O dono da empreiteira se aposentava com uma certa idade, e o peão da obra, cinco ou seis anos depois. Essa era a situação desigual no Brasil porque tínhamos esses dois tipos de Previdência, com regras diferentes e desiguais.

O terceiro benefício, que só existia aqui e em nenhum outro lugar do mundo, era a acumulação de benefícios. Ou seja, uma pessoa poderia ter até seis benefícios, sendo três aposentadorias e três pensões. Até hoje tem gente no Brasil que recebe seis benefícios, e na hora que soma tudo recebe mais de 100 mil reais. Absurdo que não existe em nenhum outro país. Não se permite acumulação ilimitada de benefícios em nenhum lugar, mas aqui se permitia. E o que é pior: no Brasil havia regras para concessão de pensões que não exigiam absolutamente nada, ou praticamente nada, para serem concedidas. Então, não se exigia, por exemplo, o efetivo matrimônio. A simples coabitação garantia herdar a pensão do companheiro ou companheira falecidos.

Também não se exigia período contributivo longo para que fosse concedido o benefício de aposentadoria, e a pensão do beneficiário era 100% o valor da aposentadoria, o que também não existe no resto do mundo. Por fim, era permitida a acumulação de pensão com aposentadoria e também de pensão com pensão. Os dados mostram que aproximadamente 90% das pensões eram concedidas às mulheres. E algumas delas podiam chegar a receber até cinco benefícios simultaneamente.

Capitalização como um novo modelo

O Chile surpreendeu o mundo no começo dos anos 80 ao mudar seu regime de Previdência para um regime puro de capitalização, entregando aos trabalhadores o cuidado com o seu futuro. Sob uma ótica doutrinária, a reforma chilena é, curiosamente, a de maior liberdade que já existiu. Em síntese, é: faça a sua poupança. Escolha quanto você quer poupar, como quer poupar, quando quer poupar, sabendo que, no futuro, você vai receber aquilo que acumulou. Então, cada um precisa cuidar de fazer a sua provisão para a velhice.

Isso representou um choque lá porque, desde o início do sistema de Previdência — criado na Alemanha do século XIX, a partir do primeiro sistema estruturado por Bismark —, a ideia era de que fosse um seguro coletivo social bancado por trabalhadores, por patrões e, parcialmente, pelo governo. Repare que nesse sistema de seguro social quem não é empregado não está coberto. E esse é um problema sobretudo nos países latino-americanos e na África, onde a informalidade é muito grande. Esse modelo foi se difundindo no mundo inteiro e importado pelo Brasil com algumas variantes.

No caso da Europa Ocidental, o modelo evoluiu para uma ideia de proteção social, não apenas dos empregados e trabalhadores, mas de toda a coletividade. Nos Estados Unidos menos, na Inglaterra ainda menos e no Brasil, inicialmente, o sistema também era todo voltado para os trabalhadores formais urbanos, em decorrência do documento que ficou conhecido como Carta del Lavoro. Já a Previdência Rural começou no governo militar, quando foi criado o Funrural, programa que levava até o mundo rural brasileiro uma ideia de aposentadoria e benefício que eram muito mais assistenciais do que previdenciários. O sistema brasileiro foi avançando, progressivamente, no sentido de se tornar mais universal, e hoje é bastante amplo.

Já a ideia de capitalização surgiu no mundo com o Chile, sob a lógica, digamos assim, do império do indivíduo, o que faz todo sentido. Cuide do seu futuro porque ele está em suas mãos. O problema é que nós somos "maquininhas" com enorme preferência pelo curto prazo. Já há várias pesquisas no setor mostrando que os jovens têm aversão ao sistema de Previdência porque não conseguem imaginar que, em algum horizonte previsível, tenham limitação de trabalho, fiquem doentes ou inválidos e até morram, chegando a ter aversão a fazer poupança para a aposentadoria. A preferência é por liquidez e consumo no curto prazo. Por isso, no sistema previdenciário daqui e do resto do mundo, com exceção do Chile, a adesão e a contribuição precisam ser compulsórias.

Na reforma de 1981 do Chile, cada um passou a fazer a sua poupança do jeito que quisesse, na hora que quisesse, com o montante que quisesse e fim de papo. Obviamente, o trabalhador lá também tem as suas pressões normais do dia a dia — é aniversário de 15 anos da filha e ele precisa fazer uma festa. Ele vai poupar para a Previdência ou vai dar uma festa para a filha? Ele faz uma pequena reforma na casa ou mantém a poupança para a aposentadoria? Fato é que, 25, 30 anos depois, quando esses trabalhadores começaram a se aposentar, foi se verificando que o volume acumulado de poupança era muito baixo, insuficiente para mantê-los na terceira idade. Por outro lado, a redução de custo do trabalho para as empresas, tendo em vista que elas não contribuíam mais para a Previdência, foi enorme, assim como o ganho de produtividade e a renda disponível corrente do trabalhador.

Com o sistema de capitalização, o custo da mão de obra caiu drasticamente, as empresas cresceram e o Chile é hoje, em muitos sentidos, um exemplo para o resto da América do Sul e da América Latina. O PIB *per capita* chileno dobrou e hoje é 70% maior que o do Brasil. Nos anos 70, o PIB *per capita* chileno era apenas 80% do nosso. Na média, os chilenos ficaram mais ricos, entretanto, os idosos começaram a ter dificuldade, o que ensejou uma série de modificações. Então, o Chile agora está voltando para um sistema de capitalização com contribuição de empregador. Foi estabelecido um benefício mínimo de combate à pobreza na terceira idade. Consciente de que foi muito radical de um lado, o país está recuando para incorporar elementos importantes de proteção social.

No caso do Brasil, lamentavelmente, a discussão sobre capitalização ficou interditada, porque, no fundo, é muito fácil interditar conversas mais sofisticadas. Da mesma forma que foi dito que a independência do Banco Central significaria que o banqueiro roubaria o nosso dinheiro, também quanto à capitalização ouvi várias vezes que isso significaria, nada mais nada menos, que tomar a poupança do trabalhador. Escutei isso dezenas de vezes e demorei 20 anos para explicar isso a um ex-ministro que me colocou essa questão. Considerando que ele era funcionário do Banco do Brasil e que, portanto, tinha poupança ali, perguntei se ele achava que aquele dinheiro era dele ou do banco. E fiz a comparação com o dinheiro da Previdência do trabalhador.

É preciso subir o nível do debate. Podemos discutir vários tipos de capitalização, mas dizer que o dinheiro do trabalhador vai para o bolso do banqueiro é um discurso muito raso. E isso interditava o debate. No final de 2014, início de 2015, voltou-se a discutir o tema da capitalização, porém, de forma tímida. Em 2018, quando começamos a fazer uma proposta mais audaciosa de reforma, a ser entregue aos candidatos à Presidência, reincluímos no texto legal proposto a possibilidade de se fazer um sistema que incorporasse a capitalização de forma progressiva, suave, porque o de mudança instantânea tem um problema chamado "custo de transição". Estou usando essa terminologia, mas rigorosamente não é a correta.

O que acontece quando o sistema muda é que o passivo previdenciário fica explícito. No fundo, o sistema de Previdência é um mecanismo de fluxos de entradas e saídas o tempo inteiro. Para fazer o cálculo atuarial, é preciso pegar todos os fluxos projetados de receita e todos os fluxos de despesa, trazer para valor presente e ver o saldo. E o saldo é um enorme passivo, uma dívida enorme, certamente a maior que o Brasil tem. Maior, de longe, do que a dívida externa. Maior do que a dívida pública brasileira que hoje é, mais ou menos, 80% ou 90% do PIB. Ou seja, a dívida previdenciária são alguns PIBs a pagar.

Hoje podemos dizer que o montante da dívida previdenciária do INSS, dos regimes próprios, da União e dos estados/municípios equivale a mais ou menos três PIBs. A maior dívida do Brasil é a dívida previdenciária. Se você muda o sistema instantaneamente para o de capitalização, significa dizer que esse passivo é explicitado e teria que haver constituição de reservas hoje para pagamento dos benefícios futuros. A União, os estados e muitos municípios teriam que pegar dinheiro do orçamento atual para pagar todos os benefícios correntes até o último beneficiário morrer, sem qualquer receita dos atuais ativos, que passariam a contribuir para um fundo capitalizado de Previdência. Isso significa gastar, sem receita previdenciária, em mais ou menos 50 ou 60 anos, três PIBs. É muita despesa em PIB para pouco tempo. Uma dívida bastante alta.

A verdade é que, para implementar ou propor um sistema de capitalização, temos que ser engenhosos. Primeiro — e o Chile mostrou isso —, não se pode fazer um sistema em que a contribuição ocorra segundo a vontade ou a disponibilidade do trabalhador. Tem que ser uma parcela fixa e compulsória, essa é a primeira coisa, senão a preferência por não poupar vai prevalecer. O segundo ponto é que o acúmulo de reserva por parte dos trabalhadores poupando sozinhos, ainda que compulsoriamente, é muito baixo. Então, a nossa proposta é no sentido de compartilhar isso. Uma parte é do trabalhador, outra do empregador, exatamente como o nosso sistema atual, só que num sistema de capitalização com regras bem equilibradas. Com isso, a alíquota de equilíbrio de longo prazo cai para menos da metade do que é atualmente. Assim, no horizonte temporal de 20, 30 anos, é possível sinalizar que a alíquota previdenciária total — trabalhadores e empregadores —, em vez dos atuais 33%, pode cair para algo em torno de 15%, 16%, mas não no curto prazo.

Um balanço da reforma da Previdência

Fazendo um balanço da reforma que conseguimos aprovar em 13 de novembro de 2019, acho que, embora o ministro Paulo Guedes seja uma pessoa brilhante, houve um erro de avaliação. Ele tem um enorme encanto pelo sistema de capitalização chileno. E tem suas razões para isso, eu também tenho. Acho que foi um sistema inovador, mas que revelou não ter sustentabilidade a longo prazo. Tal como proposto na emenda constitucional encaminhada pelo Ministério da Fazenda ao Congresso Nacional, esse sistema seria suportado exclusivamente pelos trabalhadores, por isso nem entrou em debate. A proposta estava no texto original, mas foi abandonada já no primeiro relatório. E eu acho que havia espaço naquele momento para discutir a capitalização. Eu mesmo tive a oportunidade de ser chamado por praticamente todos os partidos, com exceção de alguns da ala radical, como o PT e o PSOL, que não me chamaram. A Rede me chamou, o MDB, o PSDB, o PDT, e muitos outros partidos. Não chamaram só a mim, a outros pesquisadores também para discutir o tema.

Fizemos uma proposta muito bem estruturada, mas que não foi absorvida na proposta de capitalização inicialmente apresentada pelo governo. E ela logo foi abandonada pelo Congresso. Eu diria que aquele texto da proposta conhecida como "Armínio-Tafner" foi o melhor texto de reforma previdenciária que vi até hoje na minha vida em termos de sugestão para o Brasil. Melhor do que a proposta do Fernando Henrique, do Lula, e mesmo bem melhor que a proposta apresentada no governo Michel Temer. Primeiro, porque não estávamos no governo, não havia pressão para fazer nada. Éramos apenas um conjunto de pesquisadores pensando livremente para fazer o melhor. Em segundo lugar, tínhamos no grupo pessoas altamente qualificadas, que eu tive o privilégio de coordenar e que ajudaram muito na preparação dos trabalhos. Em terceiro lugar, eu e o Leonardo Rolim, que hoje é o presidente do INSS, tínhamos bastante facilidade e familiaridade com textos legais da Previdência, desde a Constituição, assim como com os de leis específicas sobre o tema. Isso também ajudou muito.

A nossa proposta consistia em uma emenda constitucional e quatro projetos de lei totalmente detalhados, além do texto técnico explicativo, o que era uma enorme vantagem no momento do debate. Afinal, enquanto outros tinham discursos, nós tínhamos uma proposta pronta. Lamentavelmente, a forma como a capitalização foi colocada no texto encaminhado pelo Ministério ao Congresso acabou inviabilizando a discussão. E um dos pontos propostos, o qual percebi que tinha aceitação, é que a capitalização não atingiria nenhum dos atuais trabalhadores. Faríamos a reforma paramétrica para os trabalhadores atuais, levando em conta idade, condições de aposentadoria, fixação do valor, uma série de coisas. Mas a capitalização só seria válida para os nascidos a partir de 1º de janeiro de 2014. Nós estávamos em 2019, o que significava dizer que não afetaria ninguém.

O primeiro só seria afetado nos anos 2030, quando tivesse 16 anos e somente se entrasse no mercado de trabalho com essa idade. Se entrasse com 17, seria em 2031. Isso traria duas vantagens. Primeiro, dividiria a população em dois grupos: um, dos atuais trabalhadores ativos e beneficiários; outro, dos futuros trabalhadores. A capitalização começaria agora, mas só se aplicaria aos futuros trabalhadores. Então, não afetaria nenhum direito atual de ninguém e isso era ótimo. A questão é que a posição geral naquele momento era no sentido de que afetaria a todos, hoje e agora. Chegou-se a apresentar a opção de que a capitalização fosse voluntária, por escolha do trabalhador, o que é muito difícil.

Avanços que não ocorreram

A proposta de capitalização não foi a única que se perdeu na esteira. Muitas outras, que estão inclusive sendo aplicadas no mundo, também ficaram pelo caminho, como a de se criar um parâmetro flexível para todas as regras previdenciárias. Por exemplo, a idade mínima seria fixada e, a partir daí, não caberia mais ao Congresso nem ao presidente discutir essa questão, que iria se ajustando em função da expectativa de vida calculada periodicamente pelo IBGE — o que já é feito em vários países. Chama-se mecanismo endógeno.

O Brasil já tinha isso na regra do fator, que não era ajustada por um dispositivo legal específico anualmente deliberado e sim pela expectativa de vida da população, calculada pelo IBGE. Já usávamos esse sistema parecido, então seria fácil reaplicar para a idade mínima. O problema é que, por conta do tabu em torno da capitalização, criou-se uma desconfiança enorme em relação a todos os mecanismos de flexibilização dos parâmetros técnicos operacionais do sistema.

A outra ideia proposta no texto era a de que a diferença da idade de homem e mulher começasse a diminuir por dispositivo legal até se igualar e, a partir daí, as diferenças poderiam ser para qualquer lado em função da longevidade. Foi outro ponto derrubado e pelo qual lutamos muito. Outro foi o fato de termos uma reforma que não teve abrangência geral. Entendemos que essa foi uma derrota política, consequência de um conflito partidário no âmbito subnacional. Pela primeira vez na História do Brasil uma reforma previdenciária foi feita sem incorporar todos os trabalhadores, já que os funcionários de estados e municípios do setor público ficaram de fora.

Ninguém se deu conta, eu alertei. Temos hoje servidores públicos que vão ter que se aposentar aos 65 anos e outros que vão se aposentar aos 56 na mesma carreira, no mesmo trabalho, só que um é da União, outro é do município. Isso é uma distorção que tem exigido esforço de governadores e prefeitos para aprovar as suas reformas, porque se é difícil na Câmara dos Deputados e no Senado Federal, imagine nas Assembleias Estaduais e nas Câmaras Municipais. Então, nesse sentido, nós criamos um monstro.

A reforma foi muito positiva em muitas frentes, mas foi também resultado de uma briga política enorme já conhecida, e por isso posso mencionar aqui: muitos governadores filiados ao PT ou ao PCdoB, a maior parte do Nordeste, na privacidade de encontros de gabinete pediam aos deputados que aprovassem a reforma. Contudo, em seus territórios, chegavam a promover carreata contra ela, inclusive indicando "os traidores do povo". Isso gerou um sentimento de aversão por parte dos deputados, que decidiram tirar estados e municípios da discussão e fim de papo. Ouvi de um assim: "Eu não vou aprovar a reforma para esse pessoal ficar fazendo passeata contra na rua, entendeu?" Foi uma polarização política absolutamente indesejável que levou a um retrocesso enorme. Muitas vezes, um determinado conceito de *first best* — a chamada "primeira melhor opção" — termina destruindo a boa opção, a que seria viável de ser implementada.

Reformas estaduais: novos problemas

Hoje não temos uma única reforma aprovada em todas as 27 unidades da Federação, mas variabilidades enormes de reformas. A mais abrangente no âmbito estadual foi a do Mato Grosso do Sul. Ali ela simplesmente trouxe toda a emenda constitucional e incorporou-a na sua Constituição. Trouxe mais do que a de Goiás, que é a segunda melhor reforma, do meu ponto de vista. Depois temos o Rio Grande do Sul, uma reforma boa, e outra parcial em São Paulo, além de muitas minirreformas espalhadas pelo país. Criamos no Brasil uma situação em que se um trabalhador do governo do Ceará deixa uma pensão à sua viúva, a regra e o valor são diferentes, por exemplo, dos que seriam adotados para o mesmo servidor público se ele estivesse em São Paulo, Rio Grande do Sul ou Mato Grosso do Sul.

A maior parte das reformas, para dizer a verdade, fez aquilo que é a pior das reformas: o simples aumento de alíquota que a emenda constitucional federal autorizou. A maior parte optou por isso, o que vai gerar graves problemas no futuro. Na legislação previdenciária brasileira existe um negócio chamado "compensação previdenciária". Um cidadão começa a trabalhar no município de Quixeramobim, depois ele presta um concurso, vai trabalhar no governo de Minas Gerais, depois faz um terceiro e se muda para trabalhar no governo do Espírito Santo, e outro ainda para a Procuradoria-Geral da União, onde se aposenta. Muito bem, quando esse homem se aposentar terá compensações, porque recolheu contribuições para as Previdências locais, mas quem vai pagar é a União, que é onde ele se aposentou. Então, a União cobra de estados e municípios e, da mesma forma, em situação inversa, eles cobram da União na operação chamada de "compensação previdenciária". A pergunta é: como vai ser a compensação previdenciária se em cada local há uma regra diferente? Supercomplexo isso aí.

É algo que não existia no Brasil e não aparece no curto prazo. Mas vai aparecer mais para a frente e aí vai ter judicialização. Um vai entender que tem que pagar tanto para o outro ente; já o outro vai entender que tem que receber tanto. Enfim, vai ser uma judicialização enorme e desnecessária. Além disso, há enorme judicialização decorrente, em parte, do ativismo judicial. Já tenho conhecimento de pelo menos cinco ações de declaração de inconstitucionalidade, além de inúmeras decisões em juízo de primeira instância simplesmente anulando a reforma. Recentemente, teve uma situação bem interessante em que a associação de juízes entrou com uma ação para que não fosse aplicada a reforma de 2019 para a categoria e o juiz, que é parte integrante e interessada, deferiu e nem sequer a contribuição previdenciária nos termos da reforma está sendo cobrada.

Até que todas as ações no Supremo sejam definitivamente julgadas, vai demorar alguns anos. E quando o Supremo demora a julgar causas, nunca se sabe o que vai vir. Porque, se de repente o Supremo se reúne e dá 60, 90 dias envolvendo devolução de recursos com repercussão geral, pode-se criar um sério problema para os Tesouros. Isso demora, mas, quando acontece, é quase uma explosão nuclear. Temo que ficaremos no limbo jurídico por alguns anos, entre seis e oito. E, obviamente, por conta das brechas no sistema judicial brasileiro, um homem entra com ação no Judiciário e suspende o recolhimento, suspende a aplicação da emenda constitucional, o juiz defere, o processo vai para a segunda instância, demora, tem recurso, demora para julgar o foro, e lá se vão dez anos para julgar o mérito de uma ação.

E, até lá, vai saber quanta gente vai se aposentar com regra antiga, quantos e quantas pensionistas vão receber com regras anteriores à emenda. É uma situação absolutamente descabida ter no Brasil servidores públicos de várias categorias, tipo A, tipo B, tipo C, a depender da reforma feita em cada estado. É lamentável. Eu vi de perto deputados francamente a favor da reforma falarem que só votariam se fossem retirados estados e municípios. Na minha opinião, o que houve foi uma grande falta de coordenação. Ficou tudo muito solto dentro do próprio Congresso.

E a radicalização política atrapalhou demais. Os técnicos estudam anos, pesquisam e trabalham duro para elaborar uma proposta de reforma que vai ajudar a estruturar estados e municípios falidos. E deputados e senadores favoráveis à reforma são "declarados inimigos do povo" em uma carreata com fins políticos eleitorais. Imagine o ânimo para continuar prestando esse serviço? O que houve foi um uso indevido do debate público por parte de vários políticos, que aproveitaram a chance para radicalizar. Mas isso tem um preço que, cedo ou tarde, vai aparecer. É da vida, não tem jeito. Enfim, acho que o primeiro aprendizado estrutural que tive em todo esse processo foi o de que reformas em geral são difíceis e a da Previdência foi especialmente difícil. Porque as reformas acabam por interferir na vida de todo mundo e as expectativas são muito diferentes.

É fundamental que qualquer governo que venha a propor mudanças, do presidente da República ao ministro do setor, passando pelos secretários, tenha total convicção daquilo que está propondo. Atribuo a isso parte do nosso fracasso parcial em 2019. Eu costumava dizer que a reforma da Previdência não era do Guedes, era do presidente. E ele tinha que andar com ela literalmente debaixo do braço. O único que fez isso, com toda a clareza, foi o Lula. Nem o Fernando Henrique fez isso. Ele apresentou a proposta em 1996, tratou da reeleição e só depois voltou a discutir o assunto. O único que fez isso com determinação e certeza foi o Lula. Ele arrancou a proposta em oito meses, chamou o Eduardo Suplicy, que queria votar contra, e falou: "Amigão, se votar contra eu te expulso do partido." E fez isso com outros parlamentares. Em oito meses estava com a reforma aprovada. Então, é necessário que o presidente esteja plenamente convencido daquilo para convencer os parlamentares. Não pode terceirizar para ministro ou secretário. Nós ali, negociando pontos bastante importantes, e de repente vem a notícia de que o presidente estava flexibilizando as regras para policiais. Assim fica difícil, a negociação complica, é preciso haver alinhamento total nesse caso.

Outro aspecto que acho fundamental é a credibilidade dos apoiadores da reforma, de quem fala sobre ela. A população tem que acreditar que o interlocutor é sério. Pode até discordar do que ele fala, mas sabe que não é um picareta e por isso vai pelo menos ouvi-lo. É muito difícil vender uma reforma da Previdência se o seu interlocutor entende que você não tem clareza, não tem firmeza naquilo que está propondo. Não convence. Então, nas próximas reformas, esses dois ingredientes terão que ser bastante fortes para que possamos andar na direção correta. E há um terceiro ingrediente, que é ter um negociador político hábil. Toda reforma entra de um jeito e sai de outro. Por isso é necessário saber em que se pode ceder, em que não se pode ceder e em que momento ceder.

Eu me lembro de que no Congresso havia predisposição para que os parlamentares aceitassem uma transição para igualar as idades-limite para homem e mulher, quando então saiu uma entrevista do presidente sugerindo que se mantivesse a diferença de três anos. Os parlamentares estavam dispostos a ter o desgaste de defender uma tabela progressiva que fosse igualando aos poucos, mas, antes mesmo que isso fosse pro-posto, a declaração do presidente encerrou o assunto. Portanto, acho que vale a pena o presidente escolher um hábil negociador de última instância que tenha convicção da proposta que está sendo levada.

Outro elemento fundamental é ganhar a opinião pública. E ganhar a opinião pública significa ter apoio de bons técnicos, com convicção e ferramentas, para defender itens da reforma com informações traduzí-veis para a população. Por exemplo, quando falei da patroa que se apo-senta antes da empregada doméstica, ou do empreiteiro que se benefi-cia da aposentadoria anos antes do peão, isso tem impacto. As pessoas identificam isso, porque o peão sabe que o patrão está aposentado e a empregada doméstica também sabe que a sua patroa está aposentada e ela não está, ela só irá se aposentar aos 61, 62. Por isso mesmo não pode ser uma proposta de Previdência desprovida de evidência, tem que ser uma proposta baseada nos estudos técnicos e científicos que a comuni-dade produz. E tudo isso tem de ser envelopado com boas campanhas publicitárias de esclarecimento sendo veiculadas regularmente nos ca-nais de massa.

Não à toa, tanto no governo Temer quanto no de Jair Bolsonaro, várias associações tentaram tirar do ar a publicidade de itens da reforma da Previdência. E várias conseguiram interditar a divulgação da ideia. O governo tem de estar preparado para isso e vencer. Foi proibida a divulgação, por exemplo, de que homem se aposentava numa certa idade e mulher em outra e que o homem se aposentava mais cedo no Sudeste do que no Norte. Isso é censura. O Brasil caminhou num caminho horrível de censura de ideias, de tudo. A ideia da divulgação de informações aparece inclusive no boletim do Anuário Estatístico da Previdência Social, que é público, mas fazer de fato essa divulgação passou a ser "um crime". Foi uma coisa horrorosa, e acabou acontecendo a suspensão da campanha publicitária de esclarecimento. Eu vi as peças. Não era propaganda barata, era bastante didática. Então, sabendo que vai enfrentar esse tipo de obstáculo, o governo precisa de uma equipe forte.

A reforma da Previdência não terminou

Não vamos conseguir fugir de retomar a ideia da capitalização porque a reforma que foi feita não acaba com o déficit, nem o diminui. Apenas reduz o ritmo de crescimento do déficit e da dívida, esse é o problema. O déficit estava crescendo numa trajetória e mudou a inclinação, mas não foi revertido. Para se ter uma ideia, só para a União o déficit da Previdência é mais de cinco vezes o custo anual do Bolsa Família. Só no regime previdenciário dos funcionários públicos da União, o déficit anual é maior do que todo o Bolsa Família. Veja, não estou falando de despesa, que é muitas vezes maior do que os valores aqui mencionados. Estou falando de déficit, ou seja, a diferença entre despesa e receita. Teremos que repensar isso.

Até aqui conseguimos segurar o trem, que estava descarrilando, mas não vamos conseguir fugir de uma nova reforma. E essa nova reforma, necessariamente, terá que prever uma capitalização, porque o sistema de repartição, dada a demografia que já temos contratada, vai continuar a fazer com que os déficits sejam crescentes. Cada geração é numericamente menor que a anterior. O Brasil começará a reduzir o tamanho da sua população em 10, 12 anos. As taxas de crescimento já estão próximas de zero e daí para a frente começarão a ser negativas. Nesse sentido, nenhum sistema de repartição com essa demografia para em pé, por isso é necessário planejar a capitalização.

Além disso, temos que fazer uma reforma que inclua todo mundo — União, estados e municípios —, com regrinhas para ajustar, porque nós vamos ficar 10, 12 anos, eu imagino, com regras diferenciadas. Então, será preciso fazer umas contas de *pro rata*. E é um problema complicado. Outra coisa que temos que fazer é automatizar parâmetros técnicos, idades de aposentadoria e tempo de contribuição à medida que voltarmos a crescer. Temos que pensar que, cada vez mais, não basta ter só idade, tem de ter também volume de contribuição. Teremos que ir aumentando progressivamente esses parâmetros técnicos em função do crescimento do emprego, da população economicamente ativa. Há vários desenhos a pensar. Essa questão ficou pendente, mas tinha sido destacada no nosso projeto.

Outro aspecto que deve ser atacado é o que se poderia chamar de "abuso" no uso das regras. Isso ocorre, basicamente, porque existem regras dúbias que permitem a obtenção de benefício com entendimentos, digamos, pouco ortodoxos em relação ao sentido da lei. Não é burlar a lei, e sim usá-la de uma forma que não era o desejo do legislador. Obviamente, há também casos de burla de regras e até de corrupção. São coisas que precisam ser corrigidas. Parte substantiva desses detalhes foi enfrentada por meio de uma medida provisória com foco no combate à sonegação e à fraude na Previdência. Vigorou por um tempo, mas ainda não se converteu em lei. Foram pequenos ajustes, porém importantes operacionais no nosso sistema. E com a vantagem de que não há necessidade de mudança constitucional porque se trata de matéria infraconstitucional.

Por exemplo, talvez pouca gente saiba, mas, até a reforma de 2019, que deu margem a comentários bastante agressivos, tínhamos no sistema previdenciário distorções como a seguinte: se um bandido matasse uma pessoa, a família dele poderia receber o auxílio-reclusão no caso de ele ser preso, mas a família da vítima poderia ficar sem receber pensão. Por quê? Porque os critérios de elegibilidade para a pensão eram diferentes daqueles do auxílio e exigiam que o segurado tivesse dois anos de contribuição. No entanto, para receber o auxílio-reclusão bastavam três meses de contribuição. Ou seja, a família de quem mata recebe, já a família de quem é morto, se não tiver os dois anos de contribuição, não tem direito à pensão. Fizemos uma correção nisso e não agradamos ao crime organizado, que não gostou nada do ajuste. Isso me foi relatado por ninguém menos que o secretário de Previdência da época. Era tudo tão desajustado que se criava essa situação. E nós tínhamos de fazer projetos de lei infraconstitucionais para garantir mais critério e racionalidade nas regras.

Existem outros projetos que ainda precisam ser feitos. Um deles até foi tema de um artigo meu, sobre uma lei que erroneamente define que pessoas que tiveram aposentadoria por invalidez possam receber um benefício adicional de 25% do valor do benefício para pagar um cuidador, em caso de necessidade. A lei é malfeita. Em primeiro lugar, porque quem precisa de cuidador não necessariamente se aposentou por invalidez. Eu posso ter me aposentado por idade ou tempo de contribuição, mas quando ficar mais velho talvez venha a precisar de um cuidador. Enfim, a necessidade de cuidador não tem nada a ver com aposentadoria por invalidez, ainda que exista maior propensão de aposentados por invalidez virem a necessitar de cuidador.

Então, por que restringir esse benefício à aposentadoria por invalidez? Só que o Judiciário, do meu ponto de vista, extravasando da sua competência, decidiu que esse critério vale para qualquer aposentadoria em qualquer nível. E aí gerou um problema, porque a lei que criou o benefício de conferir um adicional de 25% à aposentadoria, desde que esta tenha sido por invalidez no Brasil, só valia para os benefícios do INSS. As aposentadorias por invalidez no INSS têm um valor médio baixo, de aproximadamente 1.400 reais. Portanto, quando falo em 25% disso, estou falando de 350, 400 reais para remunerar um cuidador.

A Justiça brasileira, invadindo a competência legislativa, inscreveu um novo artigo nessa lei determinando que isso se aplicava a qualquer tipo de aposentadoria em qualquer regime, como se fosse o legislador. Ou seja, virou uma maravilha. Corrigiu o que estava errado, mas abriu o leque para todo mundo, de qualquer forma e sem qualquer preocupação com o custo disso. Assim, ficou estabelecido pela Justiça que, havendo necessidade de um cuidador, o aposentado terá direito a 25% de seu benefício original. É uma graça! Uma pessoa que receba 30 mil reais de aposentadoria, caso necessite de um cuidador vai receber um adicional de 25% para pagar esse cuidador, o que equivale a 7.500 reais. Com esse valor ele contrata o cuidador, uma enfermeira e até uma namorada. Ele contrata bastante gente para ajudar e ainda vai viver muito bem.

Foi o que fez o Judiciário ao tomar essa decisão no âmbito do Superior Tribunal de Justiça. Ora, são coisas que precisam ser mudadas. Não é fazer uma nova reforma, é o que eu chamo de arrumar a "cozinha" do nosso sistema previdenciário. Isso dá muito trabalho porque, apesar de ser infraconstitucional, é preciso negociar no Legislativo, fazer aprovar e enfrentar o Judiciário, que, muitas vezes, depois, reverte a decisão do Congresso, agindo muito além de sua competência constitucional, e por aí vai.

Eu sempre digo: acho inacreditável que, para fazer uma emenda constitucional, seja necessário apoio de dois terços do Congresso, da Câmara e do Senado, em duas votações. Se você juntar o voto dos que aprovam uma reforma, dá 110 milhões de votos, soberania popular que não vale nada se um juiz de primeira instância revogar a decisão. Aí, realmente, a democracia brasileira tem que ser repensada. Não dá.

Leituras sugeridas

- Caetano, Marcelo Abi-Ramia. "Estrutura, limitações e desafios para Previdência de servidores públicos", in Paulo Tafner, Carolina Botelho e Rafael Erbisti (orgs.). *Reforma da Previdência: a visita da velha senhora*. Brasília: Editora Gestão Pública, 2015.

- Cechin, J. e A. Cechin. "Desequilíbrios: causas e soluções", in Paulo Tafner e Fabio Giambiagi (orgs.). *Previdência no Brasil: debates, dilemas e escolhas.* Rio de Janeiro: Ipea, 2007.
- Giambiagi, Fabio (org.). *Reforma da Previdência: o encontro marcado.* Rio de Janeiro: Elsevier, 2007.
- Giambiagi, Fabio e Paulo Tafner. *Demografia, a ameaça invisível: o dilema previdenciário que o Brasil se recusa a encarar.* Rio de Janeiro: GEN Atlas, 2010.
- Tafner, Paulo e Pedro Fernando Nery. *Reforma da Previdência: por que o Brasil não pode esperar?.* Rio de Janeiro: GEN Atlas, 2018.
- Tafner, Paulo, Carolina Botelho e Rafael Erbisti (orgs.). *Reforma da Previdência: a visita da velha senhora.* Brasília: Editora Gestão Pública, 2015.

16. Maria Silvia Bastos Marques
Podcast realizado em 11 de maio de 2021

Graduada em Administração Pública e mestre e doutora em Economia pela FGV, Maria Silvia Bastos Marques exerceu diversas funções nos setores público e privado. Foi coordenadora da Área Externa da Secretaria de Política Econômica do Ministério da Economia, secretária de Fazenda da cidade do Rio de Janeiro, presidente da Empresa Olímpica Municipal. Presidiu a Companhia Siderúrgica Nacional (CSN), a Icatu Seguros e o Goldman Sachs no Brasil. Foi presidente do BNDES, onde também ocupou os cargos de diretora Financeira e de Planejamento e assessora especial para Assuntos de Privatização.

Resumo

Com variadas experiências nos setores público e privado, Maria Silvia Bastos Marques menciona sua passagem pelo governo carioca como secretária de Fazenda e o último período em que esteve no BNDES, revelando os desafios que ali encontrou, o processo de implementação da TLP e as ações em concessões e infraestrutura. Analisa ainda a importância da avaliação de políticas públicas e da alocação eficiente de recursos na gestão pública.

Diferentes experiências com variadas conexões

Parto da seguinte premissa: não existe nada impossível de fazer. Basta ter liderança, planejamento e capacidade de execução. No entanto, tenho uma experiência profissional que é, conforme costumo brincar, um péssimo exemplo de planejamento. Na verdade, eu queria mesmo era ser acadêmica, dar aula e fazer pesquisa, o que fiz por sete anos como pesquisadora da FGV e professora do Departamento de Economia da PUC--Rio, já mestre e doutora em Economia. Comecei um pós-doutorado em

Economia Matemática no Impa, porque realmente queria me dedicar à vida acadêmica. Mas, por uma dessas ironias da vida, acabei indo trabalhar no governo Collor.

Sempre achei que voltaria à vida acadêmica, mas isso nunca aconteceu. Segui de desafio em desafio, com participações nos setores público e privado, todas bastante complementares. Quando escrevi um livro sobre a minha trajetória profissional, ao sair do BNDES pela segunda vez, em 2017, descobri que todas essas experiências tiveram conexões. É fascinante voltar ao passado da nossa experiência profissional e perceber cada etapa como se fosse parte de um joguinho de Lego. Isso gera conhecimentos, experiências que possibilitam exercer de forma mais plena a atividade seguinte. Sou uma pessoa de alma pública que exerceu diversas funções no setor privado e espero contribuir com essa memória para *A Arte da Política Econômica*.

Talvez a minha experiência no plano municipal, trabalhando pela cidade, tenha sido a mais prazerosa da minha vida profissional. Fui secretária de Fazenda de 1993 a 1996 no primeiro governo do prefeito Cesar Maia, no Rio de Janeiro. Depois trabalhei cinco anos na organização dos Jogos Olímpicos, com o prefeito Eduardo Paes, que conheci naquela primeira gestão do Cesar Maia, quando ele era o prefeitinho da Barra da Tijuca e de Jacarepaguá. Trabalhar pela cidade é algo praticamente egoísta, porque você trabalha para si mesmo, sua família, seus amigos, sua comunidade. Por isso é algo incrível e de rápido retorno, positivo e negativo. No estado e na União é diferente, não há essa conexão tão imediata. Esse primeiro governo do Cesar Maia ficou conhecido como um *case* de sucesso na gestão do Rio de Janeiro.

O desafio da Secretaria de Fazenda no Rio

Pegamos a cidade numa situação difícil, em termos de finanças e gestão. O Plano Real aconteceu no meio do governo e ajudou bastante o fato de o prefeito Cesar Maia ser economista e ter exercido, também, a função de secretário de Fazenda do estado do Rio. Brincávamos dizendo que havia dois secretários de Fazenda na gestão e nos dávamos muito bem. Então conseguimos, junto com um excelente time de secretários, todos muito técnicos e empenhados em "fazer acontecer", conduzir uma gestão diferenciada nesse momento de transição de um patamar elevado e crônico de inflação para a estabilidade de preços. Esse padrão de administração talvez possa ser exemplificado pelo fato de que fomos o primeiro ente público no Brasil, a nível nacional e subnacional, a divulgar suas contas fiscais na internet.

Além disso, após todo um trabalho de organização interna, a prefeitura do Rio de Janeiro realizou uma auditoria externa nas suas contas e teve seu *rating* avaliado pelas três principais agências de classificação de risco internacionais da época: Duff & Phelps, Moody's e Standard & Poor's. Na sequência, o município lançou, em 1996, um bônus no exterior sem aval da União. Quando cito isso parece que falamos de outro mundo. O Rio de Janeiro lançou um bônus internacional de 150 milhões de dólares sem aval da União, que foi integralmente quitado em seu vencimento.

Após o Plano Real, graças a um significativo esforço de preparação da prefeitura para o fim da inflação elevada, nós tínhamos 1 bilhão de dólares em caixa e nos tornamos financiadores dos títulos de dívida pública da cidade de São Paulo e do estado de Minas Gerais. Isso é prova cabal de que, com boa gestão, bom planejamento e, principalmente, liderança política e vontade de fazer, tudo é possível. Foi uma experiência muito boa e fico feliz de verificar que muito do que fizemos na época ficou, foi permanente. Isso porque envolvemos os funcionários públicos em um trabalho conjunto.

Cito dois exemplos. Quando entrei na Secretaria de Fazenda, a prefeitura tinha centenas de documentos de arrecadação, nenhum com código de barras. Isso em dezembro de 1992. Entramos em janeiro de 1993 e era impossível fazer o fechamento do caixa em um prazo razoável, sendo, portanto, impossível fazer planejamento de fluxo de caixa. Era uma loucura, porque a apropriação das receitas acontecia com até dois meses de defasagem, tinha mil furos, os documentos bancários chegavam até nós em enormes sacos, lotados de papel.

Os pagamentos aos fornecedores e prestadores de serviços da cidade eram feitos em cheque cruzado em preto do Banerj, com exclusividade. Esses cheques eram entregues fisicamente na sede da Secretaria de Fazenda e havia filas e mais filas de pessoas pelas escadas do prédio, uma loucura. Então, executamos um projeto de criação de um documento único de arrecadação, que é o Documento de Arrecadação do Município, o DARM, que existe até hoje. O DARM reuniu todos esses documentos dispersos, num trabalho de mais de dois anos, que possibilitou arrecadarmos e apropriarmos, em tempo real, a nossa receita. O DARM possibilitou ainda que cobrássemos as inadimplências de uma forma rápida e certeira.

Rapidamente percebi então que não seria possível continuar com a prestação de serviços do Banerj, devido a uma série de razões. Expliquei a situação ao prefeito, que me deu carta branca para tirarmos as nossas contas e a custódia de nossos títulos do banco. Fomos o primeiro órgão público, a primeira cidade a ter um PAB, um Posto de Atendimento Bancário privado para nossos funcionários. Mas não retiramos compulsoriamente a folha de pagamentos da prefeitura do Banerj, o que fizemos foi oferecer aos nossos funcionários a escolha entre passar a receber o salário em bancos privados ou continuar no Banerj. Não preciso dizer que a grande maioria saiu imediatamente do banco porque o serviço prestado era muito ruim. Os funcionários com salários mais baixos recebiam em espécie, como os nossos funcionários da Comlurb, por exemplo, e os funcionários dos escalões inferiores das Secretarias. Então, no dia de pagamento, a prestação desses serviços do município parava, porque eles tinham de ir pessoalmente receber seus salários.

O sistema do ITBI, que existe atualmente, também foi implementado em nossa gestão. Fizemos uma série de inovações nesse importante instrumento de arrecadação da prefeitura graças à expertise técnica dos funcionários da casa, especialmente do fiscal de rendas Mário Padrão, estatístico que desenvolveu o sistema e se tornou coordenador desse tributo. Também inovamos na forma de emissão do carnê do IPTU, que passou a ser financiado por instituições financeiras escolhidas por meio de licitação pública, em troca de publicidade no carnê. Foi uma experiência realmente rica. Ao escrever o livro *Vontade inabalável: os erros e acertos de uma executiva pioneira*, fiquei feliz em poder registrar essas mudanças e inovações.

Considero que meu período como secretária de Fazenda, bem como as demais experiências, são *cases* de gestão pública passíveis de serem replicados. Eles mostram que, ao contrário do que se diz, há dinheiro disponível para projetos de qualidade, possibilitando uma boa alocação dos recursos e um retorno social extremamente elevado. Fui muito feliz como secretária de Fazenda e sou uma municipalista entusiasmada. O papel das cidades, das grandes metrópoles e das regiões metropolitanas é central na vida do cidadão. Merece muito debate e reflexão.

BNDES no olho do furacão

No plano nacional, destaco minhas passagens pelo BNDES. Primeiro, como diretora, na época do saudoso e querido Eduardo Modiano, no governo Collor. Anos mais tarde, como presidente do banco. Conforme registrei em meu livro, demorei a encontrar um título apropriado para o capítulo no qual relatei essa volta ao BNDES. E o título foi "No olho do furacão", porque, de fato, foi um período atribulado em que tudo parecia acontecer ao mesmo tempo. Ao reler o capítulo, sempre fico impressionada com o número de questões que o banco atravessava no período. Todas eram graves e com múltiplas repercussões no cenário econômico e até político.

O banco havia se tornado um símbolo de caixa-preta, uma metáfora do próprio prédio, inteiramente preto e com vidros pretos. Isso ficou colado à imagem da instituição. Havia então uma demanda por transparência nas informações e também a discussão sobre a devolução dos empréstimos do Tesouro e sobre outros temas igualmente importantes e delicados, como: os subsídios de crédito implícitos e explícitos; a JBS e a política dos campeões nacionais; as exportações de bens e serviços; as concessões de infraestrutura; o famoso programa PIL, Programa de Investimentos em Logística, praticamente com todas as obras paradas por diversas razões, inclusive envolvimento dos concessionários na Operação Lava-Jato. Enfim, havia uma série de questões relevantes e urgentes.

Aceitei, em meados de maio de 2016, o convite para ser presidente do BNDES, feito pelo então presidente interino Michel Temer, em meio a uma profunda crise econômica e durante o processo de impeachment da então presidente Dilma. Seguíamos para o segundo ano de recessão, com mais de 7% de crescimento negativo acumulado em dois anos. Mas aceitei o convite, motivada pela vontade de tentar contribuir, de alguma forma, em um momento que talvez tenha muito paralelo com o que vivemos hoje.

Havia muita desesperança, nós todos estávamos desalentados com aquela situação. Fomos atropelados pela crise política às vésperas das Olimpíadas, que começariam em agosto de 2016. A situação era tão surreal que não se sabia, até aquele momento, que presidente da República compareceria à cerimônia de abertura: a presidente Dilma, em processo de impeachment, ou o presidente interino, Michel Temer. No meio dessa confusão, eu saí da prefeitura, onde trabalhava na organização dos Jogos, e fui para o BNDES. Lá tive várias surpresas.

Embora eu viesse acompanhando pela imprensa e por alguns relatos de colegas o que vinha acontecendo no BNDES nos anos recentes, entre a minha primeira e a segunda passagem pelo banco muita coisa tinha acontecido. Realmente, só tive contato mais íntimo com a situação quando voltei para lá, ao assumir a presidência, oficialmente, em 1º de junho de 2016, embora já estivesse trabalhando nisso tudo desde que aceitei o convite, em maio. Foi uma enorme surpresa, por exemplo, encontrar poucos funcionários conhecidos da época anterior. Luciano Coutinho tinha sido o presidente mais longevo da instituição, ficando quase dez anos no cargo. Essa foi a primeira grande dificuldade. A maior parte dos funcionários nunca havia se deparado com uma mudança de comando durante quase uma década.

Isso porque havia sido feito um programa de demissão voluntária muito bem remunerada que aposentou os funcionários mais antigos, cerca de 900 pessoas. Como referência, quando participei do banco na primeira vez, no início da década de 90, havia 1.200 funcionários. Na sequência do programa voluntário de demissão, foram realizados quatro concursos, que admitiram 1.400 pessoas. Em dezembro de 2016, o BNDES contava com, aproximadamente, 2.800 funcionários, sem incluir os terceirizados. O banco fez um *turn around* completo em menos de dez anos e, com isso, a meu ver, perdeu ativos relevantes. Perdeu muito da sua tradição oral, da sua pluralidade de pensamento, do seu conhecimento antigo, dos seus processos, daquela coisa importante numa instituição de estado, que é a tradição de uma geração transmitir para a outra os seus erros e acertos.

O BNDES era uma instituição plural e aberta no início da década de 90. Havia muita discussão sobre "vamos fazer desse jeito, daquele, de outro" e, após as decisões tomadas, as coisas aconteciam. Em 2016, encontrei um BNDES muito mais unificado em termos de pensamento econômico, mas menos aberto ao debate. Após 2008, na esteira da grande crise gestada no sistema financeiro americano, que se espalhou pelo mundo, o BNDES agiu corretamente, no sentido de realizar políticas anticíclicas para tentar sustentar o crescimento naqueles primeiros anos de crise. Essas políticas, no entanto, continuaram sendo executadas até 2015, tendo sido o pivô dessa grave crise econômica que vivemos. Esse foi o pano de fundo que encontrei, ao voltar para o BNDES, e que precisávamos reverter.

Janela de oportunidade: o caso da TJLP

É claro que, como sempre, a vontade de fazer e o apoio do presidente da República, que não colocou obstáculos, foram fundamentais na questão da TJLP. Costumo dizer que, principalmente no setor público, se a janela de oportunidade se abre, pule por ela, porque ela pode demorar a se abrir de novo. E nós tínhamos ali uma grande janela de oportunidade. Convidei para diretor de Planejamento do BNDES o professor da PUC Vinícius Carrasco, um microeconomista brilhante. No Banco Central estavam o Ilan Goldfajn e uma equipe excelente, alguns que também tinham saído do mundo acadêmico. Eram próximos de nós, tinham formas de pensar parecidas.

João Manoel Pinho, que depois se juntou ao Ministério da Economia, Eduardo Guardia, secretário executivo do Ministério da Economia, junto com o Henrique Meirelles, ministro da Fazenda, Ana Paula Vescovi, na Secretaria do Tesouro — éramos todos muito alinhados do ponto de vista de pensamento econômico. Logo após entrarmos no banco, pedi ao Vinícius que fizesse um diagnóstico a respeito da TJLP e começasse a analisar alternativas para o futuro.

A TJLP tinha sido criada com uma regra explícita, mas, com o tempo, tornou-se uma taxa de juros imprevisível, definida *ad hoc*. Sua definição não obedecia a parâmetros e, portanto, estava sujeita a uma série de questões políticas, circunstanciais. Do ponto de vista do banco, a TJLP não permitia, por exemplo, a securitização das suas operações de crédito. Do ponto de vista dos nossos clientes, os tomadores de crédito, não era possível fazer nenhum tipo de *hedge* para essa taxa de juros. Em nossa visão, era necessário promover uma mudança metodológica na taxa de juros praticada pelo BNDES e reduzir o estoque de crédito direcionado (subsidiado), que, naquele momento, já representava mais da metade do estoque de crédito da economia.

Estávamos vivendo uma profunda crise fiscal, não havia mais recursos públicos para subsidiar a TJLP. Além disso, como todos os estudos mostrariam, esses subsídios distorceram a alocação de recursos e não aumentaram a taxa de investimento da economia. Ou seja, não houve benefício para a sociedade brasileira e, ainda por cima, o crédito subsidiado, nos volumes praticados, impediu o crescimento do mercado de capitais no país. Aspecto tão importante quanto todos esses, taxas de juros subsidiadas e um estoque de crédito direcionado do montante que havia, tem impacto relevante na potência da política monetária, tornando necessário um aumento ainda maior da Selic para afetar a atividade econômica (pois uma parte do estoque de crédito está atrelado ao crédito subsidiado) e reduzir a taxa de inflação.

A taxa de juros subsidiada nada mais é do que um privilégio de um grupo de tomadores de crédito que se beneficiam desse subsídio. Aqueles que não têm acesso ao subsídio (em geral os indivíduos e os pequenos e médios empresários) são duplamente prejudicados: pagam mais caro pelo crédito e vão ter que se submeter a uma taxa de juros ainda mais elevada em períodos inflacionários, quando a política monetária precisa ser contracionista. Então, o nosso diagnóstico foi o de que seria muito positivo, sob todos os aspectos, o BNDES praticar uma taxa de juros com parâmetros bem definidos e relacionada ao custo de captação do Tesouro. Mas era um ambiente muito difícil para fazer essa mudança.

Primeiro, internamente, dentro do banco, havia um grupo muito vocal que era contra e fez várias manifestações nesse sentido. Sofremos muita resistência da associação de funcionários e por isso promovemos um extenso trabalho de esclarecimento, interno e externo, para que houvesse um entendimento das razões para a mudança. Enfrentamos também intensa resistência na imprensa e por parte de associações de classe de diversas naturezas, que tentavam manter os seus benefícios cartoriais. Com frequência havia notícias nos jornais dizendo que eu estava demissionária, que eu estava saindo do banco, claro que "plantadas" pelos insatisfeitos. Devo dizer que tudo isso só reforçava o meu convencimento de que estávamos no caminho certo.

O alinhamento intragoverno

Por outro lado, tínhamos essa construção perfeita entre Banco Central, Ministério da Fazenda e BNDES. Ilan e eu estávamos inteiramente alinhados, as equipes trabalhavam em conjunto e o Eduardo Guardia foi um ponto de lança firmíssimo nesse projeto. Juntos, conseguimos levar o projeto ao presidente Temer, que ouviu nossas ponderações e nos deu aval para seguir adiante com a proposta de mudança legal da metodologia da taxa de juros do BNDES, que passou a se chamar Taxa de Longo Prazo. Eu diria que esse é um exemplo ilustrativo de que, com as condições certas, as lideranças certas e o apoio do líder maior, tudo é possível. A TLP entrou em vigor em janeiro de 2018 e, em cinco anos, agora em 2022, ela vai convergir para a NTN-B, um título do Tesouro de cinco anos. Ainda é o *funding* mais barato do mercado, de longo prazo, alinhado ao custo soberano de captação, o que reforça o papel do banco de emprestador para infraestrutura em empréstimos de longo prazo.

Sempre tive uma preocupação grande de pensar o futuro do BNDES, pois sabia que teria que ser diferente do passado. Com esse objetivo, realizamos muitos debates, inclusive com bancos de desenvolvimento de outros países e o Banco Mundial. É impressionante como, em um ano, plantamos tantas sementes e fizemos tanta coisa para o futuro. Houve, por exemplo, a retomada, em outras bases, do processo de concessões de infraestrutura, tão vital para o país, o que o banco sabe fazer porque já o fez no passado, e muito bem.

Os estados precisam de um PMO, um *project manager,* alguém que desenhe os projetos de concessões estaduais. Nas concessões de infraestrutura que aconteceram principalmente no governo Dilma, o chamado PIL, o BNDES financiava, com subsídio, as outorgas, o empréstimo-ponte e depois o empréstimo de longo prazo. Tivemos leilões de concessões desenhados com premissas de desempenho inteiramente irrealistas, com lances de outorgas igualmente irrealistas, que se tornaram ainda mais irrealistas com a recessão econômica. Vale dizer que, quando o projeto emitia debêntures de infraestrutura, além de todos os financiamentos, o banco também subscrevia as debêntures. Fica fácil entender como o mercado de capitais não conseguia crescer nesse ambiente de integral *crowding out* pelo banco público.

Espaço para o mercado de capitais

Em uma primeira etapa, revimos todo o processo das concessões, em conjunto com as agências reguladoras, a ANTT e a Anac, e a equipe do Programa de Parcerias de Investimentos, um trabalho muito bem-feito. Mudamos as políticas de financiamento e o BNDES deixou de financiar as outorgas e de conceder empréstimos-ponte.

O conflito de interesses entre os concessionários e os construtores existia na maioria dos casos das antigas concessões, pois quem ganhava o leilão, em geral, também era o construtor da obra. Em muitos desses casos, essas questões se transformaram em longas demandas que ainda estão sendo resolvidas. Os editais foram revistos para impedir que esses conflitos explícitos de interesses continuassem acontecendo. Lembro também que esses editais nem sequer eram publicados em inglês, restringindo o interesse de potenciais investidores estrangeiros. Eles só eram disponibilizados em português e os prazos para a análise eram supercurtos. Tudo isso foi revisto e alterado, o que agora está se refletindo nos leilões que vêm sendo realizados.

Havia um discurso de que o mercado não tinha condições de financiar os investimentos de longo prazo, mas fato é que não podia mesmo. Era um caso clássico e explícito de *crowding out* do mercado pelo financiamento subsidiado do banco público.

No que diz respeito aos impactos da TLP no mercado de capitais, sem dúvida o processo de redução da taxa de juros foi amplificado pela TLP, que criou condições para que os empréstimos privados pudessem acontecer. A partir daí, observamos um rápido crescimento do mercado de capitais e uma redução importante no crédito direcionado. Ainda é cedo, são poucos anos, mas acho que os resultados já se mostram e serão permanentes. Isso é o mais importante.

Temos hoje uma taxa de juros de longo prazo definida por uma lei com regras claras que permitirá ao BNDES, quando tiver uma carteira maior indexada à TLP, securitizar os seus créditos, por exemplo. Por outro lado, a TLP permitirá aos tomadores de crédito ter mecanismos de *hedge* para as suas operações, o que não era possível com a TJLP. Cabe registrar que durante esse breve período emitimos um *green bond* e foi a primeira vez, em dez anos, que o BNDES acessou o mercado de crédito internacional, antes fonte corriqueira de recursos para os empréstimos do banco.

Quando fui diretora financeira do BNDES, era cotidiano o banco captar recursos no mercado internacional. Mas isso tinha mudado. O banco ficou por muito tempo utilizando apenas os recursos do Fundo de Amparo ao Trabalhador, o FAT e, mais recentemente, uma fonte de recursos que nunca tinha usado — a dos pagadores de impostos, do Tesouro Nacional. Em 2016, o passivo do banco com o Tesouro Nacional era de cerca de 530 bilhões de reais, um fato inédito.

Nós procuramos discutir o papel futuro do BNDES, procuramos estimular fontes alternativas e formas diferentes de trabalhar, por exemplo, com prestações de garantia. O banco fazia isso no passado e deixou de fazer — em vez de fornecer o empréstimo, prestar garantias que, em geral, são muito caras, principalmente para pequenas e médias empresas. Passar a ser, portanto, o alavancador de empréstimos, ao invés de emprestar diretamente, fazer o papel do coordenador de empréstimos de médio e longo prazos. Portanto, há muitas formas de o banco trabalhar.

Acho que um dos papéis centrais do BNDES já é e será, cada vez mais, o de estar voltado para as concessões e para a infraestrutura. As concessões de saneamento eram uma prioridade clara e falei a respeito da organização desse programa já em meu discurso de posse. Começamos a estruturar esse programa em 2016, que foi então incluído pelo presidente Temer no PPI e que culminou, recentemente, com a aprovação do marco legal para o setor e o leilão da Cedae. É gratificante constatar que, quando as coisas são assentadas em bases bem-feitas, têm continuidade e geram frutos que serão permanentes.

Foco na produtividade

O BNDES tem um papel estratégico para o aumento da produtividade no país. E o aumento da produtividade é o grande desafio para a economia brasileira. Não vamos mais crescer apenas por aumento de inserção de pessoas no mercado de trabalho, com subsídios creditícios e investimentos do setor público. Precisamos aumentar a produtividade, somente isso vai assegurar, de fato, um crescimento sustentável, o aumento de renda *per capita* e a inclusão social.

Acho que o BNDES pode ter um papel importante nisso. Buscando obter esses resultados, fizemos a revisão completa das políticas operacionais do banco, as políticas de financiamento, a primeira em nove anos. Nessa revisão, a premissa era a de que o foco do BNDES deveria ser financiar, preferencialmente, projetos que tivessem um retorno social maior do que o retorno econômico.

Os projetos de infraestrutura, em geral, trazem esse benefício. Isso é muito bonito. O impacto social do saneamento é ganha-ganha: aumenta a produtividade na escola, porque a criança não fica doente; aumenta a produtividade no trabalho, porque o trabalhador não fica doente; reduz as despesas com saúde pública, pela redução das doenças causadas pela água não tratada e pelos esgotos não recolhidos e/ou não tratados; aumenta a produtividade do ponto de vista energético, porque você recupera corpos hídricos; aumenta a arrecadação tributária de IPTU, por exemplo, através de áreas que estavam degradadas e são recuperadas; aumenta a receita de ISS e do ICMS por aumento do turismo, e por aí vai.

São tantos os ganhos quando há saneamento que o impacto social é imenso. E, por outro lado, o saneamento também tem retorno privado, o que viabiliza esses investimentos e o BNDES pode ser um enorme catalisador nesse processo. Ele pode desenhar os projetos, pode assessorar os estados, pode fazer consórcios de financiamento dos quais participa, mas trazendo o setor privado junto. Pode fornecer garantias, sobretudo nos períodos de construção da obra, quando os riscos e os investimentos são mais elevados.

Então, a atuação do banco deve ter dois grandes nortes: financiamento de projetos de infraestrutura, que têm um retorno social maior do que o privado, e das micro, pequenas e médias empresas. Esses foram os dois vetores dessa administração que começou em 2016, e que vejo, com grande satisfação, terem continuidade na gestão atual. Muito dessa agenda foi incorporada e faz parte hoje do cotidiano do BNDES. Eu acho que esse é o caminho.

Gostaria de mencionar um processo importante e de muito impacto, que começamos também debaixo de um imenso tiroteio, inclusive da parte de alguns economistas, que questionavam se o procedimento não feriria a Lei de Responsabilidade Fiscal (LRF). Falo da devolução antecipada dos recursos dos empréstimos do Tesouro ao BNDES. Solicitamos ao Tribunal de Contas da União, em um movimento articulado entre o Ministério da Fazenda, o Ministério do Planejamento e o BNDES, que analisasse o tema sob a ótica da LRF e, na sequência, a Corte de contas elaborou um parecer prévio à devolução dos recursos, nos orientando sobre os passos necessários para realizarmos essa devolução de uma forma absolutamente correta, com o objetivo de redução da dívida pública e sem ferir a LRF. Ao contrário, de acordo com o TCU, os empréstimos do Tesouro aos bancos públicos é que haviam sido feitos à revelia da LRF e, devolvendo antecipadamente os recursos, nós estaríamos saneando esse problema.

No nosso primeiro ano no BNDES, 2016, devolvemos 100 bilhões de reais que, inicialmente, havíamos planejado devolver ao longo de quatro anos. Tomei a decisão de antecipar a devolução integral dos recursos porque o banco apresentava condições financeiras e contábeis para tal e isso pavimentou o caminho para que esse processo continuasse. Mas foi muito duro e complexo fazermos isso naquele momento, com toda a discussão que havia, especialmente dentro do banco, de que nós queríamos "acabar" com o BNDES.

Não, na verdade, nosso objetivo era conseguir dar bases sólidas ao país, em relação à questão fiscal, e permitir que o banco revisse a sua forma de trabalhar e pudesse permanecer atuante, com impacto sobre o nível de investimento e de atividade da economia. A crise de 2008 já acabara em 2010, mas o Brasil continuava agindo como se estivéssemos em plena crise, subsidiando investimentos que não aconteciam e entrando em recessão, quando o mundo já estava crescendo.

Sobre a arte da política econômica

Sobre a arte da política econômica, esse é um tema fascinante. Nós, que trabalhamos em governo e temos essa experiência, podemos ter a convicção de que tudo no Brasil pode dar certo. Tenho a convicção de que temos recursos para fazer tudo. O que não temos, em geral, são métricas e avaliação para as políticas públicas. Isso também foi um trabalho que implantamos no BNDES: criamos um departamento responsável por definir métricas para os financiamentos e critérios de avaliação e revisão de seus resultados. Temos leis que vigoram há décadas no Brasil, por exemplo, a da Zona Franca de Manaus e a Lei de Informática, sobre as quais até hoje não consegui quem me respondesse à pergunta sobre que benefícios efetivos elas trouxeram ao conjunto da sociedade brasileira.

Custo-benefício? Por que elas continuam sendo renovadas? O que se espera? Qual é a avaliação que tivemos para fazer isso seguir em frente? Eu sou, a princípio, contra subsídios, especialmente subsídios creditícios. A concessão de subsídios precisa ser debatida de forma transparente. E os recursos precisam estar no Orçamento, precisam ter prazo de vigência e métricas de avaliação, para verificarmos se os que foram alocados cumpriram as metas para os quais foram destinados. A política econômica precisa cada vez mais estar voltada para a qualidade do gasto, para a efetividade do gasto. E, se não estivermos alocando esses recursos de forma adequada, que isso possa ser revisto rapidamente. Em três anos, cinco anos, no máximo, é preciso avaliar e rever.

Para finalizar, devemos falar dos inúmeros exemplos de sucesso de gestão pública no Brasil. Nunca existiu uma vontade deliberada dos gestores públicos de institucionalizar esses *cases* e permitir que fossem replicáveis, de criar incentivos para que fossem implantados nos municípios, nos estados, nas áreas de educação, saúde pública, segurança etc. Temos inúmeras instituições de sucesso no setor público que dão certo e que podem ser replicadas. Então, número um: nós sabemos fazer. Número dois: podemos replicar o que é bem-feito. E número três: o sucesso do jogo é o gasto bem-feito, é o gasto de qualidade. Não é gastar por gastar.

Será que é importante, realmente, gastar 10%, 15% carimbados em educação? A taxa de natalidade está caindo, será que é preciso construir novas escolas? Será que não é possível mudar o uso dos recursos? Precisamos discutir as políticas públicas e, principalmente, precisamos que elas tenham continuidade, sejam revistas e aperfeiçoadas. E não, como usualmente acontece, novos governantes interromperem programas que poderiam ser aperfeiçoados, criando novos, muitas vezes com mudanças apenas cosméticas, sem aperfeiçoamento e sem maior eficácia. É necessário dar continuidade às políticas públicas, aferir a qualidade dos gastos e redirecionar essas políticas quando necessário.

Leituras sugeridas
- Bonomo, Marco, Ricardo D. Brito e Bruno Martins. "The After-Crisis Government-Driven Credit Expansion in Brazil: A Firm Level Analysis", *Journal of International Money and Finance*, vol. 55, 2015, pp. 111-134.

- Carvalho, Daniel. "The Real Effects of Government-Owned Banks: Evidence from an Emerging Market", *The Journal of Finance*, vol. 69, 2014, pp. 577-609.
- Lazzarini, Sergio G., Aldo Musacchio, Rodrigo Bandeira de Mello e Rosilene Marcon. "What Do State-Owned Development Banks Do? Evidence from BNDES, 2002-2009", *World Development*, vol. 66, 2015, pp. 237-253. Disponível em: <https://pesquisa-eaesp.fgv.br/sites/gv-pesquisa.fgv.br/files/arquivos/mello_-_what_do_state-owned_development_banks_do.pdf>. Acesso em: 5 out. 2022.
- Marques, Maria Silvia Bastos. *Vontade inabalável: os erros e acertos de uma executiva pioneira*. Rio de Janeiro: Sextante/Selo Primeira Pessoa, 2018.
- Mendonça de Barros, José Roberto. *Agronegócio e indústria: por que trajetórias tão diferentes?* Fórum Nacional BNDES, 2017. Disponível em: <https://www.cebri.org/br/doc/136/dossie-1>. Acesso em: 5 out. 2022.
- Menezes Filho, Naercio. "Os determinantes da produtividade: uma visão de José Alexandre Scheinkman", *Insper conhecimento*, 2019. Disponível em: <https://www.insper.edu.br/conhecimento/politicas--publicas/os-determinantes-da-produtividade-uma-visao-de-jose-alexandre-schienkman-2/>. Acesso em: 26 out. 2022.
- Ribeiro, Eduardo e Antonio Nucifora. "The Impact of Subsidized Credit on Firms' Investment and Productivity in Brazil: An Evaluation of the BNDES Finame-PSI Program", *World Banking Working Paper*, 2017.

IV. Construção de regimes e de instituições e experiências estaduais de ajustes de modernização

17. Gustavo Loyola e Eduardo Augusto Guimarães
Podcast realizado em 4 de maio de 2021

Gustavo Loyola é doutor em Economia pela EPGE/FGV. Diretor-presidente da Tendências, foi diretor de Normas do Mercado Financeiro no Banco Central e, posteriormente, presidente da instituição por duas vezes. Participa de conselhos de administração de diversas empresas. Em 2014, foi escolhido Economista do Ano pela Ordem dos Economistas do Brasil.

Eduardo Augusto Guimarães é doutor em Economia pela Universidade de Londres. Consultor de empresas, foi economista do Ipea, presidente do IBGE, secretário do Tesouro Nacional do Ministério da Fazenda, além de presidente do Banespa e do Banco do Brasil. Foi também professor e diretor do Instituto de Economia Industrial da UFRJ, bem como professor do Departamento de Economia da PUC-Rio e da Faculdade de Economia e Administração da UFF.

Resumo

Os economistas Gustavo Loyola, ex-presidente do Banco Central (1992-1993 e 1995-1997), e Eduardo Augusto Guimarães, ex-secretário do Tesouro Nacional (1996-1999), discutem aqui os desafios de adaptação do sistema bancário e dos Tesouros estaduais ao fim do regime de alta inflação. Comentam os cenários fiscal e monetário nos programas de reestruturação e renegociação de dívidas dos estados e analisam o papel dos programas de amparo a bancos privados, pelo Proer, e a bancos públicos, pelo Proes e pelo Proef, além de apontarem as reformas que seriam essenciais para o fortalecimento institucional do Banco Central e uma maior estabilidade da economia.

Foco na economia
GUSTAVO LOYOLA

Sou economista formado pela Universidade de Brasília e doutor em Economia pela Escola Brasileira de Economia e Finanças da Fundação Getulio Vargas, no Rio de Janeiro. Ainda estudante de graduação, prestei concurso para o Banco Central, onde fui funcionário de carreira por muito tempo, desempenhando várias funções. Comecei na área internacional e participei do início do processo de renegociação da dívida externa, em 1983. Em seguida, trabalhei na área de mercado de capitais do banco, como chefe do Departamento de Normas do Mercado de Capitais, o Denor. Em 1990, assumi a Diretoria de Normas do Mercado Financeiro, a Dinor, e, posteriormente, por duas vezes, a presidência do banco: entre 1992 e 1993, um período curto, na gestão do presidente Itamar Franco, e entre 1995 e 1997, na gestão do presidente Fernando Henrique Cardoso.

EDUARDO AUGUSTO GUIMARÃES

Sou formado em engenharia e economia, mas nunca cheguei perto da engenharia. Minha trajetória inteira foi como economista, com doutorado pela Universidade de Londres. Trabalhei sempre no setor público até o fim do governo Fernando Henrique. Comecei trabalhando no Ipea, na área de indústria. Fiquei algum tempo na Finep, na área de pesquisa, não na área operacional. Em seguida, tive uma nova temporada no Ipea. Mas fui também professor universitário desde que me formei e hoje sou um professor aposentado. Tive duas passagens pelo IBGE, primeiro como diretor de Pesquisa e diretor-geral, no governo José Sarney, depois como presidente, já no governo Collor. Fui secretário do Tesouro no governo Fernando Henrique.

Saí do Tesouro para assumir a presidência do Banespa — fui seu último presidente antes da privatização. Depois do Banespa, segui para o Banco do Brasil, também como presidente. Desde então, tenho atuado na área de consultoria e estive, ainda, nos comitês de auditoria do Unibanco e do Itaú. Em todo esse período, exceto quando estava exercendo funções fora do Rio de Janeiro, dei aulas no Instituto de Economia da UFRJ, do qual fui diretor.

Impactos da queda da inflação no sistema bancário
GUSTAVO LOYOLA

Inicialmente, é importante salientar que o processo de desinflação no Brasil teve características muito específicas. O Plano Real, que acabou de vez com a hiperinflação no país, foi precedido por uma série de outras tentativas de se lidar com a questão inflacionária. As tentativas se iniciaram com o Plano Cruzado, em 1986, na administração Sarney. Depois, o processo seguiu com outros planos, como o Plano Bresser, o Plano Verão e o Plano Collor, até se chegar à introdução do Real, em 1994, já no governo Fernando Henrique. Todas essas tentativas transmitiram muitos choques ao sistema financeiro. Havia processos de forte intervenção nos contratos, mudança de indexadores, mudança no regime de taxas de juros, enfim, ocorreu uma sucessão de choques heterodoxos.

De certa forma, isso foi fragilizando o sistema financeiro ao longo do período. Ao mesmo tempo, porém, o sistema bancário desenvolveu mecanismos adaptativos a essa situação patológica de alternância entre experimentos de desinflação malsucedidos e aceleração rápida da inflação. No Brasil, contudo, apesar da inflação elevadíssima por tanto tempo, não se observou uma fuga generalizada da poupança doméstica para ativos no exterior. Ou seja, manteve-se a poupança financeira basicamente na moeda nacional, principalmente por meio da emissão de depósitos, com liquidez imediata e/ou mecanismos de investimento, também de liquidez imediata, como *overnight*.

Todo o sistema financeiro repousava sobre esse tipo de estrutura de captação de recursos. A inflação elevada, aliada a essa característica do sistema bancário, trazia receitas importantes ao sistema bancário. Vale destacar que, por causa da inflação, o crédito de longo prazo não era o forte do sistema bancário brasileiro naquela ocasião. Não havia crédito de longo prazo e a relação crédito-PIB no Brasil sempre foi relativamente baixa, em comparação com outros países. Dessa maneira, o sistema bancário brasileiro, que naquele período em geral não cobrava tarifas, vivia basicamente da arbitragem dessa inflação e de juros nominais elevados. Por outro lado, as aplicações financeiras de curto prazo ofereciam alguma proteção aos depositantes frente à inflação, mas não proteção total. Era mais ou menos assim que os bancos estavam organizados no país.

Com isso, houve um enorme estímulo ao aumento das redes de agências bancárias. Assim, os bancos normalmente tinham estrutura de agências muito estendidas, com um nível de eficiência relativamente baixo. Quando, de fato, a inflação foi domada com o Plano Real, em 1994, isso tudo foi modificado. Essa foi outra característica da desinflação no Brasil. Não foi um processo em que a inflação caiu de forma gradual, com oportunidade para o sistema financeiro se adaptar a uma situação nova. Foi uma sucessão de choques fracassados, até que, em um determinado momento, o choque chamado Plano Real funcionou.

Assim, da noite para o dia, os bancos perderam uma parte relevante das suas receitas e precisaram se adaptar rapidamente à nova situação. Alguns fizeram isso muito bem, outros tiveram problemas. Basicamente, a mudança do ambiente macroeconômico de maneira abrupta fez com que os atores principais do sistema financeiro ficassem, de repente, desguarnecidos. De modo geral, não estavam preparados para essa nova situação, até porque haviam vivenciado uma sucessão de choques que não tinham dado certo. Aqueles bancos que conseguiram se adaptar logo se deram muito bem. Outros não conseguiram fazer a transição de maneira bem-sucedida. Portanto, houve problemas no sistema bancário brasileiro nesse período de transição entre uma economia hiperinflacionária e uma economia, digamos, normal em termos de estabilidade de preços.

O fim da inflação nos Tesouros estaduais

Eduardo Augusto Guimarães

Acho que o impacto do fim da inflação nos Tesouros estaduais foi menos dramático do que no sistema financeiro. A inflação viabilizava uma política de administração do caixa dos Tesouros federais e estaduais que facilitava um aparente controle do déficit público. Com inflação alta, tínhamos a receita crescendo ao longo de todo o ano e as despesas fixadas por dotações orçamentárias, estabelecidas no início do ano. Uma política na qual se posterga a autorização para a realização das despesas gera um superávit de caixa nos meses iniciais do ano e, eventualmente, possibilita ganhos financeiros para o Tesouro estadual. Isso permite ir equilibrando despesas e receitas e fechar o ano com um resultado fiscal, formalmente, de boa qualidade.

Entretanto, isso tem um efeito danoso para a administração pública. A gestão, nesse cenário, é muito difícil, sobretudo pelo problema da incerteza: o gestor não sabe quando terá os recursos para gastar. Além disso, há uma desvalorização da dotação orçamentária ao longo do ano. Quando o gestor for realizar a despesa, o valor real disponível será menor do que a previsão inicial. Mas os gestores aprendem a conviver com isso e começam a embutir uma previsão de adiamento da realização da despesa na própria proposta orçamentária.

Por outro lado, se os fornecedores não sabem quando irão receber, tendem a puxar para cima os preços cobrados pelos produtos ou serviços produzidos. Tudo isso gera uma enorme desorganização e ineficiência na gestão pública. Assim, com o fim da inflação, esse mecanismo deixa de ser usado, porque não há ganhos significativos em postergar a receita. A gestão do caixa, num regime de inflação estável, é muito mais simples do que no regime de inflação crescente. Outro problema é que os governos estaduais podem assumir compromissos com gastos contando que a inflação vai compensar esse aumento a médio prazo. Isso foi visível, por exemplo, em relação aos salários.

Muitos governantes cederam à pressão dos funcionários por aumento de salários, contando que a inflação "comeria" esse aumento depois. Esse foi um problema que os governos estaduais tiveram que enfrentar com o fim da inflação. Davam esses aumentos em particular em fins de governo, quando os governantes tendem a ser mais generosos. E, de repente, o processo foi interrompido e eles ficaram sem absorver esses ajustes, conforme estavam acostumados a fazer. Essas foram as dificuldades mais imediatas da transição para um regime de baixa inflação enfrentadas pelos governos estaduais.

A complexa renegociação da dívida de 1997
EDUARDO AUGUSTO GUIMARÃES

As dificuldades decorrentes do endividamento excessivo dos estados vinham da década de 80 e foram se agravando ao longo dos anos. O Gustavo mencionou a sucessão de planos de combate à inflação. Aqui também tivemos uma sucessão de renegociações das dívidas dos estados. Em 1989 tivemos uma e em 1993 tivemos outra. Ambas resultaram inúteis. Mesmo com as operações de refinanciamento, o crescimento da dívida continuava. Tanto que, entre 1989 e 1998, quando começou a ser implementada a renegociação da dívida do governo Fernando Henrique, a dívida dos estados cresceu de 6% do PIB, em 1989, para mais de 14%, em 1998. Essas renegociações se mostraram inúteis, mas foram didáticas, porque, de certa maneira, apontaram como deveria ser uma renegociação mais eficaz.

Quais as informações extraídas dessas renegociações passadas? Primeiro: era inútil financiar apenas uma parcela das dívidas do estado, como feito em 1989 e 1993, porque o resto continuava crescendo descontroladamente. Segundo: era preciso levar em conta o papel que os bancos estaduais tinham no endividamento dos estados. Não apenas como fornecedores de crédito, mas, sobretudo, como viabilizadores da emissão de títulos mobiliários pelo estado, dando liquidez a esses títulos e depois passando a carregar a dívida — o que tornava possível ao estado recorrer a esse mecanismo de financiamento.

Isso tudo levou à conclusão de que, para que o processo de renegociação fosse eficaz e duradouro, não bastava refinanciar essa dívida. Era preciso extinguir os bancos estaduais. Eu me lembro de ter lido, antes de ir para o Tesouro, a declaração de um economista dizendo em entrevista que não adiantava ter um governo responsável que saneasse o banco estadual porque, mais cedo ou mais tarde, viria outro governo para destruí-lo. Não me lembro do autor da declaração, tenho uma suspeita, mas o meu suspeito disse que não foi ele. Então, não sei a quem atribuir. Mas era isso que acontecia. Logo, a solução da questão dos bancos estaduais era crucial para que o problema do desequilíbrio fiscal dos estados fosse resolvido de modo definitivo. E talvez tenha sido essa a questão que teve solução mais duradoura.

Além de tudo, era inútil refinanciar a dívida se os estados não tinham capacidade de pagamento. Não adiantava fazer um refinanciamento muito bom e os estados não terem capacidade sequer de cumprir o que estava acordado. E mais: era necessário impedir que o processo ressurgisse. Ou seja, não adiantava refinanciar se não houvesse controle da geração de déficit pelo estado. Por fim, o último ensinamento era o de que as características e as circunstâncias das crises fiscais dos diversos estados eram muito diferentes. Portanto, não havia solução que pudesse ser aplicada a todos eles. Cada estado merecia um tratamento específico.

Essas são as lições que informaram a política implementada pelo governo Fernando Henrique, cuja ideia básica era a de que o refinanciamento fosse vinculado a programas de reestruturação e ajuste fiscal específicos para cada unidade da Federação, bem como decorrente de acordos entre cada estado e o governo federal. E ainda: era importante que esse programa de reestruturação contemplasse também uma reforma patrimonial do estado. Além disso, ao lado desse programa de refinanciamento, o governo deveria promover a redução da participação do setor público na atividade financeira bancária. Esse foi, na verdade, um segundo programa — os dois ocorreram paralelamente. Vou me centrar apenas no refinanciamento e no ajuste fiscal, deixando a questão dos bancos para o Gustavo.

O programa de refinanciamento era um programa peculiar, porque propunha ações e desdobramentos ausentes nas experiências anteriores. No entanto, não havia grande novidade nisso, porque o que se propunha era somente adotar com os estados os mesmos procedimentos adotados pelo FMI em suas operações com os países: condicionar o financiamento à implementação de programas de ajuste e de reforma macroeconômica.

O programa de refinanciamento teve duas diretrizes. A primeira era: realismo. Era necessário evitar que o compromisso de rolagem da dívida fosse impossível de ser cumprido pelos estados. Isso envolvia duas orientações. Primeiro, era preciso reconhecer que a rolagem da dívida com as taxas de juros de mercado da década de 90 inviabilizaria a sustentabilidade fiscal dos estados. Então, a taxa a ser estabelecida nos contratos de refinanciamento precisava ser menor que a taxa do mercado, o que significava um subsídio elevado e impunha um ônus importante à União. Em consequência, os contratos adotaram taxa de juros de IGP mais 6%, que era uma taxa baixa nos anos 90. A segunda orientação foi dar um prazo dilatado de 30 anos e impor um limite máximo para o comprometimento da receita líquida real do estado no cumprimento das obrigações do refinanciamento. Esse limite era de 11% a 13%, em alguns poucos casos foi maior.

A segunda diretriz era: o programa de refinanciamento deveria promover, estimular, induzir a reforma estrutural dos estados. Para isso, o financiamento previa o pagamento de 20% do valor do refinanciamento, a ser efetuado na partida. Os estados, evidentemente, não tinham recursos para cumprir esse compromisso. Assim, esse pagamento inicial seria feito com a transferência de ativos do estado para a União, a fim de serem operados pela própria União ou, preferencialmente, para serem privatizados. Isso foi um forte impulso para a reforma estrutural dos estados, uma vez que tornou quase compulsória a privatização de empresas e bancos estatais. Essa transferência significava também uma limitação ao desequilíbrio futuro das contas estaduais. Além dos bancos, as empresas de energia elétrica haviam tido um papel importante no processo de geração de dívida dos estados.

Passando agora ao programa de reestruturação e ajuste fiscal dos estados. As negociações desse programa envolviam a definição de um conjunto de objetivos específicos para cada unidade da Federação, acompanhados de um conjunto de metas a serem cumpridas. As metas principais eram: a trajetória da dívida financeira em relação à receita líquida do estado (como deveria evoluir no tempo); e metas de resultado primário e das despesas com o funcionalismo público (estipulava-se o teto dessas despesas).

Por outro lado, o programa incluía a exigência de iniciativas na área de privatização ou de concessão de serviços públicos para a exploração pela iniciativa privada. E fixava limites para a contratação de dívidas no futuro condicionados ao cumprimento da trajetória da receita líquida do estado prevista no acordo. Enquanto a dívida do estado fosse maior do que a sua receita líquida anual, não poderia realizar nenhuma operação no mercado mobiliário, nenhuma emissão de títulos públicos. E só poderia contrair novos financiamentos, inclusive empréstimos externos, se estivesse cumprindo a trajetória estabelecida para a sua dívida financeira.

Ao lado disso, o programa criava uma exigência de relatório anual do estado a ser encaminhado ao Tesouro Nacional, indicando o desempenho fiscal e o andamento das metas, para avaliação do governo federal. Estabelecia também penalidades para o não cumprimento das cláusulas do contrato: os encargos financeiros previstos eram substituídos pela taxa de captação do Tesouro Nacional, e mais 1% de juro de mora; e o limite de comprometimento da receita líquida no serviço da dívida era acrescido de 4%. Era um critério rigoroso. Não era gradativo. Na primeira infração, o estado já estava sujeito a penalidades, sem que se diferenciasse a natureza, a gravidade do descumprimento. Na formulação desse programa, havia uma visão de que as regras deveriam ser muito rigorosas, a fim de inibirem o descumprimento. No entanto, a minha experiência no setor público do Brasil mostra que uma regra rigorosa não inibe o descumprimento e sim a aplicação da regra.

Tive um exemplo nesse caso: logo no primeiro ano, o estado de São Paulo descumpriu o Teto de Gastos com o funcionalismo. Não porque tivesse havido um aumento das despesas, mas porque a receita tinha caído e não se corrige o desequilíbrio de uma hora para outra. Por isso, o Tesouro estava na obrigação de aplicar essa medida draconiana, mas o governo do estado não ia achar graça nenhuma em ser punido por um problema que não era de sua responsabilidade e que ele não poderia resolver no curto prazo. A solução foi obter uma autorização legal para que coubesse ao ministro da Fazenda excepcionalizar casos em que a multa não seria aplicada. Excepcionalizar não é bom, pois quando se abre uma porta dessas, começa uma forte pressão para que tudo seja considerado excepcional. No entanto, realmente era inviável, não fazia sentido aplicar aquela penalidade ao estado de São Paulo naquele momento.

Negociação das dívidas pela ótica do Banco Central
GUSTAVO LOYOLA

Chegamos a uma situação tal que, no início dos anos 90, havia, de fato, vários bancos emissores de moeda e não apenas o Banco Central. Os bancos estaduais se tornavam emissores de moeda quando sacavam a descoberto nas contas de reserva bancária mantidas no Bacen. Eles tinham dificuldades para se financiarem no mercado e ficavam com a reserva negativa no Banco Central, o que, evidentemente, configurava emissão de moeda. Portanto, estava se criando moeda a partir desse mecanismo de financiamento não autorizado junto ao Bacen.

A indisciplina dos bancos estaduais, em boa medida, estava associada ao financiamento dos Tesouros de seus respectivos estados. Fosse por meio de um financiamento direto que não era pago, fosse através da dívida pública mobiliária dos estados, principalmente no início dos anos 90. Em geral, a dívida mobiliária dos estados era financiada por operações compromissadas de curtíssimo prazo. Os bancos estaduais eram forçados a adquirir os títulos diretamente dos respectivos Tesouros e ficavam com a obrigação de financiar diariamente essa carteira no mercado. Quando os bancos não conseguiam se financiar em operações no mercado, em especial em situações de aversão de risco, recorriam às reservas bancárias no Banco Central, ficando devedores nessas contas.

Simplificando a questão: para financiar os estados os bancos estaduais se financiavam no Banco Central. A propósito, vale lembrar o famoso escândalo dos precatórios, quando se denunciou a emissão de títulos associados a precatórios de maneira fraudulenta. Por causa dessa fraude, criou-se um excesso de oferta de títulos mobiliários ligados a precatórios para os quais nunca houve demanda suficiente no mercado.

Em 1995, quando cheguei ao Banco Central, os principais bancos públicos no Brasil estavam sob o Regime de Administração Especial Temporária, o Raet, caso do Banespa e do Banerj. Todos os bancos estaduais sob o Raet e também alguns outros que não estavam ainda sob esse regime se encontravam em situação econômico-financeira difícil. A solução, do ponto de vista estritamente bancário, poderia ter sido a liquidação pura e simples desses bancos. Entretanto, com isso se deixariam milhares, ou talvez milhões, de poupadores ao relento, provocando um efeito sistêmico bastante grave.

Outra questão é que, ao longo do tempo, a fim de acomodar o problema dos bancos estaduais, o Banco Central e o Conselho Monetário Nacional foram obrigados, por pressões políticas, a adotar regras prudenciais muito permissivas. Por exemplo, o estado de São Paulo não tinha condições financeiras para pagar sua enorme dívida com o Banespa, apesar disso, a instituição não tinha nenhuma provisão relevante no balanço em relação a tais créditos de difícil recebimento, como seria exigido pela boa técnica bancária.

Havia um mito disseminado de que os estados não quebravam. Eu mesmo já discuti com um deputado federal advogado aqui de São Paulo, na famosa CPI do Banespa, porque ele queria me convencer de que na Constituição estaria escrito que os estados não quebram! Eu disse, na ocasião, que isso era irrelevante do ponto de vista do banco credor, porque, se não há ninguém disposto a financiar a dívida do estado através do banco, na prática ele vai quebrar do mesmo jeito, por falta de liquidez. Assim, essa situação estava gerando certa indisciplina na gestão do sistema financeiro porque as normas mais permissivas para os bancos públicos acabavam levando o Banco Central a uma situação difícil em relação à supervisão dos bancos privados.

Naquele momento, em 1995, havia também uma situação de crise bancária potencial provocada principalmente pela perda da receita inflacionária, com o sucesso do Plano Real. No caso dos bancos públicos, além de eles sofrerem a perda da receita inflacionária, eles foram afetados pelo fato de os estados não conseguirem refinanciar suas dívidas no mercado, gerando graves problemas de liquidez para essas instituições.

Nesse contexto, o programa descrito pelo Eduardo procurou unir vários objetivos no âmbito das finanças estaduais, incluindo a resolução do problema crônico dos bancos estaduais de uma maneira definitiva. Esses bancos foram saneados pelo Proes, que foi um programa de saneamento financeiro dessas instituições, com recursos do Tesouro Nacional, condicionado ao compromisso dos estados de privatizarem esses bancos. Além disso, havia o compromisso de os estados privatizarem também empresas públicas, de maneira a se construir um regime fiscal mais equilibrado estruturalmente nos estados e que evitasse, no futuro, as aventuras do endividamento excessivo.

Outro aspecto importante, além da privatização dos bancos públicos estaduais, foi a vedação da emissão de dívida mobiliária. Os estados ficaram proibidos por contratos de emitir qualquer tipo de dívida mobiliária e, com isso, esse problema recorrente foi eliminado definitivamente do mercado.

Considerando esses aspectos, o programa de saneamento das finanças estaduais foi muito bem-sucedido, porque houve elevado grau de adesão dos estados. Hoje, remanescem poucos bancos estaduais e aqueles que ficaram estão disciplinados, enquadrados nas mesmas regras prudenciais que se aplicam aos bancos privados. Mesmo em situações em que o estado teve posteriormente um problema fiscal mais complexo, os bancos públicos não mostraram mais um comportamento fora das normas bancárias usuais.

Do ponto de vista do Banco Central, a solução do problema dos bancos estaduais foi fundamental, a fim de gerar disciplina na supervisão bancária e permitir um novo regime monetário, no qual o Banco Central se tornou de fato uma autoridade monetária com o monopólio da emissão de moeda. Da mesma forma que, no início dos anos 80, tinha sido importante para o aperfeiçoamento institucional do Bacen a criação da Secretaria do Tesouro e o fim da conta de movimento. Naquele momento, houve a separação das funções do Banco Central em relação àquelas típicas do Tesouro Nacional. Mais adiante, já no início dos anos 90, houve, com o Proes, um novo passo nesse sentido, com o fim da possibilidade de os bancos estaduais se financiarem junto ao Bacen, fechando a janela para os estados se financiarem com emissão de moeda.

É interessante observar que, até correlacionando com o título deste podcast, *A Arte da Política Econômica*, tudo isso foi um processo de construção institucional. Mencionei o fim da conta de movimento, a criação da Secretaria do Tesouro, o fim das funções de fomento do Banco Central e, depois, nos anos 90, a extirpação desse problema, que eram os bancos estaduais. Também foi importante, naquele momento, o saneamento dos bancos públicos federais, do Banco do Brasil, da Caixa Econômica, e a privatização do Banco Meridional. Houve ainda programas de saneamento do Banco da Amazônia e do Banco do Nordeste.

Tudo partiu de um contexto de disciplinamento dos bancos em geral e dos bancos públicos federais e estaduais em particular, ao mesmo tempo em que se fazia esse programa de consolidação fiscal que gerou inclusive outros benefícios, como a privatização de várias empresas estatais ineficientes e os programas de concessão. Interessante observar que muitos estados, até os que de início relutavam em participar, acabaram depois aderindo voluntariamente a esse programa.

O Proer no enfrentamento da crise dos bancos
GUSTAVO LOYOLA

O objetivo principal do Proer foi justamente evitar uma crise bancária de natureza sistêmica. A história mostra quão destrutivas podem ser as crises bancárias em termos de perda de PIB, aumento do desemprego, geração de problemas sociais e políticos. Havia consciência no governo, e não só no Banco Central, mas em todo o governo, da equipe econômica ao presidente, de que precisávamos evitar a todo custo uma crise bancária.

Buscamos ideias que tinham sido colocadas em prática em outros países para nos adaptarmos à situação brasileira da época. Buscamos uma modalidade de resolução bancária usada com certa frequência, talvez não de maneira predominante, mas que ainda assim era muito usada: a estratégia de se criar um *good bank* e um *bad bank*, ou seja, separar os ativos bons dos bancos, empacotar isso numa nova "casca" e vendê-la a uma instituição que estivesse em melhores condições financeiras ou a investidores que, eventualmente, quisessem entrar no mercado. Com isso se preservavam os haveres dos depositantes.

Os credores desses bancos em dificuldades seriam poupados do choque que, provavelmente, ocorreria com a quebra do banco. Ao mesmo tempo, não se premiavam os acionistas desses bancos que estavam em situação difícil, porque o patrimônio líquido deles era zerado. Para isso se desenvolveu um mecanismo através do qual o Banco Central financiava esses bancos em dificuldades em ativos de longo prazo, as chamadas "moedas de privatização", que são direitos legítimos reconhecidos contra o Tesouro Nacional, mas de pouca liquidez na época. O Banco Central aceitava esses títulos como garantia e, assim, recompunha, equilibrava os ativos e passivos desses *good banks*, que eram vendidos e pelos quais se recebiam recursos para ajudar a cobrir as deficiências que, porventura, remanescessem nos bancos que estavam sob intervenção/liquidação.

Entendo que o objetivo central do programa foi atingido, porque não se verificou no Brasil uma crise sistêmica, tendo sido relativamente baixo o custo do Proer, se comparado a situações assemelhadas observadas em outros países. Inclusive comparando-se com situações que viriam a ocorrer posteriormente, na crise financeira de 2008. Embora o programa tenha sido muito mal compreendido, tenha sofrido críticas de toda sorte e sido apontado como programa para salvar banqueiros, isso, a meu ver, não tira o seu mérito. Importante salientar que o Proer não pode ser visto de maneira isolada. Ele estava no bojo desse contexto de adaptação da economia brasileira a um regime não inflacionário, de baixa inflação, de busca de solução para o problema dos bancos públicos e de mudança da estrutura regulatória no sistema bancário brasileiro.

A supervisão prudencial no Brasil começou a mudar muito naquele momento. Criaram-se outros mecanismos também importantes, como o FGC, o Fundo Garantidor de Créditos, e o SPB, o Sistema de Pagamentos Brasileiro, implementado um pouco mais à frente, mas cuja fundação e início dos estudos ocorreram na minha gestão, além da adesão plena do Banco Central às normas, às regras e às recomendações do Comitê de Supervisão Bancária da Basileia. Finalmente, houve o alinhamento da legislação bancária brasileira às melhores práticas globais. Todas essas medidas explicam, em grande parte, por que o Brasil se tornou mais resiliente a choques, o que se verificou quando eclodiu a grave crise financeira internacional de 2008-2009.

Lições para reformas
EDUARDO AUGUSTO GUIMARÃES

O resultado do processo de renegociação da dívida e da implementação dos programas de reajuste fiscal foi surpreendente: 25 estados assinaram o acordo. Era um acordo muito generoso do ponto de vista do refinanciamento, porque incluía um subsídio elevado. Era rigoroso, porém, do ponto de vista do programa de ajustes e dos programas de reforma do estado. Até mesmo porque propunha a adoção de normas francamente contrapostas às práticas políticas correntes. No entanto, o processo avançou de forma mais ou menos suave.

Houve uma conjugação de fatores para viabilizar esse resultado: por um lado, a situação de absoluta incapacidade de pagamento dos estados que não tinham alternativas; por outro lado, o compromisso e o empenho muito grandes do governo federal, como um todo, de levar adiante esse empreendimento. Isso foi decisivo na superação das dificuldades. Além disso, naquele momento, havia a força política do governo Fernando Henrique, que tinha sido eleito em primeiro turno, tinha criado o Plano Real e acabado com a inflação. Essa conjugação de fatores tornou possível a conclusão bem-sucedida do processo de renegociação.

A lição básica é a de que, embora o sucesso de iniciativas de reformas na área fiscal seja difícil porque elas contrariam interesses políticos bem definidos, dadas certas condições o empenho do governo em levar a cabo uma política de ajuste pode ser bem-sucedido, mesmo que esse resultado seja, *a priori*, improvável. Essa experiência tem um depois que comporta uma segunda conclusão, complementar: não devemos ter ilusão quanto ao sucesso das reformas porque as políticas fiscais são as políticas mais vulneráveis aos interesses políticos. E, por conseguinte, são as mais facilmente afetadas por mudanças no cenário político nacional.

Isso aconteceu após a assinatura dos contratos. Apesar disso, o programa mostrou uma boa resiliência durante algum tempo e sobreviveu muito mais do que todos os programas de refinanciamento anteriores.

Deixou mudanças definitivas, como a redução dos setores estatais dos estados com a privatização e a concessão dos serviços públicos. A maior resistência enfrentada foi a relativa aos gastos com o funcionalismo público, uma questão sensível do ponto de vista político. Os limites impostos foram, de certa maneira, sabotados em vários estados. Foram criadas definições específicas desses gastos, que davam uma margem grande de folga aos estados. Em geral, essas redefinições tiveram o aval dos Tribunais de Contas estaduais.

Houve também uma flexibilização dos critérios que a União adotava para autorizar ou não o endividamento do estado. Isso a partir do segundo governo Lula e sobretudo no governo Dilma. A mudança dos critérios adotados pelo Cofiex para a aprovação dos pedidos de financiamento dos estados, a partir de 2009, gerou um aumento significativo de suas dívidas. A crise fiscal dos estados nos anos recentes decorre, em boa medida, dessa flexibilização. Enfim, as reformas promovidas com a renegociação das dívidas estaduais foram resilientes, deixaram algumas mudanças definitivas, mas é difícil mudar as práticas das diversas unidades da Federação.

Sobre como fazer mudanças institucionais
GUSTAVO LOYOLA

O processo de mudança institucional, de construção das instituições, tanto na área monetária quanto na fiscal, tem muito de arte. Talvez até mais de arte do que de ciência. Então há, de fato, a questão do momento de aproveitar oportunidades, situações nas quais se pode avançar um pouco mais. E há situações em que se avança menos, evidentemente sempre com uma percepção de que não há garantia alguma de que as instituições sejam permanentes, por mais sólida que possa parecer uma determinada instituição num certo momento, já que daí a pouco ela pode vir a ser ameaçada.

Isso vale para qualquer domínio, caso do domínio econômico. Então, é sempre um processo. Eduardo mostrou claramente que, na área fiscal, houve, infelizmente, alguns retrocessos. A Lei de Responsabilidade Fiscal — um marco nas finanças públicas — foi objeto de interpretações que a enfraqueceram muito. Agora, o mesmo se repete com o Teto de Gastos. Em suma, não é fácil construir instituições. Mas ressalto que, em primeiro lugar, o processo político é fundamental. Não há essa questão de separar a técnica da política. Se essas duas visões não caminham juntas, não há como avançar. E não deve haver espaço para soluções autoritárias numa democracia. A solução deve vir pelo diálogo entre os Poderes, o governo e a sociedade em todos os seus segmentos.

Sempre que esse diálogo foi tentado e exercido com transparência, houve avanços. E toda vez que algo foi imposto meio de cima para baixo, ou sobre o sistema político, acabou colocando tudo a perder. Por causa disso, deve-se sempre traçar um objetivo realista. Muitas vezes é necessário sacrificar o curto prazo em benefício do longo prazo. Por exemplo, o Eduardo e eu participamos do debate sobre a reforma da Previdência no governo Fernando Henrique. Se tivéssemos feito naquele momento uma reforma previdenciária, mas com regras de transição mais suaves, que viabilizassem a sua aprovação política, estaríamos melhor do que termos esperado mais de 20 anos para realizar essa indispensável reforma. Isso mostra que muitas vezes você tem que negociar uma regra para valer apenas no futuro.

O Murilo Portugal, que foi antecessor do Eduardo no Tesouro, tinha esse mote de que muitas vezes é necessário ser generoso na negociação do estoque a fim de assegurar um fluxo fiscal mais equilibrado no futuro. Nesse caso, ele falava da negociação com os estados, estoque de dívida e tal. Portanto, muitas vezes é preciso buscar algo no futuro fazendo algum tipo de concessão no curto prazo. O caminho de uma reforma tributária no Brasil passa por isto: dar algum mecanismo de garantia de que os estados não vão perder receita no curto prazo, em favor da criação de um regime fiscal melhor do que o que temos hoje com o ICMS. E, assim, é possível pensar em uma série de outras soluções.

LEITURAS SUGERIDAS

- Lopreato, Francisco Luiz C. "O endividamento dos governos estaduais nos anos 90", *Texto para Discussão*, IE/Unicamp n$^{\circ}$ 94, mar. 2000. Disponível em: <https://www.eco.unicamp.br/images/arquivos/artigos/1724/texto94.pdf>. Acesso em: 1° out. 2022.
- Mendes, Marcos. "Crise fiscal dos estados: 40 anos de socorros financeiros e suas causas", *Insper*, 2020. Disponível em: <https://www.insper.edu.br/wp-content/uploads/2020/08/Crise-fiscal-dos-estados_40--anos-de-socorros-financeiros-e-suas-causas.pdf>. Acesso em: 11 nov. 2022.
- Mendes, Marcos. "Mitos sobre o federalismo brasileiro", *Insper*, set. 2019. Disponível em: <https://www.insper.edu.br/wp-content/uploads/2021/04/Sete_Mitos_sobre_a_reforma_tributaria_vfinal.pdf>. Acesso em: 11 nov. 2022.
- Mora, Mônica e Fabio Giambiagi. "Federalism and Subnational Debt: A Discussion on the Sustainability of State Debt", *Brazilian Journal of Political Economy*, 2007. Disponível em: <https://doi.org/10.1590/S0101-31572007000300009>. Acesso em: 1° out. 2022.
- Rigolon, Francisco e Fabio Giambiagi. "A renegociação das dívidas e o regime fiscal dos estados". *Textos para Discussão n$^{\circ}$ 69*. Rio de Janeiro, jul. 1999. Disponível em: <https://web.bndes.gov.br/bib/jspui/bitstream/1408/13514/2/Td-69%20Renegocia%C3%A7%C3%A3o%20das%20dividas%20e%20regime%20fiscal%20dos%20estados.%20_P_BD.pdf>. Acesso em: 1° out. 2022.

18. Sérgio Werlang

Podcast realizado em 22 de fevereiro de 2021

Sérgio Werlang é doutor em Economia pela Universidade Princeton e mestre em Economia Matemática pelo Impa, com graduação em Engenharia Naval pela UFRJ. É professor na EPGE/FGV, sócio da Sarpen Quant Investments, assessor da presidência na FGV e presidente do Conselho de Administração do Impa. Foi diretor de Política Econômica do Banco Central, diretor adjunto e diretor executivo do banco BBM S.A. e diretor executivo e vice-presidente executivo do Itaú/Itaú Unibanco S.A. Participou de diversos conselhos e, atualmente, é membro do Conselho da Sociedade Israelita Brasileira de Organização, Reconstrução e Trabalho, além de conselheiro do MAM-SP.

Resumo

Termos como transparência do Banco Central, atas do Copom, relatório da inflação, pesquisas de expectativas, entre outros, que refletem a abertura do Banco Central e hoje soam familiares ao cidadão comum, são produto da implantação do sistema de metas para a inflação no Brasil. Com detalhes, o economista Sérgio Werlang, ex-diretor do Bacen, relata episódios que envolveram esse processo que mudou a forma de gerir a política monetária no Brasil a partir de 1999.

Da engenharia naval à descoberta da economia

Sou engenheiro naval por formação. Mas, no final da faculdade, ainda estava muito na dúvida sobre o que fazer depois. Na verdade, entrei na Engenharia Naval para fazer Oceanografia. Porém, depois de escolher algumas matérias na área, passei a achar o curso chato, fraco, e acabei desistindo, inclusive porque a área de engenharia naval estava começando a enfrentar uma crise. Naquele momento, meu grande amigo Carlos Ivan Simonsen Leal começou a estimular que eu fosse para o curso de Economia. Fiquei reticente, afinal, não entendia nada daquele negócio. Foi quando um tio que havia feito doutorado em Hidrologia me sugeriu a mesma coisa e aí fui ler textos do Mario Henrique Simonsen sobre microeconomia que me fascinaram. Não é que aquilo tudo tinha lógica? Aquelas leituras me fizeram muito feliz porque comecei a entender um monte de coisas, e foi assim que resolvi estudar economia.

Junto com Carlos Ivan, comecei, em 1979, a fazer cursos no Instituto de Matemática Pura e Aplicada, o Impa, e entrei para a Fundação Getulio Vargas em 1981, onde também fiz algumas cadeiras de doutorado. Mas optei por cursar o doutorado fora, fazendo apenas o mestrado pelo Impa. Só que isso era um problema político na época, porque havia uma pequena desavença entre o pessoal que tocava as coisas do CNPq em economia e a FGV. Um resquício de coisas antigas. Fato é que tivemos que fazer doutorado no exterior na área de economia matemática, o que, no fim das contas, foi importante.

Aí fomos, Carlos Ivan e eu, fazer o doutorado em Princeton. Foi quando conheci o Armínio Fraga, que já estava lá havia um ano, inclusive como colega de turma do Carlos Ivan. Em 1986, Carlos Ivan e eu já estávamos de volta. Fizemos bem rápido o doutorado e, depois que voltei, passei a dar muita consultoria. O professor Simonsen achava importante dar consultoria. Então, acabei virando professor da Fundação Getulio Vargas e do Impa, que larguei em 1989 para ficar só na Fundação. Dei aula também na PUC por dois anos seguidos de Teoria B – Microeconomia, mas não fui professor regular do Departamento de Economia. Em 1989 comecei a dar consultorias para o governo, para o Banco Central. E entrei, por um breve espaço de tempo, no governo Collor para ser assessor do Ministério da Fazenda, porém logo saí, por não concordar com a política que estava sendo seguida.

As participações no governo

Quando entrei na equipe econômica do governo Collor — fui junto com a Maria Silvia Bastos Marques, então minha mulher —, a condição era de que a gente não soubesse qual era o Plano, porque o Eduardo Modiano sabia que se soubéssemos qual era o Plano iríamos *freak out completely*. Enfim, logo percebi que aquilo não era a minha praia, pedi demissão após dois meses e meio de casa e, com três meses e meio, saí. Eu era responsável pela área monetária. Em 1992, entrei na Comissão Executiva de Reforma Fiscal e essa foi uma consultoria bem interessante que durou uns seis meses. A Comissão era chefiada pelo Ary Oswaldo Mattos Filho e foi um trabalho bastante profundo.

A partir de 1991, nunca deixei de dar aula de Teoria dos Jogos, ininterruptamente, na FGV. Em 1999, quando aconteceu a flutuação cambial, eu estava saindo do banco BBM, de onde já havia pedido para deixar as funções de diretor e sócio desde o ano anterior. Voltei para a FGV e, nesse período, o Armínio foi chamado para presidir o Banco Central. Ele então me convida para ser o responsável pela Política Econômica e eu entro no governo em um momento de crise séria para a implantação do regime de metas para a inflação, como havia sido feito na Nova Zelândia e na Inglaterra.

Esses países adotaram o sistema de metas porque, com a mudança do regime cambial, haveria um pulso inflacionário muito grande, por isso seria necessário estabelecer metas para a inflação. O sistema inglês, por exemplo, foi colocado de pé em menos de um mês, logo depois da Quarta-Feira Negra, ocorrida em setembro de 1992, que culminou com a saída da Inglaterra do regime europeu. O Chile teve sistema de metas que se iniciou de modo preliminar em 1989, mas só veio a adotar um sistema formal, com todas as características do que hoje está sendo utilizado por lá, em 1999, 2000.

Do ponto de vista brasileiro, o que contava era o contexto. Quando o Armínio me convidou para ser diretor de Política Econômica, eu desconhecia a natureza do trabalho e ele me explicou que, basicamente, queria que eu desenvolvesse um sistema de metas para a inflação. Eu tinha ouvido falar do assunto, mas não conhecia bem o tema e precisei pesquisar em livros para me informar a respeito. Rapidamente, percebi que aquele era um sistema bastante útil para essas transições e para o tamanho da encrenca que eu tinha pela frente. Primeiro, porque ia ser difícil convencer os técnicos do Banco Central, que eu conhecia bem porque havia dado consultorias lá, a implantar um sistema tão diferente daquele a que estavam acostumados. Depois, havia um problema adicional, que foi pouco mencionado, mas que me preocupava demais. Nenhum programa do FMI tinha sido aprovado até então com sistema de metas para a inflação. O usual era aquela base monetária ajustada. Isso me preocupava muito mais do que aos outros. E isso realmente deu trabalho.

Minha terceira preocupação era como fazer previsão de inflação com o modelo do câmbio fixo, único que tínhamos até aquele momento. Paralelamente a essas preocupações, seria preciso reconstruir toda a institucionalidade do Banco Central, que não tinha nem um departamento de pesquisa, que o Chico Lopes até tentara criar, mas não tinha funcionado. Então, como já havia uma experiência um pouco negativa, eu tinha que resolver aquele problema para poder funcionar junto com o Departamento de Pesquisa Econômica do BC. Sem um departamento de pesquisa, é impossível fazer um sistema de metas para a inflação que funcione. Era preciso que o Banco Central tivesse a capacidade de fazer modelos e se adaptar o tempo todo, para não ficar dependente de consultor externo. O banco pode até usar consultoria especializada, porém, tem que ter uma capacidade própria de resolução das questões internas.

Enfim, o banco mudou muito naquela época. O Armínio tinha na cabeça exatamente o que queria e levou com ele uma equipe forte, com Tereza Grossi, Daniel Glazer, Luiz Fernando Figueiredo e Carlos Eduardo de Freitas, entre outras pessoas. E eu sabia que tinha que criar o Departamento de Pesquisa junto, e de comum acordo, com o pessoal do Banco Central. Então, na semana em que passamos na sabatina, sabíamos que na seguinte teríamos que estar fazendo um *roadshow*, porque as negociações do acordo com o FMI ainda estavam em andamento. Assim, na semana seguinte, em sete dias fui a seis países, sendo que um deles era o Japão, com o Marcos Caramuru. Foi realmente uma loucura total.

Antes de embarcar, entrevistei mais de 30 pessoas em três dias e peguei o currículo de um monte de gente, como o Alexandre Tombini, de quem eu gostava muito e que já conhecia de longa data da área acadêmica. Ele estava lotado como consultor da área de fiscalização, o que não o impediu de assumir com o pé nas costas a função de chefe de departamento na área econômica. Mas todo o pessoal, os outros diretores, todos foram muito atenciosos comigo, indicando pessoas-chave para determinadas posições e me ajudando a montar a estrutura do organograma.

O Banco Central, na época, era uma instituição muito fechada e o regime de metas, até pelas características inerentes a ele, força a abertura e a transparência. Então, acabei levando para o Departamento de Estudos e Pesquisas um grupo maior do que aquele que, no final, implantou o departamento. Eu precisava convencer todos os monetaristas importantes do Bacen. Teve um que não consegui convencer, o Francisco Amadeu, pessoa maravilhosa, que não se converteu de jeito nenhum. A maior parte, no entanto, se converteu ao perceber que, de fato, era uma evolução natural da política monetária baseada em agregados monetários. Para isso eu fazia grupos de estudo. Toda semana havia reuniões para discutir modelos e a estratégia foi funcionando. Depois, notei que, olhando também para outros Bancos Centrais, eu ia ter que construir um sistema de captura de expectativa. Então, bolamos um sistema de comunicação com o mercado que fazia isso, o atual Focus.

Não havia no Banco Central o hábito de conversar com o mercado. Eu repetia que não era problema algum conversar com o mercado, isso não significava passar nenhuma informação privilegiada para seus pares. Na verdade, depois que se aprende a conversar e extrair o que se quer, os outros é que passam a dar as informações. E montei um grupo para ensinar como deveriam fazer, como deveriam se portar nas reuniões etc. Claro que esse grupo era composto só de pessoas muito inteligentes que rapidamente aprendeu tudo. Não tinha nenhum bobo ali, faltava apenas treinamento.

O aprendizado com as experiências internacionais

Para incentivar a captura inteligente de informações do que estava acontecendo nos outros países, promovemos no Banco Central um seminário internacional. A proposta era fazer um evento em conjunto com o FMI. Eu concordei, mas desde que fosse feito realmente em conjunto. E fui logo propondo chamar representantes do Chile, que desde 1989 vinha executando metas para a inflação. O Fundo percebeu de imediato que, de fato, eu ia interferir. Muitas vezes os organismos internacionais fazem seminários com o *sponsor* aqui no Brasil, mas eles acabam fazendo 100% tudo e só põem o nome da pessoa do lado. Não foi o caso.

Eles trouxeram gente de primeiríssima linha da Nova Zelândia e da Suécia, trouxeram, por exemplo, o Andrew Haldane, que hoje é membro do comitê do Bank of England e um dos teóricos mais importantes dessa área de metas para a inflação. O grupo era de países desenvolvidos, mas veio também o pessoal do Chile, o que foi muito bom porque mostrou que era possível o negócio funcionar, mesmo no ambiente superconfuso de uma economia emergente. E eu fiquei bem tranquilo depois do início do seminário porque entendi que o meu problema era de modelo.

Como eu já tinha convencido um grupo interno relevante do Banco Central, já estava mais tranquilo mesmo, só que ainda havia dois problemas: primeiro, o acordo com o FMI. Percebi que o seminário também era para si mesmo, ou seja, para também convencer o próprio pessoal do FMI da viabilidade e da importância do sistema de metas. Achei esta uma ideia brilhante — usar o seminário no Brasil como forma de autoconvencimento.

Meu segundo problema era como fazer essa modelagem, já que a nossa economia é toda de câmbio fixo. Fiz essa pergunta a um ou dois dos palestrantes e a resposta foi a mesma: que eu não esquentasse a cabeça porque ali, isto é, naquele grupo de países representados no seminário, nenhum começo havia sido diferente. A saída era encontrar modelos coerentes e fazer uma adaptação que representasse a nossa realidade. Foi o que fizemos. Dentro disso, eu diria que o mais importante talvez tenha sido colocar preços administrados.

Como eu disse, em comparação com o formato fechado do Banco Central na época, o regime de metas, até pelas características inerentes a ele, forçava a abertura e a transparência. O Bank of England, o Riksbank da Suécia e o Bank of Canada nos convidaram para ir até as suas sedes. Para essas visitas nos dividimos em três grupos. O Tombini e eu fomos ao Bank of England assistir ao primeiro dia da reunião do Copom deles. E ali vimos que dava perfeitamente para replicar, no caso brasileiro, aquela dinâmica de dois dias. Enfim, esse intercâmbio internacional foi importante e evitou que fizéssemos muita besteira.

O regime de metas é, em síntese, um sistema de coordenação de expectativas. O "x" da questão é compreender isso. Para que se coordenem expectativas, é preciso que as pessoas entendam e achem importante o que está sendo feito, porque senão fica muito caro. Se todo mundo duvidasse sempre de forma relevante das expectativas, custaria uma fortuna de PIB para o país manter a inflação no nível da meta. Então, levando em consideração que a chave do negócio é a comunicação, ela era muito importante. Era preciso convencer não apenas o mercado, mas a sociedade e o ambiente político. O próprio regime, para a sua continuidade, requer um processo permanente de comunicação por meio de um conjunto de instrumentos. A gente podia copiar técnicas de comunicação de outros lugares, mas aprender o que falar dentro da nossa realidade era o mais importante.

De fato, o mais trabalhoso foi convencer a sociedade como um todo. Essa questão foi bastante discutida com o Armínio. A Comissão de Reforma Fiscal fez um trabalho muito interessante de divulgação e essa lição nos serviu. O Ary Oswaldo, que presidia a Comissão, fazia questão de ir a várias capitais fora do eixo Rio-São Paulo para conversar com as pessoas sobre o que estava sendo feito. Armínio e eu nos dividimos para ir também pessoalmente fazer apresentações em outros estados.

E a gente sempre conversava com os jornalistas econômicos, e eles nem sabiam como conversar com a gente sobre o assunto. Era um negócio tão novo, que a compreensão rápida ficava superficial. Depois, essa estratégia foi se ampliando. Conversamos também com associações comerciais; com funcionários de várias filiais do Banco Central, que promoviam, a nosso pedido, a reunião de grupos da comunidade interessados em entender o que estávamos fazendo; com pessoas da área acadêmica; e, principalmente, com gente das federações de indústria e comércio. Acho que só eu fiz cerca de 12 palestras em locais desse tipo.

Para fazer esse trabalho a partir do Banco Central, tínhamos, no início, apenas a Claudia Safatle. Depois, tivemos dois assessores de imprensa, o João Borges e a Thais Herédia. Thais ficou responsável, junto comigo, pela elaboração desse programa de divulgação. Onde o Armínio não ia, eu falava. E eram reuniões longas que levavam duas horas, com plateias de até 200 pessoas que perguntavam tudo o que se pode imaginar. E todo mundo muito cético, porque todos estavam cansados de ouvir sobre o décimo quinto Plano contra a inflação. Então, essa estratégia de divulgação durou quase nove meses. Foi uma experiência bem interessante.

Os diretores do Banco Central passaram a ter de assumir uma determinada disciplina de comunicação, passaram e ter de aprender a como falar, o que falar. E, assim, o projeto brasileiro andou relativamente rápido, quase tão rápido quanto o inglês. Nós havíamos entrado em março de 1999 e em junho já tínhamos os dois relatórios de inflação, em inglês e português, publicados no mesmo dia. Foi rápido. Até por isso o *working paper* número um do Banco Central era justamente sobre a implantação do nosso sistema de metas, que foi uma encomenda do pessoal do Banco Central do Chile para a descrição do processo para eles.

Olhando para a frente, minha visão para a agenda do Banco Central é sempre de aperfeiçoamento do sistema. Acredito que o maior problema até aqui foi o excesso de conservadorismo do Banco Central. Quiseram diminuir a meta e agora isso está sendo um problema. O Banco Central resolveu que 4,5% era uma meta muito alta e queria ir para 3%. Por quê? Porque o Chile tinha 3%. Mas era diferente a situação do Chile. Aqui no Brasil nós temos um problema fiscal muito grave, que é o reajuste dos funcionários públicos. O funcionalismo público não pode ser demitido e você não pode reduzir salário. Não seria possível fazer aqui o ajuste feito em Portugal, na Irlanda ou na Grécia.

Então, qual a única forma para diminuir o gasto público no Brasil? Dar reajustes abaixo da inflação para o funcionalismo. Só que para isso é preciso uma margem mínima de inflação, que tem que ser, obviamente, um pouco maior do que a meta da inflação de países congêneres que não enfrentam esse problema. Enfim, tudo isso está formalizado em artigos do Aloísio Araújo, do Tiago Berriel e outros coautores, inclusive na tese de doutorado de um aluno deles sobre esse assunto.

Fato é que o Brasil hoje está com um sistema de metas muito apertado. Isso está dando trabalho e vai dar muito mais ainda. O Banco Central está querendo estender o horizonte para poder acomodar o choque nesse período. No entanto, está estendendo o horizonte para fazer cair um pouco mais a meta ali adiante. Não sei como farão isso, mas esse é um problema com o qual terão de aprender a lidar. Pelo menos compreender que esse processo tem que ser bem mais pensado do que simplesmente copiar a meta de inflação do Chile ou de qualquer outro país.

Há um tempo, por exemplo, o Banco Central começou a divulgar os votos internos, individuais, numa atitude bastante positiva. Isso aconteceu com o Tombini, se não me engano. Mas, a partir da presidência do Ilan Goldfajn, o que aconteceu é que o Banco Central migrou para a unanimidade das decisões, embora continuasse a haver divergências internas. É curioso, porque o texto do sistema de metas mostra as divergências, mas, unanimemente, todo mundo escolhe uma só direção. Esse método é desinformativo. Acho que temos que voltar a expor as opiniões de cada um. Macroeconomia não é uma ciência fechada em si, é uma ciência que tem muito erro de previsão. Então, é natural haver divergências.

Também não adianta divulgar os modelos com transparência se eles não são replicáveis. É preciso explicar os modelos. Em matéria de divulgação, acho que o Brasil está *behind the curve*. Todo mundo divulga os principais modelos há tempos. Logo que fizemos o seminário, 22 anos atrás, o Banco Central da Inglaterra publicou um livrinho com todos os modelos dele. O banco da Suécia fez uma coisa parecida. Isso faz parte da busca pelo aperfeiçoamento. Esse é o ponto que mais me preocupa no futuro, além dessa questão da meta muito baixa para a inflação. Em algum momento teremos que mudar isso. Ou nos acostumarmos a ficar sempre fora da meta. Divulgar os votos com precisão e melhorar a divulgação transparente de modelos, sempre aperfeiçoando, introduzindo novas técnicas, acompanhando o que está acontecendo no resto do mundo, trocando ideias — isso o Banco Central tem feito muito bem ao participar de fóruns internacionais.

Para os futuros formuladores de política econômica, eu diria que os modelos macroeconômicos tradicionais pós-Keynes, das décadas de 40 e 50, são modelos bastante bons. A macroeconomia é uma ciência aproximada. Isso parece óbvio, mas não é para a nova geração, porque nos Estados Unidos houve um grande desenvolvimento da Teoria Econômica, que tem um poder preditivo empírico hoje fantástico. Porém, na macroeconomia, surgem novidades, como a Modern Monetary Theory e escolas que são verdadeiras seitas. Então, há os novos keynesianos, os neoclássicos, o pessoal do New Business Circle, da Fiscal Theory of the Price ou de microfundamentos. Cada grupo tem uma visão de mundo macroeconômico. O resultado disso é que não há uma unidade no ensinamento macroeconômico e essas velhas práticas, que são supersólidas, mas são modelos com muito erro de previsão, continuam sendo as melhores até hoje.

Na minha opinião, não há modelo melhor do que um bom modelo IS-LM. Então, respeite esses modelos, porque eles são bons. Sabemos que, ao mesmo tempo, eles também são limitados, mas é o melhor que há. A arte está em ser coerente com o que se pensa sem deixar de acompanhar a evolução constante do que acontece fora, como essa revolução do Forward Guidance tão bem explicada em textos do Aloísio Araújo com Michael Woodford. Em suma, o importante é estar o tempo todo aberto a aprender.

LEITURAS SUGERIDAS

- Working Paper #1 do Bacen "Implementing Inflation Targeting in Brazil", por Sérgio Werlang, Alexandre Tombini e Joel Bogdanski. Publicado em julho de 2000. Disponível em: <https://www.bcb.gov.br/pec/wps/ingl/wps01.pdf>. Acesso em: 29 set. 2022.
- Working Paper #140 do Bacen "Inflation Targeting, Credibility and Confidence Crises", por Aloísio Araújo e Rafael Santos. Publicado em agosto de 2007. Disponível em: <https://www.bcb.gov.br/pec/wps/ingl/wps140.pdf>. Acesso em: 29 set. 2022.
- "Forward Guidance by Inflation-Targeting Central Banks", por Michael Woodford. Publicado em CEPR em novembro de 2013. Disponível, por login, em: <https://cepr.org/active/publications/discussion_papers/dp.php?dpno=9722>. Acesso em: 29 set. 2022.
- Handbook "Inflation Targeting", por Lars E.O. Svensson. Versão publicada em outubro de 2010. Disponível em: <https://larseosvensson.se/files/papers/HandbookIT.pdf>. Acesso em: 29 set. 2022.
- "Mervyn King: Twenty Years of Inflation Targeting", por Mervyn King. Extraído da palestra "Stamp Memorial" em outubro de 2012. Disponível em: <https://www.bis.org/review/r121010f.pdf>. Acesso em: 29 set. 2022.
- "Targeting Inflation: The United Kingdom in Retrospect", por Andrew Haldane. Usado no primeiro seminário anual de metas para inflação do Bacen, em 1999. Disponível em: <https://www.bcb.gov.br/Pec/Depep/Seminarios/1999_ISemAnualMetasInflBCB/Arquivos/1999_SemMetasInfl_AndrewHaldane.pdf>. Acesso em: 29 set. 2022.
- "The Past and Future of Inflation Targeting", por Klaus Schmidt-Hebbel e Martín Carrasco. Publicado em abril de 2016. Disponível em: <https://www.bcb.gov.br/pec/depep/Seminarios/2016_XVIII-SemAnualMetasInfBCB/SMETASXVIII-%20Klaus%20Schmidt.pdf>. Acesso em: 29 set. 2022.

19. Ilan Goldfajn
Podcast realizado em 22 de abril de 2021

Eleito em novembro de 2022 como o primeiro brasileiro a assumir a presidência do Banco Interamericano para o Desenvolvimento (BID), Ilan Goldfajn é doutor em Economia pelo MIT e mestre em Economia pela PUC-Rio, com graduação em Economia pela UFRJ. Diretor para o Hemisfério Ocidental do FMI, sócio do Centro de Debate de Políticas Públicas (CDPP) e sócio do Instituto de Estudos de Política Econômica/Casa das Garças (Iepe/CdG), foi presidente do Banco Central. Em 2018 foi eleito Melhor Banqueiro Central do Mundo pela revista *The Banker*, do *Financial Times*. Ao longo da carreira, publicou diversos livros e artigos e atuou na Academia, em organismos internacionais e no setor financeiro. Entre os cargos ocupados, estão os de presidente do Conselho do Credit Suisse no Brasil, economista-chefe e sócio do Itaú Unibanco, sócio-fundador da Ciano Investimentos, sócio da Gávea Investimentos, professor da PUC e da Brandeis University (EUA), diretor e economista do FMI e consultor do Banco Mundial.

Resumo

Presidente do Banco Central do Brasil de julho de 2016 a fevereiro de 2019, Ilan discute a arte e a ciência da política monetária, com destaque para o valor dos processos de comunicação e transparência para a credibilidade do Bacen. Comenta, ainda, a importância da ancoragem das expectativas antes da flexibilização da política monetária, a mudança nas relações entre o Banco Central e o Tesouro Nacional, a agenda BC+ e as fontes de garantia de legitimidade para a autonomia do banco.

As experiências no Banco Central e no FMI

Minha carreira sempre foi em torno da economia, tanto a minha formação quanto a vida profissional. Quanto à formação, estudei Economia na graduação, no mestrado e no doutorado. O que mudou foram as instituições. Comecei na UFRJ, que tinha um determinado foco. Depois, achei que precisava ter uma macroeconomia mais aplicada, com uma modelagem que eu pudesse usar mais frequentemente, complementada por uma econometria com uso de dados que me ajudassem a enxergar a conjuntura, e fui buscar esse caminho na PUC. Terminando a PUC, achei que ainda precisava continuar estudando e fiz o doutorado no MIT. Segui na carreira acadêmica dando aulas na Universidade de Brandeis, em Massachusetts. Quando saí de Brandeis, fui para o Departamento de Pesquisa do FMI, onde vivi um período de produção acentuada, escrevendo vários artigos. De certa forma, continuava a trajetória acadêmica. Quando voltei ao Brasil, dei aula por mais dez anos na PUC.

No FMI também participei do Departamento Asiático, onde tive a primeira experiência de programa na crise asiática, com Indonésia, Coreia e Tailândia. Isso foi em 1997. Para o Brasil só fui voltar depois da crise, quando o câmbio teve que ser depreciado, no comecinho de 1999, já no segundo mandato do Fernando Henrique Cardoso. Na mesma época voltei para a PUC, onde, efetivamente, iniciei a minha carreira profissional no Brasil. Comecei a trabalhar na Galanto, junto com Dionísio Carneiro, fundador da Casa das Garças. O início da carreira no setor privado no Brasil foi logo interrompido pela participação no setor público.

De fato, logo em 2000, o Armínio Fraga, então presidente do Banco Central, me convidou para ser diretor de Política Econômica, responsável pelo Departamento de Pesquisa e da Análise Econômica. Isso foi, para mim, uma alegria muito grande, mas não foi fácil. Fiquei no Banco Central de 2000 a 2003 e só voltei ao setor privado ao sair de lá, já no novo governo Lula. Ajudei na transição entre o governo Fernando Henrique e o governo Lula, entre a condução do Armínio Fraga e do Henrique Meirelles. Esse período foi relevante para a institucionalização do Banco Central e para ajudar a transição entre governos.

Ainda em 2003, o Armínio me convidou para ser sócio da Gávea Investimentos, onde aprendi bastante. Depois montei meu próprio fundo, a gestora de recursos Ciano, onde tive uma experiência rica e, finalmente, fui convidado para ser economista-chefe do Itaú Unibanco, quando ambos os bancos se fundiram. E isso só 13 anos depois de acabar meu primeiro mandato no Banco Central, para o qual voltei em 2016, já como presidente, e onde fiquei até 2019, período de grande realização profissional e pessoal. Atualmente estou de volta ao setor privado, como presidente do Conselho do Banco Crédit Suisse, sócio da Casa das Garças, diretor do CDPP e de alguns outros conselhos sem fins lucrativos. Esse é um resumo bem curto da minha carreira.

A ciência e a arte da política monetária no BC

Acredito que acabei deixando um legado melhor do que imaginava na passagem pela presidência do Banco Central. A inflação anual no começo de 2016, quando cheguei lá, chegara a 11%, com uma meta de 4,5% e uma banda de mais ou menos 2%. Era uma meta estabelecida havia alguns anos e parecia que estavam todos satisfeitos com esse patamar. Porém, quando se fica satisfeito com uma meta de 4,5%, se há um choque, como ocorreu entre 2014 e 2016, a inflação, que já estava alta, flutuando ao redor do teto, pode ir, por exemplo, para 11%, e foi o que aconteceu.

Quando cheguei, havia problemas de ancoragem das expectativas de inflação, perceptível nas taxas implícitas que se negociam no mercado financeiro. Esperava-se 8% de inflação para os anos seguintes, então, não era só que a inflação tinha reagido no curto prazo e subido, também se esperava 8% para a frente. As expectativas do Focus, o relatório do Banco Central sobre expectativas de inflação, estavam bem acima do teto de

6,5% para aquele ano de 2016. E, assim que cheguei, falava-se muito em ter que ajustar a meta para cima, fazer uma meta ajustada.

Claro que essa expectativa também teve a ver com o ajuste que fizemos na meta em minha outra gestão de 2002, época da primeira eleição do Lula, que assumiu em 2003, quando se esperava uma mudança muito forte na política econômica. O câmbio disparou, com o dólar indo para 4 reais, o que hoje seria mais do que 6,50 reais, algo assim. A expectativa então era de que ajustássemos a meta conforme havíamos feito em 2002.

Em 2016, o problema que tínhamos, de fato, eram as expectativas ruins. Conformava-se com a inflação no teto, não no centro. Tive que atuar dentro desse desafio econômico, tendo uma inflação a 11% com expectativa de 8% acima do teto para os anos seguintes. Além disso, estávamos vivendo uma transição com estagflação, que é inflação com recessão.

Ao mesmo tempo, era um período de ruído político importante, com mudança de governo, o impeachment de um presidente, a entrada do vice e uma nova equipe econômica. O que o Banco Central pode fazer nessa situação? Havia uma pressão muito grande quando cheguei, tanto da mídia quanto dos analistas e dos outros economistas. Todos afirmavam que era necessário ajustar a meta, mas a primeira atitude que tomei foi dizer que não íamos ajustar a meta, e sim buscar a meta.

Na época, chamei uma entrevista coletiva e a minha diretoria não tinha nem assumido por completo, porque vários diretores ainda estavam no processo de serem sabatinados e aprovados no Senado. Eu lembro que desci para o saguão onde fica a imprensa que cobre o Banco Central e informei que a meta para 2017 seria desafiadora: eu acreditava que era factível manter a meta de 4,5%, mesmo sabendo que seria difícil. O mais importante naquele momento era mostrar que estava disposto a alcançar o objetivo. E para isso a comunicação tinha de ser muito clara.

Fizemos uma revolução na comunicação do Banco Central: as atas passaram a ser claras, paramos de falar em códigos e palavras-chave; paramos de dar entrevista em *off* ou *background*; eliminamos a comunicação por fontes anônimas; procuramos ser diretos tentando ser o mais claros possível. Em um regime de metas de inflação, a credibilidade vem, na verdade, da percepção da capacidade de reação do Banco Central. Ou seja, se todos acreditam que o Banco Central não vai deixar a inflação ficar acima da meta, as expectativas futuras mudam e, com isso, muda também a inflação.

Vale lembrar que estávamos no Brasil em um período de ociosidade de fatores. Havia desemprego, o país não estava produzindo muito, não era um período para haver inflação. No exterior, já começava um processo de declínio da inflação global. A globalização e a entrada no mercado de trabalho global dos países em desenvolvimento haviam gerado uma inflação mais baixa. Então, quais eram os elementos que tínhamos? Um cenário internacional favorável para a inflação e, aqui no Brasil, uma ociosidade de fatores. O que precisava mudar eram a credibilidade fiscal na capacidade de ação do governo como um todo e a comunicação e ação do Banco Central.

Um ponto importante foi que ancoramos a inflação antes de flexibilizar a política monetária. Mostramos a que viemos e só depois reduzimos os juros. No Brasil, muita gente quer flexibilizar antes de ancorar, ou seja, quer logo colher os frutos antes de plantar. O ideal é primeiro ancorar. Caso a inflação esteja muito alta e acima da meta para dois, três anos à frente, é preciso assumir uma posição clara de que se está trabalhando para reduzi-la.

Agora, se a impressão é de que, ao primeiro sinal, haverá flexibilização, antes mesmo de se ter certeza de que as expectativas irão convergir, seu objetivo nunca será alcançado. E isso, de certa forma, é uma mensagem importante para passar aos agentes, aqueles que estão reajustando o preço, porque, se acharem que seus custos vão continuar subindo, a tendência deles será reajustar mais ainda. A expectativa de inflação é o que determina se os preços sobem ou descem. No Brasil, é preciso fazer um investimento em credibilidade e comunicação.

No ano seguinte, já tivemos uma inflação em torno do piso da meta. A inflação foi de 2,96%. E aqui tem uma história engraçada, porque o piso da meta era 3%. Quando minha equipe foi olhar o decreto, lá só se mencionava uma casa decimal, não duas. E determinava que deveríamos atingir 3,0%. Então, minha equipe de comunicação sugeriu arredondar. Com isso, não seria necessário escrever carta aberta ao Ministério da Fazenda explicando nada.

Mas me perguntei: o que eu ganho arredondando para não escrever uma carta? Optamos por escrever a carta aberta, explicar o nosso esforço e contar que o choque de preço dos alimentos era para baixo — essa transparência iria nos beneficiar ao longo do tempo. Explicar que podiam ficar sossegados porque não corríamos o risco de ficar muito tempo abaixo da meta no Brasil. No começo as pessoas não acreditam. Mas, com 2,96%, estávamos apenas 0,04% abaixo do piso.

No ano seguinte subimos para 3,75%, ou seja, já muito perto da meta de 4,5%. Dois anos depois, em 2018, ainda na minha gestão, já tínhamos chegado a 4,3%. O Brasil é sempre mais árduo. Aqui se quer sempre flexibilizar. Para fazer o esforço, o trabalho, o investimento de credibilidade e a ancoragem, é sempre mais difícil convencer a sociedade. O que fizemos nos ajudou muito nos anos seguintes e nos permitiu atravessar bem o complicado ano de 2018, com depreciação do real e o Banco Central americano subindo os juros.

Um Banco Central que se comunica bem não pode surpreender o mercado todo o tempo. O Banco Central, de certa forma, tem que liderar, se comunicar, colocar as condições e explicitar a reação. Subir os juros se determinadas condições ocorrerem, baixar se outras acontecerem. Isso ajuda o mercado e os agentes que definem os preços, de forma a que todos consigam alinhar as expectativas para atingir a meta de inflação com um mínimo de custo. Uma boa comunicação, em geral, não leva a grandes surpresas ao longo do tempo.

No entanto, é preciso saber também que nem sempre o mercado e a sociedade vão entender perfeitamente quando as condições mudam. Em algum momento podem achar que as condições não mudaram, conforme o Banco Central está entendendo. Então, o Banco Central não pode ser refém das expectativas existentes e da precificação corrente no mercado financeiro. Em algum momento, inevitavelmente, vai acabar surpreendendo, e isso está bem, só não pode virar um hábito.

Em 2018, por exemplo, tomamos a decisão de não continuar reduzindo os juros, como esperado. O ano havia começado relativamente bem, com inflação em queda e cenário internacional bastante benigno. Porém, ao longo do tempo, começou o período em que o Banco Central americano, o FED, e vários outros países a reboque começaram a subir os juros. Enquanto isso, o real já depreciava e nós, que estávamos em um processo de queda de juros, vínhamos sinalizando que esse processo iria continuar. Só que a indicação é sempre de forma condicional, ou seja, se as condições se mantiverem determinada ação vai ocorrer. Mas os agentes tendem a simplificar sua mensagem. E, muitas vezes, essa simplificação leva à necessidade de surpreender, porque é melhor acertar do que errar, só para manter aquilo que estão esperando do Banco Central.

As lições sobre comunicação

Há algumas lições que considero relevantes em termos de comunicação. A primeira é a de que, mesmo o Banco Central mantendo a tendência de não surpreender, de vez em quando isso vai acontecer, porque, em algum momento, nossa interpretação das condições políticas e econômicas será diferente daquelas que o mercado e a sociedade reconhecem.

A segunda lição é sobre transparência na comunicação. É muito bom o Banco Central ser transparente e comunicar ao máximo. Mas há um limite de transparência, que é tentar comunicar o que você não sabe, dada a incerteza. Por exemplo, afirmar que o BC vai reduzir a meta na próxima reunião em mais 0,25%. Não há como saber. Não se pode ser transparente e comunicar algo que não há como saber ao certo.

O último ponto tem a ver com o chamado *forward guidance*, quando se indica o que achamos que será a nossa política. Em país emergente, o *forward guidance* é muito limitado porque tudo acontece muito rápido. As mudanças são tão abruptas que tenho a impressão de que o Brasil e outros emergentes ainda nem têm, de fato, esse instrumento à disposição. Que instrumento é esse? Não é o que se faz, mas o que se promete fazer. Nós não podemos prometer tanto, apenas de forma condicional. E os mercados nunca conseguem colocar todas as condições, eles tendem a simplificar e isso limita a nossa capacidade de comunicar o futuro.

Uma das nossas prioridades, no início, foi trabalhar a comunicação, que, tanto no Banco Central quanto no governo, precisava de uma mudança mais profunda. Nesse caso, não fizemos uma alteração discreta e paulatina, mas quase uma revolução. Mudamos a ata, que ninguém lia porque era longa e descritiva demais; mudamos o relatório de inflação, que, assim como a ata, ficou muito menor. No comunicado, já na saída da decisão do Copom, aumentamos o que era um parágrafo cheio de palavras-chave, tiramos as palavras-código, foi um choque!

Acabamos com a comunicação informal, pois não havia mais por que ler colunistas ou o jornal para descobrir fontes, explicar o que os documentos não estavam explicando. Nós mudamos o documento, trabalhamos respeitando a imprensa e, sobretudo, respeitamos horários. Se a reunião do Copom acaba no horário determinado, isso permite à imprensa on-line trabalhar e se programar.

Saíamos com a tradução do comunicado já feita, o que significava que tínhamos que fazer um trabalho prévio de comunicação, trabalhar dentro da reunião do Copom em duas línguas para a comunicação. Acho que isso transformou bastante a comunicação. Fizemos regras de reuniões com o mercado. Quem pode falar; como pode falar; tem que ter sempre alguém ao lado; não pode receber o mesmo grupo o tempo todo. E por aí vai.

Também trabalhamos para que a relação entre o Banco Central e o Tesouro Nacional fosse mais transparente. O BC e o Tesouro Nacional têm uma relação simbiótica, no sentido de que os resultados positivos do banco são transferidos para o Tesouro. Quando o Banco Central tem prejuízo, ele não pode quebrar, pois isso é capitalizado pelo Tesouro. Só que, ao longo dos anos, essa relação começou a ficar complicada. Começou a parecer que o BC estava financiando o Tesouro, que, por sua vez, não pode se financiar de forma monetária. Isso gera expectativas de alta monetização e as pessoas acham que, no final, o Banco Central acaba não tendo a capacidade de fixar os juros. A expectativa de inflação aumenta diante da percepção de que o Tesouro não está sendo transparente porque ele acaba sendo financiado pelo BC.

Relação entre Banco Central e Tesouro

Existe uma lei que determina a relação entre o Banco Central e o Tesouro Nacional. Nós tivemos uma preocupação em alterar a lei, não só a atuação, a forma e a cultura do Banco Central, mas a própria lei que o rege precisou ser alterada para definir que, quando o BC tivesse um lucro, uma conta reserva seria criada para amortecer um eventual prejuízo futuro. Dessa forma se diminui o movimento intenso de recursos entre o BC e o Tesouro.

Também havia uma assimetria. Nos últimos anos, quando o Banco Central tinha prejuízo, ele era capitalizado com título. E, quando tinha lucro, transferia em dinheiro para a conta única do Tesouro, que tem uma conta dentro do BC. Como esse movimento era muito frequente, as duas contas foram subindo ao longo do ano. E a quantidade de títulos de um lado e de moedas de outro não parava de subir. O balanço do Banco Central começou a inchar. Fez-se uma lei para resolver isso, conseguiu-se explicar a necessidade disso e, hoje, quando há um lucro, ele é mantido lá. Quando há prejuízo, ele é retirado dessa conta sem a necessidade da assimetria, de pagar em uma moeda e receber em outra, de pagar em títulos para receber em moeda, e assim por diante.

Agora, como no contexto de qualquer lei que prevê o futuro, existem os casos extremos. Então, em algum momento, poderia acontecer uma sequência de prejuízos do Banco Central que realmente exigisse capitalizar, dado que aquela conta poderia não ser suficiente. Ou poderia acontecer o contrário. O lucro do Banco Central poderia ser tão grande que seria necessário, ou importante, transferir parte dele. Como sempre acontece no Brasil, a exceção ocorre logo, e virou o começo da nova relação. Explico. A depreciação do câmbio é um dos maiores componentes de volatilidade do resultado do Banco Central. Dado que o Brasil tem em torno de 20% do PIB em reservas internacionais em moeda forte, se o câmbio sofre uma variação de 10% a 20% o impacto é muito relevante. Ora, com 20% do PIB, 10% de depreciação do câmbio gera 2% do PIB de lucro. Com 20% de variação, dá 4%. É muito resultado.

Minha equipe implementou a nova relação BC/Tesouro, mas eu já não estava no governo quando, em 2020, houve uma depreciação relevante da nossa moeda que gerou um lucro tão significativo que boa parte dele acabou sendo transferida para o Tesouro. Não acho que isso tenha que ser a regra, apenas exceção. Não dá para toda vez que houver uma depreciação transferir esse lucro para o Tesouro. Tanto que houve uma tentativa de que o Banco Central reduzisse um pouco a transferência e se conseguiu que apenas uma parte fosse transferida. Mas, enfim, a transparência da relação entre Banco Central e Tesouro foi implementada e isso foi importante.

A Agenda BC+

O Banco Central tem questões muito prementes: definir a taxa de juros no Copom e trabalhar na supervisão dos bancos e do sistema financeiro para ninguém quebrar e não haver problema. Enfim, a estabilidade monetária e financeira é o dia a dia do Banco Central. Sem falar na política cambial, que também é de sua responsabilidade. Mas é preciso encontrar tempo e espaço para muitas questões importantes, não emergenciais porém fundamentais no trabalho de uma instituição de Estado, como é o

Banco Central. O que não é da rotina é importante porque promove mudanças estruturais, perenes e essenciais para o médio e o longo prazos.

No Banco Central essa institucionalização vinha amadurecendo fazia algum tempo e as questões estruturais já vinham fazendo parte do trabalho da instituição. A minha gestão tentou organizar, formalizar e comunicar esse lado do BC. Daí surgiu a agenda BC+. Muita gente pensa que essa agenda, que depois virou BC#, foi iniciada na minha gestão. Na verdade, esse e muitos outros projetos já existiam no Banco Central, só que ficavam espalhados, sem um acompanhamento claro. Muitas vezes um projeto precisa de um reforço, outros de um trabalho legislativo, ou de uma mudança normativa. O que de fato fizemos foi organizar tudo em uma agenda transparente para a sociedade. Deixar claro que uma instituição como o Banco Central não pode viver só do dia a dia.

É fato que sempre teremos crises e emergências, mas, se houver uma agenda de ações clara, divulgada corretamente e acompanhada pela sociedade, pelo mercado, pela imprensa e hoje pelas redes sociais, ela vai andar de forma mais sistemática e robusta. A reação natural da instituição quando uma agenda é publicada é o receio de não conseguir implementar o divulgado. Muitas vezes os projetos não saem porque não dependem só do Banco Central. Mas temos que tentar mostrar o esforço. Por exemplo, e se o Congresso não aprovasse a mudança da relação entre BC e Tesouro Nacional? Isso tinha que ser informado na agenda para mostrar o que avançou e o que não andou.

Ter uma agenda acompanhada foi, de certa forma, uma quebra de paradigma. Criamos o BC+ para as pessoas poderem acompanhar. Veio meu sucessor e manteve o BC, mas trocou o sinal de + pela hashtag. A institucionalidade da agenda, porém, foi mantida. Começamos a desenvolver a ideia do pagamento instantâneo e ela virou o Pix. Lá atrás, lutamos pela ideia do BC autônomo. Eu negociava toda semana no Congresso. Isso acabou sendo aprovado depois. Muitas coisas foram aprovadas por mim a partir de projetos já prontos que conseguimos finalizar. Então, a ideia é focar o importante, o que não é premente, mas também é fundamental. Uma das coisas que mais me deixam satisfeito é saber que essa agenda estrutural continua sendo colocada em prática.

Sobre competição e fintechs

Sobre as *fintechs*, os bancos menores ou as cooperativas, a minha visão é que todas têm seu espaço no sistema financeiro moderno e competitivo. Assim como há espaço relevante para os bancos maiores, comerciais ou universais. Acredito que um bom sistema financeiro abre espaço para tudo. Tem bicho grande, bicho pequeno, tem de tudo. Tem ainda a iniciativa que vem de fora e gera competição. O foco principal deve ser reduzir custos, ter maior liberdade, incluir mais gente e aumentar a competição. Nesse ponto, quem tem acompanhado o esforço do Banco Central como instituição percebe que há movimentação nesse sentido. Há novos entrantes, novas descobertas e inovações. Acho que se o Brasil olhasse para esse microcosmo de competição e de inovação no sistema financeiro e promovesse essa abertura em toda a economia, poderia gerar maior crescimento do PIB. E de forma muito mais inclusiva.

A independência do Banco Central

Nesse ambiente complexo, é necessário ter a independência e a autonomia *de jure*, que é ter uma lei do Banco Central — o que o Brasil finalmente conseguiu, para se tornar mais moderno, após décadas —, mas manter essa independência e autonomia *de facto*. Considero a autonomia *de facto* mais importante que o *de jure*. O que está na lei, de alguma forma, no dia a dia, é possível burlar. Muitas vezes, um presidente do Banco Central autônomo não aguenta e acaba saindo. O *de facto* nessa hora é muito importante. O que significa autonomia *de facto*? É a disciplina, a autolimitação da própria instituição do governo. É entender que as instituições são de Estado, não de governo. Que o gestor não está lá para beneficiar aquele ou outro governo.

Posso dar vários exemplos da importância de se conhecer esses limites. Quantas vezes fui chamado para reuniões ministeriais às quais não era adequado ir? Quantas vezes é importante não participar do governo em algo que não seja uma questão do Banco Central do Estado? Claro que muitas vezes você vai por causa de uma lei que passou que tem a ver com o Banco Central. Claro que você vai a uma inauguração, participa, mas tem que ser algo ligado à função específica do Banco Central. O Banco Central deve agir no dia a dia, de fato, como autônomo.

Quando o presidente da República chamar para conversar, por coincidência, na véspera do Copom, peça desculpas e espere passar o Copom. É a lei do silêncio. Ela se aplica ao trato com a imprensa, com o mercado, e se aplica também ao governo. E a disciplina tem de ser respeitada. É difícil dizer "não", mas isso tem que ocorrer, porque com essas mudanças no dia a dia você ganha autonomia *de facto* e os ganhos que parecem pequenos se acumulam e geram um grande ganho institucional.

Mensagens para um presidente do BC

Se fosse deixar uma carta para um presidente do Banco Central que está chegando, eu diria três palavras fundamentais: primeiro, *cautela*, porque movimentos abruptos tendem a não ser adequados. O mercado financeiro anda mais rápido do que a economia real. Então, cautela. Em segundo lugar, *persistência*, porque muito do que vai ser necessário fazer exige essa qualidade. Por último, *perseverança*, porque você não pode abandonar o que deseja, sob o risco de não alcançar os objetivos.

Para quem está fora do governo, tudo parece mais fácil. Quando você se senta na cadeira, as restrições aparecem e os objetivos ficam mais difíceis de atingir. Quem está assumindo tem que entender que, quando está dentro, tudo é mais difícil, tudo é mais restrito. E, finalmente, saber que muitas coisas ocorrem fora do controle do Banco Central, pois muitas vezes as condições mudam, seja do lado do governo, seja na política, seja no cenário internacional.

LEITURAS SUGERIDAS

- Bernanke, Ben S. *The Courage to Act: A Memoir of a Crisis and Its Aftermath*. Nova York: W.W. Norton & Company, 2015.
- Goldfajn, Ilan e Fernando Dantas (orgs.). *A economia com rigor: homenagem a Affonso Celso Pastore*. São Paulo: Portfolio-Penguin/Cia. das Letras, 2020.
- Goldfajn, Ilan, Francesco Giavazzi e Santiago Herrera (orgs.). *Inflation Targeting, Debt and the Brazilian Experience — 1999 to 2003*. Cambridge (MA): MIT Press, 2005. Disponível em: <https://mitpress.mit.edu/books/inflation-targeting-debt-and-brazilian-experience-1999-2003>. Acesso em: 2 out. 2022.
- Goldfajn, Ilan, Lorenza Martínez e Rodrigo O. Valdés. "Washington Consensus in Latin America: From Raw Model to Straw Man de Ilan Goldfajn", *Journal of Economic Perspectives*, vol. 35, nº 3, 2021, pp. 109-132.

20. Paulo Hartung
Podcast realizado em 8 de julho de 2021

Paulo Hartung é formado em Economia pela Ufes. Foi deputado estadual por dois mandatos no Espírito Santo, deputado federal, prefeito de Vitória, senador e três vezes governador do estado (2003-2010 e 2015-2018). Foi diretor do BNDES e atualmente é presidente executivo da Indústria Brasileira de Árvores (Ibá). Integra o movimento Todos Pela Educação, compõe o Conselho Consultivo de Educação do estado de São Paulo e é membro dos movimentos RenovaBR e Agora!.

Resumo

O economista fala sobre o papel da liderança política, da comunicação e do controle das contas públicas para o sucesso de uma gestão voltada para a provisão de mais e melhores bens públicos. Hartung aborda o processo de recuperação institucional do Espírito Santo a partir do enfrentamento da corrupção nos Poderes e expõe lições sobre a gestão de equipes e o papel da sociedade em transformações políticas.

Treinamento iniciado no movimento estudantil

Minha história na vida pública começa em movimentos sociais. Acho que vale destacar esse fato porque compõe muito da minha formação pessoal. Dentro dos movimentos sociais destaco, particularmente, o movimento estudantil na juventude. Mas sou economista, formação que tive simultaneamente a essa participação. Então, aprendi muito dentro e fora da sala de aula, na reconstrução do movimento estudantil no Espírito Santo e no Brasil, o que marcou um treinamento importante na minha vida.

Eu me formei em Economia e, na época, já tive logo duas provas de seleção. Uma para o Banco de Desenvolvimento do Estado do Espírito

Santo e outra para o Instituto Jones dos Santos Neves. Passei nas duas, respectivamente, em primeiro e segundo lugar, mas logo veio a má notícia, através de uma pessoa conhecida, de que o governador não iria nomear um "subversivo" para compor o quadro funcional do governo do estado. Por conta disso, rapidamente fiz meu plano B: migrei para a área privada e virei microempresário com a ajuda de meu pai, empresário das áreas de comércio e indústria. Ele me ajudou a montar uma editora e uma gráfica em sociedade com dois colegas que conheci na universidade. E esse foi o início da minha caminhada profissional.

Fui bem-sucedido como microempresário, até que, em 1982, recebi um convite para ser candidato a vereador em Vitória. Topei. Porém, antes que o plano se confirmasse, a turma da cidade onde nasci, em Guaçuí, no Caparaó, na divisa do Espírito Santo com Minas Gerais, me convenceu a tentar o mandato de deputado estadual para representar a região. Hoje, digo que, se eu entendesse um pouco da dinâmica eleitoral, teria disputado para vereador. Como não entendia muito, embarquei naquela canoa e deu certo.

Já na primeira eleição, fui o quarto deputado mais votado do estado, seguindo uma carreira que resultou em um longo período na área pública. Em alguns momentos, participei de outras experiências riquíssimas, como a direção da área regional e social do BNDES, a convite do presidente Fernando Henrique Cardoso. Foi um grande aprendizado, período em que tive que estudar muito para crescer no debate que se travava dentro da diretoria, então presidida pelo Luiz Carlos Mendonça de Barros.

Depois do período no BNDES, voltei ao meu estado para ser candidato a governador. Acabei perdendo a convenção do partido, o que, na minha carreira política, veio a ser uma exceção, já que disputei oito eleições, fui eleito oito vezes e exerci oito mandatos. Aquela convenção histórica no debate político do estado eu perdi, embora considere que perdi ganhando, porque ali me projetei definitivamente como uma liderança nova no Espírito Santo. Perdi a convenção, mas acabei convidado para ser candidato a senador. E, mesmo sem planos de ser senador, fui eleito.

Foi um desvio, porém, sem dúvida, outra experiência muito rica. Estar ora em uma área de gestão pública, ora no BNDES e, depois, no setor privado foram movimentos extremamente ricos para a minha formação.

Uma função da liderança: mapear vocações

Em 2010, quando terminei um ciclo de governador, passei a conselheiro de empresas, como a EDP Brasil e a fabricante de celulose Veracel, mergulhando totalmente no setor privado. Em 2015, tive a recaída que me levou a disputar novamente o governo do estado e botar os pés de volta na canoa da vida pública. Nessa experiência diversificada aprendi muito, sobretudo a respeito de liderança. Um dos atributos de alguém que se coloca em posição de líder na sociedade ou de um grupo é ter a capacidade de mapear vocações.

No meu caso, não só entre os meus colegas economistas, mas de uma maneira geral. Sejam os envolvidos administradores, engenheiros, médicos, profissionais de saúde ou assistentes sociais, o importante é ter a capacidade de mapear talentos para compor uma equipe plural. Costumo dizer de forma muito definitiva que montar um time é o maior desafio. Porque ninguém joga nem produz resultados expressivos sem um time. Não há nenhuma obra relevante na caminhada humana que não seja uma obra coletiva. Mas não é fácil montar um time. Então, acho que, do alto dos meus 64 anos de idade e alguns cabelos brancos, ainda que poucos, posso dar umas dicas.

A necessidade de ter conhecimento técnico é meio óbvia. Costumo brincar que não podemos colocar um goleiro para jogar de centroavante nem para bater pênalti de última hora. Convenhamos também que não é aconselhável colocar centroavante para jogar de goleiro. Aprendi cedo no setor público que governar é bem mais complexo do que administrar uma empresa privada. O atributo do conhecimento técnico é fundamental, mas não é suficiente para compor um bom time no pré-histórico setor público brasileiro. Claramente falando, estamos em uma máquina feita para um tempo que não existe mais. Uma máquina que flerta muito mais com a disfuncionalidade do que com entregas para o conjunto da sociedade. E, no setor público, muitas vezes o ótimo é inimigo do bom. Só que muitas vezes precisamos do bom para dar um passo que permita dar outro depois, e isso é treinamento político.

Então, além do atributo técnico, o líder político precisa ter sensibilidade social para olhar para essa sociedade diversa e desigual em que vivemos — com problemas históricos graves, como foi o percurso da abolição da escravatura —, não só escolhendo economistas, mas também gestores competentes. Além da sensibilidade, a capacidade de operação política é um atributo fundamental para quem quer liderar e precisa de um time eficiente. Olhando para trás, tenho a alegria de dizer que, vendo a minha trajetória, consegui montar bons times ao meu lado, e esse é um dos fatores de sucesso do caminho que percorri principalmente no setor público, mas também no privado.

Para continuar na metáfora do futebol, tanto no contexto público quanto no privado existem os momentos de *corner*. O quadro que recebi no Espírito Santo quando assumi, em 2003, era desolador, porque combinava máquina pública sucateada, salários de servidores dois meses atrasados, direitos e vantagens dos servidores não pagos havia cinco, dez anos e, ao mesmo tempo, uma teia criminosa dentro da máquina pública que perpassava o Executivo e também outras instituições e Poderes, o que caracteriza o crime organizado.

Das várias tarefas que recebi por onde passei, como o ajuste fiscal da prefeitura e depois o do governo do estado, aquela de 2003 foi a mais complexa. O principal elemento para o sucesso de qualquer meta é a participação da sociedade. Quando os cariocas me perguntam o que fazer para tirar o Rio de Janeiro da situação calamitosa em que se encontra, respondo que é a sociedade vir junto. Se olharmos o que aconteceu no Espírito Santo — foi um caso clássico —, veremos que é uma pequena amostra do que continua acontecendo no Rio e em outros estados federados.

O basta vem da indignação da sociedade

Quais os primeiros passos para sair de uma situação de caos como a de hoje no Rio de Janeiro? O basta a essa situação precisa vir da capacidade de indignação da sociedade. No Espírito Santo, isso nasceu do movimento Reage Espírito Santo, do qual fui convidado a participar, na época como senador. Outras lideranças políticas participaram. Aquele era um movimento conduzido por um presidente muito atuante da OAB e pelas igrejas, através de um arcebispo também bastante atuante. Mas o levante veio da sociedade, com o engajamento posterior dos empresários, que se cansaram de ser chantageados e montaram a ONG Espírito Santo em Ação, uma estrutura transversal em todos os setores econômicos que existe até hoje.

As estratégias de mobilização da sociedade, porém, não funcionam sem um casamento perfeito com uma liderança política comprometida com programas que superem as situações caóticas. Da mesma forma, um líder não funciona sem o engajamento da sociedade. Esse é um casamento que precisa ser feito e que nós conseguimos fazer no Espírito Santo, nos transformando em um caso de superação estudado em teses e mais teses. Há, inclusive, um livro do Insper sobre esse *case*. Conseguimos fazer aquilo que o sambista recomenda: levantamo-nos, sacudimos a poeira e demos uma belíssima volta por cima em um estado que não funcionava e voltou a ser provedor de serviços públicos de excelência, um estado que não investia e voltou a investir em todas as áreas importantes. E viramos um referencial para o país.

Mas, se há algo em comum para todo governador que toma posse no Brasil, esse algo é o enfrentamento da agenda de desequilíbrios fiscais, ajustes e reformas, que são problemas recorrentes. Na verdade, tive que fazer e fechar três ciclos de ajustes fiscais. Primeiro, na prefeitura de Vitória, quando precisamos fazer o ajuste depois de tomar um susto ao perceber que, após a Constituição de 1988, a capital tinha perdido completamente a sua capacidade de investimento. Para a cidade voltar a funcionar, montar unidades de saúde, construir e equipar escolas, calçar ruas, manter a infraestrutura e assim por diante, o ajuste fiscal seria premissa básica. Em minhas primeiras gestões fiz dois ajustes, mas, ao voltar ao governo, em 2014, tive que fazer um terceiro, porque encontrei tudo novamente de pernas para o ar.

A diferença entre os ajustes fiscais que fiz está no campo das operações. Os dois primeiros ajustes foram mais fáceis porque foram feitos pelo campo da despesa e da receita. Já no terceiro, não havia espaço para esse movimento, uma vez que tomei posse em 2015, em meio a uma recessão econômica. Naquele momento, só havia um caminho: ajustar a despesa para o estado voltar a funcionar e prover os seus serviços. Posso dizer que virei PhD em liderar ajustes fiscais no setor público capixaba e brasileiro. Porque, no fim das contas, é tudo igual.

E como se conversa com a sociedade, como se convence a sociedade da importância desse tipo de ajuste? A primeira dica é conversar dentro de casa. Não há como fazer ajuste fiscal sem conversar com os servidores públicos. O lugar-comum é afirmar que o setor não quer escutar e vai fazer cara de paisagem. Mas, quando você fala e ninguém ouve, o problema não é do ouvinte. O problema é seu, que precisa melhorar a sua narrativa e criar uma atratividade para ser ouvido. Precisa explicar tudo com transparência, mostrar os números e conversar com a sociedade. O segredo está na boa comunicação.

Muitas pessoas ficaram encantadas com o episódio de 2014, quando disputei o governo do estado e disse na campanha eleitoral que ia fazer o ajuste fiscal. Contudo, só consegui fazer isso por causa do capital político acumulado na minha trajetória de correção, na relação com a sociedade. Eu dizia: "Olha, nós vamos melhorar a sua vida na medida em que conseguirmos melhorar os serviços da máquina pública mantendo em dia o salário dos servidores. Mas vamos fazer tudo isso com responsabilidade..."

Assertivamente, eu recomendaria, em primeiro lugar, a qualquer gestor público ou líder: comunicação, comunicação e comunicação, para dentro e para fora, além de transparência acima de tudo. Dados públicos não podem ser escondidos. Hoje temos o Portal da Transparência nas prefeituras e nos governos estaduais para mostrar tudo. Muitas vezes, para que as pessoas entendam, é preciso também mostrar de forma simplificada os dados de contabilidade pública, que são pouco amigáveis, mas fundamentais para explicar o que está se passando nas contas públicas de uma prefeitura, de um governo do estado, e assim por diante.

Já estou eu aqui embalando um modo de fazer. Mas afirmo que não apenas é possível fazer ajustes fiscais, como é possível fazer isso com o respeito da sociedade e ainda ganhar a eleição. Muitas vezes os políticos me perguntam como é possível ganhar a eleição defendendo esse tipo de medida restritiva. Sim, é possível, desde que se tenha uma comunicação clara e transparente. No campo da comunicação, construímos uma frase que passou a nos ajudar muito: "Só cuida das pessoas quem cuida das contas." Eu nunca acreditei no improviso, mas sim em equipes boas e preparadas. Na verdade, ao montar minha equipe, eu me sentia também na obrigação de formar líderes, de construir essa capacidade de entrega para a sociedade.

Em todos os ciclos de ajuste, principalmente no último, que foi o mais difícil porque mexeu no campo da despesa, fizemos entregas extraordinárias para a sociedade. Nós entregamos para a sociedade, simultaneamente ao ajuste que fizemos entre 2015 e 2016, o que aliviou um pouco 2017 e 2018, um *case* na educação: saímos do 11º lugar no Ideb e fomos para o 1º lugar nas provas de Português e Matemática. Mas de onde tiramos dinheiro para esse investimento? Dos desperdícios do setor público. Basta olhar as contas da educação, da saúde e da segurança pública. Como o povo fala na roça: é desperdício "a dar com o pau". É preciso trazer esse dinheiro para investimento em bons projetos, bem elaborados, embasados por técnica e ciência.

Quando alcançamos a posição de excelência na educação, conquistamos outra posição diferenciada: a menor mortalidade infantil do Brasil, segundo o IBGE. Menor mortalidade infantil do Brasil e segunda maior em expectativa de vida, ou seja, dois indicadores importantes na saúde. Só ficamos atrás de Santa Catarina em expectativa de vida, mesmo assim, com mais de 60 anos o capixaba passou a viver mais do que o catarinense, favorecido por outro indicador, o índice de saneamento. Chegamos a uma cobertura na Grande Vitória próxima a 70% com parcerias público-privadas de saneamento nos municípios de Serra, Vila Velha, Cariacica e Viana, devendo chegar perto de 100% da universalização desse serviço.

Já a segurança pública é um desafio no Brasil inteiro. Nesse último ciclo de governo fazendo ajuste fiscal, tivemos em 2018 a maior queda de homicídio no Espírito Santo nos últimos 29 anos. Então, volto à frase: "Só cuida das pessoas quem cuida das contas." É só olhar o Espírito Santo e, no mesmo período, ver o que aconteceu com o Rio de Janeiro e Minas Gerais, só para citar dois estados vizinhos muito queridos dos capixabas. Os mineiros nos invadem carinhosamente no verão, e nós vamos ao Rio de Janeiro permanentemente pelas relações que os capixabas têm com os cariocas e vice-versa. Enfim, tanto no Rio quanto no nosso estado é possível fazer ajustes duros. O que liderei nesse último ciclo de governo foi considerado o ajuste fiscal mais rígido feito no Brasil naquele período. Lidamos com restrições, mas melhoramos a vida das pessoas, abrindo espaços e democratizando oportunidades. É um caminho que vale a pena.

No Brasil, as pessoas querem o caminho mais fácil com resultados de curto prazo, porém nem mesmo essa opção fica logo ali na frente. Há que se considerar também o médio e o longo prazo do caminho certo para alcançar bons resultados.

A falta de continuidade de políticas entre governos

A democracia é o melhor que nós, humanos, conseguimos consolidar no exercício do poder, disso não resta dúvida. Mas democracia não é tática, é valor estratégico. E ela não é, necessariamente, perfeita. Os grandes estudiosos mostram, inclusive, que, com o impacto das novas tecnologias, a própria democracia liberal, chamada "representativa", passou a ser questionada. Não temos, porém, o que colocar no lugar. Então, como lidar com as fragilidades desses sistemas? Por exemplo, a alternância de poder é um ponto forte, porque evita ter um único grupo permanentemente comandando o país, um estado federado. Mas a alternância gera um ponto fraco, que é a possibilidade de descontinuidade de projetos, um problema real. Qual é a vacina para um problema como esse, que envolve dinheiro público? Pela minha experiência, a prevenção está nos planos estratégicos de longo prazo.

No Espírito Santo criamos o Plano Vitória do Futuro, por meio do qual tentamos amarrar as políticas exitosas atrelando a elas a continuidade com o aval de setores da sociedade. Um plano feito para ser executado entre quatro paredes não vai funcionar. Contudo, se for feito com a participação da população, ela se empodera e garante a continuidade da busca daqueles objetivos e das metas traçadas. Essa vacina é supereficiente? Só parcialmente. Tem outra vacina, que é o voto do eleitor. Quanto mais consciência eleitoral a população tem, menos ela sofre com a descontinuidade das boas práticas.

Outra estrutura no país que poderia ajudar no monitoramento das políticas públicas com muita competência é a dos órgãos de controle. Com profissionais de excelência bem remunerados, inclusive com nível salarial mais alto que os do Executivo, os Tribunais de Contas e os Ministérios Públicos estão aí para cumprir esse papel. Cabe a ambos — a população e os órgãos de controle — acompanhar a evolução da matemática no município A, no município B, no estado A ou C. Há outras vacinas parciais, mas o que estou fazendo aqui é, na verdade, uma conclamação, porque realmente acredito nessa prevenção. Para não gerar frustrações e desencanto na população, órgãos de controle com técnicos qualificados podem ajudar a cumprir as metas de continuidade nas diversas áreas de políticas públicas, como as delicadas áreas de saúde e segurança. Dói no coração do eleitor ver que o seu dinheiro colocado na administração pública está sendo desperdiçado por conta da vaidade do governante ou do líder de plantão.

Os estados também podem desenvolver regras próprias de controle. À medida que a experiência capixaba foi evoluindo, fomos transformando as políticas públicas em "diplomas legais". Para alterá-las, os gestores futuros teriam que, pelo menos, discutir com o Legislativo. Que é para, antes de fazer qualquer alteração por simples canetada administrativa, dar ciência e buscar aprovação de uma instância anterior, presumidamente competente e confiável. Muita gente acha a Lei de Responsabilidade Fiscal uma experiência fracassada, mas essa não é a minha visão. Sei muito bem o que era a engrenagem do país antes dela e acompanhei sua posterior evolução. Infelizmente, dois dispositivos da LRF foram suspensos pelo Supremo, inclusive porque alteravam o próprio orçamento do Judiciário brasileiro, o que claramente atrapalhou um pouco.

Acredito, francamente, que podemos aperfeiçoar esses instrumentos, que são úteis e importantes também, embora não suficientes. Reitero o papel da sociedade, mas se os órgãos de controle entrarem com a consciência de que são os pilares de um esforço coletivo eles podem ajudar muito. O que atrapalhou a LRF foram os Tribunais de Contas, cada um fazendo uma interpretação pelo viés do próprio interesse orçamentário a fim de garantir o salário de seus integrantes e assim por diante. Esses órgãos precisam entrar jogando a favor. Isso, sim, faria uma diferença enorme.

Os conceitos que regem a definição de incentivos ao funcionalismo são hoje outro problema na máquina pública que a torna absolutamente desatualizada. Se mudarmos a forma de incentivar, tenho certeza de que aumentaremos significativamente a produtividade do setor público. Por exemplo, em vez da promoção e da progressão funcional por tempo de serviço, pode-se adotar a avaliação de desempenho. Não estou aqui teorizando. Posso afirmar porque vivenciei várias experiências do setor público nesse sentido e vi o resultado na contraprestação de serviço ao conjunto da sociedade. Muitas vezes os incentivos induzem ao erro.

A segurança pública no caso do motim da PM

Outra questão que ainda aflige os cariocas, assim como afligia os capixabas quando assumi meu primeiro mandato de governo, é, sem dúvida, a segurança. É importante pontuar que tomei posse em 2015 com o estado no limite de alerta da LRF. Terminei meu ciclo em 2010 com dinheiro em caixa, e isso não era pouca coisa. Apresentamos um volume de recursos que chamou a atenção do Brasil, porque é raro um governante deixar dinheiro livre em caixa — normalmente ele deixa restos a pagar, inclusive despesas não contabilizadas, o que é comum na história administrativa do país.

Pois meu governo deixou dinheiro em caixa em 2010. E, quando voltei, em 2015, o estado estava no limite de alerta da LRF. Traduzindo para o português: o estado estava gastando com folha de pagamento, proporcionalmente à arrecadação, um percentual superior àquilo que a lei permite. Então, naquele momento, que era de limite de alerta, a lei mandava que o gestor diminuísse o dispêndio de pessoal como proporção da arrecadação. E assim nós procedemos. Repito: dialogando muito, conversando para dentro e para fora, assim fomos acertando as contas. Foi nesse contexto de ajuste fiscal rigoroso que o motim da Polícia Militar eclodiu, em fevereiro de 2017, pedindo correção salarial.

Nós explicávamos que, concedendo correção salarial, estaríamos cometendo um crime contra a LRF, sempre lembrando que, na mesma época, uma presidente da República, legitimamente eleita, perdera o mandato sob a alegação de descumprimento dessa mesma lei. Quando o motim da Polícia Militar eclodiu eu estava no centro cirúrgico. Havia me internado pouco antes em um hospital de São Paulo para fazer um exame e acabei diagnosticado com um câncer de bexiga inesperado que precisou ser operado. Mas acho que tudo foi muito emblemático. Quando superei a anestesia do procedimento é que tive conhecimento do que estava ocorrendo. Minha primeira atitude — acho importante registrar — foi pedir ao médico que me acompanhava para que, dentro das possibilidades, eu recebesse alta e pudesse voltar ao estado o mais rápido possível. Por que isso? Porque uma liderança precisava estar junto dos acontecimentos naquele momento.

Eu rapidamente voltei com a clara determinação de dialogar e conversar muito com os policiais e a sociedade, sem descumprir a lei. Trouxemos uma equipe das Forças Armadas para cobrir o problema de segurança no estado enquanto tentávamos equacionar o desafio. Superamos aquele momento complexo e, ato contínuo, enviamos para a Assembleia Legislativa uma lei mudando a forma de promoção dos policiais militares. E convencemos nossos parlamentares da importância da aprovação dessa lei, que diminuía a promoção e a progressão dos policiais militares por tempo de serviço, num automatismo de promoção, e criava critérios para avaliação de desempenho.

Em 2018, ano subsequente ao motim, tivemos a maior queda do índice de homicídio em 29 anos na história do estado. Tudo isso sem desorganizar as contas públicas. O Espírito Santo continuou sendo um exemplo nacional e acabou eleito o único estado letra A do Tesouro Nacional com aval para investir em infraestrutura geral, começando pela rodoviária. Olhando em retrospecto, acho que houve um aprendizado grande para o Brasil nessa questão. Punimos aqueles que cometeram atos de infração durante o motim porque essa era uma responsabilidade nossa, de autoridades, em relação à lei. Se eu teria feito algo diferente? Não é possível, a menos que tivéssemos enveredado para uma demagogia política tolerante com uma ação de descumprimento da legislação do nosso país.

Os caminhos fáceis todo mundo conhece, mas o rumo certo é aquele que muitas vezes exige mais esforço em dedicação e conversa para que se possa fazer o que precisa ser feito. Estou convicto de que o esforço de convencer, motivar e mobilizar as pessoas é o caminho que dá resultado. Basta olhar o histórico do Espírito Santo. O estado é pequeno em território e população — e costumo brincar dizendo que o ex-governador é baixinho —, mas acabou produzindo um grande exemplo para o Brasil, um país que precisa seguir bons exemplos para acertar o seu passo e a sua caminhada. Um país com enorme potencial mas que não consegue plenamente transformar esse potencial em oportunidades para os seus filhos, principalmente os jovens.

Pensando em uma síntese, acho importante dizer que acredito no setor público e que, a não ser pelas amarras de legislações ultrapassadas, não vejo nenhum motivo para o setor não funcionar com produtividade e eficiência. Quero dar um depoimento pessoal também. Por onde passei no setor público encontrei gente muito qualificada e motivada para trabalhar. Gente que encarou a tarefa comigo, sábado, domingo, não importava o dia da semana, para entregar os melhores resultados possíveis à sociedade. Tenho uma experiência bastante rica na convivência com servidores públicos. Acho também que vamos melhorar muito o serviço público quando permitirmos que os bons servidores tenham uma evolução na carreira compatível com seus respectivos desempenhos.

Meu segundo ponto a destacar é o seguinte: não dá para construir uma obra socialmente relevante na base do voluntarismo. De novo: ninguém faz nem resolve nada sozinho. Todo gestor precisa de time com conhecimento técnico e sensibilidade política e social. Um governo não pode ser composto de feudos. A tradição do setor público brasileiro é muito feudal. É preciso quebrar a coluna vertebral dos feudos. Para isso, é preciso unificar o planejamento, acertar as metas e gerenciar intensivamente o seu cumprimento.

Como no setor privado, o público precisa trabalhar no sentido de transformar suas prefeituras e governos estaduais em verdadeiras escolas de formação de líderes para a área pública, líderes que, se forem para o setor privado, saberão jogar o mesmo jogo com muita qualidade. Não é fácil recrutar gente qualificada para o setor público. Para convencer os profissionais que eu convidava, eu costumava brincar dizendo que eles entrariam com um currículo bom e sairiam com outro bem melhor, que os capacitaria a trabalhar em qualquer contexto ou cenário.

Hoje, olhando a experiência de quem trabalhou comigo, vejo como a turma toda cresceu. Ana Paula Vescovi, por exemplo, saiu do governo estadual para ser secretária do Tesouro Nacional e hoje está em um banco privado. Dei o exemplo da Ana Paula, mas poderia dar muitos outros. Governávamos buscando um treinamento contínuo da equipe. Não é no improviso, com desorganização das contas e nos financiando com fornecedores, que se faz um bom governo, e sim buscando sempre o equilíbrio. E, como manda a filosofia chinesa, dando um passo bem cadenciado de cada vez. Só assim se faz uma bela caminhada. Foi assim que cumpri a minha, não apenas cuidando das contas, mas também das pessoas, buscando melhorar a educação, os hospitais, as estradas e a segurança pública. Essa é a finalidade do setor público. E quem nele embarca deve fazer jus à missão que assumiu.

LEITURAS SUGERIDAS

- Hartung, Paulo. *Espírito Santo: como o governo capixaba enfrentou a crise, reconquistou o equilíbrio fiscal e inovou em políticas sociais*. e-book Kindle, 2018.
- Martinuzzo, José Antônio. *Novo Espírito Santo: governo do estado – 2003-2010*. Vitória: Governo do Estado do Espírito Santo, 2010. Disponível em: <https://iepecdg.com.br/podcast/wp-content/uploads/2021/09/vdocuments.com_.br_novo-espirito-santo-governo-do-estado-2003-2010.pdf>. Acesso em: 21 out. 2022.
- Melo, Carlos, Malu Delgado e Milton Seligman. *Decadência e reconstrução. Espírito Santo: lições da sociedade civil para um caso político no Brasil contemporâneo*. São Paulo: BEI, 2020.
- Vescovi, Ana Paula e Regis Bonelli (orgs.). *Espírito Santo: instituições, desenvolvimento e inclusão social*. Vitória: Instituto Jones dos Santos Neves, 2010. Disponível em: <http://www.ijsn.es.gov.br/bibliotecaonline/Record/19172>. Acesso em: 21 out. 2022.

21. Ana Paula Vescovi
Podcast realizado em 18 de maio de 2021

Ana Paula Vescovi é bacharel em Ciência Econômicas, especialista em Políticas Públicas e Gestão Governamental e mestre em Administração Pública (FGV-RJ) e em Economia do Setor Público (UnB). É economista-chefe do Banco Santander e membro do Conselho de Administração e do Comitê de Auditoria e Riscos da Ultrapar. Atuou na administração pública direta e em conselhos de administração de empresas estatais e privatizadas. Exerceu os cargos de secretária da Fazenda do estado do Espírito Santo, secretária executiva do Ministério da Fazenda, secretária do Tesouro Nacional, presidente dos Conselhos de Administração da Caixa e do IRB, além de integrar o Conselho de Administração da Eletrobras.

Resumo
A economista traz lições e aprendizados de gestão pública no âmbito das regras fiscais, dos ajustes dos estados, das renegociações de dívidas e das reformas. Tendo ocupado o cargo de secretária da Fazenda do Espírito Santo (2015-2016), descreve essa experiência. Ao comentar as reformas, destaca a importância do engajamento, da mobilização e do valor do convencimento para avançá-las.

Do ambiente escolar à administração pública

É uma enorme satisfação repassar um pouco da minha história pessoal e profissional para as futuras gerações, principalmente considerando minha origem. Eu nasci em Colatina, no interior do Espírito Santo, descendente de uma família de imigrantes italianos. Meus pais são brasileiros, mas já nasceram carregando uma vivência muito forte do esforço e da carga de valores dos estrangeiros que vieram explorar as terras brasileiras. O início da história da cidade de Colatina se confunde com o início da história da minha família ali, especialmente da minha mãe. Meu avô materno foi um desses imigrantes. Meu pai, ex-servidor público, é hoje funcionário aposentado do Banco do Brasil e, aos 85 anos, um poeta. Mas também um empreendedor. Junto com a minha mãe, de 84, uma mulher forte e empreendedora, os dois vêm mantendo um casamento longevo. Somos quatro filhos, sendo uma irmã adotiva.

Aprendi desde cedo a conviver muito próxima do ambiente escolar porque minha mãe e meu pai, em um momento da vida, decidiram abrir uma escola junto com minhas tias. Estamos falando de 45 anos atrás, quando as mulheres que ingressavam no mercado de trabalho eram, em sua maioria, professoras. E as minhas tias eram excelentes professoras. Meus irmãos e eu estudamos nessa escola familiar, onde fui alfabetizada. Então, para mim, escola sempre foi um ambiente doce, afável, familiar, onde cresci gostando de livros e de estudos.

Até que chegou a fase da vida em Colatina em que os pais encaminhavam os filhos para fazer o Ensino Médio na capital, em Vitória, a fim de terem mais oportunidades de curso superior. Assim foi com meus irmãos e comigo, quando passei para o curso de Economia na Universidade Federal do Espírito Santo. Um dado interessante é que fiz toda a preparação para ser engenheira. Meus irmãos são engenheiros. Fiz o primeiro vestibular para a Faculdade de Engenharia e passei, mas não podia entrar porque ainda estava no Ensino Médio. Acabou que, na hora de decidir para valer, optei por Economia, que depois se revelou mais do que uma vocação, uma paixão.

Mais adiante, quando terminei a graduação, nos anos 90, havia muitas dificuldades para os jovens entrarem no mercado de trabalho. Foi a época do Plano Collor, com impacto enorme na economia. Resolvi seguir estudando e fui fazer o mestrado na Fundação Getulio Vargas do Rio de Janeiro. Ali tentei Administração Pública e, de novo me encaminhando para o que seriam as minhas vocações futuras, terminei o mestrado na Ebape e voltei para o Espírito Santo.

Para custear minhas despesas no Rio, eu havia recorrido a um financiamento no Banco de Desenvolvimento do Espírito Santo e, pelo contrato com o banco, além de pagar o financiamento com taxas de juros facilitadas, eu tinha o compromisso de voltar para o estado a fim de aplicar lá o que havia aprendido. Foi aí que acabei voltando para o meu estado e tendo a oportunidade de compor a equipe do então jovem governador Paulo Hartung, que estava entrando na prefeitura.

Ele queria montar uma equipe mais técnica, com jovens talentos, e fui convidada a ocupar uma diretoria municipal. Quatro anos depois, passei no concurso público para gestora federal e fui para Brasília, já casada com meu marido, com quem tive dois filhos nascidos naquela cidade. Lá, tive também a primeira entrada no serviço público federal, na Secretaria de Política Econômica. Ainda em Brasília, fiz um segundo mestrado, na UnB, agora em Economia voltada para o setor público, e comecei finalmente a desenvolver minha experiência profissional na área.

Depois de dez anos em Brasília, o governador Paulo Hartung, já em seu segundo mandato, me convidou para integrar sua equipe, na qual, inicialmente, assumi o Instituto de Pesquisas do Espírito Santo. Ali conduzi várias pesquisas aplicadas às políticas públicas estaduais com testes bem interessantes, inclusive na área da avaliação de impacto *ex-ante*. Passada essa experiência muito próxima ao Espírito Santo, em seu terceiro mandato o governador Paulo Hartung me chamou de novo porque tinha lido um estudo que publiquei, junto com dois colegas, alertando para o problema das contas do estado. Isso foi em 2014, numa época em que ninguém ouvia falar em crise no Brasil havia tempos. Foi logo depois do *boom* das *commodities*, da descoberta do pré-sal, quando só se falava em Copa do Mundo e Olimpíadas.

Era um momento em que ninguém falava de crise, e quando surgi com esse assunto poucas pessoas acreditaram em mim. Mas o governador quis me ouvir e ver o estudo de perto. Ele, que tinha realmente saneado as contas públicas do Espírito Santo quando entrou no governo, em 2003, entendeu o meu argumento, a nossa vertente no trabalho, e pediu que compuséssemos um miniplano de governo para uma fase de transição. O objetivo era ajudá-lo a compor a narrativa daquela questão com mais detalhes, tanto em relação às contas públicas quanto em relação às políticas públicas do estado. Com isso, fizemos uma campanha eleitoral inédita em 2014, porque ele falou de ajuste fiscal na campanha e foi eleito falando de equilíbrio das contas públicas.

Quando Paulo Hartung foi eleito, achei que a pior parte tinha passado. Mas foi só quando assumi, a seu convite, a Secretaria da Fazenda, em 2015, que me deparei com o enorme desafio de convencer as pessoas de que as contas públicas eram de fato um problema. Só depois que todos começaram a perceber a crise no Rio de Janeiro e a dificuldade de alguns estados de pagar salários é que consegui respirar com alguma credibilidade. Então, o primeiro passo é convencer o público, criar uma narrativa que chegue até as pessoas. A comunicação é a arte de falar de forma que as pessoas entendam, e não apenas o que o narrador acha correto. Esse exercício foi muito importante, assim como o de criar elos baseados na coerência do que se estava fazendo.

O ajuste que fizemos foi pesado, demitimos muitas pessoas. Foi necessário rever contratos, cortar contratos, fechar órgãos, enfim, foi um ajuste duro ali nos seis primeiros meses. Minha preocupação era grande, não só com a minha reputação, mas também com a da instituição, do estado, do governador, enfim, do projeto que estávamos implementando. E assim fomos caminhando para o fim do ano com uma preocupação imensa de não conseguir pagar as contas, com as polícias reivindicando aumento de salários e eu só podendo prometer que não iria atrasar os salários dos servidores, porque aumento eu não tinha como dar.

Banquei essa posição pelo estado, fiz centenas de reuniões com centenas de grupos diferentes, viajei muito falando, olho no olho, mostrando o que eu entendia, o meu diagnóstico, procurando convencer sempre com a intenção de que a explicação técnica fosse transmitida de forma clara. Eu tinha muito foco no uso das rendas do petróleo e acho que foi isso que depois diferenciou o Espírito Santo do Rio de Janeiro, porque ambos foram igualmente atacados ali pela crise de 2015-2016. Enfim, tudo isso foi parte de um aprendizado técnico muito grande de lidar com tesouraria, dívida, caixa, orçamento e tudo mais.

Desafios para colocar o Espírito Santo de pé

No governo do Paulo Hartung, tínhamos duas importantes linhas de frente. Primeiro, a missão de colocar o estado de pé, com ajuste fiscal e reequilíbrio das estruturas de estado. A outra meta era fazer o *policy* funcionar, a política pública funcionar. Para isso havia um secretário muito craque na Educação, outro na Saúde, e começamos a lançar projetos para mexer na infraestrutura, tentando atrair a iniciativa privada, planejando concessões, reequilibrando contratos e elegendo prioridades. Porque havia recursos provenientes de dívidas anteriores que estavam disponíveis, mas o cobertor era curto e era o único que tínhamos.

Assim, selecionar prioridades era uma preocupação imensa. Aí, facilitava a larga experiência do governador sobre como fazer esse processo de seleção de modo técnico, sem deixar de olhar para as necessidades da população. Antes de mais nada, era um governo que tinha uma orquestração afinada, onde cada um sabia os papéis de cada um e onde cada um sabia e respeitava os limites de atuação dos outros. Problemas nós tivemos vários, óbvio, mas sabíamos resolvê-los dentro de casa.

O governador Paulo Hartung era experiente nessa questão da comunicação social e eu era da banda que dizia "não". E saber dizer "não", depois se descobre, é uma grande ciência. Cheguei a cortar 77% dos investimentos do estado em obras que, se fossem mantidas, não poderiam ser pagas. Não seria justo com o empreiteiro, que empenha os recursos da sua empresa, chama seus funcionários, vai lá, executa a obra e depois fica com aquela fatura pendurada. Não existia isso. A gente tinha dia certo para pagar as contas e o pagamento caía na conta dos fornecedores automaticamente, porque o nosso controle de caixa era muito forte. Fizemos uma pesquisa detalhada sobre os contratos que estavam rodando para definir aqueles que poderíamos realmente suportar. E isso perpassou várias áreas, incluindo saúde e educação.

Quando eu chegava na Assembleia Legislativa do estado para falar, sempre havia os deputados mais inflamados reclamando do corte de dinheiro na educação, o que estava afetando o ar-condicionado das escolas. Nunca estivemos fechados a resolver essas questões pontuais, mas não é porque a educação ou a saúde ou a assistência social são áreas nobres que estão imunes ao desvio de recursos e podem gastar sem limites ou restrições. Enquanto fosse possível, seria preciso otimizar o uso do recurso público, fosse na área que fosse, porque essa era a nossa função como servidores públicos. Mas cabia aos deputados nos apontar as falhas, eu dizia.

Com o tempo, fomos aprendendo a ganhar força com essas narrativas. É claro que ninguém quer prejudicar a nobre pasta da Educação, mas o desperdício ocorre lá também. Não dá para acreditar que tudo lá é maravilhoso. Certa vez desconfiamos de um excesso no fornecimento de merenda escolar e, junto com nutricionistas, com toda a responsabilidade, refizemos aquele contrato. Com a economia que foi gerada, abrimos a primeira escola de tempo integral de Ensino Médio no Espírito Santo. Esses exemplos simbólicos sustentavam a nossa narrativa e conseguimos enfrentar a crise com menos gravidade que os outros estados do país.

Aprovação do Teto de Gastos: elaboração e negociação

Da experiência no Espírito Santo retornei a Brasília como secretária do Tesouro e, posteriormente, como secretária executiva do Ministério da Fazenda. Uma inovação institucional importante que conseguimos fazer foi a introdução do Teto de Gastos. Após o impeachment da presidente Dilma, dado o quadro fiscal do país, sabíamos que seria preciso reancorar as expectativas. Vale lembrar, no entanto, que eu não fui a primeira a entrar na equipe do ministro Henrique Meirelles, na Fazenda. Cheguei um pouquinho depois no Tesouro, no fim de maio, início de junho de 2016. E os demais, que eram meus colegas de governo, como o Marcos Mendes, o Mansueto Almeida e o Tarcísio Godoy, este na Secretaria Executiva, já estavam no ministério. Então, já havia uma discussão encaminhada sobre o Teto de Gastos.

O Marcos estava encarregado dessa formulação quando cheguei e a discussão começou dali. Tínhamos algumas diretrizes básicas, mas sabíamos também que a regra tinha que ser simples para que depois não fosse difícil interpretar, fazendo render a judicialização. Também sabíamos que a regra tinha que ser autoaplicável e regulamentada em emenda constitucional, simbolizando um compromisso forte com a sociedade e de difícil modificação posterior. Toda a discussão foi muito produtiva, pois se deu no entorno do Marcos Mendes, com a participação ativa dos principais conhecedores do tema no Brasil, incluindo vários especialistas das consultorias da Câmara e do Senado, dos ministérios da Fazenda e do Planejamento.

Foi fundamental colher essas opiniões. E o governo todo encampou a ideia que era, na verdade, uma proposta da equipe do ministro Henrique Meirelles, a qual contava também com o apoio da Casa Civil, através do ministro Alexandre Padilha, e do relator, o deputado Darcísio Perondi, com quem o grupo tinha uma relação estreita e discussões técnicas de alto nível. Após nos ouvir, Perondi marcava encontros com as lideranças e só depois fazia a relatoria. Enfim, foi um processo feito com bastante atenção aos detalhes e em tempo recorde, redundando na aprovação do Teto já no final de 2016.

A regra era simples. Sabíamos que era necessário um ajuste na despesa, mas queríamos um ajuste gradual. Em meio a uma crise tão severa, que tirou naquele ano cerca de 3,5% do PIB, o ajuste não tinha a menor condição de ser pontual e muito menos de ser feito de novo no Brasil por aumento da carga tributária. Mas o diagnóstico era bom e partimos desse diagnóstico de que havia um crescimento persistente da despesa pública em relação ao PIB desde a Constituição de 1988, que continuava aumentando a cada governo que entrava e saía. Não interessava nem a vertente política, a despesa aumentava em relação ao PIB.

Então, com esse diagnóstico, conseguimos traçar uma regra que representasse um ajuste fiscal para o lado da despesa, que contivesse os incentivos para aumentos continuados de carga tributária no Brasil. A carga tributária já estava muito alta. A regra tinha que contemplar um período de pelo menos dez anos para que conseguíssemos chegar a um patamar menor de dívida/PIB. Nossa expectativa era de logo alcançar, em três, quatro anos, um novo superávit primário nas contas federais. Bem, a história mostrou que foi um pouquinho diferente, mas essa foi a história dessa formulação.

Olhando para esse histórico, minha conclusão é de que a responsabilidade fiscal tem de ser um valor encampado pela sociedade. Essa é a única maneira de as regras funcionarem. A única regra que funciona, a de maior fundamento que pode existir, é a sociedade defender o equilíbrio intertemporal ou a solvência intertemporal dos governos. Isso é um compromisso com as gerações futuras, sabemos bem, mas é difícil obter esse entendimento geral, consensual e majoritário, sem um trabalho educacional forte na sociedade em relação à importância dos governos, da sua solvência e do equilíbrio fiscal.

Tivemos ao longo do tempo outras tentativas de implementação de regras fiscais, mas o que eu percebo que acontece é que elas começam com força e envolvimento da sociedade, depois vão enfraquecendo ao longo do caminho. E geralmente se enfraquecem quando se mostram restritivas, quando as escolhas públicas têm de ser realmente focalizadas pelos tomadores de decisão, que estão limitados pelas regras. Numa democracia, quem é eleito, seja para o Poder Executivo, Legislativo ou Judiciário, precisa ser firme na aplicação das regras necessárias, mesmo diante das pressões sociais, que são muitas.

Na minha opinião, esse é o grande fator complicador, pois não é confortável para nenhum governante se sentir restringido por uma regra fiscal. É claro que é importante levar em consideração as demandas sociais, já que vivemos em um país tão desigual. E as demandas são infinitas em determinados setores da política pública. Contudo, é essencial também entender que, sem solidez e solvência intertemporal, o crescimento e as oportunidades econômicas no país para a população pobre ficam ainda mais prejudicados. Esse é um dilema forte no Brasil.

A Regra de Ouro, que proíbe o governo de fazer dívidas para pagar despesas correntes, por exemplo, quase não foi percebida quando começou a ser implementada. Depois veio a Lei de Responsabilidade Fiscal. O princípio dela era tentar configurar o superávit necessário para estabilizar a dívida pública ao longo do tempo. Pois quando acordamos, estávamos colocando no Orçamento metas de déficit, o que nem de longe dava conta de equilibrar o endividamento público brasileiro. Cada um dos Tribunais em cada estado começou a definir regras e limites diferentes para despesas com pessoal. Com isso, fomos perdendo a homogeneidade dessas regras e começou a ser necessário criar exceções, como a retirada de penduricalhos para diminuir despesas.

O objetivo, porém, não era ter um *compliance* forçado. O objetivo era deixar um volume de recursos à disposição da sociedade para investimentos ou projetos que fossem de natureza temporária nas áreas de educação, ciência, tecnologia ou qualquer outra, desde que viessem para apontar um crescimento maior da economia no longo prazo. Era esse o objetivo da regra do limite da despesa de pessoal e não tornar obrigatório todo o orçamento, e não dar rigidez ao orçamento. O que vemos hoje são orçamentos extremamente rígidos, sem espaço sequer para ajuste fiscal.

Diante do desafio que foi a pandemia, não era preciso fazer uma excepcionalização tão ampla nem construir um orçamento de guerra — a regra do Teto já previa exceções por razão de calamidade pública. A maior demanda seria uma discussão mais firme com a sociedade sobre como fazer o atendimento em um momento tão emergencial e com restrições que não deixaram de existir após a chegada da pandemia. Mas aí ficou fácil mudar a regra do Teto, que é uma emenda constitucional. O resultado é que a mudança piorou muito a situação das contas públicas, que passaram a oferecer um conjunto de riscos relevantes para a solvência do setor público intertemporal.

Renegociação de dívidas e distorção dos incentivos

No que diz respeito à renegociação de dívidas, de novo esbarramos na questão da alternância de governos com objetivos e propósitos diferentes. Esse é o desafio das decisões que avançam para além das gestões públicas. Se há um governador que decide se endividar e outro que paga a dívida, os incentivos associados ao processo de endividamento público se tornam adversos. Como usualmente se faz frente a esse desafio? De novo: a sociedade tem que ser a guardiã desse processo. Normalmente, as dívidas mobiliárias trazem para o seu financiamento o risco embutido desse comportamento social, com maior ou menor aversão ao endividamento. Em algum momento o Brasil já teve estados emitindo os próprios títulos de dívida, o que gerou, obviamente, um superendividamento em alguns deles e ameaças de não pagamento, o famoso calote.

Quando o Brasil se deparou com o problema das contas públicas como fonte do processo hiperinflacionário ou superinflacionário, na saída dos anos 80, início dos anos 2000, foi imprescindível fazer ajustes de natureza fiscal e institucional. E já no final dos anos 90, depois do Plano Real, quando a moeda foi estabilizada e o imposto inflacionário tirado de dentro dos Orçamentos, foi possível ver o tamanho da dificuldade fiscal, orçamentária e financeira dos estados como um todo, o que tornou possível endereçar uma solução. E ela veio tanto através dos bancos públicos que foram privatizados, perdendo a possibilidade de financiar os governos estaduais, quanto da renegociação das dívidas com a União, que as assumiu, fechando a possibilidade de os estados emitirem dívida mobiliária. Nesse momento, a União assumiu toda essa dívida mobiliária estadual e fez renegociações bilaterais com os estados, ou seja, as dívidas dos estados passaram a ser contratuais.

Hoje, a discussão que se faz é inversa. Se a dívida dos estados fosse mobiliária, cada estado seria responsável pelo custo de rolagem da sua dívida e isso poderia gerar um incentivo para dar a dosimetria correta do processo financeiro fiscal dentro de cada ente. Eu tenho grandes dúvidas. Essa discussão veio para mim quando eu estava no Tesouro, mas achei que não era hora de voltar a ela, sob pena de gerar mais ruídos do que soluções. Meu objetivo era desenvolver ali um trabalho suficiente para que, em algum momento, no futuro, pudéssemos voltar a discutir a dívida mobiliária subnacional no Brasil, mas passando por garantias do Tesouro. Acho, inclusive, que tínhamos uma cláusula na LRF, salvo engano no artigo 35, que impedia esse refinanciamento. De toda forma, tivemos que suplantar isso porque a população é que acabaria pagando a conta.

O caso do Rio de Janeiro é emblemático. Ali tivemos que fazer um regime de socorro de recuperação fiscal do estado, porque o dinheiro em caixa não estava provendo serviços básicos à população mais pobre, que depende do estado. Num momento como esse é impossível usar só teoria e racionalidade porque tem gente precisando, passando fome, carente de saúde, de educação, e o estado tem que servir para atender a essas necessidades.

Não obstante todos os feitos e esforços nessa direção, o problema continua em aberto porque, enquanto tivermos o Judiciário achando que a União pode e deve garantir o pagamento de dívidas para os estados, não vamos ter os incentivos adequados para resolver esse dilema. E nós temos um Supremo que, por vertente ou corrente jurídica, acredita realmente que os estados podem desonrar compromissos com a União, porque ela é mais forte e pode pagar mais fácil. Só que, se um estado incorre nesse tipo de falha ou fissura em seu processo de gestão, quem acaba pagando é toda a sociedade brasileira. É a famosa socialização do prejuízo.

Lembrando que o Rio de Janeiro, pouco antes de se apresentar incapaz de pagar a dívida, era o estado mais pujante, com a descoberta do pré-sal. Era a economia mais dinâmica, onde jorrava dinheiro dos *royalties* do petróleo. Acho, portanto, que esse é um fato didático, pedagógico mesmo, para entendermos que, além de um bom desenho de políticas públicas, precisamos dos incentivos adequados. E que não dá para esperar ações apenas do Tesouro e dos Poderes Executivos federal e estadual. Todos os Poderes e todas as instituições precisam estar no mesmo barco para conseguirmos resolver dilemas tão grandes e dessa natureza.

E como se criam condições para as reformas?

Começo exemplificando com o caso de uma reforma que não fizemos na minha gestão, que foi a da Previdência, importantíssima para o Brasil. Citarei essa reforma porque ela traz lições que precisam ser apreendidas. O Brasil foi um dos únicos países em que a população foi às ruas reivindicar essa reforma porque entendeu a sua importância, porque entendeu que precisávamos ter uma simetria maior entre as contas atuais e as do futuro, a fim de se criarem mais oportunidades para os nossos jovens. Entendeu que não se justifica ter um sistema de pensões para servidores públicos e outro diferente para servidores privados. Todos são brasileiros. Essa desigualdade que permeia a nossa sociedade também estava embutida nas regras dos sistemas de pensão. Mas esse não foi um processo construído em pouco tempo.

A importância da reforma da Previdência passou a ser ventilada no governo anterior ao nosso. Mas, quando entramos, nossa comunicação começou errada. Nós insistimos na reforma como uma medida de ajuste fiscal. E isso era mais difícil de a população entender, porque colocamos as justificativas em um futuro longínquo, dentro de um período de 20 anos. Ora, as pessoas não sabem nem se estarão vivas, como acreditar e apostar em um negócio que demoraria tanto para render frutos?

A discussão e o processo da reforma só começaram a andar para a frente quando focamos na questão da necessidade de gerar mais justiça social, mostrando que, além de deficitário, o sistema era injusto. A necessidade de equilíbrio e de justiça passou a dar o tom daquela narrativa, que foi sendo construída aos poucos. Assim, acabamos acertando a linha e contribuindo para que o governo seguinte conseguisse realizar as mudanças com uma ajuda grande do Congresso e da sociedade.

Para implementar reformas, é preciso convencer, é preciso explicar, chegar até as pessoas e criar uma conexão com o futuro. Por que essas reformas vão melhorar o futuro dessas pessoas? Essa é a pergunta que temos que nos esforçar para responder. E, aí, precisamos entender a natureza da situação social do Brasil. Sem isso é muito difícil criar esse tipo de conexão. Daí a importância da política como canal para se chegar até a sociedade.

Por outro lado, implementamos outras reformas que foram bem-sucedidas, como a da Taxa de Longo Prazo. Junto com a regra do Teto, as duas, combinadas, foram grandes responsáveis pelo fato de o Brasil ter entrado na crise da pandemia já convivendo com as taxas de juros mais baixas da sua história e com uma inflação sob controle. Tanto a resiliência do setor externo quanto as condições financeiras favoráveis foram fundamentais para dar algum apoio na pandemia.

Mas nada foi fácil. Eu me lembro das bombas sendo jogadas na Esplanada dos Ministérios, dos prédios sendo evacuados, das portas e janelas quebradas. Apesar daquele ambiente difícil e conturbado, fizemos uma reforma trabalhista. Quantos hoje não são empregados de forma temporária mas com direitos trabalhistas que antes não teriam? Quantos profissionais hoje têm empregos intermitentes que antes seriam informais? Enfim, é preciso olhar para trás e mirar esses exemplos para seguir com reformas essenciais que ainda devem ser feitas. O Brasil precisa refazer o software de funcionamento do Estado brasileiro.

Diante disso tudo, eu diria que a arte da política econômica é conseguir enxergar a floresta de forma ampla, com uma visão panorâmica do alto, mas sem perder a conexão com cada árvore. Essa conjunção é crucial. O Brasil, assim como vários outros países, está passando por uma crise que é planetária. Em outros momentos, as dificuldades inerentes às crises já foram usadas como pretexto para se abandonar temporária ou parcialmente a preocupação com a responsabilidade fiscal, com a solidez das contas públicas. Isso aconteceu na crise de 2008-2009, por exemplo. E nos levou a uma crise posterior muito pior, de 2014 a 2016.

Então, é importante entender que agora não podemos abandonar esse requisito, precisamos avançar. A fadiga vem, é normal, mas temos que superar e avançar com a reforma tributária, que trata do ambiente de negócios. E também com a reforma administrativa, não meramente como um desenho, mas como uma reforma de produtividade no setor público, de alinhamento de incentivos do serviço público para com as grandes demandas da sociedade de forma responsável.

É preciso entender que o processo educacional é o maior legado que podemos deixar em termos de desenvolvimento de um país. E precisamos investir pesado no aprendizado, não só aumentando o orçamento da educação, como também focando no aprendizado das nossas crianças. Enfim, acho que política pública é ser fiel ao objetivo de entrega do Estado. Só não podemos esquecer que, para existir, o Estado precisa ser financiado. Assim fica mais fácil entender as conexões entre a necessidade de financiamento do Estado e sua legitimidade. Tudo passa por legitimidade.

Acredito que essas são as principais lições, o coração de tudo que estudamos em políticas públicas. Fazer políticas públicas acontecerem não é fácil, mas é muito recompensador. "Trabalhar para o meu país", essa é a frase que me motiva e me leva para a frente.

Leituras sugeridas
- Alesina, Alberto et al. "The Effects of Fiscal Consolidations: Theory and Evidence". NBER Working Paper nº 23.385, mai. 2017/nov. 2017. Disponível em: <https://www.nber.org/papers/w23385>. Acesso em: 23 out. 2022.
- Almeida, Mansueto e Felipe Salto (orgs.). *Finanças públicas: da contabilidade criativa ao resgate da credibilidade*. Rio de Janeiro: Record, 2016.
- Instituto Jones dos Santos Neves. *Espírito Santo: Instituições, desenvolvi-*

mento e inclusão social. IJSN, 2010. Disponível em: <http://www.ijsn. es.gov.br/artigos/835-espirito-santo-instituicoes-desenvolvimento-e-inclusao-social>. Acesso em: 23 out. 2022.

- Mendes, Marcos. *Por que é difícil fazer reformas econômicas no Brasil?* Rio de Janeiro: Elsevier, 2019.
- Mendes, Marcos. *Por que o Brasil cresce pouco? Desigualdade, democracia e baixo crescimento no país do futuro.* Rio de Janeiro: Elsevier, 2014.
- Safatle, Claudia, João Borges e Ribamar Oliveira. *Anatomia de um desastre: os bastidores da crise econômica que mergulhou o país na pior recessão de sua história.* São Paulo: Portfolio-Penguin/Cia. das Letras, 2016.
- Spilimbergo, Antonio e Krishna Srinivasan. "Boom, Bust, and the Road to Recovery". International Monetary Fund, mar. 2019. Disponível em: <https://www.imf.org/en/Publications/Books/Issues/2019/03/11/Brazil-Boom-Bust-and-Road-to-Recovery-44927>. Acesso em: 23 out. 2022.
- The World Bank. "A Fair Adjustment: Efficiency and Equity of Public Spending in Brazil". Working Paper, 2017. Disponível em: <https://www.worldbank.org/pt/country/brazil/publication/brazil-expenditure-review-report>. Acesso em: 23 out. 2022.

22. Cristiane Schmidt
Podcast realizado em 25 de maio de 2021

Com doutorado e mestrado em Economia pela EPGE/FGV, Cristiane Alkmin Junqueira Schmidt foi *visiting scholar* na Universidade Colúmbia em 2013. Foi conselheira do Cade e, posteriormente, secretária de Economia de Goiás (Fazenda, Planejamento e Orçamento). É professora da FGV nos cursos de MBA e parecerista da *Revista de Direito Administrativo — RDA*, da FGV Direito Rio. Foi secretária adjunta da Secretaria de Acompanhamento Econômico do Ministério da Fazenda, no período FHC, gerente-geral de Assuntos Corporativos da Embratel, economista do Ibre/FGV e do Itaú Asset, além de diretora do Departamento Econômico do Family Office, do Grupo Libra.

Na Guatemala, foi diretora estratégica da Cementos Progreso e diretora da ONG Pacunam; em Porto Rico, foi diretora do Departamento Econômico da Compañía de Comércio y Exportación e diretora adjunta da Autoridad de Desarrollo Local. Também foi consultora para o Banco Mundial e as Nações Unidas. Lecionou na Universidade Francisco Marroquín e na Universidade Rafael Landívar, ambas na Guatemala, e no Ibmec, no Rio de Janeiro. É coautora, com Fabio Giambiagi, do livro *Macroeconomia para executivos*, e organizadora e autora da coleção Questões Anpec.

Resumo
Cristiane Schmidt, secretária de Economia de Goiás, divide a experiência de construção do regime fiscal e do fortalecimento institucional de estado. No material selecionado para este livro, aborda a precariedade das contas fiscais, as estratégias de ajustes, a importância da institucionalização de processos e de reformas estruturais (previdenciária, administrativa e tributária), o contorno às resistências e a relevância da comunicação, detendo-se ainda em questões associadas à efetividade das regras fiscais.

Múltiplas experiências

Minha trajetória profissional não foi linear, como eu imaginei ou gostaria, mas é repleta de aprendizados e contribuições nas passagens que tive tanto pelo setor privado quanto pelo governo. Comecei em 1994 na EPGE, onde fiz os cursos de mestrado e doutorado até 1997, com exame de campo em Desenvolvimento Econômico, mas sem finalizar a tese, o que só ocorreu mais tarde. Em 1996, me casei e, no ano seguinte, meu marido foi expatriado. Eu o acompanhei durante oito anos fora do Brasil: dois no Chile; quatro de volta ao Brasil; depois, mais seis no exterior, em Porto Rico e Guatemala.

No Chile, achei que produziria a minha tese, mas produzi dois lindos filhos. Pensava que cuidar de um recém-nascido sozinha e fazer a tese não seria um problema. Doce ilusão, mas, de qualquer forma, consegui apresentá-la oito anos depois, já morando em Porto Rico. Foi uma contribuição de três artigos microeconométricos, todos na área de defesa da concorrência. Com a minha tese ganhei dois prêmios. Meu orientador foi o professor Renato Flores e tive a honra de ter a minha banca composta por três professores que hoje são queridos amigos: Afonso Arinos, Luiz Guilherme Schymura e Armando Castelar.

Apesar desse começo de vida profissional meio conturbado, realizei trabalhos extremamente interessantes em todos os lugares em que vivi. Hoje, portanto, não tenho medo de enfrentar novos desafios, sempre com humildade diante das adversidades e respeito às diferentes culturas. Meu foco acabou sendo planejar e executar projetos variados e entregar resultados concretos. No caminho, aprendi a gerenciar percalços de naturezas diversas que se colocavam à frente mantendo o equilíbrio emocional. Com maturidade, a gente vai aprendendo a ter a habilidade de interpretar algumas situações e a conviver com pessoas de diferentes culturas e modos de pensar.

Fui contratada, por exemplo, entre outros trabalhos, pelo Departamento de Justiça dos Estados Unidos como diretora adjunta de uma instituição local em Porto Rico para atuar no fechamento de uma base militar para uso civil, no nordeste da ilha de Porto Rico, chamada Ceiba. Nessa experiência, concluí que comunicar-se com clareza não era uma tarefa trivial, era uma arte que devemos aperfeiçoar continuamente. Argumentar, escutar, negociar e convencer são habilidades pouco efetivas sem uma boa comunicação. São, assim, habilidades fundamentais.

Em Porto Rico também fui diretora de Planejamento da Companhia de Comércio e Exportação. Entre diversas tarefas, fiz o censo de empresas da ilha, criei o índice de varejo e participei de negociações no Cafta, o Central America Free Trade Agreement. Os dois primeiros projetos estavam paralisados havia dez anos. Foram elaborados por professores brilhantes da Faculdade de Porto Rico, mas sem foco na execução. Nessa época, havia um brasileiro do Impa por lá chamado Álvaro. Meu grande aprendizado, nessa ocasião, foi compreender que existe uma gigantesca distância entre ter um bom projeto no papel e saber viabilizar a sua execução e conclusão.

Com esses projetos, executados com sucesso, fui convidada pelo Bureau of Labor Statistics para ser representante de Porto Rico, mas, como precisaria morar nos Estados Unidos, recusei. Ainda em Porto Rico, atuando na Companhia de Comércio e Exportação, tive a oportunidade de participar pela ilha das negociações do Cafta. Como antes de ir para Porto Rico eu já tinha trabalhado com Claudio Considera e Pedro Malan no governo Fernando Henrique e nas negociações em defesa da concorrência no Mercosul e no Free Trade Area of Americas, o FTAA, participar do Cafta representou um complemento ao que eu já sabia. De qualquer forma, a essência era a mesma: "Ao negociar é preciso ter diplomacia, saber escutar e não ser arrogante."

Na Guatemala, também tive experiências fascinantes. Uma delas foi quando trabalhei no Conselho da Cementos Progreso, onde entendi como funcionava o cartel internacional do cimento, liderado pela Lafarge Holcim. Nenhum órgão antitruste seria capaz de detectar esse cartel internacional. Essa experiência, aliás, foi importante para meu amadurecimento em minha atuação posterior, como conselheira do Cade. Ainda na Cementos Progreso, criei, desenvolvi e implementei uma ferramenta para melhorar a comunicação entre os membros do conselho com seus diretores e destes com seus colaboradores, objetivando aumentar a produtividade no dia a dia de todos. Nomeei a ferramenta de Rio.

Embora seja nascida no Rio de Janeiro, o Rio aqui era a abreviação de Real Integración de Objetivos. Foi obviamente uma brincadeira, para deixar a minha marca na empresa. Esse projeto funciona até hoje, vale dizer. A lição é que a comunicação, mesmo no setor privado, é complexa e merece atenção. Sem ter pessoas pensando em como fazer isso melhorar, a produtividade cai. A ferramenta focava em que todos pudessem ter uma comunicação mais efetiva, com objetivos mais alinhados.

Na Guatemala, outra experiência divertida foi dirigir a maior ONG que havia na América Central na ocasião, a Pacunan, responsável pelo cuidado com o patrimônio cultural e natural da cultura maia. Ali, fiquei ao lado de um dos maiores arqueólogos do mundo, o professor Richard Hanson, o que foi um tremendo privilégio. Um dos nossos projetos com o BID era levar educação às comunidades mais vulneráveis. Tínhamos muitos problemas com a depredação do meio ambiente e os inúmeros roubos de peças maias. Aliás, a título de curiosidade, o filme *Apocalypto*, de Mel Gibson, de 2006, foi baseado na interpretação do professor Richard Hansen. Mel Gibson era um dos maiores investidores da nossa ONG.

Ainda na Guatemala, dei aulas na Universidade Francisco Marroquín e na Rafael Landívar e participei de encontros do Liberty Fund, que promove discussões sobre leituras de pensadores liberais. Apesar de me entender como uma economista liberal, lá eu era chamada de intervencionista, porque advogava por políticas públicas que fomentassem a igualdade de oportunidades. Afinal de contas, e usando uma expressão do professor Edmar Bacha, acho que ninguém quer uma sociedade tipo Belíndia, que temos hoje no Brasil, e, sim, uma sociedade mais para Bélgica do que para Índia.

Ao voltar para o Brasil, trabalhei no governo FHC com Claudio Considera e Pedro Malan, profissionais simplesmente fantásticos. Depois, trabalhei no Ibre/FGV, no Family Office, do Grupo Libra, no Itaú Asset, no Cade. Agora, estou na Secretaria de Economia do estado de Goiás, que engloba Planejamento, Orçamento, Tesouro e Receita. No meio desse caminho, fiz um riquíssimo *visiting scholar* de sete meses com Albert Fishlow, na Sipa, a Escola de Assuntos Internacionais da Universidade Colúmbia. Lá tive a oportunidade de participar de aulas dos professores Xavier Sala i Martín e José Antonio Ocampo, entre outros. Como havia feito exames de campo em Desenvolvimento Econômico em 1996 na EPGE/FGV e, por conta disso, lido a primeira versão de um livro de Xavier sobre o assunto, conhecê-lo pessoalmente foi uma honra. Ocampo, por sua vez, é um colombiano incrível, um analista culto, simpático, além de excelente professor.

Entre todas as experiências que tive no Brasil, comentarei as de governo, que considero as mais relevantes para este podcast. Foram três anos no governo Fernando Henrique Cardoso, quatro anos no Cade e a atual experiência como secretária de Economia de Goiás. Posso dizer que fiz um pós-doutorado prático em Economia Política, porque, indubitavelmente, passar pelo menos três anos em cargo público em posição de relevância traz uma vivência única, que transcende os aprendizados dos livros de economia, com suas soluções *first best*. Nos faz entender que é a política que manda e não a economia, ainda que esta última seja fundamental para a elaboração de políticas com os incentivos corretos.

Sou economista e tenho orgulho de ter escolhido a minha profissão, especialmente porque um bom curso, como o da EPGE/FGV, faz a pessoa pensar de maneira linear e estruturada. De fato, a teoria econômica é fundamental nas reflexões acerca das direções que pretendemos fazer. Mas é fato, também, que a política é que manda. Apesar de as soluções "primeiro melhor", conforme aprendemos, nunca serem logradas — e vejo colegas se frustrando por isso —, elas são relevantes para nos ajudar a refletir sobre um determinado problema, seja ele qual for. Mas como a política é que manda, se você não buscar o diálogo e o consenso, nem a primeira, nem a segunda, nem a terceira, nem a quarta solução conseguirá ser lograda.

A herança recebida em Goiás: os problemas fiscais

Minha chegada à Secretaria de Economia de Goiás, em 2019, foi um desafio gigantesco. Encontrei uma Lei de Diretrizes que apresentava superávit, mas, quando fizemos a revisão, apareceu um déficit de 6 bilhões de reais. O estado estava quebrado! O jogo era muito duro, e segue sendo, mas há que ser resiliente para enfrentar cada um dos problemas. O meu propósito, desde o início, era contribuir para o governo ter margem fiscal, para que o governador pudesse desenvolver políticas públicas para a população.

Tínhamos ali duas folhas não pagas sobre ativos e inativos, de novembro e dezembro, com consignado, sem que os repasses tivessem sido feitos aos bancos. Além disso, havia mais de 4.500 fornecedores sem receber, mais de 400 obras paradas, repasses de saúde e educação que estavam havia 12 meses em atraso, incluindo merenda escolar, transporte escolar e bolsa universitária. Cito aqui alguns poucos exemplos de desordem, no entanto havia muito mais inadimplências. Era desordem de toda sorte.

Essa foi a herança recebida. Pegamos um estado com todos esses problemas e apenas 11 milhões de reais em caixa. Na época, tiramos uma fotografia do computador da conta na Caixa Econômica Federal, a fim de mostrar o saldo que havia no estado de Goiás. Obviamente, o desafio era enorme. Havia "restos a pagar" em torno de 3,5 bilhões de reais, além de outras dívidas que, juntas, somavam ao redor de 6 bilhões de reais, mas o resultado primário apresentado pelo governo anterior era de 155 mil reais. Como assim? E os restos a pagar? A maquiagem era grande! Com resultado primário positivo, um leigo pensaria que o estado estava "muito bem, obrigado".

Uma das questões que eu destacava para meus colegas do Ministério da Economia era: se não tivermos métricas melhores, a nossa comunicação com a sociedade não fluirá. Isso porque eu apresento uma LDO com um superávit e todo mundo bate palma, contudo há um resto a pagar gigantesco, que, junto com o DEA, dá mais de 6 bilhões de reais. Impossível dar à sociedade a ciência da verdadeira situação orçamentária e financeira. Em suma, o nosso desequilíbrio fiscal era enorme e com o resultado primário que tínhamos era impossível pagar o serviço da dívida existente.

Não por menos, em dezembro de 2018 fomos conversar com a Priscila Cavalcante de Castro, da Secretaria do Tesouro Nacional, que declarou em nossa visita ao governador: "Eu não quero te dar essa notícia não, mas vocês são o quarto pior estado do Brasil, só perdem para Rio Grande do Sul, Minas Gerais e Rio de Janeiro."

A importância de estruturar uma equipe

Esse começo também foi duro porque a Secretaria estava desestruturada e eu ainda não tinha uma boa equipe comigo, algo fundamental para se formar quando se chega ao governo. É necessário ter pessoas capazes, comprometidas e trabalhadoras; aquelas que vão se sentar e trabalhar em tempo integral, sete dias da semana se for preciso. E, assim, formei a equipe — hoje tenho servidores da União com 20, 25 anos de experiência nas áreas de Planejamento, Orçamento e Tesouro. Estamos capacitando os servidores efetivos locais e focando processos e procedimentos para institucionalizar — e não personificar — a mudança cultural que estamos provocando.

Diante disso, qual foi a grande estratégia de curto prazo? Primeiro, juntar Planejamento, Orçamento, Tesouro. Assim, diminuímos o custo de transação, o ruído, tendo somente uma cabeça planejando, monitorando e executando nessas três frentes. E passamos a copiar da União a estrutura das leis orçamentárias, os processos, os procedimentos e as notas técnicas. Na verdade, buscamos utilizar os melhores *benchmarks*. Hoje, tenho uma equipe com um pouco de Rio de Janeiro, um pouco de Brasília, um pouco de Rio Grande do Sul, um pouco de São Paulo e um pouco de Belo Horizonte. Tenho um *pot-pourri* de especialistas. Vale dizer que vejo a junção das pastas como o ideal de longo prazo, para tornar a área de planejamento verdadeiramente útil para o gestor, no caso, o governador.

Devemos pensar que precisamos institucionalizar processos e procedimentos a fim de que isso seja perene. Se não faço esse trabalho, amanhã saio daqui e tudo volta ao normal, ou para uma situação pior. Com isso, dificulto a ocorrência de besteiras em uma gestão futura. Estou institucionalizando tudo que posso, criando manuais, notas técnicas e instruções normativas. É a chamada "transparência ativa", um dos cinco valores da minha Secretaria. Ativa no sentido de não esperar, por exemplo, um jornalista me perguntar. Eu apresento a informação e tento ser didática na explicação, porque nossa linguagem é árida, de difícil compreensão. Como sei que "quem não entende, não confia", temos nos esforçado muito para ser cada vez mais claros.

Ajustes duros

Assim que cheguei, fiz um contingenciamento forte das despesas, renegociei contratos com corte de 20% e extensão de prazo, além de cancelar muitos empenhos não liquidados. Nossa gestão está ajustada ao que recebemos recorrentemente e, como estou pagando assim que o serviço é feito, estamos conseguindo preços melhores nas licitações. Isso porque estamos nos tornando "um bom pagador". Suspendemos concursos e congelamos a remuneração desde 2019, mas colocamos a folha em dia, as transferências constitucionais de saúde e educação aos municípios em dia e os duodécimos e o consignado em dia. Todo esse ajuste mais rigoroso se deu ao longo de 2019, mas seguimos nos ajustando até hoje.

Caso não haja, porém, uma reforma administrativa de fato, será difícil segurar aumento de folha, porque todos têm muitos direitos. São muitos direitos nas leis e na Constituição, mas precisamos melhorar os deveres dentro desses marcos normativos. Ou seja, precisamos equilibrar os "direitos e deveres". De 2019 até agora mantivemos a folha mais ou menos estável e conseguimos suspender a dívida junto ao STF. Mas por que suspendi a dívida? Estou fazendo brincadeira com essa suspensão de dívida? Não, estou "limpando e ordenando a casa". Sem a suspensão, demoraríamos muito mais.

O maior credor do estado, pasmem, é a Secretaria de Saúde. Recebi um "resto a pagar" gigantesco das vinculações da Saúde não pagas. Agora, só me resta ir ao TCE para fazer um TAG. Meu segundo grande credor é a companhia de saneamento Saneago, com quem já estamos equacionando a enorme dívida. Isso porque os governos anteriores faziam políticas públicas com a argumentação: "Vem aqui, pois tem água e esgoto de graça, tudo de graça." No fundo, era o Tesouro que devia pagar e não pagou. Por isso hoje devo uma barbaridade à Saneago.

Todo esse passivo de curto e médio prazo — digo curto, embora isso venha se alongando — nós estamos arrumando. Tudo está sendo regularizado: a folha, o consignado etc. Este último era um absurdo. O consignado foi criado lá atrás, na época em que Marcos Lisboa estava na Secretaria de Política Econômica. Foi uma maneira de diminuir o risco para os bancos da tomada de empréstimo, por conta da garantia certa. Daí vem o estado de Goiás e cria uma lei que permite que o estado fique com um mês do dinheiro do servidor para ele. Com isso os bancos, obviamente, passaram a aumentar as taxas, porque o risco começou a aumentar e eles "buzinavam" na cabeça dos servidores, já que o estado não estava repassando a monta devida a eles. Desde setembro de 2019, pagamos a folha no último dia do mês, em conjunto com o consignado.

Isso tudo foi meritório, mas teve um alto custo pessoal. Pelas duras medidas, fui chamada de "bruxa forasteira". Não vejo problema em me chamarem assim, desde que eu solucione a situação do estado, o que ocorreu. Comprei até uma vassoura e um chapéu de bruxa e deixei atrás da porta, como forma irônica de mostrar que o tal apelido em nada me abalaria emocionalmente.

O problema das vinculações e as reformas estruturais

Criamos outras estratégias com a finalidade de "desobrigar" o Orçamento, como a eliminação de todos os fundos com vinculações estaduais, de Ciência, Tecnologia, de Cultura ou de qualquer outra pasta. Eliminamos mais de 23 fundos. Hoje, os fundos existentes são obrigatórios, alguns constitucionais, mas todos os que podem têm reversão do superávit para o Tesouro.

Além de promovermos a institucionalização de processos e procedimentos, estamos digitalizando a Secretaria de Economia e inserindo inteligência artificial no domínio da Receita. Passamos a contar também com um decreto de programação financeira e, pela primeira vez, o estado começou a ter um fluxo de caixa inédito, elaborado por nós, que posso acompanhar até o fim do mandato do governador, com todas as incertezas, porém também com todas as programações.

Podemos errar aqui, acolá, mas, entre uma série de outros instrumentos de planejamento, monitoramento e controle, ajustamos nossas previsões mensalmente. Fato é que agora temos um fluxo de caixa, um decreto de programação financeira para que todas as pastas possam acompanhar e entender o que podem gastar, porque até então era na marra, eram todos "pedindo dinheiro" o tempo todo.

Um grande exemplo para nós foi o estado do Ceará. Lá, eles fizeram um dever de casa na época, começando pelo governador Tasso Jereissati, acompanhado dos economistas Mauro Benevides e Flavia Taliba e de uma equipe que perenizou processos e procedimentos. Eles estiveram em Goiás e nós aprendemos muito com eles.

Quanto às reformas estruturais, Goiás foi o primeiro estado da Federação a realizar sua reforma da Previdência, conforme a da União, em dezembro de 2019. Goiás também foi o primeiro estado a realizar a reforma administrativa, a reforma dos estatutos do servidor e do magistério, equiparando-se ao que foi feito com o Regime Jurídico Único da União. Era muito diferente antes.

A revisão de renúncias fiscais foi fantástica. Pela primeira vez, acho que na história do Brasil, vimos empresários fazendo greve. As capas das revistas goianas em dezembro de 2019 foram pintadas de preto, de luto, insinuando que estaríamos desindustrializando Goiás, por conta da revisão das renúncias. A renúncia era de 47% sobre a receita tributária, hoje ela está em 43%. Em valores nominais, em 2019 o corte foi de 20%, um valor significativo. Quanto às dívidas com a União, fizemos um refinanciamento, com a ajuda da nossa base no Congresso Nacional, em Brasília, dos deputados e senadores. Foi uma luta e demorou, mas valeu.

O Brasil inteiro tinha dívidas com a União em condições confortáveis: IPCA mais 4%. Goiás, por sua vez, tinha uma condição pior: IGP-M mais 7%. Conseguimos convencer nossos deputados e senadores de que a renegociação desses contratos daria isonomia a Goiás diante dos demais estados da Federação. Conseguimos. Hoje temos as mesmas condições de pagamento de qualquer outro estado. A troca deu um ganho de 200 milhões de reais/ano para o Tesouro de Goiás.

Então, as ações foram em várias direções: conjunturais e estruturais. As estratégias estruturais, de longo prazo, focaram as reformas dos servidores ativos e inativos, a reforma previdenciária, a reforma administrativa com regime jurídico único, a redução da renúncia fiscal e de refinanciamento das dívidas com a União. Na época, vale lembrar, Goiás era o segundo estado com mais renúncia no Brasil. Há também uma outra negociação que queremos fazer, que é um contrato em dólar com o Banco do Brasil, mas ainda estamos iniciando as tratativas com o Banco Mundial. Seria a mesma lógica: refinanciar com condições melhores.

A questão do serviço da dívida

A nossa dívida consolidada não é tão ruim, está em 100% da Receita Corrente Líquida, a RCL. Poderia ser melhor, obviamente, todavia não é como a de São Paulo, por exemplo, que está em mais de 200%, ou a do Rio Grande do Sul, ou a de Minas Gerais. Quando cheguei aqui, o serviço da dívida estava em torno de 2,5 bilhões de dólares ao ano, contando também com os precatórios. Lembrando que os precatórios, no caso de Goiás, não são tão expressivos, o que permitirá ao estado encerrar com o passado em 2024, conforme estava previsto antes de a lei ser alterada.

O problema maior são as condições contratuais dos mais de oito contratos que temos na nossa dívida consolidada. Um deles é com o BB, que está em dólar e aumentou expressivamente desde 2015. Assim, as renegociações nos ajudaram a trazer a saúde do fluxo de caixa do estado, pois hoje ainda não temos margem fiscal para fazer muitas políticas públicas. Quanto à agenda de privatizações, vamos focar na Celg e no IPO da Saneago, para trazer mais caixa para o estado.

Temos ainda outra reforma importante, não tanto de cunho de caixa, mas de cunho estrutural, que é a reforma do ICMS, dos 25% de repasses aos municípios, dos quais agora teremos uma parte focalizada em educação, outra em saúde e outra em meio ambiente — leia-se saneamento: água, esgoto e resíduos sólidos. Com isso, estamos fazendo um trabalho por meio do qual tentamos chegar ao âmago dos problemas que causaram essa desestruturação fiscal. Obviamente, reforma tributária e reforma administrativa, vindas da União, são megabem-vindas, principalmente se a tributária for ampla e incluir o ICMS. Porque temos essa loucura, esse manicômio tributário, que só mina a produtividade de todos, do setor público e do privado.

Falando da nossa realidade federal, fato é que, além de estar extremamente endividado, o Brasil perdeu a capacidade de investir. Esse é um problema, já que uma das finalidades do Estado é fazer investimentos públicos e, com isso, minorar as desigualdades, inclusive as regionais.

Mas perdemos essa capacidade. Comprovamos essa afirmativa por meio de dados da União, sem falar especificamente de Goiás, porém isso é replicado basicamente em quase todos os estados. Talvez possamos excluir Espírito Santo, Ceará, algum outro estado aqui, acolá, mas, na maioria expressiva, é o mesmo: despesas obrigatórias crescentes e despesas discricionárias decrescentes. A diferença é que os ativos pesam mais para os estados e os inativos, para a União.

No caso da União, em 2002 essas despesas eram da ordem de 75% do Orçamento; em 2021, esse número saltou para 95%, em ordem de grandeza. Dessas despesas discricionárias de 2021, há uma margem de apenas 5% para investimentos. No entanto, desse total, eu diria que apenas 2,5% se referem a investimentos. Isso não é diferente nos estados, logo, não é diferente em Goiás. Inclusive, quando cheguei, em 2019, como não havia margem fiscal, investimos um pouco mais do que o Acre, que é uma economia muito menor que a de Goiás. Portanto, relativamente, Goiás foi o estado que menos investiu naquele ano.

O que isso significa? Quando temos irresponsabilidade fiscal, perdemos totalmente a capacidade de ter margem fiscal e, logo, de investir. E o fator principal, que também permeia a história, que é sempre a mesma, seja da União, dos estados ou dos municípios, é: as despesas com pessoal, ativos e inativos, têm sido a grande problemática, porque elas têm evoluído acima da inflação e da própria receita. Daí a relevância do Teto de Gastos Públicos.

A folha cresce 500% e o ICMS 200%. A conta não fecha

Aqui em Goiás a folha cresceu de 2002 a 2018 na ordem de 500%, enquanto o ICMS, que é a maior fonte de receita do estado, cresceu 200%. Como manter uma economia saudável dessa maneira? Temos transferências federais, mas estas nem de longe conseguem suprir o que o ICMS representa. Em Goiás, a receita de ICMS é de 70% da receita e a da transferência federal, de 10%. É uma realidade diferente dos estados do Norte e do Nordeste, onde o peso das transferências federais é maior.

Constatamos que as despesas obrigatórias cresceram absurdamente e que isso não era uma particularidade de Goiás. E na União, ao longo dos anos 90 e até 2000, os gastos foram crescendo, principalmente as despesas obrigatórias, embora isso também tenha sido acompanhado por aumentos da tributação. Daí, conseguimos gerar superávits primários de 2,5%, 3% do PIB, mas com aumento de carga tributária. Como essa possibilidade parece ter se esgotado, teremos que rever seriamente o lado das despesas. Claro que sempre se pode tentar aumentar a carga tributária. Se esse for o caminho, que o foco seja o de aumentar a base, não as alíquotas.

Havia condição política de acontecer uma reforma tributária ampla em 2020, 2021, não só em âmbito federal, mas considerando o ICMS e o ISS. O Executivo, infelizmente, queria outra. Nada foi feito. Agora, se por um lado temos um Brasil que está muito mais endividado sem ter como aumentar a carga tributária, por outro, observamos os gastos discricionários caindo ao longo do tempo com o nível de investimentos no pé. E sabemos que, se quisermos crescer e aumentar a produtividade, precisamos fazer investimentos em capital físico e humano. Para isso é necessário ter margem fiscal. É uma espiral ruim.

Muitos desequilíbrios acontecem dentro do ciclo político na época das reeleições. Então, a meu ver, a reeleição parece ser um problema. Eu, particularmente, sou a favor de um mandato de cinco ou seis anos. Quatro anos é pouco. Seis anos talvez fosse o ideal, porque é preciso tempo para implementar as reformas necessárias quando um estado está desajustado.

A efetividade das regras fiscais

Se analisarmos a efetividade das regras fiscais, de modo geral meu entendimento é que elas foram baixas, à exceção do Teto. A Lei de Responsabilidade Fiscal, promulgada em 2000, foi excelente, porque foi um marco técnico de um grupo de pensadores que estava lá na ocasião, o mesmo grupo que executou com brilhantismo o Plano Real e sabia que precisava também colocar "amarras" na parte fiscal. Passados mais de 20 anos, porém, a LRF precisa de ajustes.

Uma mudança a ser considerada na LFR é que ela parte do princípio de que o seu Orçamento está ajustado. Então, segundo a terminologia da lei, o que gera o desequilíbrio é apenas a "frustração de receita". Com isso, os advogados se pegam nessa expressão, em caso de judicialização. Na visão do economista, porém, o desajuste pode vir tanto de um lado quanto de outro. Isso quer dizer que quando se parte do princípio de que o Orçamento está ajustado e ocorre uma frustração de receita que o torna desequilibrado, fica-se sujeito a algumas sanções da lei, o que é importante para ter de volta a saúde financeira.

Em Goiás, por exemplo, partimos de um Orçamento desequilibrado, com um déficit orçamentário de 6 bilhões de reais. Naquele ano, não tivemos frustração de receita e sim uma receita maior do que a esperada, mas o Orçamento continuou desequilibrado. Por estar desequilibrado, a lei deveria ter as prerrogativas para segurar as despesas de folha, no entanto houve uma discussão em que se argumentou que a lei não previa essa situação. A sorte foi que a União, por conta da pandemia, acabou sancionando uma lei proibindo aumento nas despesas de folha durante esse período. A experiência serviu para mostrar que seria interessante alterar a LRF para abarcar uma situação de desajuste inicial.

Regra de Ouro, superávit primário e outras regras fiscais

A Regra de Ouro está na Constituição Federal, no artigo 167. Segundo Marcos Bonomo e Claudio Frischtak, depois de 2017 a Regra de Ouro foi descumprida. Mas o que aconteceu, houve alguma consequência? Não. Sem punição, a efetividade de qualquer regra é baixa. Além disso, os empréstimos só deveriam financiar investimentos (grupo 4 na contabilidade pública) e não inversões financeiras (grupo 5 na contabilidade pública); e a regra deveria ser por contrato e não no total dos contratos. Assim, a meu ver, teríamos um ganho com o aprimoramento da Regra de Ouro.

O superávit primário, também de acordo com Bonomo e Frishtack, tem baixa eficácia. De fato. Se temos uma meta que pode ser revista ao longo do tempo, essa meta nunca será descumprida simplesmente porque, na verdade, não há uma meta. Logo, ela acaba não sendo efetiva. Um possível aprimoramento da regra seria permitir a alteração da meta apenas em certas situações, como a de calamidade pública.

A Regra do Teto da Dívida Consolidada, uma resolução do Senado para os subnacionais, considera um limite de 200% da RCL, o que entendo ser muito alto. Ter esse valor elevado foi um problema no passado. Hoje, praticamente quatro estados têm 200% de RCL: Rio Grande do Sul, Minas Gerais, Rio de Janeiro e São Paulo. Um aprimoramento seria reduzir o limite para 100%, tornando a regra mais dura. Ela funciona e acho que, no passado, deve ter funcionado ainda melhor. Só que hoje, fora esses quatro estados, não há tanto problema de dívida consolidada, de estoque, e sim problema de fluxo, de serviço da dívida. Isso é que está matando as gestões dos governadores e prefeitos.

A Regra do Serviço da Dívida, também uma resolução do Senado Federal para os entes subnacionais, tem limite alto, de 11,5% da RCL. Um aperfeiçoamento seria reduzir para 6%. Em Goiás, estávamos em 12% em 2019, e vejo que esse patamar é um limitador para sobreviver. Já a Regra dos Limites de Empréstimos das Subnacionais, que limitam a Capacidade de Pagamento, a Capag, acho excelente. Não há nada a dizer.

Por fim, a regra do Teto de Gastos. Se for para a União, eu deixaria a base do cálculo como está, isto é, sobre as despesas primárias. No caso dos entes subnacionais, eu os separaria em dois grupos. O grupo dos estados com problemas fiscais (Capag C e D) teria a base sobre as despesas primárias. Já do grupo dos estados sem problemas fiscais (Capag A e B) eu excluiria os investimentos e deixaria a base da regra sobre as despesas primárias correntes, focando a principal causa do crescimento das despesas obrigatórias, que são os grupos de pessoal e as demais remunerações do servidor, que não estão no primeiro grupo.

Fora isso, há um problema de métrica. Na LRF, o que é despesa total de pessoal? Verbas indenizatórias e outros penduricalhos deveriam ser considerados também, mas hoje não são contabilizados em "pessoal". Além disso, o Ministério da Economia deveria penalizar estados com maquiagem de métrica. Em Goiás, em 2018 foi retirada da conta, por exemplo, a despesa de Imposto de Renda e ficou por isso mesmo, até chegarmos e alterarmos. Além disso, acho que o teto de pessoal, mesmo não considerando tudo o que é previsto no artigo 19 da LRF, é alto. Este deveria incluir os terceirizados. Vale lembrar que o limite máximo da despesa de pessoal virou meta, um outro problema. Talvez aí tenhamos que aperfeiçoar as sanções.

Ascensão das mulheres

Que o mundo segue muito machista, é fato, mas isso tem melhorado, o que é outro fato. Um exemplo: em 1994 entrei para a EPGE. Éramos poucas mulheres no doutorado. Eu era a quarta a fazer o doutorado naquela época. Hoje, temos um número muito maior de mulheres entrando nos mestrados e doutorados e completando o curso. Outro exemplo: temos, num conjunto de 27 estados, apenas duas secretárias mulheres. Mas as gerações estão progredindo. A geração do meu filho será melhor do que a minha, que será melhor do que a próxima. A diversidade é fundamental e há estudos que corroboram essa importância, como o realizado pela Partnership of Economic Policy, salientando que o gênero aumenta a produtividade via inovação. Segundo o artigo, se quisermos crescer e aumentar a produtividade, uma das formas será aumentar a diversidade. Não só de gênero, mas considerando-se também outras variáveis, como raça, preferência sexual, local ou zona de residência.

Conforme contei, fui chamada de bruxa forasteira aqui em Goiás. O "bruxa", pelo arrocho fiscal, e o "forasteira", por ser do Rio. A discriminação existe e a de gênero é uma delas. O que tento fazer na Secretaria é colocar mulheres competentes em posição de comando. Dentro da Secretaria, dizem as pessoas daqui, isso tem sido histórico. A subsecretária do Tesouro é uma mulher; duas superintendentes, Tributária e de Orçamento, são mulheres; nas Delegacias Fiscais também tenho mulheres no comando; e na Corregedoria Fiscal temos uma mulher. Além disso, tenho diretoras em algumas agências aqui ligadas à Secretaria da Economia e também mulheres em diversas gerências.

E tem algo que fiz também, de maneira pouco institucional, a fim de tentar ouvir as mulheres. Como gosto de chá de gengibre com limão, ao invés do "café com o presidente", que os CEOs costumam fazer nas empresas, instituí aqui o "chá com a secretária". Foi um meio para estar com vários grupos. E o grupo de mulheres tem sido recorrente e falante. Ao ouvir suas aflições e angústias, adotamos algumas medidas, desde melhoria nos banheiros, instalando armários, até lidando com a questão da falta de educação financeira, especialmente das terceirizadas.

Houve uma situação que me sensibilizou. A moça teria de sair do trabalho, a fim de ficar em casa, por conta de filho. Então perguntei: "Mas por que você, que também trabalha e ganha o seu dinheiro?" E ela: "É que eu não sei mexer com dinheiro." Então, demos uma primeira ajuda sobre como ela poderia agir, financeiramente falando. Estamos tateando e ajudando de modo voluntário, mas meu objetivo é institucionalizar a educação financeira na Secretaria. Acho que pequenas atitudes podem facilitar a inclusão feminina. Outro projeto meu é abrir uma creche dentro da Secretaria em parceria com a prefeitura.

Quando entrei na Embratel, a convite da executiva Purificación Carpinteyro, lembro muito bem que eu, ao chegar na minha primeira reunião com ela e o estafe — eu, como coordenadora-geral da área do Jurídico Regulatório —, havia mais de 50 pessoas e só duas mulheres: a Purificación e eu. Mas isso foi em 2003 e muita coisa está avançando.

Para quem está iniciando como gestor público

O que eu diria a alguém que quisesse entrar no setor público? Em primeiro lugar, para ter a seu lado pessoas técnicas, experientes, maduras, pacientes e emocionalmente preparadas para os ataques e as diversidades. Bom senso e espírito de equipe também são qualidades desejáveis. Além disso, há que se formar um time comprometido, que trabalhe com afinco e tenha valores próximos. Essas não são condições suficientes, mas são necessárias, porque não há muito tempo para implementar os projetos. Por sua vez, você não precisa de gênios na equipe nem tampouco precisa ser genial. O importante é formar uma equipe com aptidões e conhecimentos complementares.

A diversidade é fundamental. Ter um grupo de advogados, economistas, contadores, pessoas ligadas a TI, por exemplo, eu considero essencial. Também devemos ter humildade se viemos do setor privado. O que mais vejo são pessoas do setor privado chegando na área pública achando que vão implementar tudo igual. Não é assim, a dinâmica é outra, mais devagar. Não se pode frustrar com a burocracia e é preciso ter paciência e resiliência. Isso é muito comum de ver: as pessoas ficam impacientes e desistem.

De fato, a dinâmica do setor público é diferente da do setor privado. Pode-se, e é desejável, levar algumas boas experiências e práticas, sim, mas algumas você não vai conseguir concretizar. Aprimorar a faculdade de se comunicar, da forma mais didática possível, é importante em qualquer situação, mas, no setor público, o convencimento é crucial. O tempo todo precisamos convencer: o governador, a adotar, por exemplo, determinada política; um secretário, explicando que aquilo vale a pena fazer; os colaboradores, para que executem determinado trabalho; o Legislativo, argumentando que determinadas leis são duras porém necessárias; o TCE e o MP, detalhando que certas ações são condizentes com padrões éticos. Ou seja, o convencimento consome parte importante do dia de um gestor público e, para isso, você precisa ter paciência, resiliência, perseverança e boa comunicação.

Outro fator importante é ter capacidade emocional para lidar com as "bolas nas costas" dos próprios colegas, dos colaboradores, de sindicatos, e por aí vai. A lista é longa. A máquina pública pode boicotar você e é preciso ter cuidado com isso e tentar entender o quê e por quê está acontecendo determinada ação de alguém. Diferentemente de uma empresa, um governo, em geral, não tem aquele timão, não tem um grande CEO, com diretores, equipe, interesses e objetivos alinhados. No setor público há secretários saídos de experiências diversas e com motivações que podem não ser propriamente técnicas.

É por isso que, desde o início, se você não tiver o apoio incondicional do seu chefe, no meu caso, do governador, esquece. Sua agenda de reformas não será implementada. Esse apoio é necessário. Você precisa convencê-lo. E, mesmo que ele esteja convencido, ainda assim será difícil. Há que lembrar que o governador é um agente político que quer voto. Ele vai sair do governo do estado e vai voltar para algum outro cargo público, como senador, por exemplo. Por isso, às vezes, esse gestor terá limitações políticas e, por essa razão, o jeito é ajudá-lo a encontrar caminhos para que ele consiga atravessar a avenida política com a arte do diálogo e fazendo a coisa certa. Para isso, é imprescindível saber articular; ser compreensivo com o interlocutor; ter paciência no entendimento da adversidade; conduzir respeitosamente o debate com a oposição; e, principalmente, com muita calma, construir os diálogos necessários.

Terceirizar os ganhos políticos com os legisladores também é importante. O político gosta do show, da bajulação, do palanque, do prestígio. Porque, na verdade, o que ele quer é voto. Se você é técnico, às vezes não entende e menospreza. Não pode. Assim, se você precisa da lei aprovada e se ele quer o palanque, vamos dar o palanque, não tem problema, pois o que queremos é a lei aprovada. Então, aprove a sua lei e ajude o político. E, por último, é essencial entender que na política não há inimigos, mas adversários. Eles vão brigar na tribuna, vão se xingar, mas depois vão sair para tomar um chope, jantar, almoçar. Isso tudo não é falsidade. Faz parte do jogo político. É normal.

E você, que é um formulador de política econômica e precisa maximizar a sua função, sujeita a certas restrições, deve considerar dentro desse grupo de restrições aquelas que são institucionais e aquelas que são políticas. Entender essas limitações é compreender, por exemplo, por que determinada reforma não tem como ser feita tão rapidamente e vai precisar de um tempo adicional, ou que só será conduzida no primeiro ano de mandato. Afinal, quem manda é a política, não é a economia.

LEITURAS SUGERIDAS

- *Boletim de Finanças dos Entes Subnacionais*. Tesouro Nacional, ago. 2019 (ano-base 2018). Disponível em: <https://sisweb.tesouro.gov.br/apex/f?p=2501:9::::9:P9_ID_PUBLICACAO:30407>. Acesso em: 7 out. 2022.
- *Boletim de Finanças dos Entes Subnacionais*. Tesouro Nacional, out. 2020 (ano-base 2019). Disponível em: <https://sisweb.tesouro.gov.br/apex/f?p=2501:9::::9:P9_ID_PUBLICACAO:34026>. Acesso em: 7 out. 2022.
- Bonomo, Marco, Claudio Frischtak e Paulo Ribeiro. "Public Investiment and Fiscal Crisis in Brasil: Finding Culprits and Solutions", IDB-WP-1185, abr. 2021. Disponível em: <https://publications.iadb.org/publications/english/document/Public-Investment-and-Fiscal--Crisis-in-Brazil-Finding-Culprits-and-Solutions.pdf>. Acesso em: 7 out. 2022.
- DAC Guidelines and Reference Series. "Promoting Pro-Poor Growt: Policy Guidance for Donors", *OECD Publishing*, fev. 2007. Disponível em: <https://www.oecd-ilibrary.org/development/promoting-pro-poor-growth_9789264024786-en>. Acesso em: 7 out. 2022.
- Eyraud, Luc, Andrew Hodge, John Ralyea e Julien Reynaud (orgs.). "How to Design Subnational Fiscal Rules: A Primer", *International Monetary Fund*, fev. 2020. Disponível em: <file:///C:/Users/adm/Downloads/HowToNote2001.pdf>. Acesso em: 7 out. 2022.

V. Reformas inconclusas

23. Ana Carla Abrão

Podcast realizado em 1º de junho de 2021

Ana Carla Abrão Costa é doutora em Economia pela USP. Foi economista do Banco Central, onde trabalhou como analista no Departamento de Pesquisa em Economia Bancária. Atuou como economista-chefe na consultoria econômica Tendências e foi diretora de Gestão de Risco e Alocação de Capital e, posteriormente, diretora de Modelagem e Pesquisa/Risco de Crédito no Itaú Unibanco. Foi ainda secretária da Fazenda de Goiás. Atualmente é CEO da Oliver Wyman no Brasil e sócia nas práticas de Finanças e Risco e Políticas Públicas. Além de ter reconhecida atuação no debate público em temas relacionados a finanças públicas e reforma administrativa, mantém extensa produção acadêmica nas áreas de regulação financeira, mercados de crédito, corridas bancárias, crédito bancário, mercado de crédito imobiliário e *spreads* bancários. Integra o Conselho de Administração da B3 e atua voluntariamente nos conselhos do RenovaBr, da Osesp e da Sempre FEA.

Resumo

Ana Carla Abrão fala dos dilemas, das prioridades e expectativas com relação à reforma administrativa do Estado brasileiro. Com experiência nos setores público e privado, a ex-secretária da Fazenda de Goiás e ex-economista do Banco Central discute temas caros à reforma, como estabilidade, revisão de carreiras, mobilidade e isonomia. Aborda também estratégias para a aprovação da reforma, seus temas mais sensíveis, o papel da comunicação e as diferenças entre a proposta apresentada pelo governo em 2019 e aquela que ela ajudou a construir.

Uma história não linear

Minha história não é muito linear. Sou goiana, filha de políticos tradicionais do estado de Goiás. Meu pai foi governador, deputado, senador; e minha mãe, deputada por quatro mandatos e senadora por outros dois. Mas eu optei por abraçar a profissão de economista e, costumo dizer, reafirmá-la três vezes. Sou bacharel em Economia pela UnB, mestre pela Escola de Pós-Graduação em Economia da FGV, no Rio de Janeiro, e doutora em Economia pela USP. Acho que escolhi a formação de economista porque queria fugir da vida política, mas também por outro motivo: ainda adolescente queria muito trabalhar no banco do meu pai. Era a única filha mulher e meus irmãos não tinham nenhum interesse pela atividade bancária. Eu, ao contrário deles, alimentava aquele sonho de suceder meu pai nessa atividade, que sempre me fascinou. Escolhi então economia não pelo que a profissão é mais conhecida, ou seja, as análises macro de juros e inflação ou de conjuntura e de políticas públicas, mas por uma visão mais microeconômica, voltada para o mercado financeiro.

Enfim, a carreira de economista me atraía porque eu acreditava que seria a formação ideal para quem tinha o sonho de ser banqueira. Como os cursos de Economia eram sempre representados imageticamente por pilhas de dinheiro e moedas, na minha mente adolescente essa era uma associação clara entre o local em que eu queria trabalhar e a carreira que deveria seguir. Obviamente, depois descobri que a economia é muito mais do que pilhas de dinheiro e moedas e me apaixonei pela profissão para muito além da área bancária. Ainda assim, até o momento em que me sentei na cadeira de secretária de Fazenda de Goiás, os focos da minha formação eram o sistema financeiro e o setor bancário, com ênfase no Brasil.

Nesse meio-tempo, o banco do meu pai quebrou, na esteira da crise bancária do pós-real. Era um banco pequeno cujas receitas estavam quase totalmente vinculadas ao *float* inflacionário. Além disso, não tínhamos nem uma tecnologia de crédito robusta nem as condições necessárias para fazer a adaptação de custos necessária na época, o que acabou levando à liquidação do banco em 1998. Eu então decidi voltar às carteiras de uma sala de aula e defender minha dissertação de mestrado e, na sequência, a tese de doutorado — ambas na área de economia bancária. Em paralelo, fiz concurso e fui aprovada para trabalhar no Banco Central do Brasil. Só muitos anos depois, em 2008, resolvi voltar para o mercado financeiro, numa posição de pesquisa e desenvolvimento em crédito, no banco Itaú.

Somada, minha experiência no mercado financeiro chega a cerca de 20 anos. Só depois viria a experiência de outros dois anos como gestora pública, na Secretaria de Fazenda de Goiás. Sempre repito que esses dois intensos anos me ensinaram mais sobre o Brasil do que as duas décadas de mercado financeiro. Hoje, do ponto de vista da minha visão dos desafios que temos como país, das dificuldades que enfrentamos e das oportunidades que temos, acho que as duas formações se complementam e são esses os meus focos de atuação. É por meio deles que busco contribuir tanto para o desenvolvimento do sistema financeiro nacional na gestão pública quanto para a elaboração de políticas públicas de forma mais geral.

Minha experiência em Goiás, embora relativamente curta, foi intensa. Costumo dizer que fui secretária de Fazenda não por dois anos, e sim por 24 folhas de pagamento. Há que se lembrar que em 2015, quando assumi, os entes subnacionais estavam mergulhados em uma profunda crise fiscal e a gestão se resumia a conseguir chegar ao fim do mês com recursos em caixa para fazer o pagamento da folha de pessoal. Isso valia para estados e municípios, mas não para a União, que sempre pode se endividar e que tem um comprometimento de receitas com despesas de pessoal significativamente menor do que os subnacionais. A verdade é que o espaço para desenvolver e implementar políticas públicas de impacto para a sociedade como um todo fica muito comprometido, porque a gestão de caixa está limitada e extremamente estrangulada, exigindo um grande esforço financeiro para que se possa abrir espaço, no nível subnacional, para algo que não seja a despesa corrente obrigatória.

Reformando o Estado do ponto de vista do seu RH

Apesar dessa situação de estrangulamento financeiro e fiscal, há que se ressaltar que a motivação principal para uma reforma administrativa não é — nem deve ser — a de gerar folga de caixa. Numa lista de três motivações principais, eu diria que a primeira é a necessidade de realocar recursos públicos com vistas a impactar a sociedade de forma mais profunda e estrutural. Ou seja, a principal motivação é de ordem social. É preciso melhorar a qualidade dos nossos serviços públicos, o que vale, sobretudo, para os serviços básicos de educação, saúde e segurança.

Só uma reforma administrativa viabiliza essa melhoria de forma estrutural, ao alterar o modelo de funcionamento da máquina e permitir que se faça mais — e principalmente melhor — com a mesma quantidade de recursos. Com o atual modelo operacional da nossa máquina pública e de gestão de pessoas não conseguiremos chegar muito longe. Embora tenhamos avançado em alguns temas importantes nas áreas básicas, como o SUS, na saúde, e a Nova Base Curricular, na educação, e obtido algumas melhorias significativas na segurança pública, ainda há enormes problemas. No entanto, não tenho dúvidas de que um salto de qualidade nessas áreas depende, fundamentalmente, de gerirmos nosso capital humano dentro da máquina pública em outras bases, de forma mais moderna e eficiente. Isso está conectado a investimentos em melhores condições de trabalho para os atuais 12 milhões de servidores públicos espalhados pelo Brasil.

Precisamos ser capazes de aumentar a produtividade desses servidores e de criar os incentivos necessários para gerar maior esforço e dedicação, além de investir em capacitação e meritocracia. Nada disso está presente no modelo atual, que foi se deteriorando e criando um conjunto enorme de distorções nos últimos 20 anos. Com tal modelo, nunca atingiremos excelência na provisão dos serviços públicos. Todos os esforços ficam perdidos ou minimizados ao longo do processo, e na ponta o cidadão não percebe e não recebe uma entrega de maior qualidade. A primeira motivação deve ser, portanto, aumentar a qualidade do serviço público por meio de uma melhor gestão de pessoas e, com isso, melhorar a qualidade dos serviços, em particular os de educação, saúde e segurança pública, cujo impacto nos indicadores sociais é profundo.

A segunda motivação para uma reforma administrativa é aumentar a produtividade da economia. Boa parte da economia brasileira está nas mãos do setor público, direta ou indiretamente. Essa parcela da economia, apesar de sua relevância, tem baixíssima produtividade, impactando, inclusive, a produtividade do setor privado, hoje prejudicado pela burocracia que emperra a máquina pública. Isso tudo compromete a produtividade do país de forma mais geral. Aumentar a produtividade da economia brasileira passa, necessariamente, por aumentar a produtividade do setor público. Daí precisarmos reformar o Estado do ponto de vista do seu RH, ou seja, da gestão dos seus Recursos Humanos.

A terceira e última motivação, sim, é fiscal. Uma máquina mais eficiente, mais produtiva e melhor gerida apresenta, como consequência e não como objetivo, redução de custos. Que não são desprezíveis, considerando-se os volumes de recursos hoje alocados em seu funcionamento, em particular nas despesas com pessoal. Novamente: a motivação fiscal está longe de ser a motivação principal, mas não pode ser desprezada em tempos de desafios fiscais tão relevantes como os atuais.

A arte de reformar o Estado

Um aprendizado fundamental para os gestores públicos envolvidos com reformas diz respeito a lidar com o Poder Legislativo e desenvolver a capacidade de entender a viabilidade política de determinadas medidas de impacto. Para nós, economistas, técnicos e acadêmicos, desenhar a reforma perfeita não é o maior desafio. O maior desafio é desenhar a melhor reforma politicamente viável. E aqui, no caso da administrativa, existem escolhas que são, no meu entender, bastante claras, mas elas não parecem ter sido consideradas na reforma que o governo optou por apresentar. Não me parece ter havido uma avaliação correta, com ponderações sobre riscos, impacto e viabilidade. Um exemplo disso é o tratamento dado à questão do Regime Jurídico Único, que veio com a Constituição de 1988 e estendeu a todos os servidores públicos concursados a estabilidade. Na verdade, naquela época, para todos os servidores públicos.

A estabilidade funcional tem um objetivo muito claro, associado diretamente ao conceito de burocracia presente no mundo todo. Deixando de lado, por ora, as questões referentes a perseguições ou apadrinhamentos políticos, ou outras mais específicas ainda, servidores públicos estáveis, que não estão sujeitos a serem trocados a cada quatro anos, são uma garantia de que as políticas de Estado terão consistência, continuidade, e que, portanto, a máquina funcionará dentro de alguns critérios de estabilidade. Dito isso, a estabilidade é, desde 1988, além de um preceito constitucional no Brasil, também um conceito defensável e que tem suas justificativas.

É bem verdade que, no caso do Brasil, tal conceito foi estendido para muito além das carreiras de Estado, e isso tem um custo. Além disso, desvirtuou-se a ideia de estabilidade, pois, ao passar em um concurso público, o servidor se casa com a máquina do Estado pelos 60 anos seguintes, independentemente da sua performance e adequação às atribuições que lhe são dadas e, até mesmo, do seu próprio desenvolvimento e esforço profissional. Mas não precisava ser assim, vale lembrar que a Constituição não diz em lugar algum que o servidor estável estará absolutamente blindado e impedido de ser demitido. Ao contrário. Existem, sim, situações em que isso pode acontecer, inclusive por baixo desempenho, e isso está na Constituição.

O que nos impede de acabar com a estabilidade não é, portanto, um preceito constitucional, e sim os processos que foram sendo capturados pelo corporativismo estatal ao longo dos anos. Ou seja, embora tenhamos, sim, que discutir a amplitude da nossa regra de estabilidade, tentar derrubá-la na Constituição não é a melhor forma de resolver um problema que não está necessariamente nela. Em particular porque acabar com a estabilidade não é uma discussão politicamente — e até mesmo institucionalmente — madura para ser enfrentada na partida, o que acaba por bloquear a própria iniciativa de uma reforma administrativa. Adicionalmente, para se mexer na estabilidade, o único modo possível seria por meio de uma emenda constitucional, o que adiciona complexidade política e dificuldade de aprovação ao tema, que já é sensível.

Por outro lado, há um conjunto enorme de dispositivos, avanços e melhorias que não dependem do enfrentamento da questão da estabilidade nem tampouco de uma reforma constitucional. Uma escolha que tem mais chance de vingar politicamente e com resultados de curto prazo é fazer primeiro alterações infraconstitucionais, para só depois, uma vez reduzido e organizado o número de carreiras públicas, com redefinição de atribuições e redução de distorções, nos prepararmos para uma discussão mais estrutural, que é a discussão em torno da estabilidade. Essa proposta foi colocada em debate por mim em conjunto com Armínio Fraga e Carlos Ari Sundfeld. Nossa proposta era revisitar a situação caótica em que hoje se encontra o serviço público no Brasil, no qual um número gigantesco de carreiras, todas com reservas de mercado, promoções e progressões automáticas, coexiste com ausência de critério de mérito para definir o desenvolvimento e o crescimento profissional.

Ora, vamos olhar para os dispositivos legais vinculados a essa multiplicação de leis de carreira e buscar reestruturar e racionalizar a quantidade dessas carreiras, inclusive com o objetivo de se diferençar carreiras com atividades típicas de Estado daquelas que se caracterizam como atividades-meio ou finalísticas. Isso, sim, deveria preceder a discussão sobre estabilidade. Uma vez desenhado um sistema mais organizado e mais bem dimensionado, a partir de uma racionalidade que permita um crescimento justificado da força de trabalho, aí então seria possível abrir uma discussão sobre onde manter ou não a estabilidade. Naturalmente, sem riscos para a estabilidade da máquina como um todo e permitindo que outras revisões — muito mais relevantes neste momento — possam ser feitas.

O desafio de incluir todas as esferas nas reformas

Outro ponto importante se refere à inclusão dos estados e municípios na reforma administrativa. Nesse caso, para que se possa atingir os subnacionais de forma automática, bem como incluir os outros Poderes, o único instrumento seria uma PEC. Por isso Armínio, Carlos e eu fizemos a escolha de focar primeiro a administração pública civil do Executivo federal, o que pode ser feito por meio de lei. E como vincular estados e municípios, dada a relevância desse tema no nível subnacional?

Atualmente, devido à nossa estrutura federativa um tanto torta, todos batem na porta do governo federal com um pedido. Seja em função de um convênio, de uma renegociação de dívida ou de uma busca de garantia para uma dívida nova. Há sempre uma demanda. Hoje faz parte do dia a dia de um governador ou de um secretário de Fazenda bater na porta do Tesouro Nacional por qualquer um desses motivos, ou mesmo na porta do governo federal para um objetivo mais amplo. Na nossa proposta, vinculamos estados e municípios condicionando todo e qualquer aval do Tesouro, renegociação de dívida ou liberação de convênios e novos repasses, à aprovação de uma reforma administrativa local, a ser feita nos mesmos moldes da majoritária, de âmbito federal. Assim, torna-se possível cascatear o processo de forma coordenada. Isso porque, fazendo a dele antes, o governo federal passa a conhecer as bases do que precisa ser cascateado para estados e municípios, criando certa uniformidade.

Vale lembrar que a prerrogativa constitucional de realizar uma reforma administrativa é não apenas do governo federal, mas também de governadores e prefeitos, sem obrigatoriedade de vinculação entre eles. Um exemplo nos deu o governador Eduardo Leite, do Rio Grande do Sul, que fez uma reforma administrativa no estado de forma independente e bastante ousada. Em vez de buscar uma PEC mais ampla e dificílima de ser aprovada, podemos vincular estados e municípios por meio dessas condicionalidades.

Em relação ao Judiciário e ao Legislativo, já fica um pouco mais complicado porque, de fato, nesses casos, só é possível estender os efeitos de uma reforma administrativa via PEC. E, ainda assim, estando a PEC sujeita a questionamentos em relação à independência de Poderes e, eventualmente, à abertura de questionamentos em relação a cláusulas pétreas da Constituição. Além disso, entendemos que não necessariamente temos um amadurecimento do ponto de vista jurídico da importância ou da urgência dessas reformas por parte dos outros Poderes.

No Legislativo houve, sim, essa percepção por parte do então presidente da Câmara, deputado Rodrigo Maia. Ele tinha na reforma administrativa — logo após a aprovação da reforma da Previdência —, uma grande prioridade e trabalhou numa proposta para o Legislativo. Ou seja, em 2020 a Câmara dos Deputados já tinha um projeto de reforma administrativa que se acoplaria à do Executivo, a ser exposta pelo governo federal. O Judiciário, embora mais complicado em função de um corporativismo ainda mais arraigado, também sinalizava, por meio de conversas que aconteceram no bojo das discussões da reforma administrativa, que poderia se juntar. Uma vez que consigamos avançar no nível do Executivo, não tenho dúvida de que poderemos avançar no nível do Legislativo de forma coordenada. E, na sequência, avançar no Judiciário, a partir do amadurecimento desse debate inclusive do ponto de vista jurídico.

Em toda reforma sempre há o risco de judicialização, e esse é um obstáculo quando se busca isonomia. No Brasil, temos uma situação mais aguda e difícil da que se observa em outros países, devido até mesmo à complexidade do Regime Jurídico Único — que de único, na verdade, nada tem. Só no nível federal são mais de 300 leis distintas regendo carreiras, sendo que, em média, temos outras 100 em cada estado e 50 por município. Daí porque de único nosso sistema funcional público realmente não tem nada.

Por conta de toda essa miríade de leis regendo tantas carreiras, várias delas com atribuições absolutamente equivalentes, a questão da isonomia torna-se muito mais presente. Um servidor pode sempre olhar para a carreira ao lado e se sentir injustiçado ao perceber que outro servidor, que exerce exatamente a mesma função que ele, pode estar progredindo mais rápido e ganhando mais em decorrência de uma previsão jurídica particular. Por isso a isonomia é um dos gargalos do serviço público brasileiro, associada também a essa multiplicidade de carreiras existentes no país. E essa fragmentação é ainda um terreno fértil para inúmeras distorções.

No entanto, a questão da judicialização no serviço público brasileiro começa bem antes da relacionada à isonomia. O tema dos direitos adquiridos é um ponto que sempre emerge quando se coloca na pauta uma reforma administrativa, já que o privilégio, no Brasil, há muito se confunde com o que seja direito. Mas é absolutamente indiscutível que a estabilidade funcional é um direito adquirido, o que, por definição, já elimina a possibilidade de se fazer uma reforma capaz de tirá-la de qualquer um dos atuais 12 milhões de servidores em atividade.

Há os que argumentam que deveríamos focar, então, nos novos servidores, dado que boa parte dos atuais vai se aposentar nos próximos anos e com isso o problema da estabilidade ampla (assim como outros, esses, sim, privilégios adquiridos) se extinguiria naturalmente. Mas a substituição completa da massa de servidores levaria décadas e, da mesma forma, criaria discussões sobre direitos adquiridos e isonomia. Daí porque o primeiro passo tem de ser definir muito claramente o que a Justiça entenderá por direito adquirido e, a partir daí, trabalhar em cima de um espaço de privilégios adquiridos que, convenhamos, no serviço público brasileiro, sobretudo nas carreiras de altos salários, são abundantes. Por isso há muito espaço para se organizar, evitando-se a judicialização e se concentrando no que é passível de ser discutido no âmbito das leis complementares — e não das mudanças constitucionais.

A questão da isonomia traz ainda mais complexidade para o processo de discussão em torno do direito adquirido. Imagine uma reforma como a que o governo atualmente propõe, cujos efeitos estariam restritos apenas aos novos servidores, sob o argumento de que não se pode retirar direitos adquiridos, sendo a estabilidade um deles. No momento em que essa reforma — se aprovada — passar a vigorar, haverá que se conviver com dois modelos distintos em todas as suas dimensões. Em particular, ao se criarem outras formas de vínculo empregatício com o serviço público, abre-se também a possibilidade de termos dois servidores que exercem funções equivalentes e atividades iguais com vínculos distintos entre si, onde se incluem trajetórias e remunerações.

Vamos a um exemplo prático: imagine um auditor fiscal concursado em 2019, empossado, portanto, na sua função com base no Regime Jurídico Único. Suponha que a reforma apresentada pelo governo seja aprovada pelo Congresso Nacional em 2020, criando vínculos funcionais, além de alterações no tempo e nos critérios de progressão e nos salários iniciais em toda a estrutura de funcionamento do serviço público. Suponha, ainda, que tenhamos em 2021 um novo concurso para auditor em que outro fiscal é aprovado. Nesse caso, teríamos um servidor aprovado e contratado em 2019 e outro em 2021 em regimes totalmente distintos para suas respectivas carreiras — até mesmo com salários, direitos, deveres, prazos e critérios completamente diferentes para adquirir estabilidade funcional.

A relação funcional desses dois auditores com o Estado, embora de natureza idêntica, se refletirá de forma totalmente diversa na relação funcional legal e financeira que eles têm com esse mesmo Estado. Dessa forma, eles também serão avaliados de forma distinta e a tendência, na hipótese da coexistência de modelos tão diferentes, é obviamente de insatisfação daquele que estiver progredindo de forma mais lenta e/ou ganhando menos. Qualquer um que entenda que, embora tenha as mesmas atribuições do colega, tem requerimentos mais rígidos do que o outro para evoluir na carreira, cujas promoções já estão garantidas, poderá requerer isonomia na Justiça. Com isso, o modelo antigo ficará contaminado, pois o que se entende por evoluções estará sujeito a questionamentos judiciais.

Fora isso, ao se propor que o novo modelo vigore apenas para novos servidores, seria necessário que toda a força de trabalho atual se aposentasse para que uma nova configuração fosse finalmente dominante. Enquanto isso não acontecesse, a Justiça teria pouquíssimas bases para negar isonomia. E, nesse caso, o risco de insucesso do projeto seria elevado, pois, nas demandas por isonomia, não seria o modelo novo, mais rigoroso e com menos privilégios, o objeto de demanda, e sim a manutenção do antigo.

Em busca de uma sociedade mais justa

O sucesso de uma reforma administrativa cascateada para estados e municípios depende do papel de coordenador do governo federal. Podemos dizer que aqui o governo central assume um "caráter FMI", pois cria as condições para que, em primeiro lugar, ninguém precise realizar reformas sozinho. No caso específico dos entes subnacionais, vale lembrar que temos um contingente de servidores públicos muito mais amplo do que no nível federal — grande parte deles em atividades finalísticas — e que essa não é uma reforma de fácil comunicação. Então, o governador ou prefeito que se lançar sozinho em um processo de reforma corre o risco de se desgastar muito politicamente, porque a comunicação de uma reforma não é algo simples.

Basta lembrar as discussões em torno da reforma da Previdência, quando em determinado momento a desinformação levou à crença de que, ao se elevar a idade mínima de aposentadoria, as pessoas morreriam antes de se aposentar. A base da desinformação estava no uso equivocado da idade média da população brasileira como referência para essa afirmação, o que era conveniente para aquelas categorias que teriam privilégios cortados, em particular as carreiras do topo da pirâmide do serviço público. A maior parte da população, que não seria impactada pela reforma, é também a mais exposta à desinformação e a mais passível de ser usada como massa de manobra por aqueles que visam proteger o *status quo*.

No caso da reforma administrativa, o desafio é ainda maior, pois aqui a comunicação acaba por ser dominada pelos sindicatos de servidores públicos, sobretudo os mais poderosos, que representam as carreiras típicas de Estado e que, exatamente por terem mais recursos, promovem uma campanha enorme de desinformação para convencer a base da pirâmide do serviço público — que tem muito a ganhar com a reforma — de que ela também vai perder direitos e será prejudicada. Só que essa turma da base não tem metade dos privilégios que a do andar de cima tem. Então, esse processo gera um desgaste político enorme, em especial para governadores e prefeitos, que estão lá na ponta, interagindo diretamente com as forças policiais, com o sindicato de professores e os médicos.

Logo, embora prefeitos e governadores tenham a prerrogativa de fazer uma reforma administrativa, fazê-la de forma isolada é difícil e politicamente custoso, pois, além de a reforma depender da aprovação do Legislativo local, também depende de um grande esforço de comunicação e de poder de convencimento para ser compreendida pela sociedade. Acho que estamos começando a avançar nessa direção, mas mostrar que existe uma ligação direta entre a qualidade do serviço público que se recebe e essa estrutura de funcionamento da máquina ainda representa um desafio. Tal relação está caracterizada por um mecanismo que drena recursos que poderiam estar sendo investidos justamente na melhoria dos serviços e na valorização do servidor. Parte do convencimento da necessidade da reforma passa pela compreensão desse vínculo.

A reforma administrativa não é, portanto, um desafio pequeno. Mas é possível implementá-la, como mostrou o governador do Rio Grande do Sul. Ele fez um esforço enorme de comunicação com a sociedade e com os sindicatos de servidores, que são parte desse processo e precisam estar inseridos no debate. Justamente porque, da base, são capazes de identificar onde estão as melhorias e os privilégios a serem cortados, ações que certamente não atingem a grande maioria dos servidores públicos do Brasil. Por outro lado, pode-se mostrar que a reforma tornará a máquina mais enxuta e eficiente, garantindo que os servidores tenham melhores condições de trabalho e sejam mais bem remunerados.

Outro ponto importante: uma reforma administrativa não termina na aprovação de uma lei ou de uma emenda constitucional. Há um trabalho árduo a ser desenvolvido por décadas para se melhorar a qualidade do RH público brasileiro. Ao contrário da reforma da Previdência que, uma vez aprovada, se viabiliza a partir de mudanças de parâmetros de sistemas no Serpro ou na Dataprev, por exemplo — e digo isso sem minimizar a importância e a complexidade que ela teve em 2019 —, a reforma administrativa não implica apenas uma mudança em sistemas, implica também a alteração de milhares de leis. Na sequência, temos ainda a implantação de processos de avaliação de desempenho e de modelos específicos de gestão de pessoas, pois é preciso resgatar toda uma estrutura que não existe hoje na máquina pública. Onde existe, ela está capturada ou mal colocada. Então, é um processo que não levará apenas alguns anos para estar totalmente maturado, e sim décadas. Daí porque precisa acontecer já.

Vale lembrar que, quando se fala em reforma administrativa, também há todo um processo de digitalização, treinamento, capacitação e atração de pessoas com determinadas características e perfis profissionais que hoje não estão presentes na máquina pública. É, de fato, um processo complexo e longo, mas que precisa começar tendo como foco algumas mudanças de forte impacto. A primeira delas, e que está à mão por já estar prevista na Constituição Federal, é a regulamentação do artigo 41, que permite o desligamento do servidor estável por baixo desempenho.

O primeiro passo para essa mudança foi dado pelo ministro Bresser-Pereira no governo Fernando Henrique, com a aprovação de uma emenda constitucional em 1998 que até hoje está por ser regulamentada. Precisamos agora completar esse primeiro passo para avançar na implantação de um modelo de avaliação de desempenho, garantindo, a partir daí, que promoções e progressões estejam associadas a mérito e não mais simplesmente a tempo de serviço ou a modelos de avaliação que estão aí apenas para cumprir tabela, sem qualquer relação com uma avaliação de desempenho real e objetiva.

Já existe um projeto de lei em discussão no Congresso Nacional. É verdade que ainda precisa ser amplamente melhorado, mas já temos uma peça legislativa ali. Há uma complexidade jurídica nessa peça porque o projeto em discussão hoje é de iniciativa do Congresso e existem dúvidas sobre sua constitucionalidade, já que não representou uma iniciativa do Executivo. Mas aqui o importante é entender que esse seria um pontapé inicial relevante para destravar itens de uma reforma que, como dito anteriormente, é complexa e demorada.

Outro objetivo fundamental de uma reforma administrativa é a racionalização do número de carreiras. A realidade atual é tão complexa e ineficiente que pode significar, em várias situações, que um servidor concursado de uma carreira do meio no Ministério da Economia não pode executar a mesma atividade no Ministério de Desenvolvimento Regional, pois o que deveria ser um ato de mobilidade é, no setor público brasileiro, desvio de função. Essa situação está cascateada nos estados e municípios, criando uma série de problemas.

Primeiro, um problema de reserva de mercado. Por exemplo: só pode desempenhar aquelas atividades no Ministério do Desenvolvimento Regional quem fez concurso para aquela determinada carreira naquele órgão. Dessa forma, exige-se que novos concursos sejam abertos para determinados órgãos e carreiras, mesmo nos casos em que servidores em atividades equivalentes estejam ociosos em outros órgãos. É preciso quebrar isso para permitir que as carreiras sejam mais horizontais e haja maior mobilidade da força de trabalho entre os diversos órgãos, garantindo-se cortes onde sobra mão de obra e realocação onde falta.

É urgente também eliminar as situações de promoção e progressão automáticas. Esses são mecanismos que fazem com que todo mundo chegue ao topo da carreira — e cada vez mais rápido. Não existe uma estrutura piramidal no serviço público brasileiro, o que também pode ser feito via revisão das leis de carreiras e pela introdução de mecanismos de aferição de desempenho que permitam a identificação dos mais preparados para assumirem maiores responsabilidades e, portanto, ascenderem profissionalmente. Além disso, existem hoje vários dispositivos que, por meio da revisão, redução e racionalização das leis de carreiras, geram impacto positivo de forma relativamente rápida, tanto do ponto de vista de eficiência e de ganhos operacionais da máquina quanto do ponto de vista da racionalização e da realocação de recursos.

Os penduricalhos vinculados aos supersalários são outra frente que precisamos atacar. Mais uma vez, porém, isso não depende de emenda constitucional, mas de um projeto que já está em discussão no Congresso e poderia avançar de imediato. Eu começaria por aí e, certamente, o impacto seria significativo. A questão do modelo de avaliação de desempenho é mais delicada, contudo já existem modelos consagrados no mundo todo que podem servir de inspiração para nós. É o caso dos modelos adotados em países como Reino Unido, Canadá, Portugal ou mesmo no Chile. São países que avançaram.

Como mensagem final sobre reformas, eu diria que sou muito otimista. Acho que o Brasil sofreu bastante nas duas décadas e meia em que essa agenda não avançou. Olhando pelo meu lado, o do setor financeiro, vivemos um período muito rico e importante de expansão, fruto de um conjunto de reformas feitas ali no início dos anos 2000 e que, na verdade, começaram lá atrás, com o Banco Central discutindo o mercado de crédito bancário. Isso deu margem a uma agenda importante.

Já pelo lado do setor público, tivemos uma reforma da Previdência que maturou e aconteceu. A reforma administrativa tem todas as condições de seguir o mesmo curso. A sociedade hoje começa a entender a necessidade de modernizar o Estado, que está pesado, analógico, atrasado. Por isso acho que essa pauta vai avançar num ritmo que pode não ser aquele que gostaríamos, poderia ser mais rápido, mas a hora, na verdade, já chegou. O que precisamos ter agora é obstinação e resiliência para garantir o entendimento geral de que tudo se fará no ritmo correto. Há outras reformas necessárias, como a tributária e a política, só que para isso precisamos de uma liderança forte, moderna, que olhe para a frente e nos traga a possibilidade dessas mudanças tão urgentes para o desenvolvimento do país.

Sou uma otimista, mas sei que neste momento vamos avançar mais lentamente do que deveríamos. No entanto, me parece cada vez mais evidente que a sociedade brasileira percebe que o andamento dessas reformas é fundamental para se combater o nosso maior entrave ao crescimento: a desigualdade social. Todas essas agendas precisam convergir para que possamos garantir uma sociedade mais justa e desenvolvida do ponto de vista social.

Um olhar sobre a participação da mulher

Como mulher ativa no mercado de trabalho já há tantos anos sou uma ativista da causa feminina. Mas sempre digo que despertei para essa causa um pouco mais tarde. Sou de uma geração que foi quebrando barreiras sem prestar muita atenção nas dificuldades e assimetrias entre trajetórias femininas e masculinas, mesmo tendo trilhado uma carreira tradicionalmente masculina, como a do mercado financeiro. Hoje tenho uma clareza que não tive ao longo do meu próprio processo de desenvolvimento profissional e vejo que o que precisamos agora é garantir a mudança desse cenário para as gerações futuras.

A boa notícia é que o cenário já está mudando. Homens e mulheres são mais conscientes da necessidade de avançarmos nessa agenda e realmente acho que ela está avançando, embora menos do que gostaríamos. A representatividade feminina no setor público e financeiro ainda é muito baixa, mas o que me anima e me deixa otimista é a geração dos nossos filhos, bem mais consciente e equilibrada, que entende essa agenda desde o começo e de forma muito natural.

A minha geração despertou mais tarde, mas nem por isso é menos ativa ou menos vocal para apontar o dedo para situações que hoje são inaceitáveis e que temos de ser capazes de mostrar que ainda existem.

Por isso também sou otimista nessa agenda. As novas gerações certamente são melhores do que nós fomos quanto ao tema da diversidade. E eu tenho certeza de que, com a nossa ajuda, com o nosso apoio e, acima de tudo, com a vocalização conjunta dos problemas, vamos avançar de forma mais consolidada e forte. A sociedade tem um papel a desempenhar nesse processo. Isso vale para as agendas de reformas e de gênero. Precisamos de uma sociedade cada vez mais engajada para que possamos construir um país melhor e mais justo.

Leituras sugeridas

- Abrão, Ana Carla e Jairo Saddi. "Lei de Responsabilidade Fiscal: uma jovem que ficou velha", in Affonso Celso Pastore (coord.). *Como escapar da armadilha do lento crescimento*. São Paulo: Centro de Debate de Políticas Públicas, 2018. Disponível em: <https://cdpp.org.br/wp-content/uploads/2019/10/capitulo4.pdf>. Acesso em: 7 nov. 2022.
- Abrão, Ana Carla, Armínio Fraga e Carlos Ari Sundfeld. "A contrarreforma administrativa do país", *O Globo*, 4 set. 2021. Disponível em: <https://iepecdg.com.br/podcast/wp-content/uploads/2021/09/A--Contrarreforma-Admnistrativa.pdf>. Acesso em: 5 nov. 2022.
- Abrão, Ana Carla, Armínio Fraga e Carlos Ari Sundfeld. "A reforma do RH do governo federal", *Série Panorama Brasil*, Oliver Wyman. Disponível em: <https://www.oliverwyman.com/br/insights/2019/march/a-reforma-do-rh-do-governo-federal.html>. Acesso em: 5 nov. 2022.
- Giambagi, Fabio, Sergio Guimarães Ferreira e Antônio Marcos Ambrózio (orgs.). *Reforma do Estado brasileiro: transformando a atuação do governo*. Rio de Janeiro: GEN Atlas, 2020. [Recomenda-se, em especial, a leitura do capítulo "Por um setor público melhor", por Ana Carla Abrão e Ivan Marc Ferber.]
- Salto, Felipe Scudeler e Josué Alfredo Pellegrini (orgs.). *Contas públicas no Brasil*. Série IDP. Saraiva JUR, 2020. [Recomenda-se, em especial, a leitura do capítulo "Reforma administrativa no Brasil", por Ana Carla Abrão.]

24. BERNARD APPY
Podcast realizado em 8 de junho de 2021

Bernard Appy está à frente da Secretaria Extraordinária de Reforma Tributária do Ministério da Fazenda. De 2015 a 2022 foi diretor do Centro de Cidadania Fiscal (CCiF), um *think tank* independente cujo objetivo é contribuir para a simplificação do sistema tributário brasileiro e o aprimoramento do modelo de gestão fiscal do país. Formado em Economia pela USP, de 2003 a 2009 ocupou cargos de direção no Ministério da Fazenda, tendo sido secretário executivo, secretário de Política Econômica e secretário extraordinário de Reformas Econômico-Fiscais. Ao longo desse período presidiu o Conselho de Administração do Banco do Brasil. De 1995 a 2002 e de 2012 a 2014 foi sócio e diretor da LCA Consultores. De 2010 a 2011 foi diretor da BM&FBovespa. Atuou em vários conselhos consultivos, entre os quais o Conselho de Assessoramento Técnico da Instituição Fiscal Independente (IFI).

RESUMO

O economista examina as bases e os desafios para a reformulação do sistema brasileiro de tributação indireta. Discorre também sobre suas experiências na Secretaria Executiva e na Secretaria de Política Econômica do Ministério da Fazenda, abordando, em especial, a evolução de sua percepção sobre as distorções do sistema tributário no país e os caminhos em direção à formulação da PEC nº 45/19, proposta que aproxima o Brasil do padrão global de tributação indireta de países que adotam o imposto sobre valor adicionado.

Foco na economia aplicada

Minha trajetória, diferentemente da dos outros entrevistados, não é acadêmica, é muito focada na prática da economia. Cursei Economia, mas antes fiz dois anos de Física. Acabei largando a Física e estudei Economia na USP, onde me formei. Fiz o mestrado na Unicamp, mas nunca defendi a dissertação. Comecei a entrar em questões de política econômica ainda na faculdade, em estágio no Cebrap. Lá havia um grupo de análise de conjuntura econômica com vários coordenadores, entre os quais foram meus chefes o Antônio Kandir, o Gesner Oliveira, a Monica Baer e a Lídia Goldenstein. Foi onde, de fato, aprendi sobre economia, muito mais do que na faculdade, trabalhando por algum tempo na área de sistema financeiro e, depois, na área de finanças públicas.

Em 1989, fui convidado para ser assessor da liderança do PT na Câmara dos Deputados pelo então líder do partido, Plínio Sampaio. Havia mais dois assessores jurídicos, mas eu era o único assessor econômico da bancada. Esse foi o momento em que realmente passei a gostar de política econômica. Acompanhava todos os temas econômicos que passavam por lá. E aprendi muito nessa época sobre todo o processo orçamentário, não só do ponto de vista legal como também do ponto de vista político. Participei ainda, ativamente, da regulamentação do seguro-desemprego no Brasil. Foi um trabalho conduzido pelo governo com a participação de uma assessora do José Serra, além da minha assessoria, representando o PT.

Tem algumas passagens divertidas dessa época em que eu estava assessorando a liderança do PT na Câmara. Certo dia, a revista *Veja* publicou uma reportagem sobre lobbies em que questionava quanto custava aprovar um projeto de lei no Congresso Nacional. E o lobista entrevistado respondeu: "Depende do projeto, mas, se o PT for contra, o preço dobra." Ali eu descobri que minha função no Congresso era aumentar a renda dos lobistas... Fato é que aprendi muito. Fiquei lá até meados de 1991, quando fui para o Instituto de Economia do Setor Público, o Iesp, vinculado à Fundação do Desenvolvimento Administrativo, onde trabalhei na área de sistema financeiro. Em 1993, saí do Iesp para criar uma pequena consultoria chamada E3 com mais dois economistas: o Cristian Andrei e o Fernando Sampaio. Em 1995, nos juntamos ao Luciano Coutinho e ao Bernardo Macedo para criar a LCA Consultores, onde fiquei até 2002 trabalhando como consultor.

Como eu disse, eu tinha tomado gosto pela questão de política econômica, embora em uma consultoria não se possa escolher muito o que se vai fazer. Além de contribuir para a análise de conjuntura macroeconômica, sempre que aparecia algum tema relacionado a políticas públicas, especialmente na área tributária, eu pedia para assumir o trabalho. Mesmo antes da criação da LCA, ainda na E3, fizemos um grande estudo sobre tributação e competitividade no Brasil. Depois, vários trabalhos menores, já na LCA, sobre matérias tributárias.

No final de 2002, quando o Lula foi eleito, achei que tinha uma chance de ir para o governo, por causa da minha vinculação com o PT desde a época em que havia trabalhado na liderança do partido, na Câmara. Eu já estava conversando com o pessoal da LCA sobre minha possível saída, pois ir para o governo era um projeto de vida, quando, inesperadamente, fui chamado para participar da equipe de transição governamental. Na equipe de transição, cada ministério tinha um responsável, e me colocaram para cuidar da transição do Ministério da Fazenda. Mais tarde, fui tentar entender por que fui chamado. Descobri que queriam alguém ligado ao partido, mas que não chamasse atenção para não atrair muitos jornalistas.

Aula de democracia na transição FHC-Lula

A transição de Fernando Henrique para Lula foi um momento extremamente interessante, um dos processos mais republicanos que já vi. Acompanhei esse processo de meados de novembro até o final de dezembro de 2002. Houve uma abertura total por parte dos secretários do ministério, que passaram informações sobre o funcionamento das respectivas Secretarias — desde os temas e os projetos que estavam em aberto até os prazos que venciam nos primeiros meses do ano seguinte e que precisavam ser acompanhados. Foi realmente uma aula de democracia.

Eu era o responsável pelo Ministério da Fazenda, mas, honestamente, não sabia que cargo assumiria. Achava que teria alguma posição, mas não sabia qual. Na época, estava ajudando o Antonio Palocci, que já tinha sido definido como ministro da Fazenda, a escolher os outros secretários para o ministério, inclusive ajudando a procurar um secretário executivo. Já perto do final da transição, nos últimos dias de 2002, o Palocci me chamou e disse que eu ia ser o secretário executivo da Fazenda, que é um cargo relevante, já que o secretário executivo é o vice-ministro. Obviamente, eu não esperava por isso. Vinha ajudando a procurar alguém para a função, alguém com experiência de governo. Mas o Palocci acabou pedindo que eu assumisse. Trata-se de um cargo que normalmente não deveria ser ocupado por pessoas sem experiência no Executivo.

Caí meio de paraquedas no cargo, mas dei sorte. Porque, se você chega nessa posição em uma equipe experiente nos outros ministérios, a tendência é que tome um nó, que seja atropelado. Mas eu dei sorte porque nos outros ministérios também tinha gente nova que, como eu, estava aprendendo o que fazer. E eu rapidamente aprendi o que precisava fazer, ou seja, conheci a *job description* do cargo. Acho que eu trazia algumas vantagens para o cargo, porque conhecia várias áreas de atuação do ministério. Eu conhecia a área orçamentária, pelo fato de ter sido assessor na Câmara dos Deputados. Conhecia um pouco também a área tributária, devido aos trabalhos que havia feito quando estava na consultoria, e ainda o tema de defesa da concorrência, porque também tinha trabalhado como consultor na área. No geral, portanto, eu tinha algum conhecimento sobre as áreas de atuação do ministério — o Tesouro, a Receita e a própria Secretaria de Política Econômica —, pois já havia trabalhado com macroeconomia na minha época de consultor e no Cebrap. Só não conhecia bem a área internacional, a única na qual eu realmente não tinha nenhuma experiência, mas que fui entendendo enquanto trabalhava no ministério.

Foi uma fase muito interessante da minha vida. A função de secretário executivo cobre um pouco todas as áreas do ministério, pois o secretário acompanha a atuação de todas as Secretarias. Tem também uma máquina grande para ele cuidar, já que há a parte administrativa do ministério, vinculada à Secretaria Executiva. Embora eu tenha delegado a maior parte das atividades administrativas a outras pessoas, esta era também uma área sob a minha responsabilidade. Outra função importante do secretário executivo é auxiliar nas ações de controle fiscal. Todo mundo que passa pelo Ministério da Fazenda sabe que 80% do trabalho se resume a "jogar na defesa", tentando segurar as contas públicas e segurando propostas, muitas vezes inconsistentes e custosas, que vêm de outras áreas do governo. A Secretaria Executiva tem uma função importante dentro desse papel de "jogar na defesa".

Os outros 20% do trabalho se resumem a "jogar no ataque", tentando fazer algo novo. Quando você consegue marcar um gol é uma maravilha! Na linha do trabalho propositivo, no começo tratei de algumas questões tributárias pontuais, mas eu não era o responsável direto pela proposta de reforma tributária de 2003. O responsável, na época, era o Arno Augustin, meu adjunto na Secretaria Executiva. Como ele tinha sido secretário de Fazenda estadual, ficou responsável pela negociação da reforma tributária de 2003 no Congresso Nacional. Eu acompanhava o assunto, obviamente, mas não era minha responsabilidade.

Em contrapartida, atuei em outras questões tributárias. Por exemplo, no ajuste fiscal de 1999, o governo tinha criado um IPI de 5% sobre bens de capital, o que é um erro enorme do ponto de vista de desenho do sistema tributário, já que não se deve tributar o investimento. Então, assim que as condições fiscais permitiram, em 2004 decidimos tirar essa tributação sobre bens de capital. Em vez de sair como uma iniciativa no Ministério da Fazenda, sugerimos que o Ministério do Desenvolvimento, Indústria e Comércio assumisse a iniciativa. Eles fizeram a proposta e nós aceitamos o pedido, e assim fizemos o que achamos que devia ser feito e ainda atendemos à demanda de outro ministério. Isso é algo que se aprende no governo também. Quando você quer fazer alguma coisa, a melhor maneira é conseguir que alguém vire o proprietário da ideia, porque assim você atende a outros ministérios e, ao mesmo tempo, faz o que precisa ser feito. Então, na área tributária, várias questões pontuais, como essa da tributação de bens de capital e a da tributação de instrumentos financeiros, passavam pela minha área.

Eu também acompanhava o que outras áreas estavam fazendo. Por exemplo, quando o crédito consignado foi regulamentado, a Secretaria de Política Econômica é que tinha feito uma primeira proposta. Achei que o projeto estava muito travado, muito cheio de exigências, e coloquei minha equipe para melhorar o texto e torná-lo mais viável. Nos "20% de ataque", trabalhei ainda em algumas outras questões. Contudo, quem cuidou da maior parte da agenda microeconômica do ministério, entre 2003 e 2004, foi o Marcos Lisboa, na Secretaria de Política Econômica. É interessante notar que a maior parte dessa agenda já estava pronta no final do governo anterior. Não foi algo que criamos do zero, mas que recebemos do governo anterior. O Marcos, entretanto, teve um mérito enorme por conseguir viabilizar politicamente as propostas. Mas não era o caso de reinventar a roda e, sim, de aproveitar aquilo que já estava feito. Isso é muito importante na transição entre governos.

O que impediu o avanço da reforma tributária

Dentro do ministério, passei por vários cargos. Comecei na Secretaria Executiva, no início de 2003, e fiquei até o primeiro semestre de 2005, quando o Marcos Lisboa saiu da Secretaria de Política Econômica. Então, pedi ao ministro para assumir a Secretaria, pois gosto mais de trabalhar com a formulação de políticas públicas. Mas, justamente naquele momento, veio o Mensalão. E quando há um problema político como o Mensalão o governo enfraquece muito. Aqueles 80% jogados na defesa passam a ser 95%, porque a pressão para satisfazer demandas políticas num governo fraco é muito maior do que num governo forte.

Infelizmente, então, nessa minha primeira passagem pela Secretaria de Política Econômica, fiquei mais evitando problemas do que criando soluções. Quando saiu o Palocci e entrou o Guido Mantega, voltei para a Secretaria Executiva, a pedido do Guido, por conta da minha experiência anterior na função. Permaneci ali por pouco mais de um ano e acabei voltando para a Secretaria de Política Econômica em meados de 2007. Foi nessa minha volta à SPE, já na gestão Guido Mantega, que comecei a trabalhar mais intensamente na proposta da reforma tributária que acabou virando, em 2008, a proposta do governo.

Não era uma ideia totalmente nova. Nós já tínhamos uma longa experiência, pois houve várias tentativas anteriores de reforma do sistema tributário, visando substituir os tributos brasileiros sobre a produção e o consumo de bens e serviços por um bom imposto sobre o valor adicionado, o IVA. Duas dessas tentativas foram as mais importantes. A primeira, que ocorreu no governo Fernando Henrique, ficou em discussão no Congresso de 1995 a 2000 e acabou resultando no relatório do deputado Mussa Demes, que não foi aprovado. Era uma boa proposta para a época. Eu não estava no governo nesse período, mas, pelo que soube, a proposta não saiu porque o secretário da Receita na época era contra. Uma pena, porque, desde a Constituinte, foi o momento em que mais houve chance de aprovação, visto que havia um Congresso claramente favorável àquela mudança no sistema tributário.

Depois houve a proposta que nós mesmos fizemos em 2003, mas que também não vingou. Ela foi aprovada na Câmara e chegou ao Senado, que a fatiou e fez mudanças na parte principal do texto. A proposta voltou para a Câmara e não foi votada. Na verdade, era uma proposta que deixava as questões mais complexas para a legislação complementar, o que significa que, mesmo se a PEC fosse aprovada, seria preciso uma segunda rodada de negociações bastante difíceis. Tudo isso fez aquela reforma acabar não vingando. Em 2007, aproveitei a experiência anterior, a fim de retomar a discussão sobre a reforma, pois havia uma compreensão de que as distorções na tributação de bens e serviços no Brasil tinham um impacto bastante negativo para o crescimento do país. Esse então passou a ser o meu foco na Secretaria de Política Econômica. Não o único, mas o principal. E, assim, o novo projeto de reforma tributária foi construído ao longo daquele ano.

Nesse processo houve um aprendizado importante: eu achava que, se conseguisse minimizar as resistências antes de mandar o projeto para o Congresso, facilitaríamos a aprovação. Após inúmeras reuniões setoriais e federativas, constatamos que havia uma forte resistência dos grandes municípios, que temiam perder a competência de cobrar o ISS. Por isso fizemos um desenho que mantinha o ISS nos municípios. Era uma proposta que tinha um IVA federal e um IVA estadual, mas o IVA estadual era só na base do ICMS, e os municípios mantinham o ISS. Embora esse não fosse o melhor desenho do ponto de vista técnico, eu achava que facilitaria a aprovação. Então, mandamos a PEC para o Congresso Nacional.

Foi quando começaram as questões políticas. O ideal era ter um relator muito próximo do governo, com quem tivéssemos boa interlocução, a fim de que a reforma andasse da melhor maneira possível no Congresso. O Palocci tinha sido eleito deputado federal em 2008 e a nossa intenção, na época, era que ele fosse o relator, mas o presidente da Câmara tinha uma dívida política com Sandro Mabel, um político já experiente de Goiás, e o Sandro acabou sendo nomeado relator.

Diálogo com o Congresso

Naquele momento entendi como é importante ter uma boa interlocução com os parlamentares, principalmente com o relator de uma matéria dessa dimensão. Um dos primeiros desafios seria fazer o Sandro Mabel entender o que é um bom IVA. Então, tive uma ideia: perguntar ao pessoal da OCDE, em Paris, se eles aceitariam receber o deputado Sandro Mabel a fim de explicar a ele como funciona a tributação do valor adicionado no resto do mundo. Eles concordaram. Sugeri ao Sandro uma visita à OCDE, ele gostou da proposta e foi passar uma semana em Paris. Na OCDE, aprendeu muito sobre o que é um bom IVA, o que foi ótimo, porque voltou com uma noção bem mais próxima daquilo que o governo queria.

Embora no começo eu não tenha ficado satisfeito com a escolha dele como relator, por incrível que pareça a nossa relação foi muito boa. Exceto por um item: ele quis colocar tudo na Constituição, todos os detalhes, ficou um texto enorme, monumental. O Sandro Mabel fez um bom trabalho na relatoria, com algumas concessões políticas, o que sabemos ser inevitável. Mas o texto, com aquela quantidade de detalhes inseridos na Constituição, começou a me preocupar. Porque quando o texto entra na Constituição, perde a flexibilidade necessária à gestão da política tributária.

O maior problema, no entanto, é que a reforma tributária nunca foi uma prioridade do governo. Esse é o ponto fundamental. O governo dizia que a reforma tributária era importante, mas, claramente, quem a estava conduzindo era eu. Quando pedia o apoio do ministro para fazer, por exemplo, uma reunião com os governadores do Nordeste, ele chamava os governadores e a reunião acontecia. Mas fato é que para o ministro — e acho que para o próprio presidente — aquele nunca foi um tema prioritário. E se não é um tema realmente importante para o presidente, fica difícil avançar. Para uma matéria dessas ser aprovada é preciso contar com um grande capital político. E é preciso que o Executivo queira alocar esse capital político para viabilizar a aprovação, do contrário o texto fica muito suscetível a pressões para ajustes e concessões setoriais, o que acaba por debilitá-lo.

Desde o começo, desde a escolha do Sandro Mabel como relator, já havia uma indicação de que o governo não estava querendo gastar muito capital político com a matéria. Ainda que, no final, a relação com o Mabel tenha se mostrado boa, a aceitação pelo governo de um relator que não parecia ser o nome ideal para relatar a reforma tributária já não era um bom sinal. A verdade então é que a reforma de 2008 não avançou pelo próprio fato de o governo abandonar a ideia. Quando notei que não tinha o apoio político necessário, achei que não valia a pena avançar, porque precisaria fazer concessões que tornariam o texto muito distante do desejável.

Em meados de 2008, percebi com clareza que a reforma tributária não avançaria. Eu já contava cinco anos e meio de governo e pedi ao ministro para sair. Mas ele pediu que eu ficasse mais um tempo, que seguisse acompanhando a reforma tributária. Como eu não queria mais ficar com todas as atribuições da Secretaria de Política Econômica, foi criada uma Secretaria Extraordinária de Reformas Econômico-Fiscais, que tinha uma equipe bem pequena, mas ultraqualificada, da qual eu era o secretário. Então veio a crise de 2008 e toda a equipe do ministério focou na crise. Foi o meu foco também na época, inclusive fazendo um pouco a ponte com o Banco Central em alguns temas.

Em meados de 2009, quando a crise amainou — porque durante uma crise é impossível sair do governo —, eu falei: "Ministro, eu estou saindo mesmo, acho que a minha passagem por aqui já se encerrou." Saí do governo em agosto de 2009 e, depois da quarentena, que na época era de quatro meses, fui trabalhar na Bolsa, na BM&FBovespa. Entrei lá como diretor de Estratégia e Planejamento. Fiquei um ano e meio, mas não era o que eu queria. Acho que não tenho muito perfil para a vida corporativa. Gosto de outras coisas, sobretudo de formulação de políticas públicas.

Deixei a Bolsa e voltei para a LCA Consultores. Mas dessa vez não como dono, porque quando fui para o governo vendi a minha participação na empresa. Vendi em 48 parcelas, achando que ficaria quatro anos no governo, e usei esses recursos para complementar minha renda, pois quando você é do setor privado e vai para o governo "você paga para trabalhar". O que você recebe pelo cargo comissionado no governo, o DAS, não é suficiente para viver. Fiquei na LCA de 2012 a 2014, fazendo vários trabalhos. Muitos na área de políticas públicas, aproveitando a minha experiência.

Nesse período tive a ideia de criar um *think tank* para tratar de matérias de política pública. Não só de política tributária, mas também de finanças públicas em geral. Eu já vinha discutindo essa ideia com algumas pessoas quando, no final de 2014, algumas empresas demonstraram interesse em financiar um projeto com essas características: um *think tank* voltado para questões tributárias. Na época eu estava trabalhando na área de política tributária com os professores Eurico de Santi, Nelson Machado e Isaías Coelho, da FGV. No final de 2014 fizemos, por exemplo, um curso para jornalistas, um conjunto de seminários para explicar questões tributárias. Resolvemos nos juntar e conseguimos outras empresas para financiar o projeto. Assim, montamos o CCiF, o Centro de Cidadania Fiscal. Embora a princípio tivesse como foco a área tributária e a área fiscal em geral, o CCiF sempre atuou apenas na área tributária.

Nos primeiros meses não tínhamos muita clareza do que iríamos fazer. Estávamos na dúvida se trataríamos de assuntos mais pontuais ou de questões mais estruturais, como a ampla reforma da tributação de bens e serviços. Depois de alguns meses, chegamos à conclusão de que seria melhor focar nas mudanças estruturais do sistema tributário. Começamos pela reforma dos tributos sobre bens e serviços, que é certamente a mais importante do ponto de vista do crescimento do país. E o que fizemos nesse período foi muito interessante. Porque pudemos juntar muito da experiência que tive sobre o tema na minha passagem pelo governo — a identificação das resistências políticas à reforma tributária — com o bom conhecimento da experiência internacional do Isaías Coelho, os conhecimentos da área jurídica do Eurico de Santi e o conhecimento de governo e o bom senso de Nelson Machado. E tentamos fazer um desenho que fosse tecnicamente o melhor possível, mas que também procurasse reduzir as resistências que sabíamos existir para a implementação de uma reforma tributária.

Esse trabalho foi evoluindo. Nossa ideia inicial era trabalhar sobre uma reforma só do PIS-Cofins, mas concluímos que isso seria muito pouco, já que os problemas eram bem maiores. Por isso resolvemos incluir o ICMS, o ISS e o IPI. E começaram a surgir algumas ideias sobre como fazer isso minimizando as resistências setoriais e federativas. Foi isso que gerou a proposta do CCiF que acabou virando a PEC nº 45/19. O ponto de chegada da proposta é a substituição de cinco tributos atuais que causam muita distorção: o PIS; a Cofins e o IPI, que são federais; o ICMS, que é estadual; e o ISS, municipal. A ideia é que sejam substituídos por um único Imposto sobre Bens e Serviços, o IBS, que é um imposto sobre valor adicionado, um IVA.

A proposta do IVA e as boas práticas internacionais

O desenho do IBS não tem nada de original. Simplesmente seguimos as melhores práticas internacionais. Não tem nenhuma criação nossa no desenho do IBS. Apenas adotamos as melhores recomendações internacionais: base ampla de incidência, abarcando mercadorias, serviços, intangíveis e toda a nova economia; tributação no destino; um sistema de crédito amplo em que tudo que é utilizado na atividade produtiva dá crédito; ressarcimento ágil de créditos; e regras as mais homogêneas possíveis, incluindo uma alíquota uniforme para todos os bens e serviços. Isso não tem nada de original, não é criação nossa. É a recomendação dos maiores especialistas do mundo em tributação.

O que nós fizemos de diferente foi pensar em como migrar do sistema brasileiro, cheio de distorções com efeitos federativos e setoriais, para esse novo modelo. A conclusão à qual chegamos foi que, para mitigar as resistências setoriais, seria melhor fazer uma transição longa para os contribuintes. Sugerimos dois anos de teste, inclusive para calibrar a alíquota do novo imposto, e oito anos de transição, ao longo dos quais as alíquotas dos tributos atuais seriam reduzidas e a alíquota do novo imposto, elevada. E esse modelo permitiria fazer essa transição mantendo a carga tributária.

Sugerimos também uma transição ainda mais longa, de 50 anos, na distribuição da receita entre os estados e municípios, sem qualquer efeito para os contribuintes. O objetivo dessa segunda transição seria mitigar as resistências que decorrem da migração da tributação para o destino e da substituição da base fragmentada entre mercadorias e serviços, que temos no Brasil hoje, por uma base ampla.

A ideia de um sistema com arrecadação centralizada, gerido conjuntamente por União, estados e municípios, também foi consequência de muita discussão. Foi a melhor forma que encontramos para implementar o princípio de destino. Passamos mais de um mês discutindo as alternativas até concluirmos que esse seria o melhor modelo. E todas essas discussões resultaram na proposta do CCiF, que foi incorporada na PEC nº 45.

Características de um bom IVA

O efeito da reforma dos tributos sobre bens e serviços é relevante não só para a competitividade da economia brasileira e o comércio exterior, como também para o crescimento do país. Para compreender esse ponto, é preciso, primeiro, entender o que é um bom IVA e onde estão as distorções do atual sistema brasileiro.

Começo explicando o que é um bom IVA: é um tributo de base ampla que abarca mercadoria, serviços e todos os intangíveis, tributado no destino e totalmente não cumulativo. O que significa ser não cumulativo? Significa que, em cada etapa do processo de produção e comercialização, todo imposto pago nas etapas anteriores é recuperado. Por exemplo: uma empresa cujas vendas são tributadas comprou insumos que também foram tributados. Num bom IVA, todo o imposto incidente sobre os insumos, e sobre todos os bens e serviços que essa empresa adquiriu no seu processo produtivo, é recuperado na forma de crédito. A empresa paga apenas a diferença entre o imposto incidente nas suas vendas, que é o débito, e o imposto incidente nas suas aquisições, que é o crédito.

Um imposto com essas características — em que todo imposto incidente ao longo da cadeia é recuperado — no fundo incide só na venda final. Isso ocorre porque a soma do imposto recolhido em cada uma das etapas da cadeia corresponde exatamente ao imposto que está incidindo na venda final. E um bom IVA não tributa nem os investimentos, nem as exportações, mas tributa as importações de forma isonômica com a produção nacional. A soma de tudo que é produzido e importado por um país só tem três destinações possíveis — consumo, exportações e aumento da capacidade produtiva, que é o investimento. Como um bom IVA desonera totalmente o investimento e as exportações, garantindo a recuperação integral do crédito pelos exportadores, ele efetivamente incide apenas sobre o consumo. Ou seja, o IVA é um imposto sobre o consumo, cobrado ao longo da cadeia de produção e de comercialização.

Distorções tributárias no Brasil

E o que acontece no Brasil? O modelo brasileiro tem várias características que fazem a tributação dos bens e serviços se afastar completamente do desenho de um bom IVA. Que características são essas? Primeiro, a base de incidência, no lugar de ser ampla, é fragmentada. Os casos mais típicos são o do ICMS e o do ISS. O ICMS incide sobre a circulação de mercadorias e serviços de comunicação e de transporte interestadual e intermunicipal, e o ISS incide sobre os demais serviços, previstos em lista constante de uma lei complementar.

O que acontece quando se fragmenta a base de incidência? Automaticamente quebra-se todo o sistema de débito e crédito que garante a não cumulatividade. O ISS é um imposto cumulativo, ou seja, incide sobre o faturamento e não gera crédito. Mas mesmo que o ISS fosse não cumulativo, a mera fragmentação da base entre mercadorias e serviços já geraria cumulatividade, pois, quando uma empresa que produz mercadoria contrata um serviço, o serviço é tributado e ela não recupera o crédito. De modo semelhante, quando um prestador de serviço compra uma mercadoria, a mercadoria vem tributada pelo ICMS e ele não recupera esse crédito do ICMS.

A fragmentação da base leva, portanto, a que tributos que são pagos ao longo da cadeia não sejam recuperados. Isso é o que chamamos de cumulatividade: o imposto que é pago ao longo da cadeia e que não é recuperado. A cumulatividade resulta não apenas da fragmentação da base de incidência, mas também de falhas na recuperação de créditos dos tributos não cumulativos. Há várias restrições à recuperação de créditos, tanto no ICMS quanto no PIS-Cofins. A própria lei complementar do ICMS diz que bens de uso e consumo não geram crédito. Isso levou a um modelo que no Brasil chamamos de crédito físico, ou seja, só aquilo que é incorporado fisicamente ao produto é que gera crédito, o que provoca situações totalmente absurdas. Um exemplo real é o de uma fábrica de móveis que compra lixas, absolutamente necessárias para fabricar os móveis. Como a lixa não é incorporada ao produto final, o estado não permite a recuperação do crédito do ICMS cobrado sobre a lixa.

Outro dia conversei com alguém da Petrobras sobre as restrições à recuperação de créditos numa refinaria. Para refinar o petróleo, é preciso utilizar um catalisador, que é um produto usado para acelerar a reação química, mas que não é incorporado ao produto final. Por conta disso, os estados também não estavam deixando a Petrobras recuperar o crédito de ICMS sobre o catalisador. Mais um entre muitos absurdos que temos na legislação brasileira. Esse mesmo tipo de restrição existe no PIS-Cofins, inclusive de uma forma juridicamente mais frágil, porque foi estabelecida por uma instituição normativa da Receita Federal que tem sido questionada nos Tribunais Superiores.

Tudo isso gera uma situação na qual grande parte do imposto que incide ao longo da cadeia de produção e comercialização não é recuperada. Essa cumulatividade tem efeitos negativos. Enquanto um bom IVA desonera exportações e investimentos, no Brasil a mera cumulatividade acaba onerando as exportações e os investimentos. Os cálculos sobre o impacto dessa distorção variam. Há estimativas de que o imposto cumulativo não recuperado corresponde de 3% a 7% do preço final.

Esse problema é agravado por outras falhas do sistema tributário brasileiro. No caso das exportações, quando há um bom IVA o exportador vende com alíquota zero e todo imposto incidente nas suas aquisições é devolvido rapidamente pelo governo. Na Europa, em média, essa devolução é feita em um mês. Em alguns países da América Latina, como o Peru, se o exportador é conhecido, a devolução dos créditos é feita em poucos dias. Já no Brasil é um inferno para se conseguir recuperar o imposto incidente nos insumos adquiridos por um exportador. No caso do ICMS, isso pode demorar anos. Os estados às vezes fazem leilões e devolvem os créditos a quem oferecer o maior deságio. Outros estados chantageiam os exportadores, exigindo investimentos para devolver o crédito que pertence à empresa. Ou seja, isso acaba agravando o problema da competitividade da produção nacional.

No caso dos investimentos, também temos problemas. Com o ICMS, por exemplo: se você compra uma máquina, o imposto incidente na venda da máquina é recuperado em 48 meses, sem correção monetária e sem juros. Ou seja, há um custo financeiro que não é irrelevante. O efeito final desse estado de coisas é uma perda de competitividade das exportações e, também, uma perda de competitividade da produção nacional em relação às importações, que não são prejudicadas pela cumulatividade. Outra consequência é o aumento do custo dos investimentos, que, por sua vez, tem um efeito negativo sobre o crescimento da economia brasileira.

Esta é apenas uma das distorções do sistema atual. Há muitas outras, inclusive relacionadas à tributação na origem. Como eu disse, um bom IVA é cobrado no destino. Em uma operação entre jurisdições, que pode ser entre países ou estados, o imposto pertence à jurisdição de destino. Isso é muito importante para que seja um imposto sobre o consumo, porque quando você tributa na origem, está tributando a produção. No caso brasileiro, tanto o ICMS quanto o ISS são tributados dominantemente na origem. E isso tem consequências. Uma delas é a guerra fiscal entre os estados, que existe exatamente porque, nas transações interestaduais, parte relevante do ICMS é cobrado na origem. Também há guerra fiscal entre os municípios, porque o ISS é cobrado dominantemente na origem.

E ainda há outras consequências da tributação na origem. Uma delas é o fato de os estados não terem interesse em manter empresas exportadoras. Por quê? Suponha uma empresa que está no estado A, que é 100% exportadora e que compra insumos no estado B. O insumo é tributado no estado B e o estado A tem de ressarcir o crédito do imposto que foi pago em outro estado. Em suma, o estado quer ver a empresa exportadora pelas costas, porque a empresa exportadora para ele é um problema, já que o estado tem que devolver crédito de imposto que ele não arrecadou.

O estado não arrecada porque, corretamente, não incide ICMS na venda para o exterior, mas ele precisa devolver o imposto que foi arrecadado em outro estado. O que o estado onde está a empresa exportadora faz? Cria uma série de dificuldades para devolver o crédito do imposto, em certa medida com razão, pois não é correto obrigar um estado a devolver um imposto que ele não arrecadou. As empresas brasileiras, por sua vez, reagem, limitando suas exportações para não acumular créditos. De fato, esse é um problema extremamente sério do desenho do sistema tributário brasileiro.

Outras distorções

E essas são apenas partes das distorções do nosso sistema. Há outros problemas, como a complexidade burocrática de pagar tributos sobre bens e serviços no Brasil, uma complexidade que é, sem sombra de dúvida, a maior do mundo. Há aquelas estatísticas do Banco Mundial, segundo as quais o Brasil é o campeão mundial em horas gastas por uma empresa de porte médio para recolher impostos. Isso decorre, basicamente, dessa tributação indireta sobre bens e serviços. E o custo para a empresa é um peso morto, desnecessário. É comum ouvir empresários argumentando: "Eu tenho uma empresa nos Estados Unidos do mesmo tamanho da que tenho no Brasil, só que lá eu tenho dois funcionários para cuidar da área tributária, aqui eu tenho 50."

Além do custo, a complexidade do nosso sistema tributário gera um enorme litígio. Enquanto o bom IVA tem regras as mais homogêneas possíveis, no Brasil só temos exceção — não há regra. Temos o sistema tributário mais complexo do mundo em termos de tributos indiretos e cada vez que há uma exceção o contribuinte interpreta a legislação a seu favor e o Fisco contra o contribuinte. Isso gera contencioso. Segundo estudo do Insper, o Brasil tem cerca de 70% do PIB de contencioso tributário federal, estadual e municipal nas esferas administrativa e judicial. Trata-se provavelmente também de um recorde mundial. Não temos uma comparação completa, mas é difícil que o contencioso em outros países supere esse nível.

Temos, finalmente, o último problema, que é, na verdade, o mais importante de todos: as distorções alocativas. As distorções da tributação no Brasil fazem a economia se organizar de forma muito ineficiente. O sistema tributário deveria distorcer o mínimo possível a forma como a economia se organiza. Esse é o conceito de "neutralidade", fundamental no desenho de um sistema tributário. A tributação de bens e serviços no Brasil é tudo, menos neutra. Distorce todas as decisões alocativas, porque tem alíquota para tudo quanto é gosto, bem como uma profusão de benefícios fiscais, regimes especiais e tratamentos diferenciados.

A empresa sempre vai se organizar de forma a minimizar o custo total, o custo econômico e o custo tributário. Contudo, quando a tributação varia dependendo de como a produção é organizada, isso usualmente gera ineficiências. Por exemplo: em um mundo sem tributação, uma empresa monta o seu centro de distribuição onde pode minimizar o custo de logística, isto é, onde pode gastar o mínimo com caminhão, motorista e combustível. Aqui no Brasil quase todas as empresas que têm centro de distribuição montam o centro de distribuição onde possam minimizar o custo tributário, por conta de benefícios fiscais, aumentando o custo de logística.

Aquilo que do ponto de vista da empresa faz sentido, do ponto de vista do país não faz sentido, porque você gasta mais com caminhão, caminhoneiro, combustível e até mesmo com a manutenção de estradas. Ou seja, você usa mais capital e mais trabalho para levar a mesma mercadoria ao mesmo consumidor. Isso se repete de forma generalizada em nosso país. Outro exemplo é que, por razões tributárias, é muito mais barato, no Brasil, construir um prédio de concreto armado do que um prédio com estrutura pré-fabricada. Ao final, escolhemos uma forma ineficiente de produção por conta de distorções do sistema tributário. Estamos falando aqui de diferenças em produtividade que podem chegar a 10% apenas por conta desse tipo de distorção.

A resistência às mudanças e o valor do capital político

A correção de todas essas distorções requer migrar para um bom IVA. Nós temos IVAs brasileiros, mas eles são muito ruins. O ICMS é um IVA, mas é o pior do mundo. O problema é que a migração para um bom IVA no Brasil encontra dois tipos de resistência: as setoriais e as federativas. No CCiF tentamos fazer uma proposta na qual o ponto de chegada tenha o melhor desenho possível, do ponto de vista técnico, mas minimizando as resistências. Como minimizar as resistências? Na questão setorial, através de uma transição longa, de dez anos. Essa transição permite que os preços relativos se ajustem suavemente. Permite também que os benefícios fiscais hoje existentes sejam progressivamente reduzidos.

Do ponto de vista federativo, a mitigação das resistências se dá de várias formas. A primeira é através de uma transição ainda mais longa na distribuição da receita para estados e municípios. A segunda é através da manutenção da autonomia dos entes federativos na fixação da alíquota do imposto. A alíquota seria uniforme para todos os bens e serviços, mas os entes da federação manteriam a autonomia de fixar sua alíquota. Por fim, buscou-se compatibilizar a máxima simplificação tributária com a manutenção da autonomia dos entes federativos, por meio de um modelo de gestão compartilhada do imposto no qual União, estados e municípios atuariam de forma conjunta na gestão desse novo imposto, o IBS.

O desenho foi feito tentando minimizar resistências. Mas, para poder avançar, a reforma tributária precisa ter capital político. Em 2018, quando já estávamos com a proposta bastante avançada, procuramos todos os candidatos a presidente. Tivemos uma receptividade muito boa por parte de praticamente todos, menos de um, que foi justamente o Jair Bolsonaro. E, portanto, o governo atual, de Bolsonaro, começou sem interesse na reforma tributária, sem interesse na criação do IVA. O primeiro secretário da Receita Federal no governo Bolsonaro foi o Marco Cintra, que tem uma proposta, já antiga, na qual a base do sistema tributário é um grande tributo sobre movimentação financeira. No começo do atual governo, portanto, estávamos sem muito apoio político para a reforma tributária.

Em abril de 2019, o Rodrigo Maia, então presidente da Câmara dos Deputados, comprou a ideia. Ele me chamou para uma reunião com vários líderes de partidos. Apresentei a proposta e ela foi muito bem recebida. A partir daí, com o aval e a força política do grupo do Rodrigo Maia, a reforma tributária ganhou força, porque passou a integrar a agenda da Câmara, na forma da PEC nº 45, apresentada pelo deputado Baleia Rossi. É uma situação estranha, pois é difícil vermos uma proposta dessa complexidade avançar sem partir do Executivo, que, no governo Bolsonaro, sempre manteve uma posição meio ambígua, na verdade, nunca muito positiva em relação ao assunto.

Logo em seguida, o Senado Federal também apresentou sua proposta de reforma, a PEC nº 110, baseada em uma proposta antiga do deputado Luís Carlos Hauly e que tem várias semelhanças com a PEC nº 45. Portanto, o Parlamento começou a conduzir a discussão da reforma tributária. O fato de haver uma proposta na Câmara e outra no Senado gerou certa confusão e dificultou o avanço do tema. A partir daí, criou-se uma Comissão Mista para tentar compatibilizar as duas propostas. Acho que a PEC da reforma tributária teria sido aprovada em 2020, não fosse a covid-19. A Comissão Mista tinha acabado de começar seu trabalho quando veio a pandemia, que interrompeu o processo, só retomado no segundo semestre daquele ano. Mas, logo que foi retomado, vieram as eleições municipais e, depois, a eleição para a presidência da Câmara, o que atrasou ainda mais a tramitação.

O grupo do Rodrigo Maia foi derrotado na eleição para a presidência da Câmara e, portanto, o ímpeto a favor da reforma perdeu força. O relatório apresentado pelo deputado Aguinaldo Ribeiro, quando a Comissão Mista foi extinta, é um relatório feito para contemplar demandas do governo e minimizar ainda mais as resistências. Está basicamente pronto para ser aprovado, o que falta é capital político. Nesse momento, esse capital político só pode vir do governo federal. Então, o aprendizado que fica é que para se aprovar uma reforma tributária é preciso ter capital político, o que normalmente vem do Executivo. Não sei se a reforma será aprovada este ano. Acho difícil, mas não impossível. O lado bom é que avançamos muito na identificação e na mitigação das resistências. Se a reforma tributária não for aprovada neste governo, está pronta para ser aprovada no próximo.

LEITURAS SUGERIDAS
- Appy, Bernard. "Por que o sistema tributário brasileiro precisa ser reformado", *Interesse Nacional*, ano 8, nº 3, out.-dez. 2015, pp. 65-81. Uma versão atualizada em 2016 está disponível em: <https://www.ccif.com.br/wp-content/uploads/2020/06/Appy_Tributacao_1610.pdf>. Acesso em: 2 nov. 2022.
- Appy, Bernard. "Tributação e produtividade no Brasil", in Bonelli, Regis, Fernando Veloso e Armando Castelar Pinheiro (orgs.). *Anatomia da produtividade no Brasil*. Rio de Janeiro: Elsevier/FGV/Ibre, 2017. Disponível em: <https://edisciplinas.usp.br/pluginfile.php/4105023/

mod_resource/content/0/Appy_Tributacao_e_Produtividade.pdf>. Acesso em: 2 nov. 2022.

- Câmara dos Deputados. Proposta de Emenda Constitucional nº 45, de 2019. [Recomenda-se a leitura, em especial, dos itens 1 e 2 da Justificativa.] Disponível em: <https://ccif.com.br/wp-content/uploads/2020/06/PEC-45-2019.pdf>. Acesso em: 2 nov. 2022.
- Lukic, Melina de Souza Rocha. *Reforma tributária no Brasil: ideias, interesses e instituições*. Curitiba: Juruá/FGV Direito, 2015.
- Mirrlees, James (org.). *Tax by Design: The Mirrlees Review*. Londres: Institute for Fiscal Studies, 2011. Disponível em: <https://ifs.org.uk/books/tax-design>. Acesso em: 7 nov. 2022. [Recomenda-se a leitura, em especial, da Introdução: <https://ifs.org.uk/sites/default/files/2022-08/ch1_0.pdf>.]
- Orair, Rodrigo Octávio e Sérgio Wulff Gobetti. "Reforma tributária e federalismo fiscal: uma análise das propostas de criação de um novo imposto sobre o valor adicionado para o Brasil", *Texto para discussão nº 2.530*. Brasília: Ipea, dez. 2019. Disponível em: <https://observatorio-politica-fiscal.ibre.fgv.br/sites/observatorio-politica-fiscal.ibre.fgv.br/files/u49/td_2530.pdf>. Acesso em: 2 nov. 2022.
- Varsano, Ricardo. "A evolução do sistema tributário brasileiro ao longo do século: anotações e reflexões para futuras reformas", *Texto para discussão nº 405*. Rio de Janeiro/Brasília: Ipea, jan. 1996. Disponível em: <http://repositorio.ipea.gov.br/bitstream/11058/1839/1/td_0405.pdf>. Acesso em: 2 nov. 2022.

25. SANDRA RIOS
Podcast realizado em 6 de novembro de 2021

Sandra Rios é economista com mestrado em Economia pela PUC-Rio e professora licenciada do Departamento de Economia da mesma universidade. É diretora do Centro de Estudos de Integração e Desenvolvimento (Cindes) e sócia da Ecostrat Consultores. Consultora de projetos do Banco Mundial, do BID e de outras instituições internacionais, foi pesquisadora do Ipea e coordenadora do Departamento de Integração Internacional da Confederação Nacional da Indústria.

RESUMO

Diretora do Centro de Estudos de Integração e Desenvolvimento, Sandra examina aqui a política comercial brasileira desde os anos 80, onde se incluem as iniciativas de abertura comercial do governo Collor, os desafios do Mercosul, a participação do Brasil nas cadeias globais de valor, a persistência das políticas de proteção e a agenda para uma maior inserção do Brasil na economia internacional. Analisa ainda a institucionalidade do processo de formulação de políticas de comércio exterior e a economia política da proteção.

A política comercial brasileira como pano de fundo

Talvez eu seja a única pessoa a participar desta série de podcasts que não teve uma experiência, de fato, como gestora de políticas públicas. Nunca trabalhei no governo, embora na minha vida profissional sempre tenha buscado estar próxima do debate sobre políticas, particularmente as políticas comerciais. Mas nunca estive sentada numa cadeira de governo. Não tenho experiência de implementação. Na verdade, minha ideia inicial era fazer vestibular para o curso de Engenharia, objetivo para o qual vinha me preparando desde o Segundo Grau. Na hora da decisão, porém, fiquei em dúvida porque comecei a achar que a engenharia talvez fosse uma carreira árida demais para os meus interesses. Afinal, o ano era 1977, a discussão política no Brasil estava acalorada e comecei a me interessar por política econômica.

Fiz vestibular para os dois cursos, mas só decidi mesmo qual carreira seguiria no dia de fazer a matrícula na PUC. Era 1978, o Departamento de Economia passava por um processo de transição e optei pelo curso. No entanto, durante o primeiro ano e meio, achei que tinha feito a escolha errada, porque os professores do período anterior à transição não eram muito estimulantes. Essa percepção mudou quando comecei a ter aulas com os professores que viriam a ser, talvez, os principais influenciadores da minha formação. Eu me refiro, em especial, a Edmar Bacha, de Macroeconomia; a Pedro Malan, de Economia Internacional e Economia Brasileira; e a Rogério Werneck, que, na graduação, me deu aula de Econometria, o que me levou a gostar também de Estatística.

Nesse mesmo período, entrei para um estágio na Funcex, e foi aí que passei a me interessar pelas áreas de política comercial e comércio exterior. Quando terminei a graduação, entrei direto para o mestrado em Economia na PUC e, no terceiro período, recebi o convite do Dionísio Carneiro, do Eduardo Modiano e do Chico Lopes para trabalhar no que se chamava Projeto Vale, que a PUC mantinha com a Vale do Rio Doce, para a elaboração de cenários macroeconômicos para o Brasil. Essa experiência foi, para mim, quase um mestrado adicional.

Fiquei dois anos trabalhando nesse projeto com três grandes mestres, numa complementação de formação bastante importante. Naquele momento, ainda acalentava certa dúvida sobre fazer doutorado no exterior, quando então me casei. Como meu marido não tinha interesse em passar aquele tempo fora, acabei ficando no Brasil para trabalhar por dois anos no Ipea, a convite do Eustáquio Reis, numa época em que se buscava rejuvenescer a equipe do instituto. Esse foi, de fato, meu primeiro emprego fora da PUC.

Em 1988, fui convidada pelo José Augusto Coelho Fernandes para trabalhar na Confederação Nacional da Indústria, onde fiquei por 15 anos, sendo que os primeiros anos passei no Departamento de Economia. Aí eu trabalhava um pouco mais com conjuntura econômica e cobria principalmente a área de comércio exterior. Já em 1993, fui para o Departamento de Comércio Exterior, que depois teve o nome alterado para Departamento de Integração Internacional, do qual fui coordenadora entre 1994 e 2003, período bastante animado na área de comércio exterior no Brasil. O país estava saindo da implementação da abertura comercial do presidente Fernando Collor, da criação do Mercosul, do final da Rodada Uruguai e da criação da Organização Mundial do Comércio, então havia muita atividade na CNI.

Eu tinha também a função de atrair o setor empresarial para participar desses processos de negociação. Às vezes me pergunto se não fui bem-sucedida demais nessa missão de atrair o setor empresarial brasileiro para as discussões sobre política comercial, porque, hoje em dia, percebemos forte influência do setor industrial e, particularmente, da CNI no debate em torno de política comercial. E talvez isso seja um entrave para novos movimentos de abertura comercial que ainda precisam acontecer.

Em 2003, pedi para me desligar do quadro técnico da CNI, já com uma certa percepção de que a agenda de defesa de interesses deles não coadunava muito bem com as minhas crenças, ou seja, com o que eu percebia que seria melhor para o Brasil em termos de política comercial. Nesse ponto, passei a trabalhar como consultora da CNI para outras organizações empresariais, até que, em 2005, surgiu a oportunidade de criar o Centro de Estudos de Integração e Desenvolvimento, o Cindes, movimento que fiz junto com Pedro da Motta Veiga, José Tavares de Araújo e Roberto Iglesias.

No início, com o apoio da Agência Suíça de Cooperação ao Desenvolvimento, nós conseguimos um *funding* para criar o Cindes, que é uma ONG cuja principal motivação é o fomento do debate, da análise, da relação entre comércio, política comercial e desenvolvimento. Buscávamos discutir como conciliar abertura comercial e maior disposição da economia brasileira ao comércio internacional, com os objetivos de crescimento e desenvolvimento. Tínhamos uma forte crença de que essas duas dimensões viriam juntas, mas também de que não bastaria abrir a economia para que o desenvolvimento econômico viesse. Seria preciso um conjunto de outras reformas que pudessem apoiar o aumento do crescimento da produtividade e da competitividade no Brasil.

No Cindes incorporamos, também, desde o início, a dimensão de desenvolvimento sustentável, que agora voltou um pouco à moda na discussão de políticas públicas no mundo e no Brasil, em particular. Essa é até hoje a finalidade do Cindes, não mais com o apoio da agência suíça, mas, basicamente, com o desenvolvimento de projetos financiados por organizações internacionais multilaterais ou mesmo por fundações do Brasil.

Um retrospecto

Como pano de fundo da política comercial, o Brasil tem uma longa tradição de política industrial. Considerando que a política comercial é um elemento da política industrial, temos um traço da política econômica brasileira que é o fato de implementarmos políticas industriais bastante ativas baseadas na substituição da importação. E, de alguma maneira, temos de reconhecer que é inegável que essa política de substituição de importação adotada desde a década de 50 desempenhou um papel relevante na consolidação de uma indústria diversificada no Brasil.

Se olharmos a fotografia da indústria brasileira no final dos anos 80 e a compararmos com o perfil da indústria coreana, veremos que o Brasil estava ali próximo em termos de desenvolvimento industrial. Olhando para trás, se no fim dos anos 80 eu tivesse que apostar em qual país teria um desempenho melhor em termos de crescimento, talvez apostasse no Brasil. Aqui a política combinava proteção ao mercado doméstico contra importações e proteção elevada por meio de barreiras tarifárias e não tarifárias, com uma política bastante amigável em relação ao investimento estrangeiro no setor industrial. E foi com o apoio das multinacionais e do investimento estrangeiro que a indústria se desenvolveu no Brasil.

A indústria brasileira tinha preenchido praticamente todos os vazios da matriz insumo-produto, tamanho era o seu grau de diversificação. Ao mesmo tempo, isso se transformava numa espécie de barreira, de *handicap* para o país se adaptar às transformações que vinham da década de 80 e que se aprofundaram na década de 90 em termos de integração da economia internacional, desde o início do processo de fragmentação da produção e da consolidação de cadeias de valor. No Brasil havia ainda, como resultado da política de substituição de importações, uma estrutura industrial verticalmente integrada e o tanto quanto possível autárquica. E era essa a estratégia que orientava as políticas no Brasil.

Em meados da década de 80, já eram perceptíveis no país algumas disfuncionalidades da estrutura de proteção. A estrutura tarifária, por exemplo, dava proteção em excesso ao que seria realmente necessário para que a indústria continuasse tendo condições de concorrer com as importações. E, a partir de 1987, 1988, começou um processo de limpeza da estrutura de proteção que já foi capaz de reduzir a tarifa média de importações de 58% para algo em torno de 32%, em 1989. Foi quando veio o governo Collor, com a convicção de que a abertura comercial era parte essencial das reformas modernizantes da economia brasileira e promoveu uma abertura significativa, levando essa tarifa média acima de 30% para uma média de 13% em 1993.

Nosso processo de abertura comercial foi seguido pela implementação do Plano Real. E, junto com ele, veio a valorização cambial da moeda, que impôs pressão adicional sobre as condições de concorrência com produtos importados da indústria brasileira. Apesar de toda essa pressão provocada pela abertura rápida e profunda promovida no governo Collor, junto com a redução tarifária eliminou-se uma série de regimes especiais de importação, o famoso anexo C da Cacex, que tinha mais de

3 mil produtos com importação proibida. Podemos dizer que a reforma do Collor alinhou o Brasil com os outros países em desenvolvimento.

Quando comparamos a estrutura de proteção que resultou do Plano Collor no Brasil, percebemos que ela é bastante parecida com a de outros países em desenvolvimento, como México, Índia, Indonésia ou mesmo Coreia. O problema é que engessamos a estrutura de proteção resultante do Plano Collor na criação do Mercosul e, de lá para cá, não fizemos nenhum outro movimento de abertura comercial. Nem na via unilateral, nem na negociação de acordos preferenciais de comércio que poderiam também ter contribuído para abrir a economia.

A estrutura de proteção da economia brasileira em 2020 foi muitíssimo similar à que prevaleceu no final do Plano Collor. Apesar de toda a redução da proteção promovida ali, a estrutura tarifária resultante dela continua marcada pela escalada tarifária. Ou seja, protegemos bem mais os bens de consumo, produtos do final da cadeia produtiva, do que as matérias-primas. E, embora os insumos intermediários e os bens de capital estejam no meio dessa estrutura, a proteção que o Brasil e o Mercosul conferem a insumos da indústria química, da indústria siderúrgica e outros, como máquinas e equipamentos, é muito maior do que a maior parte dos países em desenvolvimento. Temos escalada tarifária e, no meio da estrutura produtiva, setores que representam insumos fundamentais e que têm proteção relativamente elevada, se comparada à dos nossos pares.

O processo de adaptação das políticas brasileiras às mudanças no comércio internacional a partir dos anos 90, com a fragmentação das cadeias globais de valor, gerou uma série de demandas. Passaram a ser necessários, por exemplo, o desenvolvimento de tecnologias da informação e a redução do custo de transporte, para possibilitar o deslocamento de segmentos das cadeias de produção para países distintos. Embora esse fenômeno tenha ficado conhecido como "cadeia global de valor", ele é muito mais regional do que global, e está muito concentrado na Ásia, na Europa e na América do Norte. Contudo, se olharmos as estatísticas de comércio por valor agregado que facilitam a identificação de participação em cadeias de valor, percebemos que esse é um fenômeno fundamentalmente asiático e europeu, pouco característico da América do Norte e muito pouco da América do Sul. E, desse ponto de vista, o Brasil tem um problema de localização geográfica.

O processo de criação de cadeias regionais de valor se dá normalmente a partir de grandes empresas localizadas em determinados países que desempenham a função de liderança na construção dessas cadeias. No nosso caso, na América do Sul a integração sempre foi muito voltada para a exploração do mercado regional de forma seletiva, deixando diversos produtos ou setores à margem dos esquemas de integração, e não para a criação de plataformas regionais visando promover a inserção internacional das empresas da região. Ou seja, é um regionalismo muito pouco aberto.

A formação de cadeias internacionais de valor

O debate sobre cadeias globais de valor e políticas voltadas para favorecer a participação dos países nesses circuitos ganhou força mesmo a partir de 2010 e 2011. Isso se deu basicamente pelo engajamento de organizações multilaterais, como a OCDE, a OMC, o Banco Mundial e a Unctad. Tais organismos não apenas promovem formas de mensuração do comércio por valor agregado como defendem a ideia de que países em desenvolvimento poderiam, de alguma maneira, pular etapas do processo de industrialização, adaptando suas políticas nacionais a fim de facilitar que suas empresas se pluguem nessas cadeias.

Então, há todo um movimento dessas organizações em termos de prescrição de políticas públicas que busca simplificar o ambiente regulatório normativo para que as empresas desses países possam se integrar às redes internacionais de produção. Basicamente, o que se espera é que haja: remoção dos entraves aos fluxos de bens e serviços; redução dos custos de comércio; e promoção de um ambiente regulatório que confira maior previsibilidade à expansão dos negócios e à participação das empresas nas cadeias de valor.

Economistas da área de comércio, como Richard Baldwin, mostram que alguns temas deveriam ser incorporados tanto aos acordos preferenciais de comércio quanto à OMC, que precisaria se reestruturar. Baldwin tem um *paper* que propõe uma agenda para a OMC 2.0 mais voltada para facilitar os fluxos nessas cadeias de valor. Essa agenda inclui itens como: simplificação de procedimentos aduaneiros; redução da burocracia; redução das tarifas de importação de insumos e bens intermediários; liberalização de serviços; proteção de investimento estrangeiro direto; e convergência regulatória. Nesse último caso, é importante que as normas técnicas e sanitárias sejam convergentes em todos os países que participam do processo, tendo os direitos de patente e de propriedade intelectual protegidos para que os segredos de produção possam ser passados de um país integrante para outro.

Voltando ao caso brasileiro. Estamos em uma região que não favorece a participação nessas cadeias e também em um país que tem características dificilmente comparáveis às de países asiáticos ou do Leste Europeu, que puderam se beneficiar bastante desse processo global. Somos um país com nítidas vantagens comparativas na área de recursos naturais, um país que desenvolveu uma indústria diversificada, mas que também sempre foi muito apegado à ideia de integração vertical da indústria, o que não é compatível com a participação em cadeias de valor. Não temos a mesma facilidade de adaptação a mudanças de regras que outros países asiáticos apresentaram, por exemplo.

O fato de não participarmos de acordos preferenciais de comércio relevantes, mais modernos e mais profundos, contribui para o nosso isolamento e a baixa participação nas cadeias. Mas também não é verdade — e é importante chamar atenção para isso — que estejamos absolutamente fora das cadeias globais de valor. Fomos capazes de explorar a construção de cadeias em setores nos quais temos vantagens comparativas. Se observarmos o que empresas como a Sadia fizeram no passado em termos de estruturação de cadeias de valor, importando matrizes e insumos, organizando cadeias de produtores locais, criando empresas no exterior para investir e facilitar a exportação, teremos um ótimo exemplo de liderança no setor de proteína animal em uma cadeia de empresas. Em outro ramo, a Embraer também é um exemplo bem-sucedido.

Mercosul na encruzilhada

O Mercosul, criado em março de 1991, comemorou 30 anos em 2021. Nos primeiros dez anos do bloco, os resultados pareciam promissores, com um forte crescimento do comércio intrabloco na década de 90. A partir de 1999, já com os impactos da crise asiática no Brasil e na Argentina, ou seja, com a desvalorização da moeda brasileira e a dessincronização da conjuntura macroeconômica nos dois países, as coisas começaram a se complicar no bloco.

Agora, durante esse período de comemoração dos 30 anos, foi publicado no *Estadão* um artigo do embaixador Rubens Barbosa cujo título é "Mercosul na encruzilhada". Quando li esse título, lembrei que já em 2002, no final do governo Fernando Henrique, o embaixador Clodoaldo Hugueney, que era subsecretário de Assuntos de Economia do Itamaraty, preocupado com o futuro do Mercosul, tinha organizado um grande grupo de reflexão sobre o tema com acadêmicos, especialistas e mesmo pessoas que haviam trabalhado em governos dos países do bloco. Havia a demanda de que cada participante escrevesse um artigo sobre como via o futuro do Mercosul. Foi então que escrevi, junto com o Pedro da Motta Veiga, um artigo ao qual demos o título, justamente, de "Mercosul na encruzilhada". Assim, ao ler o texto do embaixador Rubens Barbosa, minha sensação foi a de que o Mercosul está na encruzilhada há 20 anos, engarrafando o trânsito, sem conseguir decidir para onde ir.

Essa espécie de estagnação do Mercosul se deve, fundamentalmente, na minha opinião, ao irrealismo, traço comum a projetos de integração na América do Sul da década de 70 para cá. O Tratado de Assunção, que criou o Mercosul, prevê no seu artigo 1º que, até 31 de dezembro de 1994, portanto, com prazo de três anos desde a sua criação, os países-membros deveriam: implementar uma tarifa externa comum; unificar suas políticas de comércio exterior e agrícola, fiscal, monetária, cambial e de capitais; e se comprometer a assegurar a livre circulação de bens, serviços e fatores de produção — capital e trabalho. Ora, isso é de um irrealismo absurdo. Se imaginarmos que a União Europeia lançou o seu projeto de união aduaneira em 1968, mas só o implementou efetivamente em 1992, imaginar que a união aduaneira do Mercosul seria criada em três anos é bastante fora da realidade.

Mas o problema do Mercosul não é só de modelo. É que foi projetado um processo de eliminação de tarifas e barreiras não tarifárias para o comércio intrabloco e uma Tarifa Externa Comum, a TEC, para o comércio extrabloco que, basicamente, transferiu a estrutura tarifária do Brasil, resultante do Plano Collor, para os demais membros do bloco. Evidentemente, não foi possível implementar a TEC integralmente e, em 1993, se previu que haveria mecanismos de exceção a essa Tarifa Externa Comum. Mas, de lá para cá, esses mecanismos de exceção não foram sendo reduzidos, muito pelo contrário, foram sendo ampliados.

Então, em 2021, 40% da lista de produtos da TEC estão em exceção, não cumprindo a mesma tarifa nas importações que vêm de fora do bloco. Para além disso, uma união aduaneira requer políticas comerciais comuns. Em tese, era para termos um único sistema de defesa comercial nos países-membros, que não deveriam poder aplicar medidas *antidumping* em separado. As medidas *antidumping* deveriam ser as mesmas para todos os países quando o processo fosse definido por alguma instância supranacional. O Mercosul, porém, nunca cogitou tal possibilidade. A outra questão é a obrigação de negociar acordos comerciais com terceiros países em conjunto, dado que, se há uma tarifária comum, um país não pode conceder preferências tarifárias para outros fora do bloco sem que os quatro países o façam ao mesmo tempo. Tudo isso gera uma confusão, uma grande dificuldade de avançar no sentido de constituir ou consolidar uma união aduaneira.

As diferentes situações econômicas e as preferências de política comercial nos países sócios do bloco em determinados momentos vão levando a um aumento da divergência e não a uma maior convergência. Não fomos capazes de negociar acordos comerciais relevantes. Só conseguimos o primeiro acordo comercial relevante no primeiro semestre de 2019, com a conclusão das negociações com a União Europeia, e também com os países da Associação Europeia de Livre Comércio, a Efta, composta por Noruega, Suíça, Islândia e Liechtenstein.

Esses dois acordos foram concluídos, mas não ratificados. E dificilmente o serão até o final do governo Bolsonaro por questões que têm muito mais a ver com a política ambiental do que com a política comercial. De todo modo, só foi possível concluir esses acordos com a União Europeia e a Efta porque, no início deste governo, havia uma forte determinação de que essa era uma dimensão importante para o processo brasileiro de abertura comercial. E o Brasil conseguiu influenciar o seu principal sócio, a Argentina, a aceitar algumas concessões adicionais para que esses acordos fossem concluídos.

O que nós temos no Mercosul hoje? Um debate basicamente entre Brasil e Argentina sobre a necessidade de se rever a TEC, com o Brasil defendendo uma redução do grau de proteção e a Argentina resistindo. O Brasil propôs, ainda no primeiro ano do governo Bolsonaro, uma redução de cerca de 50% na tarifa média da TEC com diferenças entre produtos. Isso não foi para a frente e, mais recentemente, o Brasil reduziu a sua ambição para um corte de 20% em duas etapas, mas ainda continua enfrentando a resistência da Argentina.

De outro lado, o Uruguai, que talvez tenha sido o país mais prejudicado pelo bloco, porque teve os seus níveis de proteção aumentados com a criação do Mercosul, não conseguiu negociar outros acordos por fora e começou a demandar autorização para negociar em separado. E o país sempre manifestou interesse em negociar acordos mais ambiciosos. Isso quer dizer que a dimensão de união aduaneira do bloco está em xeque. É impensável imaginar que o Mercosul vai desaparecer, que de repente não teremos mais uma área de livre comércio que reúna esses países. Se nossa intenção é ter alguma inserção internacional ou influência no comércio internacional em algum momento, teremos que ser capazes de lidar com um arranjo preferencial de comércio na nossa vizinhança. Todos os países relevantes, mesmo países em desenvolvimento, têm acordos preferenciais de comércio com os vizinhos.

A área de livre comércio do Mercosul funciona. Hoje em dia temos dois setores em exceção ao livre comércio no bloco: o automotivo, que já tem, de alguma maneira, políticas encaminhadas para a liberalização do comércio; e o açúcar, que está totalmente fora da livre circulação de bens. E há muita coisa que se pode fazer na área de livre comércio. Essa é uma agenda enorme e bem mais promissora, a meu ver, do que seguir insistindo na união aduaneira, que é muito exigente em termos de instituições e governança. E eu duvido que sejamos capazes de fazer algum movimento para a consolidação desse modelo, dessa união aduaneira num futuro previsível.

O momento político talvez não seja ideal para renegociar o Tratado de Assunção porque esta é uma construção política complicada, importante para a redução do risco de conflitos entre os países vizinhos. Portanto, não acho que deveríamos ter essa pretensão agora, mas acho perfeitamente possível negociar a flexibilização das regras que permitam aos países adotar as reformas que desejarem. Alguns, numa via mais rápida; já aqueles que não tiverem possibilidade de acompanhar agora, podem vir, eventualmente, a se juntar no futuro. Ou em algum momento em que o ambiente político esteja mais distensionado e possamos pensar na renegociação do tratado e, aí, sim, talvez na eliminação do modelo de união aduaneira.

Como economista, eu diria que, para dar transparência e clareza aos agentes econômicos, o ideal seria que os países do Mercosul abandonassem o modelo de união aduaneira e se concentrassem na área de livre comércio, ainda que isso exija uma convergência política que não temos agora.

A institucionalidade da política comercial no Brasil

Os temas de comércio são a cada dia mais abrangentes. A ideia de que há várias áreas de governo com impacto sobre a política comercial e sobre o desempenho do comércio exterior brasileiro está presente no debate público desde o governo Collor. A abertura comercial promovida naquela época só foi possível pela combinação de dois fatores. Além de haver um presidente da República convencido de que aquilo era importante e disposto a bancar os custos políticos dali decorrentes, houve uma reforma da governança na área econômica que resultou na criação de um superministério da Economia, cujo modelo se replicou no governo Bolsonaro.

A ideia de que é preciso desmontar os feudos protecionistas de resistência encastelados dentro da burocracia persiste e foi a tônica de todo esse período em que não evoluímos no processo de abertura comercial, sempre muito prejudicada pelas pressões dos lobbies do setor privado contrários a ela. No início do governo Fernando Henrique, a percepção de que havia várias áreas temáticas que interferiam no sucesso da política comercial levou à criação da Camex, uma instância de coordenação de política com impacto no comércio exterior. A Camex era ligada à Presidência da República, com participação de diferentes ministérios, desde a Fazenda, a Receita Federal e o Banco Central até o Ministério dos Transportes, da Agricultura e o Itamaraty, formando um arco da burocracia cujos instrumentos políticos poderiam interferir no resultado da política comercial.

Podemos dizer que essa experiência não foi tão bem-sucedida. A composição da Camex foi inflada quando começaram as negociações da Alca, por conta da diversidade de sua agenda temática. Esses processos de integração comercial preferencial de meados da década de 90 até hoje passaram a incorporar agendas cada vez mais ambiciosas, que incluíam a concorrência, a propriedade intelectual, as compras governamentais e, depois, o comércio eletrônico. Desde o Nafta, capítulos dos acordos voltados para a proteção do meio ambiente e dos direitos laborais passaram a pertencer ao grande arco temático de diferentes áreas que foram sendo levadas para dentro da Camex.

Em certo momento, a Camex migrou da Presidência da República para a coordenação do Ministério do Desenvolvimento, da Indústria e Comércio Exterior, onde permaneceu até o governo Michel Temer. O fato de uma instância governamental dedicada a coordenar políticas de diferentes áreas estar sob a coordenação de um único ministério tem sido alvo de críticas de diversos analistas, mas tampouco parece que a experiência de a Camex estar ligada à Presidência tenha mostrado resultados superiores. Porque se não há um engajamento do presidente da República, se essa agenda não assume importância devida no governo, fica difícil avançar.

O contexto internacional

A ideia meio catastrofista de que o processo de globalização e de formação de cadeias de valor já atingiu o auge e que já teríamos entrado numa fase de desglobalização se fez muito presente na crise financeira de 2008. Era previsto que haveria uma ruptura e, de lá para cá — com todos os acontecimentos que culminaram na crise da pandemia de covid-19 e nas tensões entre Estados Unidos e China, que permanecem no governo Joe Biden —, tudo contribuiu para criar uma narrativa pouco favorável a um movimento de abertura comercial no Brasil. Mas acho importante ter clareza tanto sobre o cenário internacional quanto sobre a situação do Brasil.

No cenário internacional, as previsões catastrofistas não se materializaram em termos de uso de instrumentos de política comercial que representassem, de fato, um retorno ao protecionismo generalizado. Há elevação de tarifas bastante pontuais e também conversas sobre política industrial, além de movimentos voltados para o reforço dos elos das cadeias de produção nacionais. Mas, fato é que, quando olhamos para os últimos dados de crescimento do comércio mundial da OMC, tudo indica que em 2021 vamos crescer em torno de 8%, mais do que compensando as perdas observadas em 2020, quando o comércio internacional caiu em torno de 5,3%, se não me engano.

Para 2021 foi projetado um crescimento de 8% com uma retomada importante, inclusive do comércio industrial. Porém, não está muito claro ainda como será esse movimento no comércio internacional e nas cadeias de valor. Acredito que também já tenha ficado claro que o custo do *onshoring* não é desprezível. E que os ganhos de eficiência de produtividade alcançados com o processo de globalização não podem ser revertidos de uma hora para outra com processos de retorno dos elos das cadeias produtivas para as economias domésticas.

No fundo, para encarar o grave problema da ruptura das oportunidades de emprego e suas consequências sociais, o mais importante é olhar para o impacto da combinação de comércio com inovação tecnológica na desalocação de trabalhadores, bem como para as políticas públicas necessárias para mitigar e enfrentar o fato de que dificilmente haverá reincorporação da massa de trabalhadores deslocados. Vários estudos indicam que as transformações tecnológicas têm um impacto muito mais relevante do que o comércio em termos de desalocação do emprego.

De todo modo, não está claro ainda como e até que ponto esse processo de desglobalização avançará. E é muito provável que haja redução do ritmo de fragmentação da produção, que já é bastante elevada. É menos clara ainda, e um tanto voluntarista, a ideia de que o Brasil vai poder aproveitar essa onda de *nearshoring* na América Latina para estabelecer redes regionais de produção. Isso depende, fundamentalmente, de reformas domésticas implementadas no país, porque esse processo também precisa de um país líder, e não serão nações como Chile ou Colômbia que irão liderar um processo de desenvolvimento de cadeias regionais na região. Para isso seria necessário que Brasil e México pudessem desempenhar esse papel, mas isso depende muito mais das reformas domésticas, do processo de abertura comercial, de simplificação da burocracia no comércio exterior e de aposta numa iniciativa de integração regional exigente em termos de reformas para o Brasil do que de qualquer outra coisa.

Olhando para dentro, a questão da abertura comercial no Brasil não deveria ser impactada. Precisamos é normalizar a política comercial brasileira. Levar a estrutura de proteção às diversas áreas de política com impacto no comércio exterior aos níveis praticados pela média dos países em desenvolvimento. E o Brasil está muito distante dessa média. A verdade é que nós ficamos parados na estrutura de proteção da década de 90. Adotamos, entre 2011 e 2016, um forte ativismo de política comercial com relevante dimensão de conteúdo local nas políticas que nos afastou ainda mais da possibilidade de ingressar em cadeias de valor. E, como legado, temos uma indústria pouco eficiente, pouco produtiva e pouco especializada.

Na minha opinião, a indústria brasileira está se desintegrando e sofrendo com o veneno que ela própria tem defendido, que é a ideia de que é importante manter um elevado grau de proteção enquanto outras reformas não acontecem. Por conta disso, não abrimos a economia e, ainda assim, a indústria vem perdendo posição e participação no PIB, talvez da pior maneira possível, porque sobrevivem os ineficientes com maior poder de lobby para manter os regimes especiais obtidos.

O Brasil tem dificuldade para avançar na reforma da política comercial, mas também na reforma da política tributária. As dificuldades para implementar uma reforma tributária mantêm, de alguma maneira, um paralelo interessante com as dificuldades de implementar uma abertura comercial. O paralelo reside no fato de que tanto a política comercial e a estrutura de proteção quanto a estrutura tributária se tornaram tão disfuncionais que os diferentes setores da economia foram logrando a construção e a obtenção de regimes especiais setoriais para, de alguma maneira, amenizar os efeitos negativos que elas têm para os seus negócios.

Portanto, na hora de implementar uma reforma mais abrangente, ninguém quer abrir mão dos privilégios já conquistados, com medo de que o resultado seja pior do que o já obtido até ali. Será muito difícil vencer essa situação sem o apoio dos setores que deveriam ter interesse em avançar com as reformas. Estamos presos — tanto na reforma tributária quanto na reforma da política comercial — a esse conjunto de interesses que encontra respaldo muitas vezes na Academia, em especialistas que nos mantêm na encruzilhada do Mercosul e da nossa política comercial.

LEITURAS SUGERIDAS

- Araújo, Sonia e Dorothee Flaig. "Quantifying the Effects of Trade Liberalisation in Brazil: A Computable General Equilibrium Model (CGE) Simulation", OECD Economics Department. Working Paper nº 1.295, OECD Publishing: Paris, 2016. Disponível em: <https://www.oecd-ilibrary.org/economics/quantifying-the-effects-of-trade-liberalisation-in-brazil_5jm0qwmff2kf-en>. Acesso em: 30 set. 2022.
- Baldwin, Richard. "WTO 2.0: Governance of 21st Century Trade", *The Review of International Organizations*, vol. 9(2), 2014, pp. 261-283. Disponível em: <https://ideas.repec.org/a/spr/revint/v9y2014i2p261-283.html>. Acesso em: 30 set. 2022.
- Caliendo, Lorenzo e Fernando Parro. "Trade Policy", *National Bureau of Economic Research*. Working Paper nº 29.051, 2021. Disponível em: <http://www.nber.org/papers/w29051>. Acesso em: 30 set. 2022.
- Dix-Carneiro, Rafael e Brian K. Kovak. "Trade Reform and Regional Dynamics Evidence From 25 Years of Brazilian Matched Employer--Employee Data", *National Bureau of Economic Research*. Working Paper nº 20.908, 2015. Disponível em: <http://www.nber.org/papers/w20908>. Acesso em: 30 set. 2022.
- Fernandes, Ana Margarida, Nadia Rocha e Michele Ruta. "The Economics of Deep Trade Agreements". CEPR Press & World Bank Group, 2021. Disponível em: <https://www.worldbank.org/en/research/brief/the-economics-of-deep-trade-agreements-ebook>. Acesso em: 30 set. 2022.

- Kalout, Hussein, Marcos Degaut, Carlos Pio, Carlos Góes, Ana Repezza, E. Leoni e L. Montes. "Abertura comercial para o desenvolvimento econômico", *Relatório de conjuntura nº 3*, 2018. Disponível em: <https://www.researchgate.net/publication/323615850_Abertura_Comercial_para_o_Desenvolvimento_Economico_Trade_Openness_for_Economic_Development>. Acesso em: 11 nov. 2022.
- Naidin, Leane Cornet, Pedro da Motta Veiga e Sandra Rios. "Liberalização comercial sob Bolsonaro: o que foi feito e o que pode ser feito até o final do governo", *Série breves Cindes nº 112*, 2021. Disponível em: <https://cindesbrasil.org/wp-content/uploads/2022/05/breves_112_-_liberalizacao_comercial_sob_bolsonaro_o_que_foi_feito_e_o_que_pode_ser_feito_ate_o_final_do_governo.pdf>. Acesso em: 11 nov. 2022.
- Ornelas, Emanuel, João Paulo Pessoa e Lucas Ferraz. *Política comercial no Brasil: causas e consequências do nosso isolamento*. São Paulo: BEI, 2020.
- Rios, Sandra e Pedro da Motta Veiga. "Abertura comercial: a reforma necessária (mas não suficiente) para a retomada do crescimento econômico", in Pastore, A.C. (coord.). *Como escapar da armadilha do lento crescimento*. CDPP, 2018. Disponível em: <https://cdpp.org.br/wp--content/uploads/2019/10/capitulo5.pdf>. Acesso em: 11 nov. 2022.
- Ruta, Michele. "Preferential Trade Agreements and Global Value Chains: Theory, Evidence and Open Questions", *Global Value Chain Development Report*, 2017. Disponível em: <https://documents.worldbank.org/en/publication/documents-reports/documentdetail/991871505132824059/preferential-trade-agreements-and-global--value-chains-theory-evidence-and-open-questions>. Acesso em: 30 set. 2022.

26. CLAUDIA COSTIN
Podcast realizado em 24 de junho de 2021

Claudia Costin graduou-se em Administração Pública pela Eaesp/FGV e fez mestrado em Economia Aplicada na mesma instituição. É fundadora e diretora-geral do Ceipe/FGV, no Rio de Janeiro. Foi diretora global de Educação do Banco Mundial, membro da Comissão Global sobre o Futuro do Trabalho na OIT, professora da PUC-SP, do Insper, da Enap (Canadá) e, mais recentemente, da Faculdade de Educação da Universidade Harvard. Foi ministra de Administração e Reforma do Estado no governo FHC, secretária de Cultura do estado de São Paulo e secretária de Educação do município do Rio de Janeiro. É articulista da *Folha de S. Paulo* e cofundadora do movimento da sociedade civil Todos Pela Educação. Integra, desde o final de 2020, o UIL, da Unesco, e o Conselho de Administração da Fundação Qatar.

RESUMO

Claudia Costin analisa o estado atual da educação no Brasil a partir de sua vivência como secretária de Educação da cidade do Rio de Janeiro (2009-2014). Ela enfatiza a importância da adoção de um currículo na Educação Básica e da atenção às escolas em áreas de vulnerabilidade no país. Expõe ainda as razões e os desafios para a implementação da Reforma do Ensino Médio e as lições a serem extraídas de modelos bem--sucedidos de educação em estados da Federação. Tendo atuado como diretora global de Educação do Banco Mundial (2014-2016), assinala a relevância da formação continuada dos professores e a importância das evidências dos casos internacionais de sucesso para orientar as políticas educacionais.

Da educação para a administração

Sou da primeira geração da minha família nascida no Brasil. Meus pais são, ambos, imigrantes. Minha mãe, refugiada de guerra, veio da Hungria, meu pai, da Romênia. Eles se conheceram no Brasil e eu nasci em São Paulo. Minha mãe não tinha o ginásio completo, seus estudos não foram reconhecidos no Brasil e ela não conseguiu continuar a estudar. Quando saiu da Romênia, meu pai começou a fazer faculdade na França, onde passou três anos, mas não concluiu. Ele se tornou empresário de uma firma de porte médio que depois foi vendida a um grupo sueco que o manteve como diretor-presidente até a sua aposentadoria. Participou da Fiesp até o fim da vida, chegando a ser vice-presidente de Comércio Exterior na instituição.

Eu fiz Magistério no Ensino Médio, meu sonho era trabalhar com educação. Mas, no ano em que prestaria vestibular, o meu irmão faleceu em um acidente, quando meu pai o preparava para a sucessão. Ele me pediu, então, que eu fizesse administração, a fim de sucedê-lo. Só que eu detestava aquilo, eu era muito de esquerda, achava que trabalhar com empresa tinha algo de burguês. Aos meus quase 17 anos essa era a minha visão de mundo. Mas eu também não magoaria um pai que acabara de perder um filho. Fui pesquisar e descobri que a Fundação Getulio Vargas tinha um curso de Administração Pública, assim, segui em algo que me apaixona tanto quanto a educação: políticas públicas. Então fiz a FGV pensando que, no futuro, trabalharia com políticas educacionais.

Minhas atividades sempre estiveram associadas a políticas públicas e por esse caminho cheguei a ser ministra de Administração e Reforma do Estado, no governo Fernando Henrique. Fui também gerente de Setor Público para a América Latina no Banco Mundial. No ano 2000, depois de acompanhar o Pisa, programa de avaliação da OCDE, e os resultados que testemunhei no Banco Mundial, decidi voltar para a educação, o que não consegui de pronto, pois a área era muito disputada dentro do sistema político. Acabei assumindo o cargo de secretária de Cultura no estado de São Paulo. Assim, não consegui voltar direto para a educação.

Primeiro, tive essa passagem pela Secretaria de Cultura de São Paulo, mas já decidida a fazer o caminho de volta, que se concretizou, em parte, quando segui para atuar no terceiro setor, na Fundação Victor Civita, financiada, à época, pela Editora Abril e Gerdau e voltada para a melhoria da qualidade da educação pública no Brasil. Fui presidir a Fundação Victor Civita e lá recebi o convite para ajudar a fundar o movimento Todos pela Educação, onde hoje atuo no Conselho Deliberativo.

Ainda na Fundação, quando recebi o convite do prefeito Eduardo Paes para ser secretária municipal de Educação do Rio de Janeiro, eu lhe disse que não poderia aceitar porque não havia feito campanha a seu favor. Queria muito que Fernando Gabeira tivesse sido eleito e disse isso ao Paes. E ele respondeu: "Não tem problema, mas eu quero você." No final, acabei indo e foi uma grande paixão. Foi daquelas decisões que mudam de alguma maneira a sua vida. Foi quando, finalmente, consegui juntar política pública e educação.

A tese da "elite iluminada"

O Brasil ainda tem sérios problemas na área da educação. Tomamos algumas decisões no passado, muitas delas com a melhor das intenções, que nos trouxeram ao atual quadro educacional. Eu me lembro que a Índia, por exemplo, tomou decisões parecidas. Alceu Amoroso Lima, o Tristão de Athayde, já falava disso: primeiro teríamos de investir no ensino superior para forjar uma elite iluminada que, depois, poderia liderar a transformação do processo de desenvolvimento no Brasil. Para tanto, seria fundamental priorizar o ensino superior. Além disso, outra decisão reforçou essa ênfase numa elite preparada: a instituição do exame de admissão. Afinal, pensava-se, o ensino secundário não deveria ser para todos. Com isso, o que chamamos hoje de ensino básico ficou ainda mais excludente.

Colocou-se boa parte do financiamento dirigido ao ensino superior em uma aposta que parecia fazer sentido. Algo que Nehru também fez na Índia. Mas, na prática, quando surgiu, essa tal "elite iluminada" rapidamente criou mecanismos de exclusão e de proteção, a fim de se manter separada do resto. E como confirmamos isso? Verificando os índices de acesso à escola.

A universalização tardia

Em 1930, tínhamos apenas 21,5% das crianças na escola primária, quando a Argentina já tinha 62%, e o Chile, 73%. A Coreia estava empatada conosco. No fim dos anos 60, no entanto, a Coreia já tinha universalizado o ensino primário, em meio a uma grave crise econômica, quando a fome grassava no país. Os coreanos haviam feito um investimento em capital humano lá atrás. A Argentina já universalizara o ensino. E nós, no final dos anos 60, tínhamos no ensino primário somente 40% das crianças.

A tal escola pública de muita qualidade antigamente era boa, em parte porque educava basicamente os filhos dos letrados. É bem mais simples educar os filhos dos letrados do que assegurar aprendizagem a todos. Naercio Menezes, pesquisador do Insper, mostra que 68% do êxito escolar da criança, no que se refere a fatores extraescola, depende da escolaridade dos pais. Então, não se trata de a escola não ter campo de ação para melhorar a aprendizagem de todos. A escola tem, mas o campo não é ilimitado, porque ela pode fazer apenas uma parte.

Para complicar ainda mais, quando o mercado de trabalho se abriu para a mulher, por volta dos anos 70, início dos 80, as mulheres mais brilhantes, que antes muitas vezes acabavam optando pela enfermagem ou pelo magistério, encontraram novas opções. Com o mercado de trabalho se abrindo para a mulher no mesmo momento em que os pobres finalmente estavam entrando na escola, a profissão de professor perdeu um pouco do prestígio. Com isso, criamos um problema de recrutamento e manutenção de talentos na profissão de professor.

Há um dado do Pisa que obtém, por meio de questionários, uma série de dados sobre os alunos de 15 anos de diferentes países, além de testar suas competências em Leitura, Matemática e Ciências. Os dados mostram que apenas 2,7% dos alunos brasileiros de 15 anos sonham ser professores. Na prática, infelizmente, os alunos de cursos de licenciatura são integrantes dos 25% de alunos de pior desempenho no Ensino Médio. E o pior: não necessariamente entram para a profissão imbuídos de um propósito.

Portanto, temos motivos históricos para explicar a performance negativa da Educação Básica brasileira: a demora na universalização do acesso, os mecanismos de exclusão construídos no sistema, a baixa atratividade da carreira de professor, na forma de baixos salários e baixo reconhecimento social da profissão, e a formação inadequada dos futuros mestres. Por consequência, infelizmente, quase 55% das crianças brasileiras saem praticamente analfabetas do 3º ano do Ensino Fundamental.

Indo para a outra ponta, entre alunos do 3º ano do Ensino Médio o desempenho também é muito inadequado. Em Matemática, apenas 10,8% sabem o suficiente. Mas não é só "copo meio vazio" — desde 2005 estamos melhorando nossos índices no Sistema de Avaliação da Educação Básica, o Saeb, quanto à avaliação nacional do 5º ano do Ensino Fundamental.

Transformação em ritmo lento

No 9º ano do Fundamental, apresentamos melhora nas cinco últimas edições do Saeb. E no 3º ano do Ensino Médio, depois de anos estagnados, mesmo com resultados ainda muito baixos demos até um salto no último Saeb. Estamos ainda em patamares inaceitáveis de desempenho para a 12ª economia mundial em termos de PIB, porém demos um salto. Ou seja, temos uma transformação em andamento, mas em ritmo muito lento. O que precisamos fazer é aprimorar ou concluir as transformações iniciadas, a fim de que as crianças possam aprender, de fato, e ter expectativas de aprendizagem mais altas, necessárias à 4ª Revolução Industrial. Mas com equidade, ou não se constrói uma sociedade coesa.

A experiência como secretária de Educação no Rio

Quando o Eduardo Paes me convidou para o cargo, que incialmente recusei, coloquei como contraproposta que eu olharia os dados educacionais do Rio, já que eu estava na Fundação Victor Civita. Levaria algumas ideias e até ajudaria a recrutar um secretário. Ele fingiu que topou e eu preparei isso. Verifiquei que dois pontos me chamaram atenção. Primeiro, o Rio de Janeiro não tinha currículo. O Brasil não tinha currículo, logo, não era uma falha exclusiva do município do Rio de Janeiro. Havia um preconceito mesmo com currículos, dentro de uma ideia equivocada de que isso limitaria a autonomia do professor.

Todos os países examinados no ranking dos 40 melhores desempenhos do Pisa têm currículos nacionais. A única exceção é o Canadá, que, por conta da dupla herança cultural, francesa e inglesa, optou por contar com currículos provinciais. A importância do currículo, que envolve estabelecer com clareza os direitos de aprendizagem de todos, é que, sem ele, não se constrói equidade. Tudo passa a depender de a criança ter a sorte de ter um professor bom naquela escola, tanto do ponto de vista do sequenciamento da aprendizagem e da didática quanto do conteúdo a ser aprendido.

Não por acaso, um dos países com uma grande desigualdade educacional, embora menor que a nossa, é os Estados Unidos, onde também se demorou a aceitar a ideia de currículo. Então, o primeiro item que me chamou atenção, ao assumir como secretária municipal de Educação do Rio, foi a falta de currículo. Outro, e imaginei que seria assim mesmo, foi o fato de ser muito desafiador dar aulas em áreas conflagradas. Para comunidades controladas pelo tráfico e pelas milícias seria difícil atrair bons professores. Portanto, nessas áreas o Ideb, o índice brasileiro que mede a qualidade da educação, seria menor. Descobri, verificando os dados, que o Rio de Janeiro tinha melhorado um pouco nesse índice, mas somente porque não estava havendo reprovação. Então, não eram melhorias em aprendizagem — esta era lamentável naquele período.

O que propus ao Eduardo Paes? Primeiro, construirmos um currículo muito rapidamente. Em vez de fazer um processo longo, "assembleístico", de construção de currículo, fazer um primeiro currículo com alguém de grande respeitabilidade na rede. Começar a implementar e fazer uma avaliação com os professores um ano depois, sobre o que deu certo e o que deu errado. Porque há um tempo político.

O Paraná levou quatro anos tentando construir um currículo, ganhou oposição e todo o trabalho foi jogado fora um pouco antes desse tempo. Então, o que nós fizemos? Primeiro, construímos um currículo fatiado em bimestres, com avaliações diagnósticas a cada dois meses, a fim de medir a temperatura e verificar se as crianças estavam aprendendo. Simultaneamente, era preciso dar devolutivas aos diretores de escolas e à rede sobre o desempenho geral naquele período, além de oferecer cadernos pedagógicos que dialogassem com o currículo e apoiassem o trabalho dos professores. Em segundo lugar, era preciso olhar para essas áreas com pior desempenho, em consequência de vulnerabilidade ou violência, e ter um programa de ação afirmativa para eles.

O que eu chamo de ação afirmativa? Normalmente, as pessoas associam ação afirmativa a cotas. Eu associo a dar mais a quem tem menos. E, no caso da universidade, pode-se até dialogar com cotas, mas aqui era assim, nós tínhamos um limite. E eu não tinha dinheiro, por exemplo, para equipar todas as escolas com bons laboratórios de Ciências. Assim, ao menos nas 155 escolas em áreas conflagradas, que passamos a chamar de Escolas do Amanhã, definimos que haveria laboratórios equipados e formação dos professores para fazer um trabalho mais experimental em Ciências.

Outro exemplo se refere à inclusão digital. Não tínhamos dinheiro para contar com um computador para cada três alunos, o que, à época, nos parecia o ideal. Assim, enquanto na maior parte das escolas colocamos um computador para cada seis alunos, naquelas que passamos a chamar de Escolas do Amanhã nós colocamos um para cada três estudantes.

Premiação criteriosa de professores

Eduardo Paes introduziu algumas medidas de incentivo no serviço público como um todo, inclusive com premiação de professores e de outros servidores da educação. Nas escolas, tivemos o cuidado de estabelecer metas de melhoria calibradas para o tamanho do desafio, mas, se a escola atingisse uma meta de melhoria e se ela fosse uma das Escolas do Amanhã, o prêmio seria dado em dobro.

Com isso, fomos construindo mecanismos a fim de atrair os melhores professores para atuar nessas Escolas do Amanhã, inclusive pagando um adicional a quem integrasse seus quadros, independentemente do atingimento de metas. Isso tudo baseado em pesquisas internacionais sobre escolas desafiadoras. E quando tínhamos empresas e pessoas querendo doar equipamentos e materiais às escolas, encaminhávamos preferencialmente às Escolas do Amanhã. Esse foi um programa que, acredito, deu muito certo, porque em dois anos, entre 2009 e 2011, na média da rede, nós melhoramos o Ideb do 9º ano em 22% e, nas Escolas do Amanhã, o índice melhorou 33%. Assim, fechou-se parte do gap que existia entre essas escolas e as demais.

As lições para um secretário de Educação

Implementamos uma série de outras providências. Mas, resumindo os aprendizados daquele período, a fim de transpor aos novos secretários de Educação, eu diria: comece construindo um bom currículo. E teste com a rede. No meu caso, chamei a Isa Locatelli, uma antiga professora, respeitadíssima, para liderar a elaboração desse currículo. E consegui muitas parcerias com a sociedade. Criamos um sistema de recuperação de aprendizagem, com realfabetização dos analfabetos do 4º ao 6º ano; aceleração dos mais velhos; e um projeto chamado Nenhuma Criança a Menos, com aquelas com maiores desafios em leitura no 3º e no 7º anos.

As lições que aprendi com isso tudo: primeiro, comece com um bom currículo; segundo, faça um monitoramento constante da aprendizagem. Não precisa ser usando um sistema complicadíssimo nem chamando excelências das melhores organizações em avaliação educacional. Ensine sua rede a fazer avaliações diagnósticas com base no currículo, porque os professores vão saber que aquilo será testado e terá visibilidade. Não visibilidade no sentido de ranqueamento, mas visibilidade para identificar uma escola que está indo muito bem em um determinado território. E se uma outra escola do mesmo território eventualmente não consegue ir bem pode-se até parear essas escolas, criar um sistema de apadrinhamento entre elas, pensar em rede.

Um dos pontos que destaco muito nas mentorias aos secretários de Educação: as escolas não podem estar "feudalizadas". A autonomia escolar deveria ser autonomia de gestão, e não autonomia para cada uma formular e implementar uma política educacional diferente. E o fato de as escolas operarem em rede permite colaboração entre elas. E conseguimos isso. Eu me lembro de uma escola em Antares, na Baixada Fluminense, que se saía muito bem: o Ciep 1º de Maio. Convidei a diretora dessa Escola do Amanhã para ser madrinha da diretora de outra lá perto, também em Antares, que não conseguia bons resultados. Em dois anos, essa segunda escola pôde apadrinhar uma terceira, porque tinha dado uma "deslanchada".

Este é outro ponto: avaliar, ensinar os professores a trabalhar com dados. E verificar, ter devolutivas regulares disso. E montar um sistema de reforço escolar, prestando muita atenção aos mais velhos, que ainda não têm idade para ir para o sistema de educação de jovens e adultos, mas que têm, pelo menos, dois anos a mais do que a idade correta para a série em que estão. Isso porque esses serão os primeiros a abandonar a escola caso algo saia errado no caminho. É preciso criar um sistema de aceleração dos mais velhos com turmas menores, com professor generalista que se dedique a eles, com o suporte apropriado para ensinar diferentes disciplinas.

Investir muito em educação infantil foi um esforço grande que fizemos. Inclusive, tivemos um currículo de educação infantil antes mesmo que o governo federal criasse um. Era necessário um pouco de ação afirmativa na educação infantil: já que não havia vaga para todas as crianças na creche, por que não priorizar as inscritas no cadastro único do então Ministério do Desenvolvimento Social — depois chamado de Ministério da Cidadania —, que identifica os que estão abaixo da linha da pobreza? Porque a creche é a única etapa na qual podemos nivelar o desempenho escolar e as diferenças socioeconômicas na origem, visando ao desempenho escolar futuro. Mas é preciso ser seletivo, a fim de se poder oferecer vaga em creche aos que mais vão precisar desse esforço.

Por último, e não menos importante — e eu devo estar esquecendo umas dez coisas —, é preciso trabalhar na educação infantil com as outras políticas públicas. Em relação à saúde, por exemplo, paramos de aceitar as crianças com menos de seis meses nas creches, a fim de garantir a amamentação exclusiva até essa idade. Criamos, com a assistência social e a saúde, as escolas de parentalidade para crianças do cadastro do Bolsa Família que ainda não tinham vagas em creche. E, para as que tinham, criamos mais vagas com menos frequência. Um sábado por mês para as que tinham vaga em creche. Três sábados por mês para as que não tinham, e os pais eram orientados a cuidar dos bebês e das crianças pequenas com estimulação do cérebro. Cuidando da saúde, da alimentação da criança pequena e fortalecendo vínculos familiares.

A evasão do Ensino Médio e a educação de "verniz"

Outro grande problema é a evasão escolar, especialmente no Ensino Médio. O Brasil, de fato, precisa reformar o Ensino Médio. O francês Edgar Morin, o grande filósofo da educação, que completará 100 anos em julho de 2021, disse em um relatório encomendado no início do século XXI pelo Ministério da Educação de seu país que o Ensino Médio francês fragmentava os saberes. Eram oito matérias para sete horas de aulas por dia a cada semestre, o que ele julgava excessivo. O Brasil ainda tinha, em 2021, 13 matérias para quatro horas e meia de aulas por dia. Não há como funcionar bem, pois se oferece apenas um verniz de cada uma delas. Isso advém de uma abordagem muito corporativista, com associações defendendo essa ou aquela matéria, quando, na verdade, o que precisamos é preparar a nova geração para um mundo em transformação que demanda maior capacidade de aprofundamento e pensamento crítico.

Integrei a Comissão Global para o Futuro do Trabalho da OIT. Eu era a única dos 26 membros da comissão focada na área de educação. Ficamos 18 meses em Genebra pensando nas transformações do mundo, com a 4ª Revolução Industrial, e no que deve ser feito para assegurar qualidade de vida para todos. Algo destacado é que precisamos não só garantir as competências básicas aos jovens, como também ensiná-los a pensar autonomamente, a fim de que possam resolver colaborativamente problemas com criatividade. Precisamos desenvolver competências que ainda não conseguimos entregar. Afinal, estamos competindo com "robôs, com inteligência artificial". Então, precisamos mudar radicalmente o modo de ensinar.

A reforma do Ensino Médio é urgente. Os últimos ministros se debruçaram sobre essa questão e, com isso, conseguimos fazer algo parecido com os países que têm bons sistemas educacionais: dotar os alunos de competências acadêmicas básicas e ter áreas de aprofundamento alternativas para que eles, baseados em seus interesses e sonhos de futuro, possam se concentrar mais em alguns temas do que em outros. Mas também precisamos de uma base comum. Todas as unidades da Federação já traduziram a Base Nacional Comum Curricular em currículos subnacionais.

Tudo é bastante desafiador, porque o professor precisa ser formado por uma prática que não é apenas disciplinar, inclui áreas de conhecimento. Os livros didáticos já estão sendo adaptados por áreas de conhecimento e o processo avaliativo precisa ser aprimorado para que isso aconteça. Até 2024, deveremos ter um novo Enem que já dialogue com esse novo Ensino Médio. E há questões de logística também. Às vezes, existe só uma escola pública que oferece Ensino Médio num município sob gestão da rede estadual. Caso essa escola escolha dois ou três itinerários formativos, a do município vizinho escolherá, eventualmente, outros dois, e será preciso transportar alunos de uma escola até a outra. Não será simples, mas o Brasil precisa se desafiar, levar a educação a sério.

Temos transformado a educação no Brasil, porém em ritmo muito lento. Comparando-se com os números de 2019, os resultados do Ideb em 2021 foram uma boa surpresa. Ao longo dos anos, os alunos se beneficiaram de transformações anteriores que foram se consolidando através do tempo. Uma delas é pouco citada. Em 1971, a fim de criar o Ensino Fundamental, que antes era o primário e o ginásio, o governo de então tirou um ano de escolaridade. Diferentemente dos outros países, nós não só temos uma carga horária menor, como menos anos de escola. Em 2006, esse ano tirado foi devolvido. Então, voltamos a ter uma Educação Básica do tamanho da dos outros países. Isso ajudou muito. Não foi à toa que, a partir de 2005, a cada edição do Saeb verificamos melhoras. Além disso, com a ideia da criação do Ideb, progressivamente os professores e diretores foram aprendendo a usar os dados de aprendizagem no seu processo de ensino.

O que sabemos sobre as experiências de sucesso?

Acompanhamos de perto o bom exemplo de Sobral, no Ceará, e o fato de que a cidade alfabetiza todas as crianças até os 7 anos e segue com avanços no Ensino Fundamental. No Brasil, apesar do mau resultado na alfabetização em 2016, tivemos, sim, uma lenta mas consistente evolução nos anos iniciais do Fundamental. Já nos anos finais, apesar de melhorias no Ideb, ainda estamos num patamar muito baixo tanto em Leitura quanto em Matemática.

No Ensino Médio, vale destacar o exemplo de Pernambuco. Em 2007, Pernambuco era o penúltimo colocado no ranking do Ideb dos estados. No entanto, um pouquinho antes de 2007, o estado tinha criado uma escola em tempo integral com abordagem muito mais contemporânea, com a ideia de ser um projeto de vida do aluno associado a opções de escolha entre as eletivas. Em dez anos o projeto foi evoluindo e Pernambuco chegou ao 3º lugar entre os estados, embora conte com um nível socioeconômico muito mais baixo que o do Rio de Janeiro.

Houve evolução, porque hoje 82% da rede estadual de Pernambuco está em tempo integral com essa proposta inovadora. Mas isso se fez ao longo de dez anos. O que fizeram os outros estados? O Ceará escalou a experiência de Sobral. Hoje, o melhor Ensino Fundamental I e II é o do Ceará. E os dois estados fizeram uma recente parceria na qual o Ceará passou a copiar Pernambuco no Ensino Médio e Pernambuco passou a copiar o Ceará no Ensino Fundamental.

São Paulo e Espírito Santo começaram a copiar o Ensino Médio de Pernambuco. O Rio de Janeiro copiou também, assim como outros estados. Mas, à exceção da Paraíba, tudo tem sido muito lento, dada a falta de folga fiscal. No Rio de Janeiro, fiz o mesmo com o Fundamental II, pensando em criar uma escola para adolescentes. Essa escola continua existindo. Havia algo que não percebi na época. Nós deveríamos ter priorizado colocar em tempo integral as Escolas do Amanhã. Colocar essa proposta inovadora justamente nas escolas em áreas mais vulneráveis, o que acabou acontecendo depois que eu saí. Algumas das nossas ideias naquela gestão foram desmontadas durante a gestão do Marcelo Crivella, mas não se conseguiu desmontar uma cultura criada.

Um olhar internacional: aprender com o que funciona

Das minhas experiências como diretora global de Educação do Banco Mundial e integrante da Comissão sobre o Futuro do Trabalho, da OIT, o meu primeiro registro é algo meio duro e dialoga com a pandemia: não há negacionismo científico só na saúde. Infelizmente, neste momento que vivemos, o Brasil da pandemia mostrou que na saúde nós não nos baseamos em ciência. Isso é muito triste. As pessoas olham para a política de saúde como se fossem torcidas de times de futebol rivais. Infelizmente, o mesmo acontece com a educação. Às vezes, as mesmas pessoas que criticam o negacionismo científico na saúde não enxergam o próprio negacionismo científico na educação.

Educação deve se basear em ciência, em evidências científicas. Hoje sabemos muito mais sobre como a aprendizagem ocorre no cérebro da criança e do adolescente. Sabemos o que funciona e o que não funciona em alfabetização. Sabemos as diferenças no processo de aprendizagem entre as crianças que não foram bem estimuladas na infância — as que mais precisam do efeito escola — e as demais. Isso foi algo que pude amadurecer acompanhando os sistemas educacionais que funcionam bem. É preciso olhar o que funciona no mundo, porque a humanidade é uma só, mesmo que existam questões que devam ser contextualizadas. Mas há muitos aspectos parecidos.

Em visita a Xangai, me chamou atenção que cada professora, como parte da sua formação continuada em serviço, tivesse um certo número de salas de aula para observar durante o seu aprendizado. Não a fim de julgar as colegas, mas visando ao próprio aprendizado. Depois, elas se reuniam e discutiam o que tinham visto, como médicos discutem a sua prática ou os casos que se destacam em um hospital especializado. É importante considerarmos a prática profissional do professor. Visitei, quando estava no Banco Mundial, vários países que valorizavam muito mais do que nós a prática profissional, como a Finlândia, a Coreia e a Áustria. São culturas diferentes, no entanto, preparam muito melhor seus mestres para a prática. No Brasil, a formação de professores no ensino superior ainda é bastante divorciada da prática.

Um dos meus aprendizados foi o de que existem questões educacionais que precisam ser enfatizadas, independentemente do país. São elas: a existência de um currículo claro, de preferência por competências; uma formação inicial adequada para a mais complexa das profissões, a fim de se criar um diálogo intenso entre teoria e prática; a existência de um sistema de recomposição das aprendizagens perdidas, especialmente urgente na retomada das aulas presenciais, depois da crise da covid-19. E, ao mesmo tempo, dotar crianças e jovens com as competências necessárias a fim de que possam prosperar nesses tempos de grandes incertezas.

Conforme o estudo *The Future of Employment*, de 2013, de Carl Benedikt Frey e Michael Osborne, da Universidade de Oxford, 2 bilhões de postos de trabalho serão extintos até 2030. Então, se esses jovens não tiverem as habilidades e as competências mais complexas, não conseguirão ter sucesso nem realizar seus sonhos e serão substituídos por máquinas. Logo, é preciso estar atento ao fato de que temos uma tarefa bem mais complexa do que os países já com tradição em bons sistemas educacionais. Na verdade, em educação precisamos olhar para as evidências científicas, para o que, de fato, funciona. Temos bons casos e boas práticas pontuais no Brasil. Não precisamos ir à Finlândia para reinventar a nossa educação. Vamos aprender com o que funciona em nosso próprio país, com a experiência de estados e municípios que transformaram seus sistemas educacionais.

Há urgência. *Chega de romantismo*

Devemos ter um sentido de urgência na sociedade, a fim de recuperar as aprendizagens perdidas. E chega de romantismo em educação. Educação é algo muito sério, necessita de profissionais bem preparados, bem formados. Por isso ser professora é uma profissão complexa, e a pandemia ajudou a valorizar o trabalho do professor.

Quem tinha grandes fantasias sobre *homeschooling* as desfez, porque realmente não é tarefa para amadores. Primeiro, precisamos ter um sentido de urgência na sociedade e na política pública em relação à educação. Porque, nesse estágio de desenvolvimento do mundo, sem capital humano ou sem capital social, não se reconstrói um processo de desenvolvimento mais inclusivo e sustentável para o Brasil.

E, repetindo, devemos priorizar no processo educacional aquilo que mais conta para estes tempos, ensinando os alunos a pensar de forma autônoma. Para que não sejam seguidores de guias geniais das massas, para que saibam formular os próprios julgamentos. Para que possam aprender a escolher as próprias fontes de informação; aprender a pesquisar temas; aprender a pensar cientificamente. O Andreas Schleicher, diretor da OCDE Educação, disse-me um dia, ao analisar os resultados brasileiros no Pisa de 2015, que enfatizava Ciências, que o estudante brasileiro sabe a tabela periódica de cor, mas não sabe o que fazer com ela. Precisamos aprender a pensar usando os conceitos. Para isso é preciso mudar a formação de professores. Mas aí também há uma boa notícia.

O Conselho Nacional de Educação decidiu criar novas diretrizes de formação docente estabelecendo, na nova Base Nacional Docente, que deve haver mais diálogo entre teoria e prática nos cursos de Licenciatura e Pedagogia. Considero uma boa notícia, mas temo pela velocidade da implementação dessa transformação nos currículos. Será importante também acelerar os alunos mais velhos com defasagem idade-série para que eles não sejam uma geração perdida. E garantir que a alfabetização aconteça com base em evidências científicas e não achar que, sozinha, a criança aprenderá a ler, de acordo com hipóteses e algumas considerações muito românticas, mas que não funcionam. E formar em serviço o professor, em busca de uma prática geradora de mais resultados. Não é para amadores, será bastante desafiador, mas o Brasil não é um país pequeno e insignificante, portanto, pode se desafiar a ir mais longe na educação.

Usar a tecnologia para saltar etapas

A tecnologia não é somente uma maldição. Ela pode também ser uma bênção, para usar uma linguagem bíblica. Como define a expressão em inglês *leapfrog*, a tecnologia pode nos ajudar a saltar etapas. Hoje existem aulas sobre qualquer assunto para um bom professor buscar na rede, selecionar e indicar aos alunos. Por vezes, são TED talks curtos. A crescente inclusão digital nesse período recente ainda é insuficiente, mas já permite essa alternativa em alguma escala. E acredito que avançaremos muito em inclusão digital nos próximos dois anos.

Cada vez mais seremos capazes de usar a tecnologia a favor dos alunos dentro da própria escola, deixando o professor liberado em sala de aula para fazer o melhor que ele sabe fazer, que é ensinar os alunos a pensar e aplicar esses conceitos apreendidos em problemas da realidade. Ou mesmo trabalhando uma competência fundamental do século XXI, que é a resolução colaborativa de problemas com criatividade. Porque, pelo menos por enquanto, robôs ainda são incapazes de apresentar criatividade e não sabem colaborar na solução de problemas complexos.

A outra questão é a do socioemocional, importante no novo mundo do trabalho, que demandará muito mais das equipes do que antes. E, portanto, muito mais abertura ao novo, neste mundo de *startups*, onde as relações de trabalho são bem diferentes daquelas que a minha geração aprendeu. E não adianta dar aula teórica sobre socioemocional se o professor não tem essas competências. Eu não vou conseguir ensinar persistência e garra ao meu aluno se eu desistir dele. Não vou conseguir ensinar empatia se eu o ridicularizo. Será importante, na formação continuada do atual contingente de professores em serviço, formar alunos para desenvolver as próprias competências socioemocionais.

Leituras sugeridas

- Barros, Daniel. *País mal educado: por que se aprende tão pouco nas escolas brasileiras?*. Rio de Janeiro: Record, 3ª ed., 2018.
- *Educação no Brasil: uma perspectiva internacional*, OCDE. Disponível em: <https://iepecdg.com.br/podcast/wp-content/uploads/2021/09/OCDE-A-Educacao-no-Brasil_uma-perspectiva-internacional-1-2021.pdf>. Acesso em: 29 set. 2022.
- Fullan, Michael e Joanne Quinn. *Coherence: The Right Drivers in Action for Schools, Districts, and Systems*. Corwin Publishers, 2015.
- Gois, Antônio. *Líderes na escola*. São Paulo: Moderna, 2020.
- Mehta, Jal e Sarah Fine. *In Search of Deeper Learning: The Quest to Remake the American High School*. Cambridge (MA): Harvard University Press, 2019.
- Policy Briefs (Ceipe). Disponível em: <https://ceipe.fgv.br/>. Acesso em: 29 set. 2022.
- Westover, Tara. *A menina da montanha*. Rio de Janeiro: Rocco, 2018.
- Wolf, Maryanne. *O cérebro no mundo digital: os desafios da leitura na nossa era*. São Paulo: Contexto, 2019.

27. Joana Monteiro
Podcast realizado em 28 de junho de 2021

Joana da Costa Martins Monteiro é doutora e mestre em Economia pela PUC-Rio e bacharel em Economia pela UFRJ. Foi Lemann Visiting Public Policy Fellow na Universidade Colúmbia (2021-2022) e pesquisadora visitante do Center for International Development da Universidade Harvard (2009-2012). É professora da Ebape, da FGV, e coordenadora do Centro de Ciência Aplicada à Segurança da instituição, onde conduz pesquisa quantitativa sobre impactos de programas de segurança, análise da criminalidade e estrutura de grupos criminais violentos, buscando qualificar problemas públicos e discutir novos arranjos institucionais que possam aumentar a efetividade das ações públicas. Trabalhou por seis anos em cargos de confiança no governo fluminense, como diretora-presidente do Instituto de Segurança Pública (2015-2018) e como coordenadora do Centro de Pesquisa do Ministério Público (2019-2020).

Resumo

Joana Monteiro avalia a política de segurança pública no Brasil, sobretudo no Rio de Janeiro. A partir de suas experiências no estado fluminense, destaca aqui a importância da modernização da força policial, desde a formação até as regras de promoção, e do uso de análise de dados para orientar as políticas de segurança, apontando também problemas de governança e coordenação. Aborda ainda as políticas de avaliação e a implantação das UPPs pela Secretaria estadual de Segurança do Rio de Janeiro, na tentativa de combater o crime organizado.

Foco em avaliação de impacto de políticas públicas

Sou carioca nascida e criada no Rio de Janeiro, onde vivi grande parte da vida. Fiz graduação na UFRJ e mestrado e doutorado em Economia na PUC. Desde o Ensino Médio, eu pensava em que carreira poderia impactar o mundo na questão da desigualdade social, que sempre me sensibilizou muito. Escolhi a economia ao entender que a profissão me daria meios para chegar ao meu objetivo. Comecei a trabalhar com avaliação de política pública no mestrado da PUC, e bem no começo da difusão de artigos e teses sobre esse tema fiz a avaliação de impacto do Simples, um regime especial tributário para pequenas empresas. Com isso me aprofundei em econometria, em métodos de avaliação de impacto, e fiquei fascinada pelo tema. Depois, passei três anos trabalhando numa consultoria que ajudava governos, principalmente prefeituras, a fomentar projetos de desenvolvimento econômico.

No doutorado, foquei dois temas distintos que utilizavam a metodologia de avaliação de impacto: a exploração do petróleo sobre os municípios, avaliando, em especial, como isso afetava a política local, como o dinheiro era investido em educação, saúde etc.; e os conflitos entre facções de drogas no Rio, avaliando, em especial, como eles afetavam o aprendizado nas escolas próximas às áreas de conflito. Essa foi uma pesquisa muito influenciada por uma experiência que tive na vida, porque cresci e vivi no bairro do Rio Comprido, ao lado do Morro do Turano, que era uma favela bastante conflituosa. Aquela era uma comunidade controlada por grupos armados e com uma segregação enorme. Eu morava a 100 metros da entrada da comunidade e nunca subia lá, mas sabia que ocorriam picos de violência inesperados, sobretudo quando havia uma disputa entre facções ou quando a polícia fazia alguma incursão na comunidade.

Eu sabia que aquelas situações eram o que os economistas chamam de "variação exógena", então peguei esse caso como exemplo e fui atrás dos dados para tentar estimar, comparativamente, as consequências dessas variações. Foi assim que comecei a acompanhar os casos de violência. Mas, apesar da proximidade com aquele cenário, fiquei impressionada quando comecei a pesquisar os dados do Disque Denúncia e percebi que, na verdade, eu não conhecia quase nada da realidade local. Foi quando passei a enxergar um retrato muito rico do que acontecia na área da violência e da insegurança da população. Com isso, me interessei cada vez mais pelo tema. No final de 2014, recebi um convite inesperado para assumir a direção do Instituto de Segurança Pública do Estado do Rio de Janeiro, uma autarquia vinculada à Secretaria de Segurança — foi quando entrei para o mundo da segurança pública.

Nosso problema central é que vivemos em um dos lugares mais violentos do mundo hoje, quando a violência passou a ser um problema das grandes cidades de países em desenvolvimento. A América Latina, o Brasil e as maiores metrópoles do país estão no centro disso. São cidades bastante segregadas, onde há uma diversidade enorme de crimes. Desde o crime patrimonial na rua até as áreas do território onde o estado não detém o monopólio da força, e aí se formam grupos criminais armados que determinam uma série de regras e exploram uma série de atividades econômicas. Eu diria que esse é um problema central no Rio, onde, além de uma quantidade grande de crimes patrimoniais, há um nível elevado de violência letal, o que já foi pior, porque tivemos uma melhora nos últimos anos no Brasil. No entanto, ainda vivemos com altos níveis que afetam desproporcionalmente parcelas específicas da população, em especial a população negra.

O ecossistema da segurança pública no Brasil talvez seja pouco conhecido. Há o papel das leis, das legislações, das ações administrativas, judiciais, as práticas operacionais, variados Poderes que se envolvem com a questão da segurança, além do papel de diversos entes da Federação. Quando se fala sobre qualquer área de governo, a coordenação e a governança são pontos primordiais para tudo funcionar. Coordenação principalmente entre os três níveis de governo: federal, estadual e municipal. Quando se trata de segurança pública e de sistema de justiça criminal, o desafio é maior, porque estamos falando de diferentes níveis do Executivo e, ao mesmo tempo, de diferentes instituições nos níveis federal e estadual. E também dos três Poderes envolvidos, que são o Executivo, responsável pelas polícias e pelo sistema prisional; o Ministério Público, que não é propriamente um Poder Executivo oficial, mas é chamado de quarto Poder; e, finalmente, o Tribunal de Justiça, esse, sim, um terceiro Poder.

O Brasil é um país único por não ter uma polícia de ciclo completo. Temos a Polícia Militar, que é responsável pela preservação da ordem pública e pela atuação em ações em flagrante. Contudo, a partir do momento que o crime ocorre, ele passa a ser da responsabilidade da Polícia Civil, que tem que fazer investigação e persecução para identificar indícios de autoria e apresentar ao Ministério Público. Quando o Ministério Público recebe o inquérito da Polícia Civil, tem que analisar se existem indícios de materialidade e autoria. Se considera que há, apresenta a denúncia à Justiça, que decide se a aceita para, então, dar início ao processo de julgamento. Se o réu ou a ré forem considerados culpados, vão cumprir a sentença no sistema penitenciário, que é de administração do Executivo estadual.

O ciclo completo das polícias envolve profissionais de formações completamente diferentes trabalhando juntos. Temos a Polícia Militar, a Polícia Civil e ainda a Polícia Federal e a Polícia Rodoviária Federal, esta cuidando das estradas. Em nível federal, temos as mesmas instâncias estaduais replicadas: Polícia Federal, Ministério Público Federal e Justiça Federal, que vão cuidar dos crimes federais. Fora isso, ainda tem o papel dos municípios, o que é pouco discutido no Brasil. Quando se fala de município, as perguntas típicas são se existe Guarda Municipal e se ela é armada ou não. E o papel do município fica reduzido a essa discussão. Normalmente, os municípios maiores têm atuação relevante de ordenamento do espaço. Muitas vezes são responsáveis pelo trânsito. Mas o município tem um papel fundamental do qual pouco se fala, que é a prevenção.

Até aqui falei de instituições de controle e punição da criminalidade, mas ainda há um componente da segurança pública raramente discutido que é, justamente, a prevenção. O que fazer antes do crime acontecer para que ele não aconteça? Podemos pensar em prevenção e nos riscos dos pontos de vista individual, social e ambiental. Nesses fatores de risco, a prefeitura tem um papel essencial, porque cabe a ela responsabilizar-se por todo o Ensino Fundamental, o ordenamento do espaço urbano e o controle das ocupações irregulares. Esses são papéis muito importantes que não são problema da polícia e sim da segurança pública.

Primeiras experiências no serviço público

Tive duas experiências importantes: no Instituto de Segurança Pública, o ISP, e no Ministério Público do Rio de Janeiro. O instituto é uma autarquia do governo do estado ligada à Secretaria de Segurança, que, na gestão do atual governo, passou a ser vinculada inicialmente à Vice-Governadoria, depois à Casa Civil, respondendo pela análise e divulgação de índices criminais no Rio de Janeiro. Com acesso ao banco de dados da Polícia Civil, o instituto consegue consultar os registros de ocorrência e, com isso, gerar estatísticas com base nos boletins policiais.

O Instituto de Segurança Pública do Rio tem um papel único, porque é a única instituição de estado no Brasil com esse desenho. Nos outros estados, existem unidades da Secretaria de Segurança ou da Polícia Civil com essa função, mas em nenhum lugar é dado tanto destaque a um órgão dedicado à produção de estatísticas, o que considero supersaudável e necessário. É um serviço que deveria ser mais fomentado no Brasil. Quando eu estava lá, ouvia de muitos pares de outros estados que havia interesse em importar o nosso modelo do ISP, mas acho que ele não chegou a vingar em lugar nenhum.

Quando cheguei, o principal trabalho do ISP era cuidar da transparência de dados, o que havia começado em 2003. Desde então, o

Rio de Janeiro divulga, ininterruptamente, dados mensais de crimes, algo inédito no Brasil. Até hoje não existe nenhuma outra experiência similar, sobretudo com tal periodicidade e critérios tão claros. Uma coisa é ter um banco de registro, outra é ter o trabalho de levantar as estatísticas através de fotos do sistema e com regras de contagem, para garantir comparações ao longo do tempo. Esse é um trabalho que nem as pessoas da área de segurança valorizam, basicamente porque não entendem a importância dele.

Ao longo da minha experiência no instituto, fui aprendendo também o valor da transparência, que tem papel fundamental na garantia da sustentabilidade de ações quando há troca de governo, porque isso gera um nível de prestação de contas gigantesco. Imagine o valor de um sistema que todo mês dá acesso a indicadores informando o nível de roubos, homicídios e mortes no estado do Rio? Isso é algo poderoso para um governo abrir mão. É claro que indicadores objetivos não dizem tudo, não são a única referência, mas, sem dúvida, são um pilar muito importante quando é necessário rebater ou embasar argumentos de que tudo vai bem ou não.

Fizemos um trabalho relevante no ISP, que foi ajudar a polícia a consumir esses dados. Porque o que passou a acontecer foi que a polícia descobria as más notícias pelos jornais e, naturalmente, odiava o ISP por ser a última a saber. Então, basicamente, o que fizemos foi construir uma plataforma de dados georreferenciada que tinha tanto a parte geográfica para a consulta das manchas criminais quanto a parte gráfica, para a verificação do índice de crimes ao longo do tempo. A ideia era facilitar esse consumo e permitir que o estado se enxergasse como um todo. Antes disso, cada unidade da PM fazia o seu próprio mapa, num esforço absolutamente custoso, mas nele só via o seu lugar e nenhum outro. Então, se o crime estava aumentando em determinado momento, não havia nenhuma outra referência ou parâmetro para se saber se aquele era um fenômeno local ou mais abrangente.

Uso de dados na política de segurança

A plataforma que montamos no ISP tinha bastante apelo pelo fato de o Rio de Janeiro, na época, trabalhar com um sistema integrado de metas de roubo de rua e de veículos, parâmetros que não apenas eu mas muita gente considera fundamentais para fomentar a cultura de dados. Hoje, ouve-se constantemente das polícias que o sistema de metas fez com que elas olhassem para o mapa da criminalidade e passassem a entender onde estava o crime. As polícias eram cobradas a bater aquelas metas e o sistema era de grande ajuda porque, sem ele, encarregados das polícias sem experiência naquilo eram obrigados a ficar manipulando planilhas para levantar informações. Nosso trabalho facilitou imensamente esse processo. Por incrível que pareça, nesse aspecto o Rio está muito à frente dos outros estados — e ainda há muito o que se pode fazer.

Atualmente, só olhamos os indicadores do 190 e os boletins de ocorrência da Polícia Civil, sem considerar um conjunto de dados que podem ser olhados com mais frequência para que se descubram dimensões diferentes dos índices de crime, como o Disque Denúncia, as próprias redes sociais e as concessionárias de serviços, que têm informações regulares da ponta. É preciso reunir essa informação toda a fim de subsidiar as decisões dos gestores. O primeiro passo é ter claro com o que estamos preocupados, para depois fazer as perguntas certas e aí começar a depurar os dados para criar um sistema de inteligência estratégica de dados.

Na lógica da polícia, olha-se muito a árvore e nunca a floresta. Ou seja, eu diria, com bastante confiança, que a segurança pública no Brasil olha muito para os fatos isolados, mas pouquíssimo para as tendências ao longo do tempo. Além disso, falta uma informação importante nesse mapa sobre a alocação de recursos policiais, que precisa ser acompanhada e monitorada como mecanismo de planejamento a fim de garantir que esses recursos sejam empregados nos locais onde são mais necessários. Esse é um trabalho facilitado hoje pela tecnologia. Viatura policial e rádio policial agora têm GPS, um instrumento que complementa o esforço analítico e cuja viabilidade aumentou enormemente a capacidade de controle e de prestação de contas da polícia.

Hoje, temos polícia como a de São Paulo, que está implementando o projeto de câmeras corporais. Eu estou, inclusive, no grupo que acompanha esse projeto, que está no topo da agenda da área de segurança no exterior e está sendo trazido para o Brasil, mas nem vou detalhar isso porque, antes da sua implementação, há muitas coisas que podemos fazer. Nem tanto em São Paulo, porque lá, atualmente, eles estão bem mais avançados. No Rio ainda temos pouco registro do que acontece. Há muita informação ainda não planilhada. Então, quando penso em uso de dados, não estou pensando em dados só para analisar o problema, mas também para ajudar a pensar na execução das soluções, monitorar e analisar o que está acontecendo.

Quando saí do ISP, onde fiquei por quatro anos, fui ajudar a construir um centro de pesquisa dentro do Ministério Público do Rio de Janeiro. O objetivo era que eu replicasse ali a experiência do ISP, no sentido de ajudar a instituição a também ter métricas do seu trabalho. Passei dois anos lá, organizando a forma de se obter uma métrica de trabalho na Promotoria, respondendo a perguntas como: quantos casos a Promotoria recebe, quantos denuncia, quantos arquiva e em que medida as métricas advindas desse trabalho são ou não razoáveis. Paralelamente, fizemos algumas ações para ajudar a pensar sobre o controle externo da atividade policial e traçar estratégias de combate ao crime organizado, sobretudo no cruzamento de dados. Hoje temos um volume enorme de dados e de informação circulando. O desafio é juntá-los, organizá-los e fazê-los falar.

A diferença de fazer esse trabalho no ISP é que, quando cheguei lá, o ISP já era uma instituição que funcionava havia 15 anos com uma institucionalidade bem desenvolvida, ao contrário do Centro de Pesquisa do Ministério Público, onde tivemos que fazer um esforço muito maior para consumir evidências. Esse foi um desafio maior do que imaginei e do que enfrentei na polícia, porque o uso de evidências no mundo jurídico é ainda menor. Além disso, tem a questão da independência funcional, que garante a cada promotor a liberdade de trabalhar por sua conta e risco. E cabia a mim chamar atenção para o fato de que havia parâmetros que poderiam e deveriam ser seguidos.

O que acontece é que no Brasil o MP tem uma missão gigantesca, desde que ganhou mais atribuições, com a Constituição de 1988. Hoje, na prática, o MP é um fiscal da política pública, além de fazer persecução penal do crime. Nesse aspecto, há uma discussão que tentei levar para lá, sobre a colocação de prioridades. O MP é fiscal da lei e tem que fazer o que a lei manda. Mas não dá para fazer tudo. De início, é preciso escolher a ordem pela qual se quer começar e que problema será atacado primeiro com mais profundidade.

No final de março de 2021, saí do MP para montar um centro de segurança pública aplicada dentro da FGV. A ideia é criar um centro de pesquisa bastante voltado para a implementação de projetos junto com o setor público. Naquele momento, já existia um projeto com a prefeitura do Rio para ajudar a fazer ações de ordenamentos urbanos em locais de alta incidência de crimes. Em São Paulo, estamos fazendo análise de mancha criminal e avaliação de impacto das câmeras corporais da PM, além de desenvolver um projeto de prevenção contra a violência com foco nos jovens. Paralelamente, também estamos fazendo estudos na área de grupos criminais armados do Rio.

Todos esses projetos são de médio e longo prazo. A ideia é pensar, junto com o setor público, as melhores soluções para os problemas tão complexos que temos. Os resultados obtidos serão desenhados, aplicados, adaptados e testados, mas a única certeza no momento é de que faremos de tudo para implementar um processo que dê certo em conjunto com o setor público.

Avaliação das UPPs

Tenho dois olhares sobre o projeto das UPPs no Rio, um como pesquisadora e outro como gestora do ISP. Junto com os pesquisadores Cláudio Ferraz e Bruno Ottoni, fiz uma avaliação de impacto do projeto, comparando as variações nos indicadores criminais das áreas ocupadas com as das áreas não ocupadas, conforme a política ia se expandindo. Eu trabalhava no ISP em 2015, quando decidiram parar de expandir as UPP, e acompanhei internamente toda a discussão sobre se elas deveriam ser mantidas ou se deveriam regredir.

Na minha opinião, as UPPs devem ser louvadas, porque marcam a primeira vez que o estado fluminense admitiu que precisava fazer algo para recuperar o monopólio da força em áreas em que não tinha controle total, o que até então não era sequer reconhecido. Nesse sentido, elas foram um grande marco, atingindo mais de 150 comunidades através de 38 unidades, cada uma abrangendo mais de uma comunidade, e um total de mais de 800 mil pessoas em áreas diretamente ocupadas.

No fim do primeiro trimestre de 2021, 20% do efetivo da PM estava dedicado a essas áreas, o que representou uma política de grande escala que havia começado no fim de 2008 e tivera seu ápice em 2012. Nesse período os índices criminais no Rio caíram, significativamente, para os nossos menores números históricos de roubo, morte por intervenção policial e homicídio. Esses índices agora estão até mais baixos do que naquela época, mas aquela foi a primeira e única vez que, ao mesmo tempo, conseguimos reduzir homicídio doloso e morte por intervenção policial.

As UPPs são um marco, acima de tudo, de uma mudança no modo de a polícia atuar nas comunidades, sem entrar atirando para matar e sem abandonar os moradores à própria sorte depois. Com as UPPs, a polícia entrava, mas para ficar e promover a paz. O fato é que seus impactos positivos não perduraram. A partir de meados de 2013, principalmente em 2014, começamos a perceber uma reversão de vários índices, com o recomeço de episódios de confrontos com a polícia nas comunidades, cuja presença ali passou a ser questionada.

Também havia muitas queixas sobre a famosa migração do crime, segundo a qual a UPP teria espalhado a criminalidade para outros lugares, que passaram a ter mais menções a tiroteios e apreensão de fuzis. Então, o que se fala muito é que a UPP expandiu o tráfico para fora do Rio, prejudicando e sobrecarregando regiões como os municípios vizinhos de Macaé e Angra dos Reis. Mas o que houve, e sempre cito como exemplo o caso do Fernandinho Beira-Mar — um dos maiores traficantes de armas e drogas da América Latina, que veio de Duque de Caxias —, foi o fortalecimento do tráfico faccionalizado, que tem controle de território, que usa fuzil e mantém essas áreas sob seu comando. De fato, houve um aumento desse modelo de controle territorial.

Fato é que a UPP era um projeto bastante ambicioso que falhou em pontos cruciais. Além de a polícia entrar para ficar, novos recrutas tinham que ter sido contratados para as ocupações, e não policiais que já estavam havia tempos contaminados pela rede da corporação, cheia de problemas. Outra questão é que não bastava inserir recrutas que não estavam viciados sem proporcionar algo que garantisse, a partir daquele período, um crescimento na carreira ou algum outro tipo de incentivo. Sem nenhum diferencial para continuarem firmes no propósito de manter a ordem e as regras do jogo, em cinco anos poucos resistiram aos vícios da corporação ou então passaram a buscar vagas em outros lugares. A própria estratégia da presença policial militar não é uma solução de duração por tempo indeterminado.

Na verdade, deveríamos ter usado as duas primeiras unidades como um laboratório, para só depois de os modelos serem testados e se consolidarem passarmos para as fases seguintes. O problema foi que depois da quinta UPP, o Rio recebeu a notícia de que seria sede das Olimpíadas e partimos para uma agenda de expansão de um modelo sobre o qual ainda não se tinha total certeza da eficácia. Então, reafirmo que a UPP foi um excelente primeiro passo, mas ficaram faltando o segundo e o terceiro. Aí tem sempre a discussão sobre a falta da área social, que deveria ter sido garantida pelo estado.

Sei que muitos irão reagir ao que vou dizer, mas não acho que o problema maior no Rio seja a ausência do estado. Temos escolas e clínicas da família em todos os bairros. O problema é a qualidade muito ruim do serviço público que se presta nessas unidades, que deveriam prover a população de educação e saúde. É preciso bons professores e médicos para fazer as unidades funcionarem. E, para isso, segurança é uma condição fundamental. Ninguém vai fazer provisão de educação e saúde tomando tiro e, ainda assim, só segurança armada não seria suficiente. Precisamos de outras ações sociais mais complexas de serem providas do que o policiamento, que, bem ou mal, a PM tem plena condição de fazer, como a UPP nos mostrou por um bom tempo.

A questão mais complexa é: como fazer uma escola no interior da comunidade do Chapadão, na Baixada Fluminense, funcionar e ensinar os alunos? É uma tarefa difícil sobre a qual falta mais discussão. Então, o caminho é ir para esses lugares de maior índice de violência e ali tentar criar e pilotar formas de atuação do estado que sejam adaptáveis àquele contexto, que é o ponto mais desafiador que existe, na minha opinião. O Rio nunca será uma sociedade segura enquanto houver parcelas tão expressivas de seu território comandadas por grupos criminais armados. Precisamos ter alguma proposta para, pelo menos, conter a influência desses grupos, e isso não é trivial. Eu diria que ninguém tem, hoje, uma resposta para essa pergunta, isso em toda a América Latina, que também tem problemas graves com a presença de gangues.

Gestão frágil e policiais sem incentivos adequados

No Rio de Janeiro temos ainda a questão da existência de polícias com mecanismos muito limitados de controle interno, que são aqueles aplicados pela corporação, e de controle externo, que são os conduzidos por instituições como o MP, a mídia e os organismos da sociedade civil. Do ponto de vista interno, quem estuda a polícia há tempos defende que os principais mecanismos de controle são os internos. Quando se fala em controle interno, pensa-se só na Corregedoria, responsável por investigar desvios de conduta, mas, além disso, é possível adotar protocolos de atuação, regras claras de promoção e alocação em cargos de chefia. Enfim, é possível adotar medidas que influenciem o cumprimento de regras e normalizem condutas.

A estrutura na polícia do Rio é frágil. As regras de promoção são limitadas e desatualizadas. Por exemplo: o que um oficial deve fazer para chegar ao posto de capitão, major, tenente-coronel? As respostas são fluidas e nada meritocráticas. Há quase nenhuma discussão sobre isso. A formação também é incipiente. Para os que saem da Academia de Polícia, existem até cursos com vistas à progressão de carreira etc., mas são todos oferecidos de forma isolada.

No caso da PM, é importante ter em mente que a Academia de Polícia equivale à universidade para os policiais. Ela é procurada por candidatos muito jovens que não têm a oportunidade de troca de saberes com outras ciências e que estão em busca de uma primeira experiência universitária, de entender o que está por trás dos dados, de conhecer o que é ciência e métodos científicos, porque eles não têm nada disso na formação. Não existe, por exemplo, formação de análise de dados, que é algo crucial para qualquer policial hoje. Sempre digo que a questão número um no Rio, e que precisa de investimentos, é a das regras de promoção das polícias — regras claras sobre o que pode, o que não pode, protocolos etc.

Comparando as polícias do Rio e de São Paulo, as duas que eu conheço melhor, a diferença entre elas é imensa em termos de gestão e planejamento. Basta comparar a idade com que um oficial chega a um posto alto na PM de São Paulo com a faixa etária em que seria possível ele ocupar o mesmo posto na PM do Rio. Todas essas questões fazem parte do controle da polícia. Sem contar o problema da corrupção. Não acho que todo policial no Rio seja corrupto, mas não podemos negar que esse número é considerável. Eu não saberia dizer quantos são, porque não temos nenhum dado exato sobre isso, mas é inegável que há problemas de desvio, de todo tipo, e que se não levarmos isso a sério não vamos sair do lugar.

Existe uma convivência negociada entre o tráfico e a comunidade, mas estou convencida de que há um ponto central que piorou muito nos últimos anos. É que no Rio estamos presos ao modelo que chamo de "modelo mental da guerra às drogas". Estamos presos à retórica de que todos os males do Rio de Janeiro estão relacionados ao tráfico de drogas. Com isso, não se discute mais nada sobre segurança pública, patrulhamento de rua, alocação de efetivo. Não discutimos como medir a expansão do crime e ficamos só na retórica sobre se a polícia pode ou não pode subir o morro atirando para matar quem reagir a ela.

Para piorar o quadro nas grandes metrópoles, temos agora esse mundo totalmente polarizado sobre o qual nunca se falou tão abertamente que polícia tem mesmo é que matar bandido e também que policial sai de casa para exterminar a população favelada. Claramente, nenhuma das duas teses é verdadeira. E ficamos com esse debate polarizado que impede as discussões de alto nível sobre o que precisa ser feito. Há um tema nesse mundo da guerra às drogas que é a discussão sobre se a polícia do Rio pode matar ou não. E que virou, acima de tudo, uma questão moral. Ninguém discute se aquela morte foi inevitável, se o morto reagiu ou não a uma ordem de prisão, por exemplo.

A polícia do Rio mata, em média, 150 pessoas por mês em ocorrências registradas como "autos de resistência". Será que todos resistiram mesmo à ação policial? Se observarmos os dados, tem um monte de gente que não resistiu, mas cuja morte foi registrada sob essa justificativa. No entanto, quem demanda a análise dos dados e dos fatos é acusado de ser "antipolícia". Para separar e valorizar os bons policiais, é preciso separar o joio do trigo, e fazer isso é como abrir uma caixa de Pandora de certas perguntas. Chegamos a um ponto de polarização na discussão sobre violência policial no Rio em que falar da corrupção relacionada a policiais é considerado uma postura "antipolícia".

Avaliação do impacto das ações policiais

Se, por um lado, graças a uma série de avanços tecnológicos, temos hoje uma queda no custo do levantamento de dados para chegar à informação estatística, necessária ao planejamento de ações, por outro, esses recursos não são plenamente usados. Por exemplo, no caso das blitzes, que a toda hora são armadas pela cidade, não se faz uma avaliação prévia na linha do que os economistas chamam de tratamento e controle, com amostragens de vários meses para se verificar, sistematicamente, se aquelas ações tiveram ou não efeito. As avaliações sob a ótica policial são feitas de forma muito pontual.

Se armo uma blitz em um determinado local, as técnicas de controle de dados me permitem olhar no dia seguinte, de forma comparativa com os dias anteriores, se este ou aquele índice de infração diminuiu ou aumentou. Também não é aplicado o princípio do contrafactual. O que é sucesso numa blitz? Prender arma, droga, gente em flagrante? Ou sucesso é ver o índice de crime reduzido de forma geral? Parece que uma coisa leva à outra, mas não é assim, necessariamente, que funciona. Se quero reduzir roubo de rua, eu deveria estar posicionado nos locais onde o crime ocorre para evitar que ele ocorra. Essa é a teoria, certo?

Vários estudos mostram que no Rio temos muita ação dedicada a entrar em certas comunidades porque certos autores de crimes de rua estão escondidos ali e a obrigação é ir atrás deles. Mas não existe uma cultura de avaliar resultado de verdade. E qual o grande desafio para fazer isso? Primeiro, fazer e responder às perguntas certas. No caso de uma blitz, é preciso ver o policial no terreno, saber quantos indivíduos havia no local, onde estavam as viaturas, por quanto tempo ficaram na operação, onde há e não há policiamento etc. Na Colômbia e nos Estados

Unidos já se faz esse tipo de estudo, que calcula a dose de policiamento necessária para cada local. Se em determinada blitz eu preciso de 30 ou 50 minutos de permanência do efetivo policial, roda-se a operação e depois os resultados são computados.

Quando entrei no ISP, esperava fazer várias avalições desse tipo, no entanto, tive uma grande frustração e sigo com ela até hoje. Em 2017, tivemos uma grave crise de segurança pública com uma disparada de índices que agora estão muito menores, mas nem se sabe por quê. Tenho como forte hipótese o aumento significativo da ostensividade policial de lá para cá. Já a polícia vai falar de outros fatores que levaram a esse resultado, como o aumento de liderança, que contribui, mas não explica, 30%, 40% de queda na criminalidade.

Andando pelas ruas e observando-as desde 2017, sabendo quais são os pontos quentes em que a polícia tem presença ostensiva hoje no Rio, percebo uma enorme diferença na cidade. Infelizmente, não tenho os números para saber quão relevante essa presença era naquela época e continua sendo. Para isso, precisaria saber quantos carros rodavam então e quantos rodam agora, mas ainda não temos estrutura para calcular isso. Não porque seja impossível e sim porque, de fato, não temos essa cultura nem a visão de que esse tipo de cálculo é um método importante que faz diferença no planejamento de ações.

Na segurança, dogmas e certezas sem fundamento

Quando dou aulas, sempre faço referência ao ciclo de política pública e à necessidade de identificar problemas, desenhar soluções, monitorar a aplicação do método e avaliar resultados. Eu diria que, atualmente, a nossa política na segurança ainda está no item 1, que é aprender a definir melhor os problemas. Ainda perdemos tempo pautando problemas irrelevantes do ponto de vista prático. Uma das grandes agendas do governo federal hoje é aprovar o excludente de ilicitude. O que é isso? É dizer que um militar, seja ele policial ou das Forças Armadas, se estiver em uma ação de segurança pública não pode ser punido no caso de matar ou ameaçar alguém. Parece até que são punidos atualmente. Não são. Nos últimos cinco anos, encontramos no Rio de Janeiro três denúncias por ano dos mais de mil casos que ocorreram. Então, do ponto de vista prático, gastamos um esforço político enorme em discussões erradas.

Vamos discutir, por exemplo, o chamado patrulhamento de mancha criminal, que é a análise dos estudos de concentração, para rebater teses como a de que hoje o cidadão pode ser assaltado em qualquer ponto do Rio. Isso não é verdade. Há locais que são mais violentos que outros, onde a pessoa tem chance maior de ser assaltada. Então, ao pensar nas ações de prevenção e no que pode ser feito em termos de iluminação, colocação de câmeras etc., vamos priorizar esses lugares. É o que estamos fazendo na prefeitura.

Trabalhei algum tempo com educação e, nessa área, já estamos discutindo o que fazer e os problemas estão bem mapeados. Temos o analfabetismo funcional, a evasão do Ensino Médio — enfim, quem é gestor da área tem isso claro, embora não tenha tanta clareza sobre o que fazer. Na área de segurança, se colocarmos os gestores à mesa, vamos ouvir muitos dogmas e certezas, mas a maioria sem fundamento algum. Em todas as entrevistas, a polícia do Rio argumenta que as incursões policiais em favelas e comunidades pobres têm a função de conter o aumento do crime organizado, mas não temos uma métrica de crescimento do crime que comprove a eficácia dessas ações, às vezes desastrosas. Essa afirmação é especulativa porque não existe um estudo que mostre isso. Operadores vão dizer que não precisam de dados, que lhes basta a experiência. E é o que, na prática, acontece.

O que sobra nas áreas de educação e saúde, mas falta na área de segurança pública no Brasil, é o profissional para discutir planejamento, política, prevenção e rede em sistema. No passado do Brasil e do Rio, quem começou a trabalhar forte nessa direção foram os sociólogos. A polícia adora bater no peito e dizer que só ela pode discutir segurança pública, porque opera e carrega a arma nas ruas e sabe do que está falando. Tenho usado desde o começo da pandemia a analogia de questionar se o médico é o único que pode discutir o combate à covid-19, e não também aqueles que desenvolvem a vacina e estão pensando na estratégia de imunização. Tenho feito essa comparação para explicar que não estou dizendo que não precisamos do policial, e sim que também precisamos de agentes com capacitações diferentes. Adoraria ver um monte de policiais hoje estudando gestão de segurança pública. As pessoas estão discutindo policiamento, mas ainda de forma incipiente.

Os economistas nas políticas de segurança

Quanto aos economistas, sem querer advogar em causa própria, acho que eles têm grande contribuição a dar nesse campo também. Minha formação, por exemplo, me ajuda muito a combinar a capacidade de pensar a parte analítica de dados com o estudo dos sistemas de incentivo. Uma política pode ser desenhada com a melhor das intenções pensando-se nos incentivos. Mas quando é aplicada no campo, nunca podemos antecipar os resultados que só a prática aponta. Essa mistura ferramental ajuda bastante.

Acho que os economistas, de forma geral, têm sido importantes agentes de discussão da gestão pública e ainda têm muito a contribuir nesse campo, que é crucial para o Brasil e no qual estamos chegando atrasados. É preciso fazer esse *mea-culpa* pelo atraso de décadas em pautar o tema da segurança como prioritário. A segurança pública sempre foi tratada como um problema dos estados e não do governo federal.

O governo Jair Bolsonaro pauta, mas incentivando assassinatos por parte de policiais e liberando armas, embora o governo federal devesse, fundamentalmente, garantir governança e usar financiamento para estabelecer incentivos. Nessa área, o economista tem muito a contribuir, por exemplo, desenhando sistemas de incentivo através de linhas de financiamento, algo que o governo federal chegou a fazer em períodos episódicos no Brasil e deveria repetir.

Leituras sugeridas

- Costa, Arthur Trindade M. "É possível uma política criminal? A discricionariedade no sistema de Justiça Criminal do DF", *Sociedade e Estado*, vol. 26, nº 1, abr. 2011, pp. 97-114.
- Couto, Maria Eduarda Lacerda, Julia Guerra Fernandes, Joana da Costa Martins Monteiro e Afonso Cesar Borges da Silva. "Entre a rua e o tribunal: uma análise do processamento de casos de homicídio doloso no Estado do Rio de Janeiro", in Joana da Costa Martins Monteiro, Julia Guerra Fernandes e Laura Angélica Moreira Silva (orgs.). *Projeto Farol: Luz sobre as Promotorias — Caderno IERBB*. Rio de Janeiro: IERBB, vol. 1, 2020, pp. 76-105.
- Lum, Cynthia e Christopher S. Koper. "Evidence-Based Policing", in Roger G. Dunham e Geoffrey P. Alpert (orgs.). *Critical Issues in Policing*. Long Grove (IL): Waveland Press, 7ª ed., 2015.
- Lum, Cynthia, Megan Stoltz, Christopher S. Koper e J. Amber Scherer. "Research on Body-Worn Cameras: What We Know, What We Need To Know", *Criminology & Public Policy*, vol. 18, nº 1, fev. 2019, pp. 93-118.
- Monteiro, Joana da Costa Martins e Bárbara Caballero. "Crime e violência", in Claudio D. Shikida, Leonardo Monasterio e Pedro Fernando Nery (orgs.). *Guia brasileiro de análise de dados: armadilhas & soluções*. Brasília: Enap, 2021.
- Monteiro, Joana da Costa Martins e Rudi Rocha. "Drug Battles and School Achievement: Evidence from Rio de Janeiro's Favelas", *The Review of Economics and Statistics*, vol. 99, nº 2, 2017, pp. 213-228.
- Monteiro, Joana da Costa Martins. "Segurança pública: uma agenda baseada em evidências", in Fabio Giambiagi (org.). *O futuro do Brasil*. São Paulo: GEN Atlas, 2020.
- Rolim, Marcos. "Procurando antes da correnteza", in *A síndrome da rainha vermelha: policiamento e segurança pública no século XXI*. Rio de Ja-

neiro: Zahar/University of Oxford, Centre for Brazilian Studies, 2006.

- Sanguinetti, P., D. Ortega, L. Berniell, F. Álvarez, D. Mejía, J.C. Castillo e P. Brassiolo. *Towards a Safer Latin America: A New Perspective to Prevent and Control Crime*. Bogotá: CAF, 2015. Disponível em: <http://scioteca. caf.com/handle/123456789/708>. Acesso em: 10 out. 2022.
- Spencer, Chainey e Joana da Costa Martins Monteiro. "The Dispersion of Crime Concentration During a Period of Crime Increase", *Security Journal*, vol. 32, 2019, pp. 324-341. Disponível em: <https://doi. org/10.1057/s41284-019-00165-x>. Acesso em: 10 out. 2022.
- Veloso, Fernando e Sérgio Guimarães Ferreira. "Mecanismos de gestão na segurança pública", in *É possível: gestão da segurança pública e redução da violência*. Rio de Janeiro: Contra Capa/Casa das Garças, 2008.

28. Juliano Assunção
Podcast realizado em 22 de junho de 2021

Com doutorado em Economia pela PUC-Rio e mestrado e graduação também em Economia pela UFMG, Juliano Assunção é professor do Departamento de Economia da PUC-Rio desde 2003. É pesquisador da área de desenvolvimento econômico, mas com um interesse amplo em economia. Sua pesquisa vem sendo publicada em periódicos internacionais de áreas como economia agrícola, história econômica, economia bancária, finanças e meio ambiente, além da área de desenvolvimento econômico. Em 2010, fundou o Núcleo de Avaliação de Políticas Econômicas da PUC-Rio para abrigar o escritório brasileiro do Climate Policy Initiative (CPI). Hoje, como diretor executivo desse centro de pesquisa, lidera uma equipe de cerca de 45 pessoas dedicadas à avaliação da efetividade das políticas associadas a mudanças do clima no país. Desde a sua criação, o CPI tem participado ativamente de discussões sobre as políticas de combate ao desmatamento, o Código Florestal, o crédito rural, a agropecuária, a infraestrutura sustentável e a energia.

Resumo
Juliano Assunção aborda os desafios enfrentados pela política de clima e meio ambiente no Brasil, destacando o papel de um *think tank* em influenciar o debate e levantar evidências para o desenho de políticas. Assim, são comentados aqui temas como os efeitos do desmatamento, os investimentos em transportes, as questões associadas ao licenciamento ambiental e as oportunidades que dizem respeito à energia renovável e à bioeconomia, além da relação do crédito com a sustentabilidade e do crescente papel do sistema financeiro em assuntos como riscos climáticos.

Da luneta ao uso de dados

Minha trajetória profissional é muito simples. Sou um pesquisador em economia. Em 2003, me juntei aos professores do quadro principal do Departamento de Economia da PUC-Rio e, como tal, desde 2011 dirijo o centro de pesquisas Climate Policy Iniciative, o CPI. É um caminho voltado para a pesquisa associada ao aprimoramento das políticas públicas. Sou economista de formação, com graduação e mestrado na UFMG e doutorado na PUC-Rio, com uma temporada na Universidade de Chicago, com bolsa-sanduíche. Meu maior interesse na economia é a utilização de dados na tomada de decisão. O trabalho do economista está ligado ao suporte do processo de tomada de decisão. E, nos vários ambientes dessas decisões, sempre me fascinou a possibilidade de tomar decisões melhores a partir de informações apresentadas de maneira estruturada. Isso veio muito cedo na minha vida.

Um fato importante nessa trajetória talvez tenha sido o meu aniversário de 13 anos, quando pedi aos meus pais uma luneta para estudar o céu e entender melhor as coisas. Sempre fui curioso e, mais tarde, sempre procurei desenvolver atividades no entorno da vida acadêmica. No final, consegui uma luneta emprestada e o presente se tornou um computador pessoal com uma interface gráfica bastante limitada, que nem jogos tinha. Mas fui me interessando por programação e, em particular, por explorar formas de resolver problemas práticos com o computador. Meu pai era engenheiro de formação e tinha acabado de investir numa suinocultura em uma granja. Aproveitei e resolvi colocar os números da fazenda no computador.

A produção de suínos naquela época já era sofisticada, tinha várias etapas, mas ainda assim criei uma série de formulários a serem preenchidos pelos funcionários sobre todas as operações da produção. E comecei a fazer relatórios, de tal modo que toda vez que meu pai se encontrava com os fornecedores para discutir assuntos como nutrição, genética ou desempenho de determinada operação, eu sempre estava ali por trás, mesmo muito novo ainda, com 14, 15 anos. Levava o meu conjunto de relatórios e ajudava a mostrar o resultado das diferentes ações na prática.

Essa experiência deixou muito clara, para mim, a importância da qualidade da informação, da coleta de dados, do tratamento dos dados, da capacidade de a pessoa se comunicar com os usuários finais, que, no caso, era o meu pai nas discussões dele com os seus fornecedores. Aquela experiência foi, para mim, um grande ponto de partida em termos de uma primeira abordagem quantitativa.

Depois, optei por economia porque tinha assistido no meu colégio a uma palestra do ministro da Economia, Paulo Haddad, mineiro, pai de um colega, Eduardo Haddad, que hoje é professor na USP. Naquela ocasião, o Paulo falou de como a carreira do economista dava suporte ao processo de tomada de decisão e aquilo me pareceu atraente. Sempre tive facilidade com métodos quantitativos e ali começou uma carreira. O interesse maior era pela ciência econômica com um viés mais de utilização desses métodos quantitativos, tanto de análise de dados quanto teóricos, de raciocínio lógico mesmo, como forma de aprimorar o processo de tomada de decisão.

Baseado nisso, fiz a graduação, o mestrado e o doutorado. Meu campo de pesquisa se moldou em um conjunto de assuntos em torno de aspectos financeiros do desenvolvimento econômico, onde a agricultura sempre foi um laboratório interessante. É uma atividade relativamente simples de ser entendida, a partir da qual é possível discutir uma série de questões econômicas.

Criação do Climate Policy Initiative

Assim, sou um economista de formação e um pesquisador que dedica a vida a temas associados ao desenvolvimento econômico. Foi nesse contexto que fui convidado para montar o Climate Policy Initiative no Brasil. O convite veio do professor Thomas Heller, de Stanford, quando ele esteve no país, depois de receber uma doação do George Soros para fundar uma instituição com o objetivo de analisar políticas do clima. Essa é a origem da criação do CPI, em 2010. O trabalho que temos realizado, com a equipe ali construída, gira em torno da relação entre o clima e o desenvolvimento econômico, com o objetivo explícito de contribuir para o debate de políticas do clima, oferecendo evidências sobre o que funciona e o que não funciona na área.

Havia no CPI uma intuição de que grande parte do esforço da comunidade científica e das organizações não governamentais estava muito voltado, de um lado, para a mobilização com um viés mais ativista e, de outro, para a pesquisa das questões mais científicas do processo de mudanças do clima em si. Naquele momento já havia uma série de ações sendo implementadas por diversos governos nos mais variados contextos, mas não havia uma organização que avaliasse a efetividade nem que coletasse todo o aprendizado que poderia ser obtido a partir dessas experiências.

Então, o CPI foi concebido com essa visão de tentar criar evidências sobre o funcionamento e os limites das políticas que estavam sendo implementadas nos diferentes contextos e, a partir dessas evidências, contribuir para o aprimoramento de um novo arcabouço de política pública. Esse foi o conceito escolhido naquele momento, tendo como norte criar escritórios em países que estariam dedicados a entender o contexto local. Testamos vários modelos de interação com os grupos que participavam dessa rede e alguns escritórios foram criados, outros foram fechados.

Atualmente, temos o nosso escritório brasileiro, sediado na PUC-Rio. Também atuamos na Indonésia, na Índia, em Londres e nos Estados Unidos, com uma iniciativa na África, embora menor. É uma instituição que, de fato, tem essa abrangência global. São duas grandes linhas de trabalho: uma linha de avaliação de política pública, na qual a equipe que eu lidero, no Brasil, tem um papel mais proeminente; e outra em torno do que se chama finanças do clima, o que envolve mapeamento dos fluxos financeiros para a área e o desenvolvimento de instrumentos mais inovadores, associados a esses fluxos.

A organização está voltada atualmente para essas várias temáticas nas regiões mencionadas. Cada região desenvolveu uma abordagem com melhor conexão com a capacidade do time disponível, considerando o contexto local. No Brasil, começamos a pensar no processo de geração e produção de conteúdo com uma abordagem mais econômica, dada a minha formação e a das pessoas que constituíram o CPI aqui inicialmente. Rapidamente, porém, descobrimos muito valor na interação entre economia e direito. Pois não basta tentarmos entender a eficiência dos instrumentos de política pública de modo isolado, já que eles interagem de maneira relevante com as regras do jogo, com aspectos do direito, por exemplo, em particular do direito ambiental. Nessa direção, há um trabalho que começou a ser desenvolvido pela Joana Chiavari, a pesquisadora do CPI que coordena essa área de direito ambiental. Assim, descobrimos que a interseção entre economia e direito, no caso do meio ambiente, é bastante promissora.

Simultaneamente, percebemos também que seria importante termos uma camada de comunicação bem estruturada. Porque, no fim das contas, nem os formuladores de política pública nem o público em geral muitas vezes têm interesse em entender os meandros da pesquisa que nos leva a certas conclusões. A capacidade de articular os resultados das diferentes pesquisas de uma forma conectada com o debate de política pública, no seu tempo e no formato adequados, é essencial. Por isso, atualmente, grande parte do nosso conteúdo é promovido pela interação entre esses três componentes: o componente de economia, a nossa origem; o direito ambiental; e a comunicação. São três pilares fundamentais do nosso conteúdo.

A preocupação em gerar impactos nas políticas públicas

Desde o início, houve um interesse no engajamento. Na verdade, essa era uma espécie de pilar do nosso trabalho. Costumo dizer que os nossos fundadores colocaram duas premissas restritivas no estabelecimento do CPI. A primeira é que os trabalhos precisam ter um conteúdo empírico forte; a segunda é que, para cada trabalho que desenvolvemos, precisamos identificar alguém na gestão da política pública que possa dar alguma consequência aos resultados obtidos. Para isso é preciso escutar e entender o processo político. Esse é um atributo do desenho inicial que levamos muito a sério. É nesse processo de escuta e compreensão do debate político que se consegue, de fato, entender quais são as portas de entrada para aquele conteúdo ser formatado de maneira palatável e adequada. E, assim, poder penetrar de modo mais eficaz.

Nessa estratégia de constituição do CPI, a etapa do engajamento está ligada a esse processo de se desenvolver um trabalho conjunto com os formuladores de política. Isso se mostrou completamente relevante no nosso caso, e temos vários exemplos. Um dos mais emblemáticos foram as discussões que precederam a COP de Paris, em 2015, quando os países estavam discutindo internamente que metas seriam levadas ao encontro, no qual acabou sendo fechado o Acordo de Paris.

Fomos percebendo que havia espaço para desenvolver e empacotar, de maneira específica, um conjunto de aprendizados que dizem respeito, no caso do Brasil, a conseguir desenvolver a economia e proteger o meio ambiente simultaneamente. Naquele momento, tínhamos um trabalho de pesquisa e análise voltado para essa ideia de discutir clima e economia no país com a preocupação de mostrar que não eram dois tópicos conflitantes, ao contrário, eram tópicos que se alinhavam. Criamos, então, uma formulação que, em inglês, chamamos de *production protection*. Na época, isso acabou ajudando e ancorando muito bem várias discussões.

Criamos esse conceito de "produzir e proteger" em um trabalho conjunto com o Ministério do Meio Ambiente, que, na época, tinha a Isabela Teixeira à frente, junto com o Francisco Gaetani, na Secretaria Executiva, e o Carlos Klink. Eles abraçaram a ideia do *production protection* como uma base do compromisso de Paris. Eu fiquei convencido da importância desses instrumentos de comunicação e, assim, o CPI se estabeleceu. Hoje em dia o CPI tem uma base de geração de conteúdo bastante sólida, mas mantém a interface com a gestão de política através dos nossos instrumentos de comunicação. Porque não é trivial conseguir influenciar o desenho de política pública fora do governo, na posição em que nos encontramos ao colocar essas questões.

O uso da terra para a produção de alimentos

Há um ponto de partida para entendermos as tendências globais sobre o uso da terra que chamamos, internamente, de economia do desmatamento — o que está por trás do desmatamento? No centro dessa discussão há uma questão crucial: a relação entre a dinâmica da agropecuária e o desmatamento. Muita gente acha que isso acontece sempre da mesma forma em vários lugares do mundo e em todas as épocas. Mas, quando focamos a evolução da produção agropecuária universal, os dados da FAO mostram que o mundo tem sido capaz de aumentar sua produção de alimentos de maneira contínua e sem grandes emoções desde os anos 60. Entretanto, se verificarmos mais detidamente, perceberemos uma mudança muito importante no modo pelo qual essa produção tem acontecido.

Segundo dados da FAO, entre 1961 e 2001, nesses primeiros 40 anos, o mundo basicamente viabilizou um aumento na produção de alimentos que combinou expansão de área e ganho de produtividade. Mas um conjunto de fatos aconteceu de tal modo que, de 2001 a 2016, de acordo com a mesma pesquisa, o mundo continuou ampliando sua produção de alimentos, só que agora em uma área menor. Ou seja, ao longo dos anos 2000, a expansão da produção mundial de alimentos se deu, exclusivamente, por ganho de produtividade. Isso não significa que não houve desmatamento nem expansão de área, e sim que, ao se verificar toda a área dedicada à produção, constatou-se que ela se manteve constante ou até diminuiu. Tal realidade mostra o que muitos estudos apontam: a possibilidade de ampliarmos a produção de alimentos em áreas existentes sem desmatamento é muito mais do que teórica, é algo que já está em curso em escala global há bastante tempo.

E quando olhamos para o caso do Brasil, o uso da terra é peculiar. Se considerarmos o território brasileiro dividindo-o nas diferentes categorias, há questões que saltam aos olhos: a quantidade de florestas remanescentes que temos em nosso território é da ordem de 60%. Toda a produção agrícola, de lavouras (soja, milho, algodão, cana etc.), ocorre numa área inferior a 10% do nosso território — na verdade, varia entre 8% e 10%. E temos uma fração significativa do território na condição de pastagens. Essa área é quase quatro vezes o total da área de lavoura. Em grande medida, essa área está sendo subutilizada.

De fato, quando focalizamos os grandes saltos de modernização na agricultura brasileira, percebemos que eles induzem muito mais à conversão de pastagem em lavoura do que de florestas em lavoura. Então, o que há de interessante nessa agenda de desmatamento no Brasil são dois pontos: primeiro, temos uma vasta possibilidade de expandir a produção agropecuária sem desmatar. Em nosso caso, temos uma estimativa de que a produção poderia dobrar com as tecnologias existentes, sem nenhum grande salto tecnológico e sem necessidade de desmatamento. Em segundo lugar, e este é outro elemento da nossa análise, esse desmatamento não tem servido à geração de emprego nem à geração de PIB. Está associado a atividades muito pouco produtivas no país. Não à toa, ao longo dos anos 2000, sobretudo na região Amazônica, onde o programa de desmatamento ganha contornos mais dramáticos, o Brasil atingiu seu pico de desmatamento, mais precisamente em 2004.

Combater o desmatamento não afeta a atividade econômica

Naquele momento foi lançado um novo aparato para a condução das políticas de combate ao desmatamento que passou a ter como base as informações de satélite. E, aí, houve uma sequência de trabalhos que fizemos no CPI, junto com a Clarissa Gandour e outros pesquisadores, a partir dos quais mostramos que essas políticas, por um lado, foram muito efetivas no controle do desmatamento. Mas, por outro lado, não tiveram efeito sobre a atividade econômica, nem em termos de produção agrícola propriamente dita nem em termos de PIB dos municípios onde tais políticas incidiram com mais força. Esses trabalhos apontam para o fato de que no Brasil o combate ao desmatamento não tem um custo de oportunidade econômico relevante.

A partir daí, passou-se a monitorar o desmatamento com o sistema de satélite Deter, desenvolvido no Inpe, e a autoridade passou a tomar suas medidas com base em um sistema de inteligência que funciona em tempo quase real. Isso foi extremamente efetivo para combater o desmatamento, cuja taxa de redução chegou a ficar em torno de 80%. Talvez seja um dos exemplos mais bem-sucedidos de redução de emissão de que se tem notícia no mundo. Isso tudo foi realizado com tecnologia nos anos 2000, numa solução brasileira inovadora. E foi complementado por um conjunto de medidas cujo objetivo era um melhor direcionamento desses esforços de comando e controle.

Um exemplo foram as medidas voltadas para os municípios prioritários, além das políticas de direcionamento de crédito, que passaram a condicionar o crédito a questões fundiárias e ambientais no bioma amazônico. Todas foram bastante efetivas. Então, o que sabemos sobre as políticas de desmatamento é que esse conjunto de medidas adotadas foi e é essencial.

Hoje em dia, deparamos com alguns desafios de consolidação desse arcabouço. Aprendemos que não basta ter boas políticas públicas que sejam efetivas. Precisamos que o governo tome a atitude de utilizar tais políticas da maneira devida. O desmatamento tem um elemento de expectativa muito forte, visto que está associado à especulação de terras. Assim, a consolidação do arcabouço institucional para lidar com o desmatamento acaba sendo crucial, porque, à medida que se começa a deteriorar esse arcabouço, há impacto danoso sobre as expectativas, comprometendo-se o processo.

Existe um elemento nessa história bastante interessante, que é a restauração florestal. Se olharmos o estoque de áreas desmatadas no Brasil, veremos que aproximadamente um quarto dessas áreas hoje está em algum processo de regeneração, o que significa que desmatamos essas áreas por nada. Desmatamos e abandonamos este um quarto de área e isso é uma oportunidade tremenda para o país, porque existe um mercado de carbono voluntário, de mobilização de várias empresas interessadas nessa agenda. E o Brasil tem um potencial enorme nesse setor.

Como desenvolver infraestrutura com sustentabilidade

A infraestrutura logística, em particular, talvez seja mais um exemplo de como a economia e a sustentabilidade no país devem andar juntas. Isso porque as emissões de carbono são proporcionais aos custos de transporte, principalmente em um país cuja base logística é tão dedicada à rede de transporte rodoviário. Apenas como exemplo, vamos pensar na agenda de mobilidade dos centros urbanos, considerando o tempo e o transporte gastos pelo trabalhador para ir ao trabalho e voltar para casa após oito horas de expediente. Se utilizarmos uma métrica de atribuição desses valores, veremos o custo de oportunidade do tempo gasto no trânsito só para cumprir esse trajeto.

Fazendo essa conta, percebemos que a nossa estrutura de transporte é tal que gera uma espécie de imposto do transporte para o trabalhador da ordem de 14%. E esse imposto só aumenta. Nos últimos anos, talvez tenha aumentado mais de seis pontos percentuais. Além de todos os custos com os quais se depara, o trabalhador ainda tem esse custo de deslocamento, que é relevante. E esse valor, por si só, de acordo com algumas estimativas que fizemos, já seria suficiente para justificar uma série de intervenções de mobilidade urbana.

Quando verificamos o padrão internacional, duas coisas aparecem. A primeira é que no Brasil há um viés no modal rodoviário muito forte.

A segunda é que, mesmo com o viés no modal rodoviário, se compararmos a quantidade de infraestrutura rodoviária que temos com a de outros países de dimensões semelhantes, e mesmo com o nosso viés, veremos que a nossa quantidade é ridiculamente baixa. Então, a questão da infraestrutura no Brasil é absolutamente central por uma série de razões.

A agenda de infraestrutura, devido ao fato de ter capacidade de promover mudanças transformadoras na economia, precisa ser pensada em profundidade. Nesse contexto, um elemento básico diz respeito justamente à resposta comportamental das empresas e da sociedade a essas mudanças na infraestrutura de transporte. Porque essa resposta comportamental pode gerar resultados muito distintos daquele que se espera.

E aqui cito o exemplo da tese da Maína Celidonio. Ela terminou o doutorado há alguns anos no Departamento de Economia e hoje é secretária municipal de Transportes no Rio de Janeiro. Ela analisou em sua tese as obras urbanas realizadas na cidade na época dos Jogos Olímpicos. Um resultado importante obtido foi que, mesmo com todas as intervenções que melhoraram a infraestrutura de transportes no Rio, o tempo de deslocamento médio da população aumentou. Esse é um caso em que a engenharia e a economia podem apontar para caminhos distintos.

Houve uma intervenção na economia e na infraestrutura que acabou reduzindo o custo de as pessoas morarem em locais que ofereciam um conjunto de amenidades mais atraentes, aumentando também a facilidade de deslocamento para o Centro da cidade, que concentra grande parte dos empregos. Isso acabou em equilíbrio, gerando um aumento nos tempos de deslocamento, o que certamente é um fenômeno não antecipado nas intervenções. Esse é um elemento central no desenho dessas obras de infraestrutura, no sentido de que elas terão, de fato, um efeito importante: as pessoas e a atividade econômica vão reagir e se adaptar ao novo cenário de infraestrutura.

É preciso avaliar a área de influência dos projetos

Há outra agenda de pesquisa que desenvolvemos no CPI com base no trabalho dos pesquisadores Arthur Bragança e Rafael Araújo. Eles olham as intervenções de infraestrutura logística no país, sobretudo no Cerrado e, a partir de modelos, estabelecem uma abordagem econômica que nos permite definir, de maneira bastante precisa, a área de influência dos projetos. E aqui podemos falar dos desafios de licenciamento. Se considerarmos as obras de infraestrutura, veremos que todo o nosso arcabouço de licenciamento está muito mais voltado para a área de influência determinada pela obra civil de infraestrutura, quando, na verdade, o impacto de uma rodovia ou de uma ferrovia vai muito além do traçado da obra civil daquela intervenção. Muitas vezes os municípios, as áreas mais afetadas, estão a centenas de quilômetros da obra propriamente dita.

Então, há um elemento na estrutura de licenciamento que achamos absolutamente essencial de ser levado em consideração, que é essa definição da área de influência. Uma área de influência adequada, que leva em conta o impacto econômico que essas intervenções podem ter sobre determinadas regiões, pode ser utilizada tanto para entendermos a viabilidade econômica de tais intervenções quanto para mapearmos os eventuais riscos ambientais e sociais. Quanto ao nosso processo de licenciamento, verificamos ao longo do ciclo do projeto, e após uma análise detalhada de vários outros projetos liderados pelo nosso grupo de direito ambiental, que, no Brasil, as questões ambientais são discutidas de maneira artificialmente tardia, mesmo quando são relevantes.

Desse modo, ao longo da execução do projeto acaba se criando, de maneira artificial, um embate entre questões de meio ambiente e de desenvolvimento. Porque muitas vezes se decidiu ir adiante com uma obra que estava gerando custos ambientais e sociais elevados. Mas, se tivesse havido a possibilidade de essas questões serem previstas, isso teria tido um impacto em termos da análise de viabilidade desses processos na própria execução, no tempo dessa execução, nos riscos. Considero que, em última instância, teria tido um impacto na própria seleção das empresas que estariam dispostas a empreender tais projetos.

Fato é que essa agenda de infraestrutura logística e de sustentabilidade requer uma análise com viés um pouco mais econômico para tentarmos entender a área de influência de uma maneira mais abrangente, considerando as respostas dos agentes econômicos e, ao mesmo tempo, levando para a análise de viabilidade as questões de sustentabilidade, de impacto ambiental e social. Com isso, conseguiremos mapear os riscos de modo mais eficaz, reduzindo, provavelmente, o custo de capital dessas obras e o tempo de sua execução. E, eventualmente, com uma melhor seleção dos operadores.

Clima, transformação produtiva e oportunidades

A intervenção estatal e, em especial, aquelas políticas públicas que estariam nos ajudando a conduzir a produção global na direção de uma economia de baixo carbono, devem respeitar vantagens comparativas como se fosse um direcionador básico da intervenção pública, uma diretriz que considero fundamental. Isso coloca o Brasil numa posição muito favorável. Pelos atributos naturais do país, teremos muito a ganhar num mundo que caminha para uma via de baixo carbono. Por exemplo, se considerarmos a energia renovável, o potencial que temos nas diferentes fontes — eólica, solar ou biomassa — é inigualável. Só para se ter uma ideia, se escolhermos o melhor local na Alemanha para energia solar, ele é pior do que o pior lugar no Brasil.

O potencial de energia renovável que temos é muito grande. Um potencial que, no caso das energias eólica e solar, é maior nas áreas mais pobres do país. Seria possível explorarmos isso de maneira mais sistemática, tentando adotar estratégias de atração de setores que são intensivos em energia. E utilizando, talvez, estímulos que possam reforçar e abrir caminhos para que essa vantagem comparativa que o Brasil tem prospere, gerando ganhos para o país.

O Brasil, assim como a China, produziu movimentos importantes no comércio internacional e tem a oferecer ao mundo um trabalho relativamente qualificado e abundante. O país poderia, guardadas as proporções, gerar redirecionamentos do investimento mundial, oferecendo ao mundo a possibilidade de energia renovável abundante. Considero esse um elemento muito positivo quando encaramos o potencial no país, mas temos um arcabouço político, de política pública, que não é muito favorável ao desenvolvimento dessas tecnologias.

Outro elemento é o da agropecuária, que volto a mencionar. Temos um espaço enorme para a produção em áreas já abertas. Temos algumas práticas sustentáveis, principalmente no que diz respeito à emissão de carbono. A sustentabilidade na agricultura tem várias dimensões. No que se refere à dimensão do baixo carbono, o Brasil tem práticas consolidadas operando em escala. São práticas mais rentáveis, mas muitas vezes elas envolvem mais risco.

Há todo um trabalho aqui de promoção dessas práticas para que possam estar associadas à criação de instrumentos que possibilitem aos produtores uma melhor gestão de risco. Contamos com toda uma agenda a ser desenvolvida nessa área. E o Brasil, de novo, teria aí um espaço enorme. Talvez seja o país do mundo no qual a discussão sobre segurança alimentar e mudança climática ocorra de maneira mais relevante. E com um potencial enorme para abordar conjuntamente essas duas agendas.

Bioeconomia como mais um elemento de reforço

No caso da bioeconomia, o Brasil é um caso interessante. Porque há aqui muita intuição e pesquisa apontando para um potencial enorme nessa área. Essa é uma agenda que se justifica por si só no país, mas a preocupação que se está colocando nos ombros dela é a esperança de que ela nos ajude a lidar com os problemas sociais e ambientais da Amazônia. No entanto, quando olhamos para a escala e a estrutura econômica da Amazônia, vemos que é pouco provável que a agenda da bioeconomia, ao menos num futuro próximo, seja capaz de se tornar um elemento relevante na condução da política ambiental ou social da Amazônia.

Dito isso, considero, porém, que a bioeconomia é um setor com muito a contribuir no país em várias dimensões. A minha única preocupação é que deveríamos pensar no seu desenvolvimento como mais um elemento de reforço das nossas vantagens comparativas. Levando em conta toda a biodiversidade da Amazônia, precisamos pensar na bioeconomia como um setor que vai se viabilizar por si só e não, necessariamente, com a perspectiva de nos ajudar com as questões sociais e ambientais. Isso porque acho que essas questões estão em outra escala e hoje em dia temos instrumentos à nossa disposição para lidar com elas.

O papel do sistema financeiro

Outro ponto na agenda mundial do meio ambiente é o papel do sistema financeiro, que precisa ser desenvolvido. Basicamente por duas razões. Primeiro, porque é um setor que tem uma atuação muito abrangente, que interage com a atividade econômica de maneira profunda. Então, isso dá uma escala do grau de desafio que lidar com as questões do clima envolve no momento. Segundo, porque o sistema financeiro é um intermediário. Ele canaliza recursos e isso é uma posição bastante peculiar, porque faz com que possa ser instrumental na implementação de novos padrões, de produção ou de condução da atividade econômica, sem estar, necessariamente, exposto diretamente aos custos associados a essas transições. O custo dessas transições chega ao sistema financeiro quase como um elemento de segunda ordem, de maneira bastante indireta. Então, acho que isso facilita muito a participação do mercado financeiro.

E, além de tudo, o sistema financeiro tem um bom histórico com uma agenda equivalente, que é a de governança.

Quando o mundo acordou para a importância da agenda de padrões de governança, diante de uma série de escândalos que acabaram gerando crises e transtornos ao mundo dos negócios e ao mundo dos investidores, foi o sistema financeiro que teve um papel crucial na melhoria dos padrões de governança. Então, acho que esse conjunto de elementos torna o sistema financeiro um ator relevante nesse processo.

Esse movimento tem avançado em várias frentes. Já há, inclusive, uma agenda em nível de Bancos Centrais, como o trabalho do Financial Stability Board, que estabeleceu uma força-tarefa para caracterizar a exposição do sistema financeiro aos riscos climáticos. Ainda é um trabalho incipiente, mas já há um movimento ali muito claro de que o sistema financeiro precisa começar a mapear esses riscos associados ao clima. Seja o que chamamos de riscos físicos, que são os riscos de exposição das carteiras aos eventos climáticos, seja o que chamamos de riscos de transição, que se referem à exposição da carteira a setores que possam vir a ser alvos de políticas e possam ajudar a conduzir a economia mundial na direção do baixo carbono. É um movimento inequívoco que começou com o Financial Stability Board, mas que já está penetrando em vários países. Aqui no Brasil a Febraban tem feito um trabalho muito interessante na implementação desses conceitos.

Crédito e sustentabilidade

E o Brasil ainda tem um histórico de associação entre instrumentos de crédito e sustentabilidade. A agropecuária talvez seja o setor onde isso mais se destaca. Gostaria de citar aqui, por exemplo, a Resolução nº 3.545, de 2008, do Conselho Monetário Nacional, que passou a condicionar o crédito no bioma Amazônia a alguns requisitos fundiários e ambientais. Temos um trabalho no CPI no qual mostramos especificamente que essa resolução foi superefetiva, no sentido de conter o desmatamento. Assim, essa associação entre o crédito e a sustentabilidade acaba sendo bastante benéfica.

Temos também o programa ABC, que fomenta a agricultura de baixo carbono. Ainda é um programa pequeno em relação ao montante total do crédito rural no Brasil, mas é um programa importante. E o crédito rural talvez seja a política mais relevante para a agricultura no Brasil atualmente. Quando analisamos seu impacto sobre a produtividade e o uso da terra, percebemos que o crédito rural é mais um aliado da agenda de sustentabilidade do que qualquer outra coisa. E quando abordamos o Brasil como um todo e mostramos as áreas onde os produtores tiveram um melhor acesso ao crédito, descobrimos que eles acabaram investindo mais no ganho de produtividade e que são os que reduzem as pressões por desmatamento.

Assim, o crédito tem sido um aliado nessa história. E esse é um espaço que pode ser ampliado. Fiquei feliz no ano passado quando o Banco Central anunciou o que eles chamam de "uma dimensão de sustentabilidade da agenda BC", por meio da qual querem aprofundar esse processo. A esperança é de que consigamos avançar na questão do que poderá ser realmente instrumental, a fim de conquistarmos efeitos em escala, porque sem escala o nosso desafio em relação ao clima não consegue avançar.

A agenda ambiental é, por natureza, uma agenda transversal. E, de fato, o maior avanço que conseguimos ao longo dos anos 2000 no combate ao desmatamento da Amazônia foi um arranjo cuja concepção envolveu vários ministérios, vários setores do governo. Então, tem um elemento de coordenação e integração que é importante e que interage nessa relação entre governança e implementação, essenciais nessa história. Às vezes, temos peças legislativas muito interessantes, mas a sua implementação é desafiadora. E estamos lidando com uma área na qual as expectativas desempenham um papel crucial e na qual muitas vezes os danos são irreversíveis.

O caso do Código Florestal

Um exemplo emblemático dessas questões envolvendo governança e implementação é o Código Florestal. Por um lado, o Código tem atributos únicos, mas quando o situamos em uma perspectiva internacional, verificamos que, embora seja uma peça bastante interessante, os desafios para a sua implantação são tremendos. A começar pelo sistema de informação necessário à sua adoção, que requer que cada propriedade no país tenha o seu traçado bem caracterizado, num sistema integrado com as áreas de proteção, e assim sucessivamente. Mas, além disso, o Código Florestal requer também uma atuação muito grande em nível estadual. Então ele é uma peça federal, mas exige, de maneira concreta, a participação dos estados em sua implementação.

Hoje, grande parte dos desafios de pôr em execução o Código Florestal reside justamente no nível estadual, que, de certa forma, é mais interessante, porque está mais exposto às questões locais. Por exemplo, se pensarmos as questões associadas ao restauro florestal em nível estadual, temos uma compreensão melhor dos biomas, dos ecossistemas relevantes no contexto local. Por outro lado, isso impõe um enorme desafio de coordenação e integração. Logo, essa questão da Federação, no caso do meio ambiente, se apresenta de forma muito concreta e tangível. E, em grande medida, este é o desafio: de um lado, você tem questões com contornos locais totalmente relevantes, enquanto, de outro, você precisa de coordenação e integração.

Temos hoje desafios associados à implantação do Código Florestal que cabem exatamente nesse formato, nessa configuração. O elemento central que vale a pena termos em mente é que o papel do governo é fundamental. Medidas voluntárias são relevantes, mas têm limites. Quando estamos lidando com o problema da dimensão, por exemplo em relação ao desafio do clima, a atuação governamental é essencial porque é o que dá escala. Mas um governo sozinho também não consegue mover a agenda, é preciso uma integração entre diferentes governos.

Para sermos levados a sério

Um elemento que salta aos olhos ao analisarmos as diferentes experiências é que, apesar de cada um desses instrumentos mencionados ter efeitos locais relevantes, quando olhamos o todo vemos que há necessidade de uma abordagem mais global, na qual o governo e a política pública tenham protagonismo. Vemos também que as soluções mais uniformes, em geral soluções "livro-texto", de imposto de carbono, apresentam desafios de implementação. Em grande medida, no caso do clima, elas dizem respeito ao fato de o carbono ter várias formas. O carbono associado ao desmatamento é diferente do carbono associado a uma térmica de carvão. Isso no sentido de sua produção, do processo de emissão e dos efeitos mitigatórios. Então, acho que é um desafio grande do ponto de vista da ciência e não é à toa que temos um número crescente de economistas dedicando boa parte de suas pesquisas ao assunto.

O trabalho de contribuir para o desenho de políticas de clima não é fácil, é desafiador e exige atenção aos detalhes, ao ambiente político, à comunicação. Exige até mesmo capacidade de adaptação, para se conseguir manter um diálogo construtivo com os formuladores de políticas. No caso do Brasil, o país tem tudo para se posicionar como protagonista nas discussões internacionais em torno do tema. Não só por seus atributos naturais, mas também porque temos muito a ganhar em um mundo que caminha para uma direção de baixo carbono. E talvez o ponto de partida desse movimento no Brasil seja justamente a questão do desmatamento na Amazônia. O fim do desmatamento é uma condição necessária para que o Brasil possa retomar a posição de liderança nessas discussões. Enquanto não aprendermos a lidar com o desmatamento de maneira relevante, será difícil sermos levados a sério.

Leituras sugeridas
- Antonaccio, Luiza, Juliano J. Assunção, Maína Celidonio et al. "Ensuring Greener Economic Growth for Brazil", *Climate Policy Initiative*,

nov. 2018. Disponível em: <https://www.climatepolicyinitiative.org/publication/ensuring-greener-economic-growth-for-brazil/>. Acesso em: 14 out. 2022.

- Assunção, Juliano, Clarissa Gandour e Romero Rocha. "DETERring Deforestation in the Brazilian Amazon: Environmental Monitoring and Law Enforcement", *Climate Policy Initiative*, nov. 2019. Disponível em: <https://www.climatepolicyinitiative.org/publication/deterring-deforestation-in-the-brazilian-amazon-environmental-monitoring--and-law-enforcement/>. Acesso em: 14 out. 2022.

- Assunção, Juliano, Clarissa Gandour e Rudi Rocha. "Deforestation Slowdown in the Brazilian Amazon: Prices or Policies?", *Environment and Development Economics*, vol. 20, nº 6, dez. 2015, pp. 697-722. Disponível em: <https://www.researchgate.net/publication/301484876_Deforestation_Slowdown_in_the_Brazilian_Amazon_Prices_or_Policies_with_Juliano_Assuncao_and_Clarissa_Gandour_Environment_and_Development_Economics_v20_n6_pp_697-722_December_2015>. Acesso em: 14 out. 2022.

- Assunção, Juliano, Clarissa Gandour, Pedro Hemsley, Romero Rocha e Dimitri Szerman. "Production & Protection: A First Look at Key Challenges in Brazil", *Climate Policy Initiative*, dez. 2013. Disponível em: <https://www.climatepolicyinitiative.org/publication/production--protection-a-first-look-at-key-challenges-in-brazil/>. Acesso em: 14 out. 2022.

- Assunção, Juliano, Clarissa Gandour, Romero Rocha e Rudi Rocha. "Does Credit Affect Deforestation? Evidence from a Rural Credit Policy in the Brazilian Amazon", *Climate Policy Initiative*, jan. 2013. Disponível em: <https://climatepolicyinitiative.org/wp-content/uploads/2013/01/Does-Credit-Affect-Deforestation-Evidence--from-a-Rural-Credit-Policy-in-the-Brazilian-Amazon-Technical--Paper-English.pdf >. Acesso em: 14 out. 2022.

À GUISA DE POSFÁCIO

Pedro Malan

> *"We may never know where we are going,*
> *but we would better have a good idea of where we are."*
> HOWARD MARKS

"Podemos não saber aonde estamos indo, mas é bom que tenhamos uma boa ideia de onde nos encontramos." E de como até aqui chegamos, digo eu, acrescentando que a observação de Marks, originalmente dirigida a investidores financeiros, também se aplica a outras pessoas, a empresas e a países. Todos precisam ter alguma consciência e memória de seus respectivos passados, alguma noção dos desafios do presente e alguma visão sobre seus possíveis futuros. Todos, indivíduos, empresas e países, têm a aprender com lições das experiências vividas — suas e de outros.

Problemas de fundo

O Brasil é a terceira maior democracia de massas urbanas do mundo. Trata-se de uma sociedade desigual com carências sociais que são cada vez mais percebidas, moral e politicamente, como incompatíveis com o grau de civilização que gostaríamos de haver alcançado. Carências que constituem uma fonte inesgotável de demandas dirigidas a sucessivos governos, que são obrigados a tentar dar respostas em termos de políticas públicas.

Essas necessidades, demandas e exigências de respostas se colocam em três grandes áreas: infraestrutura física (transporte, energia, comunicação); infraestrutura humana (educação, saúde, segurança); e, por fim, porém não menos importante, demandas por redução da pobreza e da desigualdade na distribuição de renda e, crescentemente, por redução da desigual distribuição de oportunidades — na partida, que é onde importa —, o que exige foco em educação nos anos iniciais de vida. E continuado foco na avaliação da aprendizagem — nas idades certas.

Todas essas três áreas são vistas no Brasil (e em boa parte do mundo) como "intensivas em Estado". Portanto, colocam enormes expectativas e responsabilidades sobre a condução da economia, da política econômica e de políticas setoriais, o que exige um sentido de perspectiva e uma visão de médio e longo prazo sobre o país e seu futuro.

A propósito desse tema, vale lembrar que em 1950 éramos 52 milhões de brasileiros (mais da metade analfabeta). A população urbana era de 36% do total, cerca de 19 milhões de pessoas. Hoje, temos cerca de 215,4 milhões, uma população 4,15 vezes maior. E a população urbana representa agora mais de 87% do total, o que equivale a mais de 187 milhões de pessoas — um aumento de quase dez vezes em relação aos 19 milhões de 1950. Algo sem paralelo no mundo entre países de grande população. Para comparação, o aumento da população urbana nos Estados Unidos foi inferior a 2,8 vezes no mesmo período.

Nem China, nem Índia, com populações urbanas de, respectivamente, 60% e 35% do total, apesar de, em números absolutos, terem populações urbanas muito maiores que o Brasil, apresentaram aumentos por fatores sequer próximos dos quase dez vezes maiores observados no Brasil. Em 1985, último ano do regime militar, São Paulo era a terceira maior cidade do mundo. O Rio, a oitava.

Muito importante é uma das inúmeras implicações ou consequências políticas desse extraordinário processo de urbanização sobre o não menos relevante aumento do eleitorado. Passamos de 11,45 milhões de brasileiros aptos a votar em 1950, ou 22% da população total, para nada mais nada menos que 156,45 milhões de pessoas aptas a votar hoje, ou seja, 72% da população total.

Em outras palavras e resumindo as informações dos parágrafos acima: enquanto a população total do Brasil entre 1950 e o presente aumentou cerca de 4,15 vezes, a população urbana cresceu mais de 9,8 vezes e a população apta para votar cresceu 13,7 vezes. Há que se juntar a esses dados as estatísticas sobre a nossa marcadamente desigual distribuição de renda para entender por que as necessidades, as demandas, os sonhos e as frustrações da esmagadora maioria dos eleitores brasileiros — os que ganham menos de três salários mínimos — passaram a ser cada vez mais decisivos desde que voltamos a ter eleições diretas para presidente.

Esse elo vital entre demografia, urbanização, participação eleitoral e desigualdade teve consequências políticas e econômicas da maior importância em décadas passadas — e continuará a marcar décadas vindouras. Agora por razões diferentes, que têm a ver com a rapidez da transição demográfica, não mais no sentido do crescimento acelerado da população (total e principalmente urbana), mas do fenômeno inverso. Estamos crescendo apenas 0,7% ao ano (eram 3% entre 1950 e 1980) e a taxas decrescentes. Se em 1950 a mulher brasileira tinha em média 6,2 filhos, atualmente a média é de menos de 1,7. Nossa população começará a declinar no início dos anos 40. A partir de 2050, apenas aqueles com mais de 60 anos vão estar aumentando sua participação relativa na população total, representando 30% da população. O número de aposentados cresce hoje a uma taxa cinco vezes superior à taxa de crescimento da população total. Os gastos com saúde associados ao envelhecimento acelerado serão exponencialmente crescentes — o Brasil corre o sério risco de envelhecer antes de superar a armadilha da renda média.

Esse é o nosso problema de fundo, nosso grande desafio a enfrentar. Um desafio que é a um só tempo econômico, político-institucional, social e cultural. E que exige uma visão de longo prazo que ora parece nos faltar. Não é que nos falte o sonho generoso: o formal discurso de posse de Dilma Rousseff, em 1º de janeiro de 2011, é mais do que ilustrativo: "O Brasil optou ao longo de sua história por construir um Estado provedor de serviços básicos e de Previdência Social pública. Isso significa custos elevados para toda a sociedade, preço a pagar pela garantia de alento da aposentadoria para todos e de saúde e educação universais."

A esse respeito, porém, vale lembrar o que chamei de "paradoxo de Bacha-Schwartzman", que assim o expressaram: "Temos, entre nós, uma peculiar, mas disseminada interpretação dos princípios constitucionais da universalidade e da igualdade, segundo a qual as desigualdades dos benefícios sociais não devem ser corrigidas com o redirecionamento dos gastos públicos, mas sim pela expansão dos gastos e a extensão, para os demais, dos benefícios já conquistados por uma minoria e que são considerados direitos adquiridos." E que geram, em outros, expectativas de direitos por adquirir.

Edmar Bacha e Simon Schwartzman notam, corretamente, que "é claro que não há recursos suficientes para tal expansão", que boa parte dos gastos sociais já beneficia os 20% mais bem situados (que detêm quase 60% da renda total) e que para poder praticar uma política social que beneficie os "mais pobres" é preciso confrontar os privilégios dos "mais ricos", o que implica enfrentar as corporações que representam seus interesses. O Brasil, já dizia o ex-presidente Fernando Henrique Cardoso, não é um país pobre, é um país injusto.

Contudo, tentativas de lidar com nossas multifacetadas injustiças desfraldando a genérica bandeira do "gasto [público] é vida" não têm dado certo na América Latina. Ao contrário. Porque, com frequência, elas acabam por impor custos expressivos àqueles que pretendiam favorecer. O que não quer dizer que não seja possível ter políticas públicas consistentes, conduzidas por um Estado eficiente naquilo que se proponha a realizar, em particular na área social. Afinal, como dizia José Guilherme Merquior, "o bom combate não é contra o Estado, é contra o aparelhamento e o uso do Estado para propósitos ideológico-partidários e contra formas espúrias, indevidas e não transparentes de apropriação de recursos públicos".

A arte da política (econômica e social)

De todas as inúmeras definições de política, a que mais me tocou não é a que a associa à "arte do possível", mas, antes, a que se refere à arte de tentar tornar possível amanhã aquilo que hoje parece difícil ou impossível. Essa arte precisa lidar adequadamente com cinco grandes desafios.

Primeiro, o peso do passado: como é ou deveria ser sabido, os homens fazem sua própria história, não como bem entendem, e sim à luz de circunstâncias, restrições e, por suposto, oportunidades configuradas pelo passado. É sabido que a história é um infindável diálogo entre passado e futuro e que, portanto, a "memória do futuro" exige a memória do passado.

Segundo, a necessidade de combinar os sonhos com alianças e ações eficazes para tentar realizá-los. Há exatos 60 anos, San Tiago Dantas proferiu seu famoso discurso em que distinguia "esquerda positiva" de "esquerda negativa" e no qual afirmava a necessidade de um novo sonho e uma nova aliança, lembrando que sonho sem aliança e sem uma ação eficaz que o sustente é devaneio, e que aliança sem sonho e sem ação eficaz se dissolve rapidamente no ar.

Terceiro, é fundamental reconhecer a dimensão intertemporal. Processos de mudança demandam tempo. Entre o enunciado de um princípio tido como desejável ou entre a declaração sobre a importância de um direito e sua efetivação na política pode decorrer um longo lapso de tempo. É claro que é possível tentar apressar o passo. Porém, o espaço para voluntarismos em sociedades complexas é extremamente reduzido. O espaço para vontade política não o é, desde que haja consciência da dimensão temporal. Daí a importância de persistência, determinação, sentido de rumo e de consolidação de avanços.

Quarto, processos de mudança em democracias envolvem, necessariamente, um informado debate público. A experiência histórica, no mundo como no Brasil, mostra que, por meio desse debate, pessoas e grupos podem mudar de opinião ao longo do processo, já que novas informações, novos dados, novos argumentos podem tornar o debate mais informado e mais clara a natureza dos desafios a enfrentar. Também evidencia que, em sociedades complexas, aumentam os problemas políticos que requerem a contribuição de competências técnicas para a sua solução.

Quinto, na busca de converter sonhos e esperanças em realidade, é preciso olhar não apenas o país em questão, mas também o mundo em geral e, fundamentalmente, as formas e os mecanismos de inserção desse país no mundo, o que impõe restrições, ao mesmo tempo que oferece oportunidades. Isso exige aprender com as experiências de outros países — erros e acertos — nas suas respectivas buscas de tentar tornar possível amanhã aquilo que hoje parece difícil ou impossível.

Para isso é preciso um mínimo de confiança no futuro. Não a confiança ingênua, que nega problemas reais a serem enfrentados, e sim uma confiança que reconheça, explicitamente, a existência de tais problemas, não minimize a sua complexidade e se disponha a enfrentá-los sabendo que não há soluções simples, definitivas, rápidas, indolores. E que a demagogia pode ter o seu apelo para alguns e pode até rimar com a palavra democracia, no entanto, definitivamente, não é uma solução de longo prazo.

A esperança no Brasil de agora é de que possamos continuar avançando em termos de maior maturidade político-institucional e de elevação do nível do debate público, tornando-o mais informado, menos ideologizado e mais voltado para a busca das convergências possíveis. Principalmente em temas que dizem respeito ao Estado e não a um governo específico. Por exemplo, a responsabilidade nas áreas fiscal e monetária, na eficácia e na clareza dos marcos regulatórios e na geração de um clima favorável à elevação do nível e da qualidade do investimento, com aumento de produtividade. Sem isso não há desenvolvimento econômico e *social* sustentados a longo prazo. Nem tampouco políticas públicas efetivas no combate à miséria e à desigualdade de oportunidade na partida, o que está na raiz de nossas flagrantes desigualdades de renda e riqueza.

Lições de uma experiência pessoal

Aos convidados a participar da série de podcasts do Iepe/CdG foi solicitado, por seu competente organizador, que procurassem apresentar, além de sua história de vida e suas experiências relevantes no setor público, eventuais lições dessas experiências para as gerações mais jovens, de espírito público, que se interessam pela prática e pela "arte" de política econômica (e/ou da "economia política").

No primeiro de meus podcasts, falei talvez demasiadamente sobre os efeitos da turbulência político-institucional e econômica sobre a minha "geração": aquela que estava na universidade nos cinco anos de 1961 a 1965, três anos antes do golpe militar e dois anos depois, e participando de política estudantil em um campus integrado como o da PUC do Rio de Janeiro, onde me formei em Engenharia em 1965. A grande lição: a percepção de que política e economia são indissociáveis, o que me levou a me interessar mais por economia, assim como a muitos de minha geração.

Entre 1966 e 2002 estive ligado ao setor público brasileiro, após ingressar no Escritório de Pesquisa Econômica Aplicada do Ministério do Planejamento e Coordenação Geral. A grande lição: é preciso aprender a trabalhar em equipe, produzir trabalhos de qualidade, reconhecer a importância de interações com pessoas e grupos de pesquisadores de diferentes perspectivas. Falei muito sobre isso em meu primeiro podcast.

Na década de 70 fui ativo participante do debate no Brasil sobre temas controvertidos como distribuição de renda, crescimento, balanço de pagamentos, dívida externa e política macroeconômica. A grande lição: há que se participar dos debates fundamentais de seu tempo, mas com trabalhos de qualidade que possam estimular outros a neles se envolver. O envolvimento com o processo de democratização do país me levou a aceitar a presidência do Instituto dos Economistas do Rio de Janeiro, para o qual fui eleito em 1978 e reeleito em 1979. Grande aprendizado.

Data dessa época o meu envolvimento com o Departamento de Economia da PUC-Rio, que estava criando o seu programa de mestrado em Economia. Este logo se tornou um dos melhores do Brasil e chegou a ter em seu corpo docente, no final dos anos 70 e início dos 80, professores como Edmar Bacha, Persio Arida, André Lara Resende, Eduardo Modiano, José Márcio Camargo, Carlos Diaz Alejandro, John Williamson, além dos três fundadores: Dionísio Dias Carneiro, Francisco Lopes e Rogério Werneck. A grande lição: gente boa e competente atrai gente boa e competente e, ao fazê-lo, forma gente boa e competente. Essa observação vale para o mundo acadêmico, para o mundo empresarial e *para o setor público*. Vale para o passado, vale para hoje e continuará valendo para amanhã.

Levei essas lições para a minha experiência internacional. No início de 1983 participei de um processo de seleção para um posto de diretor na área econômica das Nações Unidas, em Nova York. Escolhido, lá trabalhei por três anos, de setembro de 1983 a setembro de 1986. Cheguei a diretor da Policy Analysis and Research Division do Department of International Economics and Social Affairs. Tive como superiores dois Assistant Secretary General extraordinários, com os quais estabeleci relações de confiança e respeito mútuos. Tive que lidar com as dezenas de profissionais da minha divisão que vinham de diferentes partes do mundo e com diferentes culturas e características pessoais. Além de ter de responder às demandas dos representantes dos países-membros da ONU com assento no Economic and Social Council da organização. Grandes lições em lidar com a diversidade.

Em setembro de 1986, aceitei convite de Fernão Bracher (presidente do Banco Central), João Sayad (ministro do Planejamento) e Dilson Funaro (ministro da Fazenda) para assumir a diretoria executiva no Board do Banco Mundial em Washington, em representação do Brasil e de mais oito países. A experiência nos três anos de Nações Unidas em Nova York foi de enorme valia. Mas, como representante formal do Brasil, passei a me envolver muito mais com o contexto dos debates tanto em Washington quanto no Brasil, e sua interação.

Servi a meu país no Banco Mundial por quatro anos, até outubro de 1990, quando passei a ocupar a posição de diretor executivo do Brasil no Banco Interamericano de Desenvolvimento. Em junho de 1991, fui designado por Marcílio Marques Moreira (ministro da Fazenda) e Francisco Gros (presidente do Banco Central) para o cargo de negociador-chefe da dívida externa.

Descrevi longamente nos meus podcasts o processo de negociação da dívida externa desde agosto de 1991, quando apresentamos nossa proposta aos bancos credores — ao abrigo do Plano Brady, cuja gestação eu havia acompanhado com enorme atenção, bem como sua bem-sucedida experiência piloto no México. Não é possível sintetizá-la aqui, mas, em uma seção sobre as lições mais importantes, vale mencionar a mais fundamental: as relações de confiança mútua entre o ministro, o presidente do Banco Central e o negociador da dívida — e deste com a excelente equipe de servidores públicos envolvidos no processo. A princípio, um acordo foi alcançado, em junho de 1992. O Senado Federal aprovou os termos do acordo no fim daquele ano. E a documentação detalhada final foi assinada pelos mais de 800 credores privados do Brasil em novembro de 1993.

A expectativa de restabelecimento das relações do Brasil com a comunidade financeira internacional, que foi sendo construída ao longo de 1992 e 1993, ajudou em muito a criar um clima mais positivo em relação ao Brasil. Facilitou a recepção internacional ao lançamento do Plano Real, em 1º de março de 1994. Com a renegociação da dívida externa e o sucesso do Plano, o Brasil mostrou que poderia tornar possível o que antes parecia difícil ou impossível. Em tempo: os detalhados contratos finais foram assinados em nome do governo brasileiro, em novembro de 1993, por Fernando Henrique Cardoso, então ministro da Fazenda, e por mim, já como presidente do Banco Central.

Sobre o Plano Real e as discussões que a ele levaram há excelentes depoimentos em vários dos podcasts da Casa das Garças. Aqui quero apenas reiterar o que já disse em outras ocasiões: em 13 de agosto de 1993 aceitei o convite do ministro FHC para ser o presidente do Banco Central porque sabia que estaria contribuindo para que pessoas-chave, como André Lara Resende e Persio Arida, se juntassem aos que já estavam com FHC, como Edmar Bacha, Gustavo Franco, Winston Fritsch e Murilo Portugal, entre outros. O que significaria a formação de um núcleo duro com massa crítica: um grupo de pessoas que se conhecia de longa data, que se respeitava mutuamente, que não estava envolvido em disputas internas por poder, que havia refletido sobre as experiências anteriores de combate à inflação.

A grande lição, mais uma vez: a importância da liderança política (FHC com o total apoio do presidente Itamar Franco) e uma equipe coesa, com clara noção do seu objetivo, com confiança mútua e as capacitações técnicas e políticas necessárias para a empreitada, tanto na área da política monetária quanto na — indissociável — área da política fiscal.

O Plano Real foi bem-sucedido em derrotar a inflação alta, crônica e crescente que, por décadas, havia marcado a nossa experiência: um mecanismo através do qual o Brasil mascarava os efeitos da pressão estrutural por maiores gastos públicos reduzindo-os, *ex-post*, em termos reais. A derrota da hiperinflação permitiu que, desde meados dos anos 90, o país pudesse vislumbrar melhor a sua agenda futura, que era a agenda do desenvolvimento econômico e social sem o espesso véu da inflação à frente.

Tudo era gradual, mas havia urgências no gradualismo. As principais, para assegurar a consolidação da nova moeda, eram, em meados dos anos 90, lidar com a precária situação das finanças de estados e municípios e a necessidade imperiosa de enfrentar problemas sérios de iliquidez e de insolvência no sistema financeiro público e privado. Trata-se de tema abordado com competência em vários dos podcasts, que mostram o quanto avançamos com a renegociação de dívidas de 25 dos 27 estados e de cerca de 180 municípios. E com o saneamento do sistema financeiro brasileiro através do Proer e do Proes, hoje reconhecidos internacionalmente. Esses avanços foram coroados em maio de 2000 com a aprovação pelo Congresso Nacional da Lei de Responsabilidade Fiscal, considerada pelo principal partido de oposição à época, em nota oficial, como tendo que ser radicalmente modificada por ser incompatível com a responsabilidade social, o que é um falso dilema, um equívoco, mas que ainda hoje encontra amplo respaldo político no país.

Concluo esta seção sobre as lições mais importantes lembrando a civilizada transição que conseguimos realizar entre FHC 2 e Lula 1 (de 2002 para 2003) e relembrando o que escrevi em meu primeiro artigo de uma série que cobre o período 2003-2018 e que foi publicada em livro sob o título *Uma certa ideia de Brasil: entre passado e futuro*. Ali escrevi, em junho de 2003: "Nos últimos 12 meses [*julho 2002/junho 2003*] o Brasil mostrou ao mundo que continua avançando em termos de maturidade política e nível de debate econômico. Gostaria de, um dia, poder repetir estas mesmas palavras sobre outras transições nossas. O tempo dirá."

Observação final

É muito difícil dizer "não" a um ex-aluno e amigo de muitos e muitos anos. O incansável José Augusto Coelho Fernandes prestou inestimável serviço àqueles genuinamente interessados em problemas reais da economia e da condução da política econômica nas áreas macro, micro, social e de reformas institucionais. Ele não só conseguiu reunir cerca de três dezenas de depoimentos sobre a arte e a prática da política econômica gravados com profissionais que tiveram participação ativa e relevante na condução de políticas econômicas no Brasil das últimas décadas, como também conseguiu o feito de publicar, praticamente todos — com uma exceção —, em forma de livro.

José Augusto resistiu o quanto pôde à minha recusa em publicar a transcrição de meus improvisados e excessivamente longos depoimentos orais, tal como nos podcasts que fizemos. Apelei para John Kenneth Galbraith: "Palavras que foram proferidas apenas para serem ouvidas não devem ser publicadas ('what was just meant to be heard shall not be published as delivered'). Diz a lenda que, em privado, Galbraith continuava: 'If published as such, should not be read, if read, shall be forgotten.'"

Meus dois podcasts continuarão disponíveis para os interessados no site do Instituto de Estudos de Política Econômica (Iepe) da Casa das Garças. Mas, à diferença dos demais depoimentos, mais concisos, objetivos e organizados, estendi-me em demasia, provocado por pertinentes perguntas de JACF, que me levaram a profundezas de memória longa e a certos detalhes talvez excessivos, bem como deixaram certas lacunas importantes.

Bom negociador, José Augusto conseguiu me convencer a, pelo menos, escrever um Posfácio, depois que aventei a possibilidade de utilizar os podcasts como estímulo a escrever, talvez um dia, em um futuro não muito distante, um livro de memórias. Estou tentando comprar do embaixador Marcos Azambuja os direitos autorais (que hoje pertencem a ele) do título *Memórias quase póstumas*, que teria apenas um volume. Se não conseguir, pelo menos teria o registro de *Podcasts quase póstumos*, volumes I e II.

Leituras sugeridas
- Bacha, Edmar. *A crise fiscal e monetária brasileira*. Rio de Janeiro: Civilização Brasileira, 2016. [Recomenda-se, em especial, a leitura das partes 5, 6 e 7.]

- Bacha, Edmar. *Belíndia 2.0: fábulas e ensaios sobre o país dos contrastes*. Rio de Janeiro: Civilização Brasileira, 2012. [Recomenda-se, em especial, a leitura da seção II dos capítulos 6 e 7 e das seções III e V.]
- Franco, Gustavo. *A moeda e a lei: uma história monetária brasileira (1933-2013)*. Rio de Janeiro: Zahar, 2017. [Recomenda-se, em especial, a leitura dos capítulos 1, 8 e 9.]
- Kennan, George Frost. *Around the Cragged Hill: A Personal and Political Philosophy*. Nova York/Londres: W.W. Norton & Company, 1994. [Recomenda-se, em especial, a leitura dos capítulos "On government and governments" e "Dimensions".]
- Malan, Pedro. "Introdução: Uma perspectiva geral", in Edmar Bacha, José Murilo de Carvalho, Joaquim Falcão, Marcelo Trindade, Simon Schwartzman e Pedro Malan (orgs.). *130 anos: em busca da República*. Rio de Janeiro: Intrínseca, 2019.
- Malan, Pedro. "Perspectivas do desenvolvimento com estabilidade", in J.P.R. Velloso (org.), *Brasil 500 anos: futuro, presente, passado*. Rio de Janeiro: José Olympio, 2000 [XII Fórum Nacional, 2000].
- Malan, Pedro. *Uma certa ideia de Brasil: entre passado e futuro (2003-2018)*. Rio de Janeiro: Intrínseca, 2018.

www.historiareal.intrinseca.com.br

1ª edição	JUNHO DE 2023
impressão	BARTIRA GRÁFICA
papel de miolo	IVORY SLIM 65G G/M²
papel de capa	CARTÃO SUPREMO ALTA ALVURA 250 G/M²
tipografia	DANTE MT STD